国家社会科学基金项目（20FJY055）

福建绿色经济
高质量发展研究

张向前 ◇ 著

群言出版社
QUNYAN PRESS

图书在版编目（CIP）数据

福建绿色经济高质量发展研究／张向前著 . — 北京：
群言出版社，2023.10
ISBN 978 - 7 - 5193 - 0497 - 3

Ⅰ . ①福… Ⅱ . ①张… Ⅲ . ①绿色经济-区域经济发展-研
究-福建 Ⅳ . ①F127.57

中国版本图书馆 CIP 数据核字（2020）第 076816 号

责任编辑：谭　伟
封面设计：文人雅士

出版发行：群言出版社
地　　　址：北京市东城区东厂胡同北巷 1 号（100006）
网　　　址：www. qypublish. com（官网书城）
电子信箱：qunyancbs@ 126. com
联系电话：010 - 65267783　65263836
经　　　销：全国新华书店

印　　　刷：廊坊市海涛印刷有限公司
版　　　次：2023 年 10 月第 1 版　　2023 年 10 月第 1 次印刷
开　　　本：710mm×1000mm　　1/16
印　　　张：21
字　　　数：360 千字
书　　　号：ISBN 978 - 7 - 5193 - 0497 - 3
定　　　价：75.00 元

【版权所有，侵权必究】

如有印装质量问题，请与本社发行部联系调换，电话：010 - 65263836

目　录

第一章　绪论

一、研究背景与研究价值

本书的主要学术价值和应用价值在于：一是挖掘与研究习近平生态文明思想理论与实践在福建的起源与发展，借鉴生态经济学理论、经济发展战略理论、产业生态学等中西方经典经济理论，深入探讨以习近平生态文明思想引领福建绿色经济高质量发展相关机制模型与理论机理；二是基于复杂系统理论及系统动力学等理论探讨包括政府、企业、消费者在内的多主体参与的"经济—社会—环境"复杂系统的各参与主体、子系统间的动力耦合机制，拓宽习近平生态文明思想引领下生态文明建设与绿色经济高质量发展多主体研究视角；实践方面，以习近平生态文明思想引领福建绿色经济高质量发展研究结果可为福建省委省政府、企业、行业等相关决策主体进行政策制定、战略规划提供理论支持与实践建议，也可供其他地区借鉴。

二、国内外研究综述

（一）国外研究现状评述

生态文明在国外较多归属于生态学范畴。美国生态学家蕾切尔·卡逊（Rachel Carson）1962 年出版的《寂静的春天》一书是国外近代生态文明发展的一个重要里程碑。1995 年，环保主义者罗伊·莫里森在其出版的《生态民生》一书中，第一次明确提出了"生态文明"这一概念[1]。许多国外专家学者从理念、制度、政策等层面进行反思，就发展生态文明提出一些有价值的观点，如确立生态伦理、生态优先观念，发展循环经济、稳态经济，实现生态现代化、生态自治，构建生态国家等。完整的生态文明建设作为我国首次提出的概念，国外相关领域没有直接涉及的内容，但间接关于生态文明建设的研究内容，如循环经济、稳态经济、产业共生、清洁生产、绿色经济等，国外有不少理论与方法值得我们学习借鉴。绿色经济一词最早由大卫·皮尔斯（David Pierce）在 1989 年出版的《绿色经济蓝图》一书中提出，他将绿色经济等同为可持续发展经济。乌尔里希·布兰德（Ulrich Brand）[2]指出实施绿色战略更有利于社会财富的增长和人民生活水平的提高；普拉莫德·耶尔（Pramod Iyer）发现价格、价值和社会意识与绿色购买意向不直接相关，环境意识与绿色购买意向直接相关，价格公平调解环境、社会意识与绿色购买意愿的关系[3]；联合国环境署[4]指出经济绿化通常不会拖累经济增长，而是增长的新引擎，也是消除持续贫困的重要战略；达马托（D·Amato）[5]等回顾了三十年发表的近两千篇科学论文，明晰了循环经济、绿色经济和生物经济等不同概念的具体内涵；伊吉特（Yigit K.）[6]等指出在循环经济中，绿色供应链管理被视为解决整个供应链中的环境问题和消费模式的解决方案；还有研究[7]认为绿色经济体系是推动可持续性旅游业发展的重要一环等。

（二）国内研究现状评述

著名生态学家叶谦吉于1987年在全国生态农业问题讨论会上最早使用生态文明概念。国内对生态文明及生态文明建设的研究主要包括以下几个方面：李萌[8]从解析生态底线的内涵和表征着手，基于环境介质，选取大气、水体、植被、土壤、能源5个方面共17项指标，构成生态底线指标体系的基本框架；赵建军、杨永浦[9]分析探讨新时代我国生态文明建设的具体内涵；朱炜、王乐锦[10]等人基于国际比较视角，提出我国海洋生态补偿在法律法规、管理制度等方面的政策建议；王耕、李素娟[11]等人基于复合生态等理论，对中国生态文明建设效率的空间均衡性及其空间分布格局进行了探究等。国内绿色经济的研究起步较晚，但发展较快，有不少研究成果出现。刘思华是较早提出环境与经济问题的学者之一，1994—2002年期间，他在其出版的《当代中国的绿色道路——市场经济条件下生态经济协调发展论》《发展绿色经济推进三重转变》《绿色经济论——经济发展理论变革与中国经济再造》和《发展绿色经济的理论与实践探索》几本著作中对绿色经济理论进行的深入的研究；黄茂兴、杨雪星[12]认为绿色经济是在人类面临资源相对短缺、环境不断恶化、经济增长后劲不足的难题，外延式发展模式难以为继的背景下提出的一种发展理念，该理念以提高人类福祉为根本，旨在通过制定绿色增长战略和加强绿色投资，使"绿色化"贯穿于各个产业和各个环节，不断创造绿色就业，减少贫困，防止环境恶化，实现经济、社会和环境的绿色可持续发展；彭绪庶[13]从理论角度分析绿色经济发展促进创新的作用机制，提出在重视市场主导地位和发挥企业主体作用的前提下，政府应推进和激励绿色创新的发展；石震、李战江[14]基于灰关联与秩相关，构建了符合绿色经济发展理念的指标体系；侯纯光、任建兰[15]等人运用综合指数法、空间计量模型等方法，对中国绿色化进程空间格局动态演变及其驱动机制进行研究。

综上所述，国内外关于生态文明建设与绿色经济发展的研究主要集中在两个方面，一是从概念、内涵、特征、理念等维度进行理论探讨；二是从企业、区域、社会层面分析绿色经济发展的途径，从指标、模式、立法、政策建议等方面进行实践分析和总结。首先，这些研究虽然对生态文明建设与绿色经济发展起到较大推动作用，但也存在低碳经济、循环经济、生态经济等概念界定不清，尚未形成完整的理论体系等问题。其次，由于不同国家、不同地区经济发展水平不同，绿色发展途径具有独特性，套用国际标准来评价自身生态文明建设与绿色经济发展情况缺乏科学性和合理性。本研究试图挖掘与研究习近平生态文明思想理论与实践在福建的起源与发展，结合前人研究，充分考虑新时代福建省生态文明建设与绿色经济发展情势，进一步深入探索以习近平生态文明思想引领福建绿色经济发展的理论体系，构建以习近平生态文明思想引领福建绿色经济发展的"经济—社会—环境"复杂系统，构建以习近平生态文明思想引领福建绿色经济发展的动态衡量指标体系及预警机制，进行以习近平生态文明思想引领的区域间绿色经济发展互动机制研究，比较、借鉴先进经验，提出以习近平生态文明思想引领福建省绿色经济发展相关政策建议。

三、研究主要内容

1. 通过文献分析与深入调研，挖掘与研究习近平生态文明思想在福建理论与实践的起源，界定包含低碳经济、循环经济、生态经济概念的绿色经济概念，基于产业分类方法从生态经济与环境保护角度出发进行绿色经济的产业分类，构建绿色经济体系（包括目标体系、结构/产业体系和发展体系等），研究生态文明社会体系的运行（包括运行模式、动力、障碍等），进而形成较为系统的以习近平生态文明思想引领福建绿色经济高质量发展与生态文明建设理论研究体系。

重点难点：进一步挖掘与研究习近平生态文明思想理论与实践在福建的起源与发展，较为系统地研究以习近平生态文明思想引领福建绿色经济高质量发展与生态文明建设理论体系。

2. 以生态文明建设与绿色经济发展水平较高的国家与地区为典型研究案例，结合当前福建省生态文明建设与绿色经济发展情势，分析以习近平生态文明思想引领福建绿色经济高质量发展的现状、问题、机遇与挑战等。

重点难点：研究以习近平生态文明思想引领福建绿色经济高质量发展的主要模式，提炼其共性发展规律与异性发展特征，研究实现以习近平生态文明思想引领福建绿色经济高质量发展的阶段性目标、初步实现步骤。

3. 基于习近平生态文明思想，围绕绿色经济效率、和谐、持续三大目标，将福建省绿色经济高质量发展与生态文明建设作为一个有机的整体加以考察，对福建省绿色发展"经济—社会—环境"各子系统的关系与协调问题进行全局性、整体性、综合性和系统性的分析与研究。

重点难点：找出以习近平生态文明思想引领福建绿色经济高质量发展"经济—社会—环境"复杂系统的关键点，分析各子系统间的互动耦合机理。

4. 以习近平生态文明思想引领福建绿色经济高质量发展的动态衡量指标体系及预警机制研究。充分考虑以习近平生态文明思想引领福建省绿色发展"经济—社会—环境"系统的复杂性，用动态的观点建立协调发展的定性、定量指标群，建立系统综合评价指标体系与预警机制，精准反映以习近平生态文明思想引领福建绿色经济高质量发展水平。

重点难点：设计并建立起科学合理的动态评价指标体系与预警机制，精准衡量以习近平生态文明思想引领福建绿色经济高质量发展的水平、潜力、风险与动态变化趋势。

5. 紧扣习近平生态文明思想，将福建省发展绿色经济、建设生态文明放在构建"海上丝绸之路"起点、区域合作的背景下，探索福建省与其他相近省份，特别是与台湾地区间实现经济资源和生产要素配置优化的途径、方式与特点，提出促进区域"生态—经济"协调发展的对策，以此加快建设福建省"21世纪海上丝绸之路"核心区功能。

重点难点：基于习近平生态文明思想，探索福建与相近省份及地区间实现经济资源和生产要素配置优化的途径、方式以及进一步加强交流合作机制。

6. 比较和借鉴。比较、借鉴世界发达国家和地区生态文明建设与绿色经济高质量发展的主要模式、体制机制等，对基于前期研究提出的以习近平生态文明思想引领的区域间绿色经济高质量发展政策建议进行验证与再完善。

重点难点：探索世界发达国家和地区生态文明建设与绿色经济发展的经验，与以习近平生态文明思想引领的福建绿色经济高质量发展的特点进行深入比较分析，提出政策建议。

四、研究思路与方法

（一）具体研究方法

本研究深入挖掘与研究习近平生态文明思想理论与实践在福建的起源与发展，

拟采用理论分析与政策设计、实证与规范、比较与借鉴等相结合，适当突出定量分析。其中，①主要用到的理论方法有生态经济学理论、经济地理学理论、经济发展战略理论、稳态经济理论、产业生态学理论、复杂系统理论、可持续发展理论、循环经济理论、低碳经济理论、环境经济学理论、生态足迹理论等方法；②分析工具有产业分类、政策分析、经济计量分析、系统分析、层次分析、耦合分析、生态足迹（承载力）分析、灰色预测分析等技术。

（二）研究的基本思路

1. 本书将理论研究与实证研究相结合，探讨以习近平生态文明思想引领福建绿色经济高质量发展的理论基础及具体内涵，构建习近平生态文明思想引领下的福建省绿色经济体系及生态文明社会运行机制。

2. 本书使用合适的支撑理论以及技术分析工具，综合考量当前福建省生态文明建设与绿色经济高质量发展新情势，探讨以习近平生态文明思想引领福建绿色经济高质量发展所面临的问题、风险、机遇及挑战。

3. 本书根据前期理论基础探究结果，分析以习近平生态文明思想引领福建绿色经济高质量发展的动力来源，基于内外视角，构建政府、企业、消费者等多主体参与的"经济—社会—环境"复杂系统，探索各个子系统间的互动耦合机理，研究各个子系统产生的功能作用及对整个宏观系统发挥的积极效应。

4. 本书采用定性、定量相结合的研究方法，综合考虑以习近平生态文明思想引领福建省绿色发展"经济—社会—环境"系统的复杂性，构建综合指标体系评价以习近平生态文明思想引领福建绿色经济高质量发展状况，发挥指标体系描述、解释、评价及风险预警等功能。

5. 本书立足当前福建省生态文明建设、绿色经济高质量发展新情势，构建由技术创新、信息化、政府政策等支持体系支撑的理论模型、发展框架、模式、路径。

6. 本书综合课题前期研究成果，比较世界发达国家和地区生态文明建设与绿色经济高质量发展的经验，完善以习近平生态文明思想引领福建省绿色经济高质量发展研究结果，提出以习近平生态文明思想引领福建省绿色经济高质量发展的短期、中期、长期战略及路径规划和相关政策建议。

研究思路如下图 1 所示：

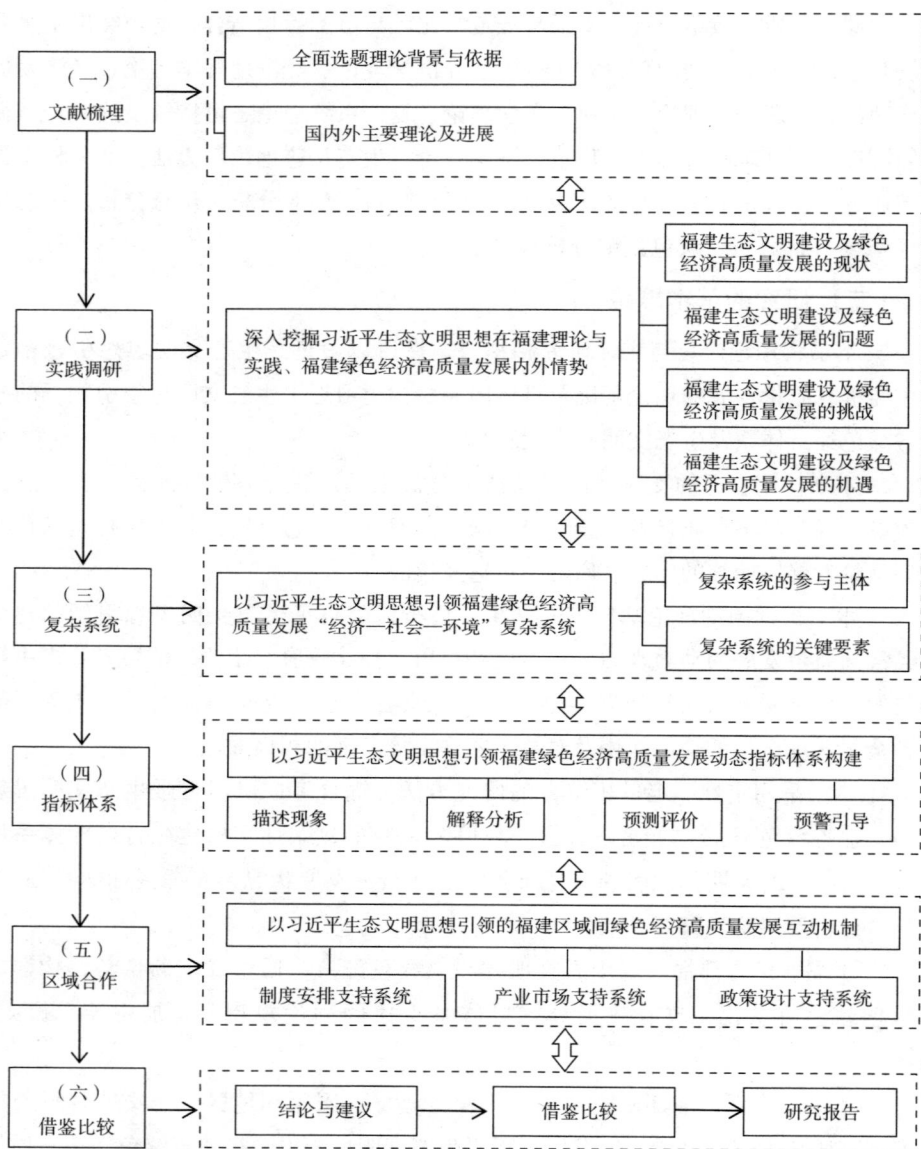

图1　研究思路图

本章参考文献

[1] Roy Morrison. *Ecological Democracy*. Boston：South End Press，1995.

[2] Ulrich Brand. *Green Economy*，*Green Capitalism and the Imperial Mode of Living*：*Limits to a Prominent Strategy*，*Contours of a Possible New Capitalist Formation* [J]. Fudan

Journal of the Humanities and Social Sci；2016，9（1）：107—121.

［3］Pramod Iyer, Arezoo Davari, Audhesh Paswan. *Green products：Altruism, economics, price fairness and purchase intention*［J］. Social business；2016，6（1）：39—64.

［4］Programme U E. *Towards a green economy：pathways to sustainable development and poverty eradication*［J］. Nairobi Kenya Unep，2017.

［5］D′Amato, D., Droste, N., Allen, B., Kettunen, M., Lähtinen, K., Korhonen, J., & Toppinen, A.. *Green, circular, bio economy：A comparative analysis of sustainability avenues. Journal of Cleaner Production*，2017，168，716—734.

［6］Yigit K, Ipek K, Muhittin S.. *A new holistic conceptual framework for green supply chain management performance assessment based on circular economy*［J］. Journal of Cleaner Production，2018，195：1282—1299.

［7］Pan, S. Y., Gao, M., Kim, H., Shah, K. J., Pei, S. L., & Chiang, P. C.. *Advances and challenges in sustainable tourism toward a green economy. Science of the Total Environment*，2018，635，452—469.

［8］李萌. 基于环境介质的生态底线指标体系构建及考核评价［J］. 中国人口·资源与环境，2016，26（07）：10—17.

［9］赵建军，杨永浦. 新时代我国生态文明建设的内涵解析［J］. 环境保护，2017，45（22）：32—34.

［10］朱炜，王乐锦，王斌，谈立群. 海洋生态补偿的制度建设与治理实践——基于国际比较视角［J］. 管理世界，2017（12）：176—177.

［11］王耕，李素娟，马奇飞. 中国生态文明建设效率空间均衡性及格局演变特征［J］. 地理学报，2018，73（11）：2198—2209.

［12］黄茂兴，杨雪星. 全球绿色经济竞争力评价与提升路径——以 G20 为例［J］. 经济研究参考；2016（16）：27—36

［13］彭绪庶. 绿色经济促进创新发展的机制与路径［J］. 经济纵横，2017（09）：56—61.

［14］石震，李战江，刘丹. 基于灰关联—秩相关的绿色经济评价指标体系构建［J］. 统计与决策，2018，34（11）：28—32.

［15］侯纯光，任建兰，程钰，刘树峰. 中国绿色化进程空间格局动态演变及其驱动机制［J］. 地理科学，2018，38（10）：1589—1596.

［16］曹滢. 习近平生态文明思想引领"美丽中国"建设［N］. 人民日报，2018-5—22.

［17］中共中央文献研究室. 习近平关于社会主义生态文明建设论述摘编［M］. 中央文献出版社出版，2017.

［18］阮锡桂，郑璜，张杰. 习近平在福建治山治水：绿水青山就是金山银山［N］. 人民日报，2014-10-31.

第二章 以习近平生态文明思想引领
福建绿色经济高质量发展研究

一、引言

作为中国率先实行对外开放政策的省份之一，福建省一直保持经济高速发展势头，从 1979 到 2018 年福建的地区生产总值以平均每年 12.1% 的速度增长，人均地区生产总值从 1978 年的 273 元上升到 2018 年的 82976 元，翻了 303 倍，经济发展取得空前成绩。但从经济发展效率来看，福建经济发展依靠的是"高投资、高耗能、高排放"的粗放型发展模式，能源及资源利用率不高。因此，从某种意义上来说，福建经济增长与发展的代价是以资源、能源浪费及环境污染为代价，是不可持续发展的。尤其是近年来，环境污染问题不断加重，极端气候现象频频发生，给居民的生活及生命健康带来极大威胁。同时，资源枯竭、生态环境恶化不仅容易引发能源危机，能源与环境问题更是成为阻碍经济发展的重要制约因素。对此，习近平总书记站在战略高度，指出我们为什么要保护生态环境，保护生态环境的意义和价值，提出了如何建设生态文明、建设什么样的生态文明、怎样建设生态文明等重大理论和实践问题，形成了习近平生态文明思想，有力地指导福建绿色经济的发展。奥利维亚·比纳（Olivia Bina）[1]认为绿色经济有助于解决可持续发展的问题，以及经济与社会和谐发展的问题。联合国环境规划署指出发展绿色经济对增加社会财富，提高经济产出，增加体面就业和减少贫困都会产生积极的结果[2]。巴比尔（Barbier）[3]指出发展绿色经济要解决资金、市场体制以及制度上的问题，这些问题没有解决好就会阻碍绿色经济的发展。大卫·卡菲（David Carfi）[4]提出了绿色经济的合作竞争模型用于解决全球气候变化和低碳技术创新和推广的问题。珀金斯（Perkins）[5]指出好的环境政策及监管方式确实可以提高一国的经济发展效率，而经济发展效率较差的国家通过学习可以提高经济发展效率。钱争鸣等[6]通过对环境规制与绿色经济效率的关系进行了研究，指出随着环境管制的加强，绿色经济效率呈先降后升趋势。张子龙等[7]也发现环境规制在短期内对生态效率有一定抑制作用，而长期则存在促进效应。何爱平等[8]认为中国经济发展体制决定了地方政府竞争和环境规制是影响绿色发展效率的主要影响因素。刘志彪[9]认为在新时代背景下，中国发展目标已从高速增长转向高质量发展，通过改革和完善竞争机制，地方政府竞争仍将是中国经济增长的重要动力。丁智才等[10]认为福建可以通过构建绿色制造体系、扶持传统产业绿色化改造、发展绿色产业等三条路径将生态优势转化为经济发展优势。在我国积极推进绿色发展方式的背景下，在习近平总书记生态文明思想引领下，福建提出发展绿色经济正好契合我国加快建设现代化经济体系，形成绿色发展方式的要求。因此，本书可以为福建绿色经济高质量发展提供借鉴。

二、习近平生态文明思想的内涵

习近平总书记传承中华民族传统文化，顺应时代潮流和人民意愿，站在坚持和发展中国特色社会主义、实现中华民族伟大复兴梦的战略高度，深刻回答了为什么建设生态文明、建设什么样的生态文明、怎样建设生态文明等重大理论和实践问题，形成了习近平生态文明思想。一些学者将习近平生态文明思想概括为：生态文明兴衰论、生态价值论、生态环境生产力论、生态系统工程论、生态民生论、生态红线论、生态法制论、生态全球论八个方面[11]。

习近平生态文明思想是一种全面的发展观，它强调用系统、科学的眼光去看待经济发展与环境保护问题。结合众多学者的观点，我们将习近平的生态文明思想概括为以下几个方面。

（一）生命共同体论

习近平指出，人与自然是一种共生关系，对自然的伤害最终会伤及人类自身。你善待环境，环境是友好的；你污染环境，环境总有一天会翻脸，会毫不留情地报复你；这是自然界的规律，不以人的意志为转移。习总书记深刻地指出人类属于生态系统的一部分，人与自然相互依存、相互影响。生态系统具有一定的承载能力，供人类生养繁衍，如果人类无限制地利用生态环境，就会超过生态系统的承受限值，整个系统就会遭到破坏，系统中各个元素也相应会受到影响。习近平总书记讲："我们要认识到，山水林田湖是一个生命共同体，人的命脉在田，田的命脉在水，水的命脉在山，山的命脉在土，土的命脉在树。"在十九大报告中习近平总书记进一步指出："人与自然是生命共同体，人类必须尊重自然、顺应自然、保护自然。"习近平的"生命共同体论"是从人类社会与生态环境关系角度阐述生态建设的重要性，旨在实现人和环境的和谐可持续发展。

（二）生态价值论

2013年5月，习近平在主持中共中央政治局第六次集体学习时提出："要正确处理好经济发展同生态环境保护的关系，牢固树立保护生态环境就是保护生产力、改善生态环境就是发展生产力的理念，更加自觉地推动绿色发展、循环发展、低碳发展，决不以牺牲环境为代价去换取一时的经济增长。"同年9月，习近平提出了著名的"两山论"："我们既要绿水青山，也要金山银山。宁要绿水青山，不要金山银山，而且绿水青山就是金山银山。"2015年4月，"两山论"的战略思想被正式写进中央文件。习近平总书记的生态价值论思想生动而精辟地阐释了经济发展同生态保护的关系，立足当前，着眼长远，体现了习近平总书记对永续发展的深邃思考、对治理规律的深刻把握。习近平"生态价值论"在新的时代背景下，明确了生态资源的交易属性和价值功能，生动形象地反映了党和政府的发展理念和价值取向的重大变化，表明了党和政府大力推进生态文明建设的鲜明态度和坚定决心。

（三）生态制度论

习总书记指出，我国生态环境保护中存在的一些突出问题，一定程度上与体制不健全有关。为此，习近平在中央政治局第六次集体学习时明确指出："只有实行最严格的制度、最严密的法治，才能为生态文明建设提供可靠保障。"习总书记还强调："生态环境保护能否落到实处，关键在领导干部。""要建立责任追究制度，对那些不管生态环境盲目决策、造成严重后果的人，必须追究其责任，而且应该终身追究。"制度是连接理论和实践的中间环节，本质上是一种实践精神。党的十八届三中全会以来，以习近平为核心的党中央全面深化生态文明制度改革，实行"源头严防、过程严管、后果严惩"的全过程覆盖，把制度建设作为推进生态文明建设的重中之重，着力破解制约生态文明建设的体制机制障碍，充分表达了党中央推进生态文明建设的坚决态度。

（四）生态全球论

世界每个角落都早已成了全球生态链中紧密相连的一环。生态危机是超越单个地区、民族及国家范畴的共同危机，任何国家和地区都不可能孤立自保。对此，习总书记指出，必须从全球视野加快推进生态文明建设，把绿色发展转化为新的综合国力和国际竞争新优势。生态全球论系统阐述了如何推动国际社会携手合作，探索了人类社会可持续的发展路径与治理模式，是习近平生态文明思想的国际治理观。习近平既重视国内生态环境，也强调中国在全球生态环境治理中的作用。习近平总书记指出，建设绿色家园是各国人民的共同梦想，国际社会需要加强合作、共同努力，构建尊崇自然、绿色发展的生态体系，推动实现全球可持续发展。长期以来，中国秉持共商共建共享的全球治理观，积极推动了应对气候变化、土地荒漠化等问题的国际合作，成为全球生命共同体形塑的重要引领者和参与者。

（五）生态民生论

2013 年 4 月，习近平在海南考察时提出："良好生态环境是最公平的公共产品，是最普惠的民生福祉。" 2014 年 3 月，习近平在参加贵州团审议时指出："小康全面不全面，生态环境质量是关键。" 2015 年 3 月，习近平在全国人大三次会议中再次强调："环境就是民生，青山就是美丽，蓝天也是幸福。"随着人民生活水平的逐渐提高，群众对良好生态环境的需求日益增长，从"盼温饱"到"盼环保"，从"求生存"到"求生态"。为此，以习近平为核心的党中央更为全面、深入地将生态文明与人民群众的根本利益联系起来，把生态文明建设作为重大民生实事紧紧抓在手上。习近平总书记指出，下大力气解决当前的突出生态问题，把生态文明建设放在更加突出的位置，这是民意所在。让居民望得见山，看得见水，记得住乡愁。

三、福建省绿色经济发展的现状及优势

（一）福建经济实力明显增强

改革开放后，福建经济取得了飞跃式发展，人民生活水平显著提高。1978 年全省 GDP 为 66.37 亿元，居全国第 22 名，到 2018 年增长为 35804.04 亿元，居全国第 10 名；人均 GDP 从 273 元增长为 82976 元，排名从全国第 23 名跃升为第 6 名。福建经济结构发生根本性转变，工业化进程取得巨大进展，服务业比重显著提升，1978 年三次产业结构比重为 36.1：42.5：21.4，2018 年演变为 6.7：48.1：45.2。产业结构的不断优化带动整体经济结构优化，对全省工业经济和服务业发展的支撑和拉动作用十分突出。2018 年福建工业增加值14183.20 亿元，比上年增长 8.9%，规模以上工业增加值增长 9.1%。规模以上工业的 38 个行业大类中有 15 个增加值增速在两位数。其中，计算机、通信和其他电子设备制造业增长 14.2%，六大高耗能行业增长 9.4%，占规模以上工业增加值的比重为 25.2%。工业战略性新兴产业增长 6.7%，占规模以上工

业增加值的比重为 21.1%。高技术制造业增长 13.9%，占规模以上工业增加值的比重为 11.3%。装备制造业增长 9.7%，占规模以上工业增加值的比重为 22.9%。可见，近年来福建省整合资源大力发展战略性新兴产业已经初见成效，为绿色经济发展起到了极大的促进作用。

（二）科技创新能力不断增强

2018 年福建研究与试验发展经费支出预计 620 亿元，占全省生产总值的 1.7%。全省已布局建设 18 家省级产业技术研究院和 31 家省级产业技术创新战略联盟；拥有国家重点实验室 10 个、省级重点实验室 204 个、国家级工程技术研究中心 7 个、省级工程技术研究中心 527 个、省级新型研发机构 70 家；建设国家专业化众创空间备案示范 3 家、国家备案众创空间 52 家、省级众创空间 215 家；科技企业孵化器备案 166 家，孵化面积 325.8 万平方米，在孵企业 5003 家、在孵企业员工总数 8.47 万人。全省入库备案科技型中小企业达到 3344 家、省高新技术企业 904 家。新认定高新技术企业 746 家，总数 3800 家；新增国家企业技术中心 8 家、国家技术创新示范企业 6 家，新认定省级企业技术中心 50 家；新认定省科技小巨人领军企业 522 家，总数 1823 家。2018 年全省专利授权 102622 件，其中，发明专利授权 9858 件，全省共拥有有效发明专利 38522 件，每万人口发明专利拥有量 9.85 件。

（三）绿色经济初现成效

福建能源结构正由单一为主向多元化转变，节能降耗成效显著。福建省长期在一次能源消费中，煤炭和石油占比在 80% 左右，占据主导地位。党的十八大以来，能源结构正由单一为主向多元化转变，能源发展动力由传统能源增长向新能源增长转变。2008 年原煤、石油、天然气以及一次电力及其他能源的消费比重分别为 62.6%、20.1%、0.3%、17.0%，煤炭和石油占比达到 82.7%。2017 年原煤、石油、天然气以及一次电力及其他能源的消费比重分别为 45.9%、24.1%、5.2%、24.8%，煤炭和石油占比为 70%，下降了 12.7%。而清洁能源（天然气、电力）消费比重从 2008 年的 17.3% 上升至 2017 年的 30%，提高 12.7%，节能降耗成绩显著。随着工业和装备制造业技术水平和生产能力的持续提升，高能效设备和工艺的快速普及，工业产品的综合能耗和污染强度明显降低，绿色发展成效显著。福建省规模以上单位工业增加值能耗从 2011 年的 0.86 吨标准煤/万元降至 2016 年的 0.55 吨标准煤/万元，下降了 36 个百分点，大型骨干企业主要产品能耗接近国内先进水平；规模以上工业万元增加值能耗降低率从 2011 年的 1.13% 降至 2017 年的 -13.83%，节能降耗成效显著。2016

年，福建省万元工业增加值用水量为 60 立方米/万元，工业固体废物综合利用率为 69%，主要污染物排放量控制在国家下达指标内。38 个工业大类行业中 22 个行业能源消耗量下降，下降面达 58%。目前，福建森林覆盖率为 65.95%，连续多年保持全国之首。年森林生态服务价值 8014 亿元，占全国森林生态服务总价值的 8%，目前福建已成功创建 31 个省级森林城市（县城）。

四、福建绿色经济高质量发展面临的问题

（一）产业结构仍需优化提升

福建省 2018 年三次产业增加值占地区生产总值的比重分别为 6.7∶48.1∶45.2，与国际上发达地区 8∶31∶71 的产业结构平均水平相比，差距较大，甚至低于全国的 7.2∶40.7∶52.2 平均结构比例。福建产业结构不够合理，第二产业占比偏高，制造业大而不强，虽然有少数千亿的产业集群，但是传统优势产业龙头企业较少，新技术开发能力、科技成果转化能力较弱，竞争力不够强。与产业结构相对应的是就业结构，2017 年福建三次产业对应的就业人口比例为 21.7∶35.5∶42.8，第一产业就业人口明显偏多，而第三产业就业人口偏低，与发达地区平均超过 60% 的比例相比，福建就业结构水平还不够优化。从行业细分来说，2018 年计算机、通信和其他电子设备制造业增长 14.2%，印刷和记录媒介复制业增长 13.8%，燃气生产和供应业比上年增长 12.7%，专用设备制造业增长 12.4%，皮革、毛皮、羽毛及其制品和制鞋业增长 10.7%，文教、工美、体育和娱乐用品制造业增长 10.2%，家具制造业增长 10.2%。可见全省的经济增长很大程度上还是依赖传统的高耗能产业。机械装备、电子信息、石油化工三大主导产业增加值增长 8.3%，而同期六大高耗能行业增长 9.4%，占规模以上工业增加值的比重为 25.2%。工业战略性新兴产业增长 6.7%，占规模以上工业增加值的比重为 21.1%。总体来看，新兴产业和高端服务业所占比重仍然偏低。福建传统产业历史久，规模大、嵌入性强的现状决定了其发展绿色经济不可能一蹴而就，面临的任务十分艰巨。

（二）能源耗费居高不下

近年来福建去产能工作取得重大进展，但是由于深受国内行业总体发展态势的影响，福建省钢铁、煤炭、船舶、水泥、造纸、石材、纺织等传统行业产能矛盾比较突出。钢铁行业产能利用率仅 65.2%，而大多数钢铁企业及生产装备规模不大，低端设备犹存，产业集中度不高，"僵尸"钢铁企业退出面临诸多困难。煤炭行业的产能利用率还不足六成，煤矿资源规模小、开采成本偏

高，在全球能源价格低迷，全国煤矿产能过剩的背景下，煤炭生产成本价格倒挂问题突出。此外，福建省还存在一批产品同质化严重、经营粗放、长期亏损或濒临破产的企业，结构性问题突出。在产能过剩的同时，工业能耗居高不下。如表1所示，福建工业能源消费总量从2011年的7501.69万吨标准煤增加到2017年的8805.42万吨标准煤，工业能源消费总量占全省能源消费总量的比重从2011年的75.2%降至2016年的68.3%，但是节能压力仍然不小。从2017年全省能源消费结构上看，一、二、三产能源消费占比分别为1.8%、70.4%、15.9%，第二产业是全省能源消费的绝对主力，而2017年三次产业增加值占地区生产总值的比重分别为7.6%、48.8%、43.6%，第二产业以48.8%的GDP贡献率消耗了70.4%的能源，且集中在电力、热力生产和供应业、非金属矿物制品业、化学原料和制品制造业以及钢铁行业等传统产业。第二产业在贡献率下降的同时，能源消费占比却没有明显下降，说明传统产业绿色转型节能降耗效果并不明显。

表1   2011—2017年福建工业能源消耗情况

年 份	2011	2012	2013	2014	2015	2016	2017
工业耗能（万吨标准煤）	7501.69	7844.93	8023.39	8728.98	8685.94	8585.93	8805.42
工业耗能占比（%）	75.2	74.9	71.7	72.0	71.3	69.5	68.3
工业废水排放量（千万吨）	177.18	106.32	104.65	102.05	90.74	68.87	69.86

（三）产业自主创新能力不高

自主创新能力的高低会决定生态产业的发展水平，生态产业在自主创新方面有所欠缺，这会导致整个行业绿色技术匮乏，也就无法生产高端产品和提供高端的服务，促进绿色经济的高效发展。而自主创新能力匮乏主要原因之一是研发经费投入过少，一定程度上限制了生态产业自主创新能力的发展。根据科技部发布的《中国区域科技创新能力监测报告2016—2017》和《中国区域科技创新评价报告2016—2017》，全国综合科技创新水平平均67.57，福建60.17，低于全国平均水平，还不属于创新驱动省份。原因之二是社会创新投入总体不足，2018年福建研究与试验发展（R&D）经费支出占全省生产总值的1.61%，低于全国平均水平0.57个百分点。2017年全省规模以上工业企业有17339家，仅有3825家开展R&D活动，占规模以上工业企业数的22%，拥有研发机构规模以上工业企业数量更少，仅有1419家，占比为8.1%。福建规模以上工业企业的R&D活动经费内部支出为448.79亿元，占规模以上工业企业总产值的 0.95%。而发达国家这一指标的数值维持在 3%，世界五百强企业这一指标的数值基本保持在 5% 以上。由此可见，福建在科技经费、技术人员、科技设备等方面的投入都远远不足，从而导致企业技术创新活动缺乏高水平的研究实验设备支撑，企业拥有自主知识产权的技术、品牌、高附加值产品还比较少，产业整体素质不高，大多停留在以做大总量求增长的粗放型模式上。在关键创新成果方面，2018 年福建专利授权 68304 件，其中，发明专利授权 8718 件，约占专利授权总数的 12.7%，每万人口发明专利拥有量 8.004 件。总体来说比前几年科技成果有大幅度的增长，但是与全国每万人口发明专利拥有量 11.5 件相比，差距还比较大。

（四）绿色产业发展面临多重压力

战略性新兴产业因为物质能源消耗少、成长潜力大，被视为绿色产业重点发展领域。从福建重点布局的新一代信息技术、高端装备制造、生物与新医药、节能环保、新能源、新材料、海洋高新七大战略性新兴产业来看，首先，战略性新兴产业结构中传统行业比重偏大，战略性新兴产业开发明显不足，技术含量和附加值不高。2018 年工业战略性新兴产业增加值 2673.64 亿元，增长 4.8%，仅占规模以上工业增加值的比重为 22.8%。高技术制造业实现增加值 1340.78 亿元，增长 12.5%，仅占规模以上工业增加值的比重为 11.0%。其次是节能环保产业技术含量低，市场吸引力有限。福建目前的节能环保产业还主要以民营资本为主，中小型企业居多，规模较小，产品种类比较单一。由于缺乏龙头企业，产业集聚度不高，难以形成绿色产业链。产业发展过程中缺乏核心技术，科研成果的转化率较低，没有自主知识产权，难以形成自己的品牌。产业还面临相关政策联动不足，市场应用体制机制亟待完善，低价竞争，地方政府环境服务费用支付不顺畅，国家税收优惠政策取消或支持力度减弱等一系列问题。最后，企业绿色发展资金短缺，难以支撑新旧动能转换。企业绿色发展、新旧动能转换离不开资金的支持。受市场风险、资产抵押、信用程度等因素的影响，企业从银行等金融机构得到经营发展所需资金仍比较困难，且小型微型企业从银行贷款，不享受基准利率，需要支付更高的浮动利率，而从民间借贷更是存在融资贵的问题。据福建调查总队对民营工业企业的调研，44.4% 的受访企业反映资金短缺导致企业转型难。

（五）资源环境约束日渐加剧

随着城镇化、工业化进程的不断推进，经济社会发展对能源需求量不断加大，一次能源消费量不断增长，能源资源供需矛盾形势更加凸显。工业是福建省主要的耗能大户和排污大户，福建省传统资源严重不足，天然气、原油等常规能源短缺，煤炭储量明显不足且品种单一，其中优质煤炭更是少之又少。从能源结构来看，2017 年福建可供消费的能源总量为 12889.96 万吨标准煤，其中福建一次性能源生产量为 4227.77 万吨标准煤，占比仅为 32.8%，而外省调入 9616.08 万吨标准煤，占到了 74.6%，福建经济社会发展所需的能源中大部分需要外调，能源自给率较低。近年来，"六区叠加"的难得机遇，吸引许多大型项目入驻福建布局，福建绿色发展面临更加严峻的能源形势。在自然环境方面，河流水质中一二类水比例在下降，三类水的比例在上升，尚未根本解决陆源污染特别是面源污染问题。虽然福建森林覆盖率多年居全国首位，但森林生态功能有所减弱，水土流失比较严重，截至 2016 年底，全省水土流失面积达 10858.47 平方公里，占土地面积 8.87%。环境污染问题严峻，2017 年福建省工业废水排放量达 69860.45 万吨，其中 52611.60 万吨直接排入环境中。可见推进福建绿色发展任重道远。

五、习近平生态文明思想引领福建绿色经济高质量发展体系

习近平的生态文明思想主要包含了生命共同体论、生态价值论、生态系统论、生态制度论、生态民生论、生态全球论 6 个方面核心思想。共同体论是指导福建高质量发展绿色经济的宗旨，阐明了人与自然是生命共同体，互倚互存，不可分割，保护自然环境就是保护人类自己。生态价值论是发展绿色经济的根本理念和价值观，反映了我们党和政府的发展理念和价值取向发生了从经济优先到经济发展与生态保护并重，再到生态价值优先的重大变化。生态系统论是引领实践绿色发展的纲领，在宏观上指导我们在生态文明的建设中要着眼于生态文明建设总布局，树立大局意识。生态制度论和全球论是发展绿色经济的方法论，指导我们在发展绿色经济的过程中把制度建设作为推进生态文明建设的重中之重，并且需要和国际社会加强合作、共同努力，构建绿色发展的生态体系。民生论是绿色发展的最终目的，即发展绿色经济，保护环境的最终目标是给广大人民带来幸福安康，环境优化是最普惠的民生福祉。本书就习近平总书记核心的生态思想如何引领福建省绿色经济高质量发展的实践进行了探索，总结出福建省绿色经济高质量发展的技术路线和制度保障体系，如图 1 所示。

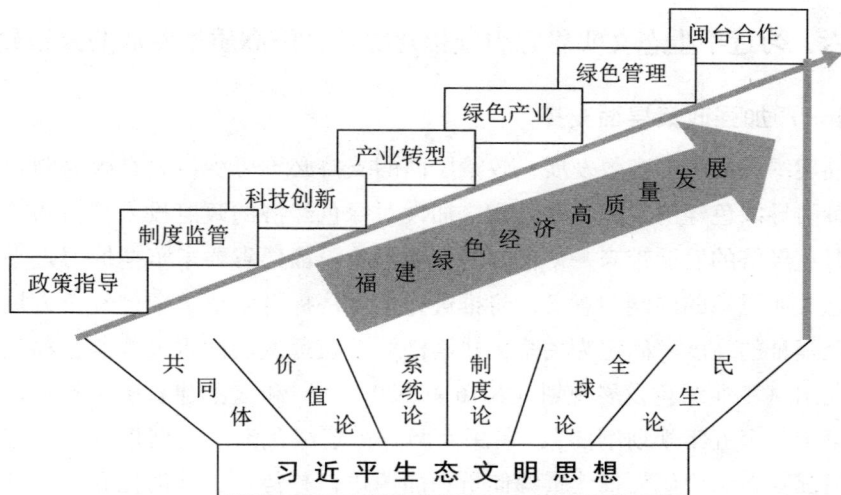

图1　习近平生态文明思想引领福建绿色经济发展的途径

　　福建在推动绿色经济发展方面进行了不断的实践和探索，经过近二十年的不懈努力，绿色经济建设取得了一定的成果，但是与发达国家和地区还存在较大的差距，为了实现福建绿色经济高质量发展，必须要坚定遵循习近平总书记生态文明思想，推动机制、体制、产业等各个方面的深入改革和创新。具体来说，如图1所示，根据习近平生态文明思想，福建发展绿色经济首先政策层面的支持必不可少，只有政府制定相应的政策引导绿色经济的发展，并且相应加大对绿色经济的政府投入扶持力度，才能给绿色经济的发展带来一个良好的发展势头。第二，要强化绿色经济发展制度保障体系建设，制定严格的发展绿色经济的系列制度，为绿色经济的发展提供良好的外部保障。第三，要加大科技创新的力度，绿色技术创新是赢得绿色经济高质量发展的关键，要以技术创新引领绿色经济发展。第四，要推进传统产业的绿色转型。传统产业具有很多优势，应该把绿色化改造作为传统产业转型升级的重要内容。第五，要大力发展高新技术产业、高端服务业等新兴产业，培养绿色经济的新增长点。第六，要提升企业绿色管理的能力。企业是绿色经济发展的主体，企业必须要牢固树立绿色发展的思想和观念，自觉形成环境就是资源，保护生态就是保存财富的发展观念。第七，要加强闽台合作。福建要抓住机遇，积极开展对台湾的交流合作，通过和台湾产业对接、科技合作以及人才交流等方式促进绿色经济的发展。

六、习近平生态文明思想引领福建绿色经济高质量发展的政策建议

（一）加强政策层面支撑

福建绿色经济的高效发展，政策层面的支持必不可少，只有政府制定相应的政策引导绿色经济发展，并且相应加大对绿色经济的政府投入扶持力度，才能给绿色经济的发展带来一个良好的发展势头。福建省要牢牢把握习近平总书记生态文明思想的内涵和意义，将推进绿色经济提升到事关福建经济发展、人民群众福祉的高度，确定为关系福建经济社会长远发展的重大战略。福建省要依据我国《工业绿色发展规划（2016—2020 年）》和《福建省国民经济和社会发展第十三个五年规划纲要》，在深入调查福建绿色经济发展概况、生态环境污染情况，在综合研究福建资源储量和能源进口趋势、资源消耗和能源利用效率、生态环境承载力和经济发展速度的基础上，明确绿色经济发展的总体要求、主要任务、重点领域及保障措施。第一，福建省要根据主体功能区规划，产业梯度转移，人口资源环境的现状与态势，科学制定全省各地区、各行业绿色发展的行动路线图。第二，要加强环境规制的力度，加快建立绿色生产和消费的法律制度和政策导向，强化政府强制性的环境规制，完善市场激励性的环境规制，发展企业自觉性的环境规制，将正式规制与非正式规制相结合，共同推动绿色发展效率的提高。环境规制可以促进绿色技术的进步与产业结构的升级转型，形成新的经济增长点，有助于福建抢占未来世界市场竞争的制高点。第三，福建要对全省发展绿色经济做统筹管理。福建现行生态文明建设体制还难以契合高质量发展绿色经济的顶层设计和整体部署，需要改革和整合现行的生态文明建设机制体制，整合各方要素，实行统一监管。为此福建省应按照生态系统完整性的原则对当前不同自然要素的管理体系进行整合，建立专门的监管机构，实现统一监督、管理、协调等职能，全权负责发展绿色经济的各方面工作。第四，福建要继续落实并推进《福建省贯彻〈关于促进两岸经济文化交流合作的若干措施〉实施意见》，促进闽台绿色产业的交流合作。

（二）制定严格的生态监管制度

习近平指出："只有实行最严格的制度、最严密的法治，才能为生态文明建设提供可靠保障。"2016 年 8 月习近平在全国卫生与健康大会上进一步提出："要按照绿色发展理念，实行最严格的生态环境保护制度。"可以看出制度，而且是最严格的制度才能保证绿色经济的高质量发展。根据习总书记的意见，福

建发展绿色经济可以从以下几方面完善制度建设。首先，福建省要建立健全责任体系。生态环境质量能否改善，关键在领导干部。实践表明一些重大生态环境事件背后，往往有一些地方环保意识不强、履职不到位、执行不严格问题，有领导干部不负责任、不作为问题，有执法监督作用发挥不到位、强制力不够问题。因此，各地各级党委政府要实行党政同责，一岗双责，把环境保护的责任分解落实到位。其次，福建要完善评价考核体系，进一步完善地方政府官员的考核体系，坚定执行以绿色经济为导向的地方政府竞争制度，在对地方政府的绩效考核中增加生态环境保护与绿色发展效率的内容。由于地方政府的绩效考核与官员的晋升激励制度对地方政府的政策选择具有很强的导向作用，因此在绿色发展背景下，构建经济与环境相协调的政府绩效考核制度，对于福建实现绿色经济高质量发展，保护绿水青山，建设清新福建具有重要意义。再次，福建省应建立环保督察制度，把环境问题突出、重大环境事件频发、环境保护责任落实不力的地方作为重点督察对象，把大气、水、土壤污染防治和推进生态文明建设作为重中之重，解决突出环境问题，落实环境保护主体责任情况，并将督查中发现的问题通报，形成反馈、改善机制，改变过去那种上下脱节的情形。最后，福建省要建立责任追究制度，要坚持依法依规、客观公正、科学认定、权责一致、终身追究的原则，对那些不顾生态环境盲目决策，造成严重后果的人，必须追究其责任，而且应该终身追究。

（三）推进传统产业绿色转型

福建省应重点扶持优势传统产业的绿色化改造。在生态文明建设和绿色经济的新形势下，福建应重视传统产业的潜在优势，把绿色化改造作为传统产业转型升级的重要内容。一是充分发挥龙头企业的创新引领作用，以纺织服装、冶金建材、工程机械等传统行业为主战场，选取那些关联性强、技术带动效应大的龙头企业和名牌产品企业作为绿色化改造的重点扶持对象，推动它们攻克一批绿色核心、关键、共性技术，改造落后的生产工艺设备，提高生产技术水平，并发挥其生产关联效应、技术扩散效应和示范效应，最终带动整体的技术提升。二是完善以企业技术中心为龙头的技术创新体系，加快企业技术中心、技术创新公共服务等创新平台建设，加强企业的技术中心与高校、科研院所及其他本章参考文献企业技术中心的合作，实现全社会范围内的资源共享。三是扶做大传统产业的新兴领域，用好"两化"融合的机遇，通过嫁接新兴产业，着眼技术改造、装备升级、品牌质量提升，以智能制造、网络制造、绿色制造、服务型制造为路径，以工业互联网创新、机器换工等新一轮技术改造提升为抓手，延伸产业链条，放大产业结合的效用。福建省要推动生产方式向数字化、精细化、柔性化、绿色化转变，充分利用并发挥新兴领域的技术溢出效应，通过逆向传导机制为传统产业注入活力。福建省要推动传统产业生产领域不断延伸，由劳动密集型向技术密集型转变，认真研究新兴产业发展规律，推动传统产业与新兴产业融合。最后，福建应该积极通过和台湾的产业对接与合作，提升产业素质。在新一轮的闽台产业合作中，福建应突出高科技与新兴产业的对接与合作，建设特色产业园区，形成闽台两地产业互补型的专业化分工协作关联体系，推动绿色产业体系壮大。

（四）大力发展绿色产业

福建绿色产业已初具规模，但仍缺乏核心技术优势和有竞争力的企业集群，需要进一步从技术链、价值链和产业链出发，加强产业创新模式研究，完善绿色产业体系。首先，福建省要依托低碳技术、新能源技术、物联网技术等先进技术，大力发展绿色终端产品、深加工产品、走精细化发展道路，催生或升级成为符合可持续发展要求的绿色产业，大力发展数字创意产业、出台数字创意产业发展专项规划，实施数字文化创意技术装备创新提升工程、数字内容创新发展工程、创新设计发展工程三大工程，利用数字创意产业对传统创意产业和制造业的双重改造，扩展新的经济发展空间，带动创新，促进绿色经济高质量发展。其次，福建应推进服务业绿色发展，要充分利用海峡两岸金融协议的签订，作为全国自然文化旅游中心和大陆地区对外开放的综合通道的定位，加快金融、旅游和物流产业的发展，利用移动互联网、云计算、大数据、物联网为代表的新一代信息技术，大力发展电子商务、互联网金融、远程技术支持等服务业新业态，使之成为生态产业发展的新增长点。福建省要积极承接台湾现代服务业的转移，提升服务业的技术和管理水平，优化服务业的结构，大力发展绿色商业服务业，生态旅游业、生态物流业、绿色公共管理服务等生态服务业，促进服务主体生态化、服务过程清洁化、消费模式绿色化、服务业与其他各生产企业间的生态化耦合。最后，福建应发展高效生态农业，农业是国民经济基础，无农不稳。因此，福建要以破解水、土地等资源约束为导向，转变农业生产方式，构建新型农业经营体系，发展放心农业，生产优质农产品，促进农业技术集成化，构建高效、生态的农业生产技术体系，发展特色农产品，创造农产品品牌，提升农产品质量附加值，并协同推进城乡基础设施建设，促进农村劳动力转移就业，形成以工带农，以城带乡的协调发展格局。

（五）提高科技创新水平

以技术创新引领绿色经济发展，绿色技术创新是赢得工业绿色发展主动权的关键。近年来创新全球化和网络化趋势进一步加深，开放与合作创新日益普遍。福建省应以全球视野谋划和推动创新，着力打造开放与合作创新模式，有效吸纳、利用和整合国内外创新资源，加强绿色技术研发与推广，精心培育一批有核心竞争力的绿色装备制造骨干企业，重点加大节能环保资源循环利用等绿色技术装备的研发和示范力度，要推进节能降耗和清洁生产，在钢铁、水泥、石化、造纸等传统制造业领域，重点推广原料优化、能源梯级利用、生产流程优化、工艺流程再造等系统优化工艺技术；在钢铁、造纸、化工、印染和食品药品等高耗水行业，采用水系统平衡优化整体解决方案等节水技术。福建省鼓励企业使用清洁健康的新能源，采用新技术，减少污染物的排放，积极研发新生态生产技术，与高校和研究部门合作开发生态技术新材料，促进生态产业升级，努力突破并掌握一批产业核心技术和关键技术，组织实施节能环保产业技术开发专项，提升节能技术装备、环保技术装备、资源循环利用技术装备等技术装备的供给水平，创新节能环保服务模式，提升运营管理水平。福建省应出台促进科技成果加快转移转化行动方案，组建国有企业为主的产业技术研究院，产业创新综合体，打造国家级技术创新中心，加大科技成果转化，提升国家技术转移通道中心等平台的功能，加快智慧产业化、产业智慧化进程，尽快落实中小企业科技研发费用税前扣除政策，落实转包资金，项目转移等有利于企业发展的政策，并采取多种措施，促进科技成果的转化。

（六）提升企业绿色管理能力

福建省要重视培育企业绿色发展观和绿色管理能力。首先，企业必须牢固树立以人为本的绿色健康发展理念，自觉形成环境就是资源，保护生态就是保存财富的发展观念。企业管理者在制定企业发展战略规划、产业政策、管理决策上，要优先坚持企业绿色发展的价值导向和目标，牢固树立企业的绿色绩效观。企业在人力资源管理、产业转型升级、产品质量管理、市场和营销管理实践中始终贯穿绿色发展的理念和思维方式。其次，企业应提升的绿色管理能力。企业管理者要牢固树立绿色发展理念，增强环境保护法治观念，坚持把绿色发展作为企业的价值理念，以高度的社会责任感主动保护生态环境，重视绿色经营，把绿色文化融入企业生产经营活动中，创新经营理念和商业模式。根据市场需求加快推进供给侧结构性改革，打造绿色环保的新型品牌产品，展现企业绿色文化建设成果，提升企业绿色形象和员工绿色素养，塑造企业竞争新优势，助力福建经济社会和生态环境协同发展。最后，企业要增强绿色技术创新能力。绿色技术创新能力是实现企业绿色发展的关键。企业要借助全省生态文明建设契机，着力增加对新兴绿色基础技术、前沿技术和共性技术的研发投入，同时积极争取政府一定比例配套财政金融政策支持或税收减免，降低企业绿色技术创新的成本。具备条件的大型工业企业要积极设立研发机构，大力开展国际合作，主动与高等院校、科研院所广泛开展项目合作，加大绿色技术创新人才培养的扶持力度，协同开展新产品、新技术和新工艺的研究开发。

（七）闽台融合助推绿色发展

习近平总书记积极倡导地区间的合作，共同发展绿色经济。闽台自古以来是一家，习近平就闽台合作发表过多次重要讲话，他强调，我们要积极推进两岸经济合作制度化，打造两岸共同市场，为发展增动力，为合作添活力，壮大中华民族经济。两岸要应通尽通，提升经贸合作畅通、基础设施联通、能源资源互通、行业标准共通，可以率先实现金门、马祖同福建沿海地区通水、通电、通气、通桥。两岸要推动文化教育、医疗卫生合作，社会保障和公共资源共享，两岸邻近或条件相当地区基本公共服务均等化、普惠化、便捷化。这为闽台融合发展绿色经济提供了突破口。福建要积极推进两地经济合作制度化，通过经贸合作畅通、基础设施联通、能源资源互通、行业标准共通等为闽台融合增添活力。福建可以借鉴"共通治理"的理念，建立闽台、企业、研究机构以及民间团体之间的联动机制，以先进制造业、战略性新兴产业、生产性服务业等绿色产业为重点，着力推进电子信息、装备制造、石油化工等三大主导产业与台湾对接，深化工业设计、现代物流、电子商务、科技咨询等生产性服务业对接，加强闽台高端制造业和现代服务业领域合作，加强闽台科技合作。福建应抓住机遇与台湾通力合作，投资兴建科技园区，产业园区和实验区，大力吸引台资企业和科技人才入园进驻，进行联合环保技术攻关，同时组建联合研发中心，发挥各自领域的互补优势，对相关绿色产业的核心技术进行研究与开发，加大闽台两地的人才合作。台湾目前有近32万科技人才，平均每万人拥有科技人员78.8人。而科技人才是高质量发展绿色经济的关键，福建可以采用兼职、咨询、讲学、短期培训、短期聘用、项目合作、技术合作、技术入股、合作经营等方式，实现闽台科技人才合作。

七、本章小结

习近平生态文明思想是习近平总书记运用辩证唯物主义的科学方法，将马克思生态思想与我国生态文明建设的实践经验相结合而形成的创新理论。这一思想理论以生态文明"共同体论"为核心，指明生态环境与人类社会同兴衰、共命运的辩证关系，贯穿于生态文明思想中的"价值论""系统论""制度论""全球论""民生论"之中。"价值论"和"民生论"指明当前生态建设的价值利益和最终的目标，揭示生态文明建设的最终目标是保障广大人民的幸福安康。"系统论""制度论"为生态文明建设提供基本的价值立场和实践方向，解决生态文明建设如何实现的问题，也为福建发展绿色经济提供了切实有力的指引。根据习近平生态文明思想，结合福建当前经济、资源、环境状况，福建要首先在政策层面不断完善相关的政策措施，制定严格的制度保障绿色经济的发展，加大科研投入，提高自主创新能力，在大力推进传统产业绿色转型的同时，积极发展新兴绿色环保产业，培养更多绿色增长点，积极培养企业绿色管理能力，加强闽台融合，通过闽台在产业、科技、人才等方面交流合作，共同推动绿色经济高质量发展。

本章参考文献

［1］Olivia Bina. The green economy and sustainable development：an uneasy balance？［J］. Environment and Planning C：Government and Policy，2013，31（6）：1023—1047.

［2］UNEP. Towards a green economy：Pathways to sustainable development and poverty e-radication. A synthesis for policy makers［J］. Nairobi Kenya Unep，2017.

［3］Barbier E. The policy challenges for green economy and sustainable economic develop-ment［J］. Comparative Economic & Social Systems，2011，35（3）：233—245.

［4］David Carfì，Daniele Schilirò. A coopetitive model for the green economy［J］. Eco-nomic Modelling，2012，29（4）：1215—1219.

［5］Perkins R，Neumayer E. Transnational linkages and the spillover of environment－ef-ficiency into developing countries［J］. Global Environmental Change，2009，19（3）：375—383.

［6］钱争鸣，刘晓晨. 环境管制与绿色经济效率［J］. 统计研究，2015，32（07）：12—18.

［7］张子龙，王开泳，陈兴鹏. 中国生态效率演变与环境规制的关系——基于SBM模型和省际面板数据估计［J］. 经济经纬，2015，32（03）：126—131.

［8］何爱平，安梦天．地方政府竞争、环境规制与绿色发展效率［J］．中国人口．资源与境，2019，29（03）：21—30.

［9］刘志彪．为高质量发展而竞争：地方政府竞争问题的新解析［J］．河海大学学报（哲学社会科学版），2018，20（02）：1—6，89.

［10］厦门理工学院课题组，丁智才，陈意，马培红．福建生态优势转化为经济发展优势战略研究报告［J］．发展研究，2018（03）：52—61.

［11］傅强，朱浩．中央政府主导下的地方政府竞争机制——解释中国经济增长的制度视角［J］．公共管理学报，2013，10（01）：19—30，138；张华．"绿色悖论"之谜：地方政府竞争视角的解读［J］．财经研究，2014，40（12）：114—127.

第三章　习近平生态文明思想引领福建
绿色经济高质量发展理论体系研究

一、理论综述

（一）习近平生态文明思想研究综述

关于习近平生态文明思想的研究现阶段以国内学者的研究为主，其系统的研究最早可以追溯到十八大。周生贤[1]（2013）在《走向生态文明新时代：学习习近平同志关于生态文明建设的重要论述》一文中强调党的十八大以来以习近平总书记为核心的党中央站在战略和全局的高度，对生态文明建设和生态环境保护提出一系列新思想新论断新要求。"习近平生态文明思想"正式得到官方确认是在 2018 年 5 月 18—19 日举行的第八次全国生态环境保护大会上，大会明确提出加大力度推进生态文明建设、解决生态环境问题，坚决打好污染防治攻坚战，推动中国生态文明建设迈上新台阶，概括确立了"习近平新时代中国特色社会主义生态文明思想"的理论要点及其对于我国生态文明建设的现实指导意义。在这之后关于"习近平生态文明思想"的学术理论研究出现井喷式增长，比之前的研究更加深入和具体[2]，但总体上尚处于一个初步性阶段。研究尤其集中在这一思想的形成发展过程、主要理论观点与基本特征、地方践行实践等议题性方面[3]，而在研究方法上更偏向于对其动态发展过程本身的叙述和讲话文本内容的概述诠释，尤其缺乏如何充分利用"习近平生态文明思想"促进社会主义生态文明建设的具体的、鲜活的理论和实践研究。因此本章将在作为"生态文明试验区"的福建具体省情的基础上，对习近平生态文明思想引领福建绿色经济高质量发展的理论体系进行深入研究。

（二）福建绿色经济高质量发展的理论基础

绿色经济的概念，最早是在 1989 年由英国环境经济学家皮尔斯在《绿色经济的蓝图：一份报告》中提出[4]，该书从经济学角度，初步探讨了环境与经济发展之间的关系，主张从社会及其生态条件出发，建立一种环境"可承受的经济"。但是2008年金融危机以来由联合国等国际组织以及金融危机相关国家推进的绿色新政和绿色经济具有全新的意义。新倡导的绿色经济包括了经济高效、规模有度、社会包容等要素，相对于以往不涉及经济模式变革的浅绿色改进，是一种深绿色的变革[5]。它是以促进可持续增长和增进民生福祉为目标，以节约自然资源和保护生态环境为基础，不断提高自然资本在发展中的比重，体现人与自然共生共荣的经济发展方式。

高质量发展主要依托于三个基础。其一，在经济发展的方式上要进行调整，调整经济结构，转变经济发展目标，推动中国"质"造、中国"智"造的转变，在实体经济依赖的传统产业优化升级的过程中，要引进新概念，发展新能源，利用新材料，向着绿色经济方向发展；其二，在高质量发展的动力上要依托于创新，转向高质量发展，必须实现从生产到创新的转变，加大科学技术的研究与创新，尤其是加大对大数据、量子信息、人工智能等技术的投入，引入产业变革的颠覆性技术，大胆创新商业模式，创新现代服务技术，帮助传统企业的经济发展形态向高级化发展；其三，在高质量发展的本质上要依托于人本论，高质量发展是以人为本的发展，注重保障和改善民生，只有实实在在为人民谋福祉，保证人民在高质量发展中的核心地位，才能保证高质量发展沿着正确的方向迈进。

福建应立足生态资源禀赋和产业发展实际，坚持生态产业化、产业生态化，加快发展具有技术含量、就业容量、环境质量的绿色经济。福建要既用绿色增添福建经济的亮色，又用绿色提升福建经济的成色，用生态之美，谋赶超之策，造百姓之福，实现绿水青山与金山银山、百姓富与生态美的有机统一。

二、理论科学内涵

（一）人本论与福建绿色经济高质量发展

2017年10月，习近平总书记在党的十九大报告中指出，建设生态文明是中华民族永续发展的千年大计。[6]2018年5月全国环境保护大会上习近平指出生态文明建设是关系中华民族永续发展的根本大计[7]。从"千年大计"到"根本大计"，极大凸显和昭示出生态文明对中华文明悠久灿烂历史文明传承和发展，对实现中华民族伟大复兴的历史和时代重任的重要性。之所以把生态文明置于如此高的地位，是因为现阶段中国共产党的主要任务是满足人民日益增长的美好生活需要，而这正是新时代生态文明建设的价值目标，即生态文明是为了人民，依靠人民，生态成果由人民共享。

"良好生态环境是最公平的公共产品，是最普惠的民生福祉。"[8]这深刻揭示了生态与民生的关系，阐明了我国生态文明建设的价值目标，升华了对生态文明建设重要性的认识。福建绿色经济高质量发展在习近平生态文明思想的引领下要贯彻和坚持"以人民为中心"的核心价值目标。早在20世纪80年代末，习近平在福建宁德工作期间就引用当地群众的话"什么时候闽东的山都绿了，什么时候闽东就富裕了"[9]来阐明发展林业既是生态文明建设的需要，也是闽东脱贫致富的主要途径，强调增进民生福祉与保护人文环境的统一。这是中国共产党秉持以人为本执政理念的集中体现。习近平生态文明思想充分强调了从老百姓的满意度和答应度、从改善民生的着力点来看待生态环境治理的重要性，经济社会的全面发展和人民生活水平的不断提高才是真正的发展。所以，福建绿色经济高质量发展不能等同于经济发展，而经济发展不能片面地追求速度，更不能以牺牲生态环境为代价，以人为本的福建绿色经济高质量发展就是要求在经济发展过程中不能摧残人自身生存环境。因此，习近平生态文明思想引领的福建绿色经济高质量发展要以增进民生福祉、满足人民群众对美好生态文明的期盼为依归，让人民群众共享生态文明成果。

习近平生态文明思想引领的福建绿色经济高质量发展以人民为中心就是要解决福建人民群众最关心的生态问题。正如习近平指出，"环境就是民生，青山就是美丽，蓝天也是幸福。"因此，人民群众的幸福感很重要的来源就是良好的生态环境[10]。2018年，福建省森林覆盖率66.8%，连续40年保持全国首位；全省12条主要河流Ⅰ–Ⅲ类水质比全国平均水平高24.8个百分点；九市一区城市空气平均达标天数比例比全国平均水平高15.7个百分点，其中PM2.5平均浓度为26微克/立方米，较全国平均值低33.3%，接近世界卫生组织第二阶段推荐标准①。虽然福建的生态环境质量持续保持全国领先的地位，但是福建省的经济发展却仍有较大的进步空间，因此福建省近年来在加快经济发展的步伐，然而在经济发展中，人民群众最关心的就是要在保持生态优势的前提下进行经济的发展，从目前福建的生态环境质量的地位来看，其具备加快发展绿色经济的基础，生态美将成为福建发展的永续优势。

习近平生态文明思想引领的福建绿色经济高质量发展要以人民为中心，就

---

① 资料来源：国家统计局《中国统计年鉴—2018》。

是要让福建的广大人民群众成为生态文明建设的主体。建设生态文明关系人民福祉，关乎人民未来，必须充分调动人民群众的积极性和创造性，聚民心、集民智、汇民力，从群众中汲取无穷的智慧和力量。生态环境作为最大的公共产品，尊重人民群众的主体地位，动员社会力量广泛监督、合理维权，可以有效制衡企业破坏环境的违法行为，更有助于避免环境保护中因利益主体不一致引发的弊端，从而提高环保公共政策的有效性，让人民群众共享生态文明建设成果。

（二）六项基本原则与福建绿色经济高质量发展

习近平生态文明思想的理论内核是新时代推进生态文明建设必须坚持的"六项原则"。这"六项原则"是科学自然观、绿色发展观、基本民生观、整体系统观、严密法治观、全球共赢观的集大成，深刻体现了习近平生态文明思想的核心要义，是认识和把握习近平生态文明思想科学严密理论体系的基本原则。

科学自然观的要义是人与自然和谐共生。习近平指出，坚持人与自然和谐共生，坚持节约优先、保护优先、自然恢复为主的方针，像保护眼睛一样保护生态环境，像对待生命一样对待生态环境，让自然生态美景永驻人间，还自然以宁静、和谐、美丽。[11]这一论述是处理生态文明思想中人与自然关系的重要指导。"生态兴则文明兴，生态衰则文明衰"，这是习近平对人类文明演进史的深刻总结，阐明了人类历史发展与自然生态发展的内在关系，人与自然、文明兴衰与民族命运都是紧密联系在一起的，是不能割裂的，因此要在人与自然和谐共生的基础上进行现代化建设，当前要建设的现代化是人与自然和谐共生的现代化，既要创造更多物质财富和精神财富以满足人民日益增长的美好生活需要，也要提供更多优质生态产品以满足人民日益增长的优美生态环境需要。在人与自然和谐共生的科学自然观的引领下，福建绿色经济高质量发展要尊重自然，树立人与自然平等互惠的思想，以平视的眼光、敬重的姿态考量人与自然的关系，给自然以平等的生存权，顺应自然，在主动遵循自然规律的前提下，充分发挥人的主观能动性，合理调整人类行为，行止得当，收放适宜，在开发利用自然上少走弯路，真正达成人与自然的和解。建设好生态文明，首要的是准确把握人与自然的关系，这是核心，也是根本。人类是自然界的一部分，人类不能与自然相对立，不能妄图去统治、征服自然，而要与之和谐共处。破坏了生态环境这一人类生存最为重要的条件，可持续发展就失去了基础。人类必须多谋打基础、利长远的善事，多干保护自然、修复生态的实事，形成节约资源和保护环境的空间格局、产业结构、生产方式、生活方式，构建人与自然和谐发展的现代化建设新格局。

绿色发展观要义就是坚持绿水青山就是金山银山。绿水青山与金山银山的关系，实质上是经济发展与生态环境保护的关系。在实践中，对二者关系的认识经过了"用绿水青山去换金山银山""既要金山银山也要保住绿水青山""让绿水青山源源不断地带来金山银山"三个阶段，这是一个理论和实践逐步深化的过程，更是对人与自然关系的规律性把握和运用不断深化的过程[12]。习近平指出，坚持绿水青山就是金山银山，是重要的发展理念，也是推进现代化建设的重大原则，必须树立和践行绿水青山就是金山银山的理念。这一科学理念，深刻揭示了保护生态环境就是保护生产力，改善生态环境就是发展生产力的道理，阐明了经济发展与环境保护的辩证统一关系。既不能舍弃经济发展"缘木求鱼"式的保护生态，也不能牺牲环境资源"涸泽而渔"式地发展经济[13]，要在发展中保护、在保护中发展，实现经济社会发展与人口、资源、环境相协调。在绿水青山就是金山银山的绿色发展观的引领下，福建绿色经济高质量发展要贯彻创新、协调、绿色、开放、共享的发展理念，加快形成节约资源和保护环境的空间格局、产业结构、生产方式、生活方式，坚定不移地贯彻绿色发展理念，把经济活动、人的行为限制在自然资源和生态环境能够承载的限度内，实现经济社会发展和生态环境保护协同共进，给自然生态留下休养生息的时间和空间。

基本民生观的要义是把良好生态环境当作最普惠的民生福祉。良好生态环境是最普惠的民生福祉的基本民生观实际上也是习近平生态文明思想人本论的体现。习近平生态文明思想是以人民为中心，这一理念源自中国共产党全心全意为人民服务的根本宗旨，源自广大人民群众对改善生态环境质量的热切期盼。习近平生态文明思想把解决突出生态环境问题作为民生优先领域，积极回应人民群众所想、所盼、所急，突出生态文明建设中的基本民生观，不断满足人民群众日益增长的优美生态环境需要。良好的生态环境意味着清洁的空气、干净的水源、安全的食品、宜居的环境，关系着人民群众最基本的生存权和发展权。在良好生态环境是最普惠的民生福祉的基本民生观引领下，福建绿色经济高质量发展必须以对人民群众高度负责的态度，把生态环境保护放在更加突出的位置，为人民群众提供更多优质生态产品，让良好生态环境成为人民生活的增长点，让老百姓切实感受到经济发展带来的实实在在的环境效益。

整体系统观的要义是山水林田湖草是生命共同体。坚持山水林田湖草是一个生命共同体的思想，深化了对生态系统保护和修复规律的认识[14]。习近平用"命脉"把人与山水林田湖草连在一起，生动形象地阐述了人与自然之间唇齿相依、唇亡齿寒的一体性关系：人的命脉在田，田的命脉在水，水的命脉在山，山的命脉在土，土的命脉在林和草，这个生命共同体是人类生存发展的物质基础。[11]这一思想既突出了自然环境在人类生存和持续发展中的基础性地位，也强调了各生态要素之间互相依存和互相制约，必须树立系统思维，这为生态文明建设提供了方法论原则。在山水林田湖草是生命共同体的整体系统观的引领下，福建绿色经济高质量发展要从系统工程角度寻求治理修复之道，根据各要素在"生命共同体"中所处的层级、位置和作用，比较不同生态要素在不同配置格局下的生态服务价值和环境成本效益，进行多目标综合管理，不能头痛医头、脚痛医脚，而且要按照生态系统的整体性、系统性及其内在规律，整体施策、多策并举，统筹考虑自然生态各要素，山上山下、地表地下、陆地海洋以及流域上下游、左右岸，进行整体保护、宏观管控、综合治理，增强生态系统循环能力，维持生态平衡、维护生态功能，达到系统治理的最佳效果。

严密法治观的要义是用最严格的制度、最严密的法治保护生态环境。建设生态文明，是一场涉及生产方式、生活方式、思维方式和价值观念的革命性变革。习近平指出："只有实行最严格的制度、最严密的法治，才能为生态文明建设提供可靠保障。"[15]党的十八大以来，以习近平同志为核心的党中央扎实推进生态文明制度体系建设，让制度和法治为生态文明建设保驾护航，但是当前的制度和法治建设还存在碎片化、分散化、交叉化等现象，空间规划重叠冲突、部门职责交叉重复、地方规划朝令夕改等问题，因此在用最严格的制度、最严密的法治保护生态环境的严密法治观的引领下，福建绿色经济高质量发展要加快制度创新，建立起产权清晰、多元参与、激励约束并重、系统完整的生态文明制度体系，建立健全与生态环境保护目标导向相适应的制度法治体系，着力破解制约生态文明建设的体制机制和法治障碍，同时要划出一条清晰的、明确的、不可逾越的底线，对于破坏生态环境的行为，不能手软，强化制度执行，让制度成为刚性约束和不可触碰的高压线。

（三）五大体系与福建绿色经济高质量发展

在2018年5月的全国环境保护大会上习近平首次提出建设生态文明的"五大体系"，即生态经济体系、生态文明制度体系、生态文化体系、目标责任体系、生态安全体系。"五大体系"是习近平生态文明思想的重要组成部分，是对贯彻"六项原则"的具体部署，也是从根本上解决生态问题的对策体系。如图1所示，"五大体系"首次系统界定生态文明体系的基本框架，其中生态经济体系提供物质基础，生态文明制度体系提供制度保障，生态文化体系建设提供思想保证、精神动力和智力支持，目标责任体系和生态安全体系是生态文明建设的责任和动力，是底线和红线[16]，在其引领下，福建绿色经济高质量发展有了更加具体的行动部署。

在生态文明建设的物质基础的生态经济体系的引领下，福建绿色经济高质量发展要加快建立健全以产业生态化和生态产业化为主体的生态经济体系。福建要构建以产业生态化和生态产业化为主体的生态经济体系，就要深化供给侧结构性改革，坚持传统制造业改造提升与新兴产业培育并重、扩大总量与提质增效并重、扶大扶优扶强与选商引资引智并重，抓好生态工业、生态农业、抓好全域旅游，促进一二三产业融合发展，让生态优势变成经济优势，形成一种浑然一体、和谐统一的关系。福建要坚信保护生态环境就是保护生产力，改善生态环境就是发展生产力，坚持正确的发展理念和发展方式，实现百姓富、生态美的有机统一。

在生态文明建设的制度保障的生态文明制度体系的引领下，福建绿色经济高质量发展要加快建立健全以治理体系和治理能力现代化为保障的生态文明制度体系。从治理体系来说，福建省要从治理手段入手，提高治理能力，并要把资源消耗、环境损害、生态效益等体现生态文明建设状况的指标纳入经济社会发展评价体系，建立体现生态文明要求的目标体系、考核办法、奖惩机制，使之成为推进生态文明建设的重要导向和约束。从制度体系来说，福建省要建立健全资源生态环境管理制度，加快建立国土空间开发保护制度，强化水、大气、土壤等污染防治制度，建立反映市场供求和资源稀缺程度、体现生态价值、代际补偿的资源有偿使用制度和生态补偿制度，健全生态环境保护责任追究制度和环境损害赔偿制度，强化制度约束作用。

在生态文明建设的思想保证、精神动力和智力支持的生态文化体系的引领下，福建绿色经济高质量发展要加快建立健全以生态价值观念为准则的生态文化体系。福建要树立尊重自然、顺应自然、保护自然的生态价值观，把生态文明建设放在突出地位，从根本上减少人为对自然环境的破坏。福建要大力倡导生态伦理和生态道德，提倡先进的生态价值观和生态审美观，注重对广大人民群众的舆论引导，大力倡导绿色消费模式，引导人们树立绿色、环保、节约的文明消费模式和生活方式，让低碳环保的理念深入人心，绿色生活方式成为习惯，生态文化才能真正发挥出它的作用，生态文明建设就有了内核。

在生态文明建设的生态安全体系的引领下，福建绿色经济高质量发展要加快建立健全以生态系统良性循环和环境风险有效防控为重点的生态安全体系。这要求福建省首先是要维护生态系统的完整性、稳定性和功能性，确保生态系统的良性循环；其次要处理好涉及生态环境的重大问题，包括妥善处理好发展面临的资源环境瓶颈、生态承载力不足的问题，以及突发环境事件问题，这是维护生态安全的重要着力点，是最具有现实性和紧迫性的问题。

三、理论战略目标——建成美丽新福建

2018 年 5 月在全国生态环境保护大会上，习近平指出，到 21 世纪中叶，物质文明、政治文明、精神文明、社会文明、生态文明全面提升，绿色发展方式和生活方式全面形成，人与自然和谐共生，生态环境领域国家治理体系和治理能力现代化全面实现，建成美丽中国[17]。"建成美丽中国"作为生态文明建设的战略目标被正式提出，而在习近平生态文明思想引领福建绿色经济高质量发展理论体系中，其战略目标是建成美丽新福建。之所以要建设美丽新福建是因为这是建成美丽中国的重要组成部分，福建由于本身具备良好的生态环境基础，因此承担着国家生态文明试验区建设的重要任务，这要求福建不能满足于当前的生态文明成绩，而要进一步加强生态文明建设，为全国乃至全世界贡献福建智慧和福建方案。美丽新福建的建设将成为福建绿色经济高质量发展的依归，引领和指导新时期福建的发展。

关于美丽新福建的建设，首先，要在习近平生态文明思想引领下发展绿色经济。福建绿色经济高质量发展，第一，要扎实做好绿色经济发展的统筹谋划；抓紧编制绿色经济各类专项规划，逐个类型、逐个产业制定规划和实施方案；大力推进绿色产业、绿色产品市场化改革，加快构建更多体现生态产品价值、运用经济杠杆和市场办法实施生态保护和环境治理的制度体系；把绿色经济作为发展新经济、培育新动能的重要支撑，不断提高经济绿色化程度和自然资本在发展中的比重，形成经济社会发展新的增长点，更好地满足人民群众对绿色生产、良好生态和美好生活的热切期待。第二，福建要积极开展产业绿色化改造；加快传统产业绿色化升级改造步伐，加快传统产业技术升级、设备更新、数字化和绿色低碳改造，提升能源资源节约集约利用效率；加快新兴产业绿色发展，培育新一代信息技术、生物与新医药、节能环保、海洋高新等绿色经济产业，重点开发一批具有比较优势和地方特色的产品，积极培育形成新的

经济增长极；加快推动互联网与绿色制造深度融合，着力发展数字经济、人工智能产业，发展分布式能源、分布式光伏发电、风力发电，进一步提升能源、资源、环境智慧化管理水平。第三，福建要不断提高生产绿色化水平；持续开展清洁生产审核工作，严格执行国家颁布的清洁生产标准、清洁生产评价体系，加大强制实行清洁生产力度，创建一批清洁生产示范企业；开展绿色供应链创建工作，在电子信息、汽车、机械制造等重点行业，以及大型成套装备等重点领域选择一批代表性强、影响力大的龙头企业，建立采购、生产、营销、回收及物流体系，探索运用绿色供应链管理体系助推绿色发展。

其次，福建省要打好污染防治攻坚战以及完成生态文明试验区建设；进一步强化措施、铁腕治理、精准发力，着力推动绿色发展，着力解决与老百姓密切相关的突出生态环境问题，着力加强生态保护与修复，切实抓好中央环保督察整改，坚决打好污染防治攻坚战；要将生态文明试验区建设作为一项重要政治任务来完成，要进一步深化认识、凝聚力量，把各项改革任务抓得更深、落得更实，坚持"两手"发力，充分用好政府和市场两种手段、两种力量；不断释放改革红利，促进生态环境"高颜值"和经济发展"高素质"，不断开创试验区建设新局面。

四、本章小结

习近平生态文明思想是对马克思主义生态思想的丰富和对中国传统文化中生态智慧的继承与弘扬，是对中国共产党生态文明思想的进一步发展，是对人类生态文明思想的重要发展与创新，同时也是中国新时代推动生态文明建设的思想指引和根本遵循。习近平生态文明思想引领福建绿色经济高质量发展的理论体系是在福建的实践中形成的，它依托于习近平生态文明思想价值所依归的人本论，以人民为中心，增进民生福祉、满足人民群众对美好生态文明的期盼，让人民群众共享生态文明成果。它的方法论依托于习近平生态文明思想的"六项原则"和"五大体系"，然后依照福建的特色，因地制宜地走出生态文明建设的新道路。它的战略目标依托于习近平生态文明思想"建成美丽中国"的战略目标，将其更加具体地细化为"建成美丽新福建"，这一战略目标将成为引领福建绿色经济高质量发展的旗帜。因此，习近平生态文明思想引领福建绿色经济高质量发展的理论是在习近平生态文明思想下的化抽象为具体、化一般为个体的、适应于福建绿色经济高质量发展，旨在建成美丽新福建的新理论。

本章参考文献

[1] 周生贤.走向生态文明新时代——学习习近平同志关于生态文明建设的重要论述 [J].求是，2013（17）：17—19.

[2] 杜昌建.习近平生态文明思想研究述评 [J].北京交通大学学报（社会科学版），2018，17（01）：151—158.

[3] 魏华，卢黎歌.习近平生态文明思想的内涵、特征与时代价值 [J].西安交通大学学报（社会科学版），2019，39（03）：1—11.

[4] Pearce，et al. Blueprint for a green economy：a Report [M]. London：Earthscan publications Ltd，1989.

[5] 彭斯震，孙新章.中国发展绿色经济的主要挑战和战略对策研究 [J].中国人口·资源与环境，2014，24（03）：1—4.

[6] 习近平.决胜全面建成小康社会夺取新时代中国特色社会主义伟大胜利——在中国共产党第十九次全国代表大会上的报告 [M].北京：人民出版社，2017.

[7] 李干杰.深入贯彻习近平生态文明思想 以生态环境保护优异成绩迎接新中国成立 70 周年——在 2019 年全国生态环境保护工作会议上的讲话 [J].环境保护，2019，47（Z1）：8—18.

[8] 习近平.习近平关于社会主义生态文明建设论述摘编 [M].北京：中央文献出版社，2017.

[9] 习近平.摆脱贫困 [M].福州：福建人民出版社，1992：110.

[10] 习近平.习近平谈治国理政：第一卷 [M].北京：外文出版社，2018：210.

[11] 中共中央文献研究室.习近平关于社会主义生态文明建设论述摘编 [M].北京：中央文献出版社，2017.

[12] 黄承梁.习近平新时代生态文明建设思想的核心价值 [J].行政管理改革，2018（02）：22—27.

[13] 李文.绿水青山就是金山银山 [N].人民日报，2016-10-11（009）.

[14] 成金华，尤喆."山水林田湖草是生命共同体"原则的科学内涵与实践路径 [J].中国人口·资源与环境，2019，29（02）：1—6.

[15] 习近平"最严"生态"法治观" [J].中国环境管理干部学院学报，2013，23（04）：93.

[16] 宋献中，胡珺.理论创新与实践引领：习近平生态文明思想研究 [J].暨南学报（哲学社会科学版），2018，40（01）：2—17.

[17] 习近平.坚决打好污染防治攻坚战 推动生态文明建设迈上新台阶 [DB/OL].http：//www.xinhuanet.com/politics/leaders/2018-05/19/c_1122857595.htm，2018.05.19/2019.03.29.

第四章　福建绿色经济高质量发展
"经济—社会—环境"复杂系统研究

一、引言

21 世纪，全球经济都在高速发展，而在高速发展经济背后，人类对自然资源过度索取，对环境肆意破坏，导致资源枯竭与环境污染加剧现象的出现。同时，这也使得一种以协调"经济—社会—环境"均衡发展的绿色经济发展成为世界各国倡导的经济发展方式。联合国环境规划署、世界银行等国际组织与G20 峰会等国际会议都把绿色经济、可持续发展作为当今时代发展的基本原则。在国内，党和国家对绿色经济的认识不断深化：十七大将全面协调可持续的"科学发展观"写入党章；十八大报告明确提出"全面落实经济、政治、文化、社会、生态文明建设五位一体总体布局"，将生态文明建设提升到了与经济、政治建设同样的地位；十九大报告会上，习近平总书记正式提出"绿水青山就是金山银山"，坚持人与自然和谐共生必须坚持这一理念不动摇，坚持节约资源和保护环境的基本国策；新时代对生态文明建设提出了明确要求，争取到 2035 年，生态环境质量实现根本好转，美丽中国目标基本实现。这些政策方针均是对绿色经济发展的科学指引。福建作为中国东部沿海省份，生态环境建设在全国各省份中一直位居前列，生态文明优势成为福建最具竞争力的优势之一。自 2016 年福建成为全国首个生态文明试验区以来，福建出台《福建生态文明建设促进条例》，通过技术创新探索生态建设高效管理措施、培养绿色发展"新引擎"等措施，使得福建绿色发展取得了阶段性的进步。在新的历史时期，国家对福建生态文明建设又提出了新要求，习近平总书记在 2019 年 3 月10 日参加全国人大会议福建代表团审议时，特别强调福建发展要有长远眼光，多做经济发展和生态保护相协调的文章，打好污染防治攻坚战，突出打好蓝天、碧水、净土三大保卫战。在新时代背景下，福建绿色经济实现赶超发展，必须要注重发展的质量，确保绿色经济速度与质量的发展齐头并进，寻找绿色经济发展新动力、新方法、新路径。如何实现福建绿色经济高质量发展，处理好"经济—社会—环境"之间的关系，对于福建省巩固其生态文明建设优势以及为全国其他省份绿色经济发展提供借鉴而言意义重大。

二、理论综述

近年来，绿色经济的研究多集中于绿色经济的定义、绿色经济发展的要素分析以及绿色经济评价指标体系。首先，就绿色经济的定义而言，最早提出绿色经济[1]的大卫·皮尔斯等并没有对绿色经济做明确的界定，他们认为绿色经济是在自然环境许可的情况下实现可持续的经济发展。国内学者剧宇宏[2]在对其他相关经济形态做了区分的基础上，认为绿色经济是一种追求个人利益与社会利益相统一的、强调效率优先、兼顾公平的经济发展模式。唐啸[3]在对绿色经济的概念进行梳理的基础上，提出了绿色经济发展的3阶段：单一的生态目标阶段，"经济—生态"目标阶段，"经济—生态—社会"复合系统阶段。其次，区别于传统的经济增长理论，绿色经济发展要素将资源、环境加入经济增长的内生变量中进行研究[4]。学者唐建荣等[5]基于绿色全要素生产率对中国物流业经济增长进行了实证研究。谌莹与张捷[6]研究了碳排放，绿色全要素生产率与经济增长之间的关系，结果显示了绿色全要素生产率高于传统全要素生产率。最后，关于绿色经济评价指标体系的研究，朱海玲[7]构建了由循环经济、绿色金融、节能排放、工业绿色发展四个指标组成的绿色经济评价指标体系。马骈[8]将云南省绿色经济发展评价指标分为四个方面（资源、环境、社会、经济效益），共计22个具体指标的内容进行评价。

综上，学者们对绿色经济的研究内容由最初的对绿色经济概念的宏观认知逐渐过渡到对绿色经济发展过程的细微评价，这是一个从模糊到具体、从主观到客观的过程。就绿色经济研究方法而言，近年来越来越多的学者使用不同的研究方法，如熵值法[9]、聚类—因子分析法[10]、主成分分析法[11]等对绿色经济的指标评价不断完善。但是，既有的绿色经济研究更多集中于对国家或区域当下绿色经济发展状况的评价，而关于预测绿色经济未来发展情势的研究相对较少，需要借助一些仿真模拟工具对绿色经济发展进行相关预测。基于此，本文运用系统动力学相关研究方法，通过对福建现有绿色经济发展状况的模拟与修正，来预测福建未来绿色经济走向，选择出最适合福建绿色经济发展的道路。

三、基于绿色经济的系统动力学模型构建

(一) 系统动力学介绍

系统动力学[12]简称 SD（System Dynamics），由美国麻省理工学院教授福瑞斯特（J. W. Forreste）于 1956 年创立，作为系统科学的一个重要分支，是一种以计算机模拟技术为主要手段，综合采用定性与定量方法相结合的分析解决复杂动态系统的学科。在福瑞斯特（J. W. Forreste）和梅多斯（D. H. Meadows）利用系统动力学构建了世界范围内的人口增长、经济发展、环境污染等要素相互联系、彼此作用的模型后，开启了系统动力学在经济与生态环境研究上的新时代[13]。部分国外学者[14]基于系统动力学研究了区域可持续发展战略制定问题。杜拉（Dura. R. K.）[15]利用系统动力学研究了水资源的优化利用相关问题。国内学者李健、郭姣、苑清敏[16]利用系统动力学，通过对京津冀能源系统的仿真模拟，分析了不同能源政策制定对京津冀能源消费及环境的影响。杨红娟和张成浩[17]利用系统动力学研究了云南生态文明建设的有效路径。佟贺丰等[18]利用系统动力学从绿色经济的角度对选择的 7 个行业进行界定和模拟，研究了绿色经济对中国经济、社会、环境系统的影响。

关于系统动力学的研究方法包括系统分析、因果回路图及流图绘制、模型构建、模型测试及模型仿真模拟预测，这些研究方法的实现需要借助相应的系统研究分析工具及软件。随着系统研究的不断推进，关于系统模拟的软件已经由最初的单纯靠手动编程的磁盘操作系统（DOS）版本，发展到现在可视化的微软（Windows）版本[19]。在众多系统分析软件中，系统动力学模拟环境软件（Vensim PLE）被学者们在对经济，社会及自然环境的研究中广泛使用。本书借助系统动力学模拟环境软件对福建绿色经济复杂系统进行仿真模拟。

(二) 基于系统动力学的福建绿色经济模型构建

1. 系统变量及模型构建

关于绿色经济"经济—社会—环境"复杂系统的分析，首先要确定系统的边界与变量。本书将绿色经济复杂系统的边界界定为福建，并且在结合现有学者关于绿色经济的研究的基础上，本书设定了福建绿色经济高质量发展"经济—社会—环境"复杂系统结构变量，如表1：选择 GDP、固定资产投资、第一产业增加值、第二产业增加值、第三产业增加值等变量设定为经济子系统的变量；选择总人口、人口增长量、就业人口、第一产业就业人口、第二产业就业

人口、第三产业就业人口等变量设定为社会子系统的变量；选择能源消耗总量、第一产业生产能耗、第二产业生产能耗、第三产业生产能耗、生活消耗能量、环境保护支出、废水排放量、废气排放量、固体废物排放量等变量设定为环境子系统的变量。三个子系统之间的复杂交错的关系如图1所示。其中，经济子系统是该复杂系统的驱动器，是整个系统运行的最核心的要素；社会子系统是该复杂系统的稳定器，社会子系统的能动性可以有效协调和控制整个系统的运行；环境子系统是该复杂系统的最基础的要素，整个系统的运行时建立在环境子系统良好运作基础之上。另外，整个复杂系统的运行是基于三个系统协调统一运作的，经济子系统为社会子系统的发展投入了资金，而社会子系统的发展会给经济子系统注入了新的活力；环境子系统在为其他本章参考文献两个子系统分别提供了生产资源供给和生活资源供给的基础上，接受了其他本章参考文献两个子系统所产生的环境污染，与此同时，环境子系统可自身净化将这些污染分解。

表1 福建绿色经济高质量发展"经济—社会—环境"复杂系统结构变量

	子系统	系统变量
绿色经济复杂系统	经济子系统	GDP、固定资产投资、第一产业增加值、第二产业增加值、第三产业增加值等
	社会子系统	总人口、人口增加量、就业人口、第一产业就业人口、第二产业就业人口、第三产业就业人口等
	环境子系统	能源消耗总量、第一产业生产能耗、第二产业生产能耗、第三产业生产能耗、生活消耗能量、环境保护支出、废水排放量、废气排放量、固体废物排放量等

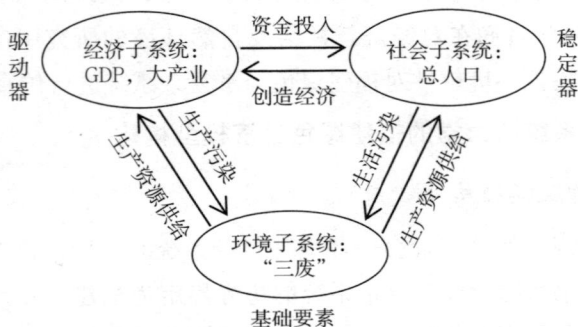

图1 福建绿色经济高质量发展"经济—社会—环境"复杂系统关系图

在对三个子系统的变量界定及三个子系统关系的介绍下，构建了福建绿色经济高质量发展"经济—社会—环境"复杂系统模型，如图2所示。

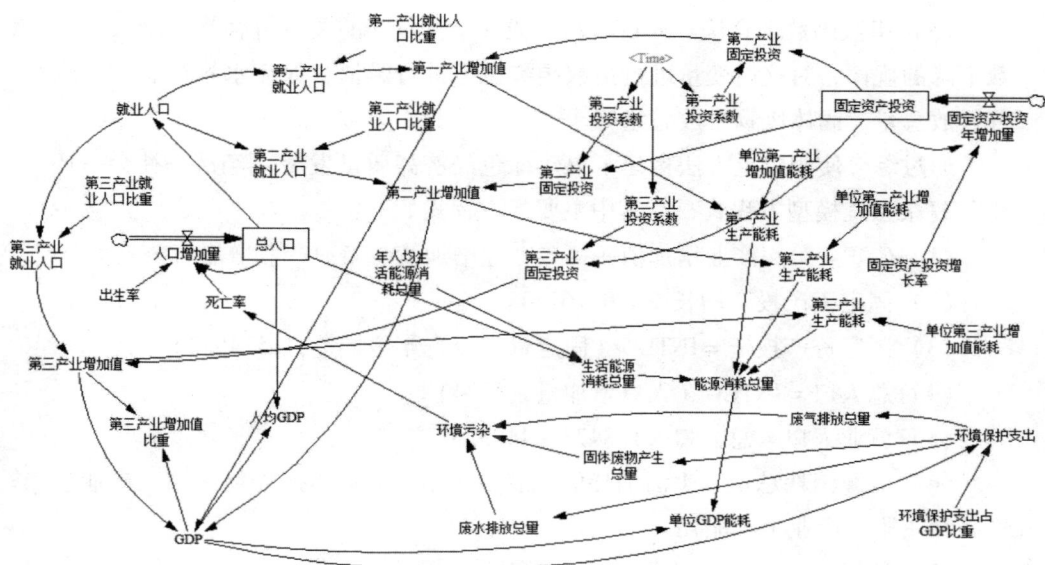

图 2　福建绿色经济高质量发展"经济—社会—环境"复杂系统模型

2. 系统变量参数与方程式建立

本书所选择的模型参数及方程建立的模拟于福建省 2014—2018 年统计年鉴，仿真步长为 1 年，以 2013 年统计数据为基期进行仿真模拟。在借鉴韩楠[20]、杜明东[21]、曾丽君[22]构建系统变量参数及方程的基础上，对福建绿色经济复杂系统变量的参数及方程建立主要使用了以下方法：

（1）算术平均值法。依据统计年鉴中的历史数据，选择随时间变化，数值变动幅度较小的变量，对其进行算术平均并计算所得出参数值，如第一产业就业人员比重、第二产业就业人员比重、第三产业就业人员比重、环境保护支出占 GDP 比重、固定资产投资增长率、单位三大产业增加值能耗等。

（2）资料查询法。通过查阅福建统计年鉴可以得到的数据，如总人口初始值、固定资产投资初始值等。

（3）回归分析法。通过一元或多元线性回归计算所得，如就业人口数、第一产业就业人口数、第二产业就业人口数、第三产业就业人口数、第一产业增加值、第二产业增加值、第三产业增加值等。

（4）表函数赋值法。对于随时间变化，数值变动幅度较大，难以用简单的线性关系描述的变量，在变量类型 Type 标识下选择 with Lookup 进行表函数赋值，如第一产业投资系数、第二产业投资系数、第三产业投资系数等。

（5）指数函数拟合法。通过对两个或多个变量间的关系符合指数增长或指数下降的规律，对这些变量进行指数函数模拟进行赋值，如废水排放总量、废气排放总量、固体废物排放总量等。

通过综合使用以上方法构建了福建绿色经济高质量发展"经济—社会—环境"复杂系统模型方程式，在其中主要的方程式如下：

（1）GDP = 第一产业增加值 + 第二产业增加值 + 第三产业增加值

（2）固定资产投资增长率 = 0.161645

（3）固定资产投资 = INTEG（固定资产投资年增加量，15245.2）

（4）总人口 = INTEG（人口增加量，3774）

（5）就业人口 = 总人口 × 1.8473 − 4483.6

（6）能源消耗总量 = 生活消耗能源总量 + 第一产业生产能耗 + 第三产业生产能耗 + 第二产业生产能耗

（7）环境保护支出占 GDP 比重 = 0.0034

（8）废水排放总量 = 283387 × EXP（−1e−007 × 环境保护支出 * 10000）

（9）废气排放总量 = 122.14 × EXP（−7e−007 × 环境保护支出 * 10000）

（10）固体废物排放总量 = 6146.3 × EXP（−1e−007 × 环境保护支出 × 10000）

（11）第一产业投资系数 = WITH LOOKUP（TIME,（[（2013,0.0193116）−（2035,1）],（2013,0.0193116）,（2014,0.0211004）,（2015,0.0241816）,（2016,0.0311856）,（2017,0.0373762）,（2035,0.05）））

（12）第二产业投资系数 = WITH LOOKUP（TIME,（[（2013,0.375929）−（2035,1）],（2013,0.375929）,（2014,0.356484）,（2015,0.352409）,（2016,0.340893）,（2017,0.33731）,（2035,0.3）））

（13）第三产业投资系数 = WITH LOOKUP（TIME,（[（2013,0.604759）−（2035,1）],（2013,0.604759）,（2014,0.622416）,（2015,0.62341）,（2016,0.627922）,（2017,0.625314）,（2035,0.65）））

四、系统模型的模拟

（一）系统模型的有效性检验

检验系统模型是否有效是进行系统情境模拟与预测的前提，本书基于已建立的系统模型及变量方程，对 2013—2017 年福建绿色经济发展进行模拟，选择主要系统变量将其模拟值与真实值（来自 2014—2018 年《福建统计年鉴》）进行对比，计算出模拟误差，见图 3。由图 3 可知，GDP、总人口、就业人口、固定资产投资的模拟误差绝对值均小于 6%，环境污染的模拟误差绝对值除了在 2016 年超过 8%，其余年份均小于 7%，说明模型真实值与模拟仿真值差距较小，系统模型能够较为真实地反映出福建绿色经济高质量发展的状况。

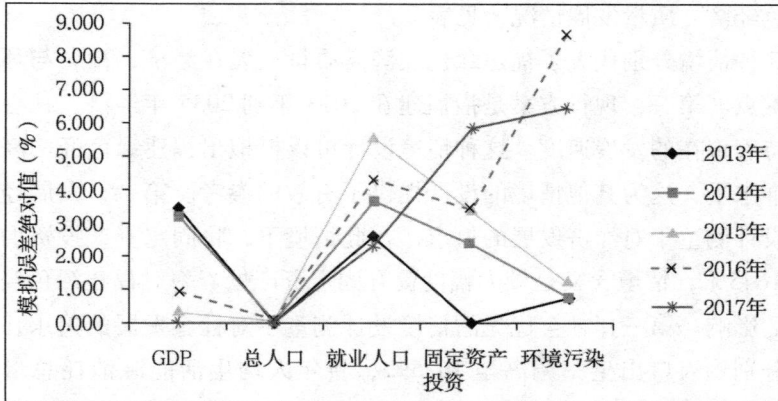

图 3 系统模拟主要变量误差绝对值

表 2 福建绿色经济高质量发展不同情境参数设定

参数	情境1：现行方案	情境2：发展经济优先	情境3：发展社会优先	情境4：保护环境优先	情境5："经济—社会—环境"均衡协调发展
固定资产投资增长率（%）	0.161645	0.181645	0.162645	0.162645	0.171645
人口出生率（‰）	15	15.5	16.5	15.5	16
年人均生活能源消耗总量（吨）	0.3547	0.3557	0.4	0.3	0.35
环境保护支出占 GDP 比重（%）	0.0034	0.002	0.003	0.0054	0.004
单位第一产业生产能耗（万吨）	0.08356	0.08456	0.08366	0.07356	0.075
单位第二产业生产能耗（万吨）	0.6711	0.6721	0.6712	0.6611	0.6631
单位第三产业生产能耗（万吨）	0.1635	0.1645	0.1636	0.1535	0.1555

数据来源：2014—2018 年《福建统计年鉴》。

（二）福建绿色经济高质量发展情境设计

根据国家 2035 年建成美丽中国的生态建设目标及国家对经济高质量发展的要求，本书对福建绿色经济高质量发展模型进行 2013—2035 年仿真模拟，仿真步长为 1 年。为了研究福建绿色经济高质量发展"经济—社会—环境"三个子系统在不同情境下对绿色经济高质量发展的影响,本书选择固定资产投资增长率、人口出生率、年人均生活能源消耗总量、环境保护支出占 GDP 比重、单位第一产业生产能耗、单位第二产业生产能耗、单位第三产业生产能耗这 7 个参数,将其有针对性的组合,并进行适当调整,设计了 5 种不用情境来预测福建绿色经济高质量发展情况,见表 2。

这 5 种情境分别代表了福建绿色经济高质量发展在经济,社会与环境上的不同侧重点。第一,现行方案是指福建在 2013 年到 2035 年经济、社会及环境一直保持着现在的发展速度。这种情境设计可以模拟出福建绿色经济高质量发展的基准水平,这为其他情境的设计提供了有效的参考。第二,发展经济优先的情境设计侧重于对经济发展的追求,在此情境下,将固定资产投资增长率调至 0.181645%,情境含义是较大幅度提升固定资产投资率对福建绿色经济高质量发展的影响。第三,社会优先的情境设计侧重于对社会发展的追求,在此情境下,分别将人口出生率调高至 16.5‰,将年人均生活能源消耗总量调高至 0.4 吨,情境含义是较大幅度提升人口出生率及年人均生活能源消耗总量对福建绿色经济高质量发展的影响。第四,保护环境优先的情境设计侧重于对自然环境及自然资源的保护,在此情境下,将环境保护支出占 GDP 比重调高至 0.0054%,将年人均生活能源消耗总量、单位第一产业生产能耗、单位第二产业生产能耗、单位第三产业生产能耗分别降低至 0.3 吨、0.07356 万吨、0.6611 万吨及 0.1535 万吨,其情境含义是较大幅度加大环境保护支出及减少生活能耗与生产能耗对福建绿色经济高质量发展的影响。第五,"经济—社会—环境"均衡协调发展,在此情境下,将固定资产投资增长率,人口出生率及环境保护支出占 GDP 比重略微上调,将年人均生活能源消耗总量、单位第一产业生产能耗、单位第二产业生产能耗、单位第三产业生产能耗值略微下调,此种情境设计的含义是模拟"经济—社会—环境"三个子系统都在稳步发展时对福建绿色经济高质量发展的影响。

五、福建绿色经济高质量发展情境仿真

本书在对福建绿色经济高质量发展"经济—社会—环境"复杂系统进行不同情境设计的基础上,对 5 种情境进行仿真,以求探索出最优系统发展情境。本书依据绿色经济以经济、社会和环境和谐的目的,以及可持续发展对自然资源维护与合理使用的理念,再结合福建打赢蓝天保卫战三年计划实施方案以及

国家 2035 年完成生态文明建设，建成"美丽中国"的目标，选择了 GDP、第三产业增加值、总人口、就业人口、能源消耗总量、环境保护支出 6 个指标作为福建绿色经济高质量发展状况的衡量指标。

本书运用系统动力学模拟环境软件对福建绿色经济高质量发展的 5 种情境进行仿真，通过对比 5 种情境下 7 个指标的仿真结果，见表 3，从中选择最适合福建绿色经济高质量发展的情境。

表 3　福建绿色经济高质量发展 5 种情境仿真模拟结果

子系统		指标	年份	情境 1：现行方案	情境 2：发展经济优先	情境 3：发展社会优先	情境 4：保护环境优先	情境 5："经济—社会—环境"均衡协调发展
福建绿色经济高质量发展	经济	GDP（亿元）	2035 年	333259	477705	341010	339687	399769
		第三产业增加值（亿元）	2035 年	166021	239196	169637	169209	199578
	社会	总人口（万人）	2035 年	4562.99	4620.61	4717.47	4598.82	4655.82
		就业人口（万人）	2035 年	3945.61	4052.05	4230.98	4011.80	4117.10
	环境	能耗消耗总量（万吨）	2035 年	129090	184580	132432	127921	151248
		环境保护支出（亿元）	2035 年	1133.0806	955.41	1023.03	1834.3098	1599.076

在表 3 中，我们可以看到，情境 1 按照现行方案继续发展的情况下，福建绿色经济发展到 2035 年时，GDP 为 333259 亿元，第三产业增加值为 166021 亿元，社会总人口为 4562.99 万人，就业人口为 3945.61 万人，能源消耗总量为 129090 万吨，环境保护支出为 1133.0806 亿元，可以看出在现行方案的发展下，福建经济发展速度较慢，总人口及就业人口平稳发展，能源消耗总量还是略高，环境保护支出数值较低。因此，现行方案的情境对福建绿色经济高质量发展未能发挥到很大的作用。

在情境 2 优先发展经济的设计中，福建绿色经济高质量发展仿真模拟结果如下：到 2035 年，福建 GDP 为 477705 亿元，第三产业增加值为 239196 亿元，总人口为 4620.61 万人，就业人口为 4620.61 万人，能源消耗总量为 184580 万吨，环境保护支出为 955.41 亿元。我们可以看出，在此种情境下，由于优先发展经济，对环境建设的发展相对忽视，虽然经济指标 GDP 及第三产业产值均

— 43 —

很高，但环境保护支出确比较低，能源消耗总量较高。而对于社会发展来说，由于经济建设需要一定的人力资本，所以社会发展的总人口及就业人口相对平稳。由此可见，情境 2 以牺牲环境换来的经济高速发展是不符合绿色经济高质量发展要求的。

在情境 3 优先发展社会的设计中，福建绿色经济高质量发展仿真模拟结果如下：到 2035 年，福建 GDP 为 341010 亿元，第三产业增加值为 169637 亿元，总人口为 4717.47 万人，就业人口为 4230.98 万人，能源消耗总量为 132432 万吨，环境保护支出为 1023.03 亿元。在此种情境下，经济发展速度及发展规模与情境 1 的现行方案大致相同，环境保护方面的表现要优于情境 2 优先发展经济的表现。我们可以看出，情境 3 的设计在经济指标与环境指标上的表现不是很突出，这与绿色经济强调的经济发展与环境保护同时进行的理念匹配度较低。

在情境 4 优先保护环境的设计中，福建绿色经济高质量发展仿真模拟结果如下：到 2035 年，福建 GDP 为 339687 亿元，第三产业增加值为 169209 亿元，总人口为 4598.82 万人，就业人口为 4011.80 万人，能源消耗总量为 127921 万吨，环境保护支出为 1834.3098 亿元。在此情境下，经济发展速度要低于情境 2 优先发展经济的速度，社会发展速度大致与情境 1 和情境 2 持平，略低于情境 3，而环境保护方面的表现要远远优于前 3 种情境。我们可以看出，情境 4 优先保护环境的设计对环境保护的效果非常好，但是在经济和社会发展上的表现稍有欠缺。

在情境 5 的"经济—社会—环境"均衡协调发展的设计中，福建绿色经济高质量发展仿真模拟结果如下：到 2035 年，福建 GDP 为 399769 亿元，第三产业增加值为 199578 亿元，总人口为 4655.82 万人，就业人口为 4117.10 万人，能源消耗总量为 151248 万吨，环境保护支出为 1599.076 亿元。在此情境下，经济发展速度要远高于情境 1、情境 3、情境 4，但是稍低于优先发展经济的情境 2；社会发展速度要高于情境 1、情境 2、情境 4，但是稍低于优先发展社会的情境 3；环境保护上的表现要优于情境 1、情境 2、情境 3，略低于优先保护环境的情境 4。

六、本章小结

由福建绿色经济高质量发展的 5 种情境设计，我们可以发现"经济—社会—环境"均衡协调发展情境在绿色经济中的经济指标人均 GDP，第三产业增加值占 GDP 比重，在社会指标总人口、就业人口，在环境指标单位 GDP 耗能，环境污染上的表现均表现出较大的优势，据此可以推断出"经济—社会—环境"均衡协调发展能够高效助力福建绿色经济高质量发展。

关于福建绿色经济高质量"经济—社会—环境"均衡协调发展，本书提出以下建议。第一，政府扶持"经济—社会—环境"均衡协调发展，为福建绿色经济高质量发展保驾护航。这就要求政府不能偏重任何一个或两个子系统的发展，而忽视了其他子系统的发展，在确保经济高质量发展的同时，社会高质量发展与环境高质量发展要齐头并进，不断满足人民日益增长的物质文化及生态需要，为建设富强美丽和谐的中国而努力。第二，福建加大宣传教育，积极引导企业绿色生产及公众绿色消费。"经济—社会—环境"均衡协调发展的本质是绿色生产与绿色消费，企业的绿色生产是绿色经济增长的主要来源，而公众的绿色消费是可以给绿色经济的发展减少阻力。因此，企业在生产的过程中需要加大绿色投入，降低生产能耗，提高能源利用率，积极生产绿色产品，开展绿色营销，将绿色经营理念贯穿企业生存与发展的始终。而公众在消耗的过程中要树立绿色环保意识，开展绿色环保行为，对自然资源、公共资源要合理利用，积极使用绿色环保产品，将绿色消费理念贯穿在生活中。第三，福建要加大绿色科技投入，为绿色经济发展注入新的活力。绿色科技投入是绿色经济高质量发展最具活力的来源，因此要加大对绿色科技的投入，积极开发新能源，提高生产及消费环境的资源和能源利用率，从源头上减少工业生产废水、废气、固体废物的排放量，减少居民生活垃圾的排放量，逐渐提高废水、废气、固体废物的综合利用率，打好福建"绿色科技"这张动力牌。第四，福建要借助福州自贸区建设，深化闽台生态经贸协同合作，推动两岸在生态经济建设上的融合发展。福建与台湾的地理环境有很多相似之处，多山的环境使得两者在传统经济发展模式上并不占优势，但是这也是两者发展生态环保绿色经济的独特机会。因此，福建绿色经济高质量发展更需要加强与台湾在优秀人才、高科技技术、节约资源与保护环境新思路等方面的交流，共议协同两地生态文明建设与经济绿色发展新动力、新路径，打造全国领先绿色经济高质量发展示范基地，深入推进美丽福建建设取得突破性发展。

本章参考文献

[1]［英］大卫·皮尔斯，阿尼尔·马肯亚，爱德华·巴比尔. 绿色经济的蓝图[M]. 何晓军，译. 北京：北京师范大学出版社，1996：1—159.

［2］剧宇宏．中国绿色经济发展研究［M］．上海：复旦大学出版社，2013：33—36.

［3］唐啸．绿色经济理论最新发展述评［J］．国外理论动态，2014（01）：125—132.

［4］张小刚．绿色经济与城市群可持续发展的理论与实践［M］．湘潭：湘潭大学出版社，2011：18—23.

［5］唐建荣，杜聪，李晓静．中国物流业经济增长质量实证研究——基于绿色全要素生产率视角［J］．软科学，2016，30（11）：10—14.

［6］谌莹，张捷．碳排放、绿色全要素生产率和经济增长［J］．数量经济技术经济研究，2016，33（08）：47—63.

［7］朱海玲．绿色经济评价指标体系的构建［J］．统计与决策，2017（05）：27—30.

［8］马骅．云南省绿色经济发展评价指标体系研究［J］．西南民族大学学报（人文社科版），2018，39（12）：128—136.

［9］高春玲．基于熵值法的湖北省绿色经济发展综合评价研究［J］．科技管理研究，2012，32（19）：70—72、82.

［10］韩国莹，李战江，刘秀梅．基于聚类－因子分析的绿色经济发展评价指标体系构建［J］．商业经济研究，2017（24）：184—186.

［11］曾贤刚，毕瑞亨．绿色经济发展总体评价与区域差异分析［J］．环境科学研究，2014，27（12）：1564—1570.

［12］杨阳．与可持续发展模型兼容的人口模块构建——基于系统动力学方法［J］．系统工程，2015，33（06）：122—130.

［13］李宝恒．增长的极限—罗马俱乐部关于人类困境的报告［M］．长春：吉林人民出版社，1997：1—163.

［14］Guo H C，Liu L，Huang G H，et al. A system dynamics approach for regional environmental planning and management：A study for the Lake Erhai Basin［J］．Journal of environmental management，2001，61（1）：93—111.

［15］Durga R K H V. Multi－criteria spatial decision analysis for forecasting urban water requirements：A case study of Dehradun city，India［J］．Landscape and Urban Planning，2004（71）：163—174.

［16］李健，郭姣，苑清敏．京津冀协同发展背景下能源需求预测与政策影响研究［J］．干旱区资源与环境，2018，32（05）：5—11.

［17］杨红娟，张成浩．基于系统动力学的云南生态文明建设有效路径研究［J］．中国人口·资源与环境，2019，29（02）：16—24.

［18］佟贺丰，杨阳，王静宜，等．中国绿色经济发展展望——基于系统动力学模型的情景分析［J］．中国软科学，2015（06）：20—34.

［19］蔡林．系统动力学在可持续发展研究中的应用［M］．北京：中国环境科学出版社，2008：188—189.

［20］韩楠．基于供给侧结构性改革的碳排放减排路径及模拟调控［J］．中国人口·资源与环境，2018，28（08）：47—55.

［21］杜明东．基于系统动力学县域矿业绿色循环发展模式与路径探究［D］．西安建筑科技大学，2018：24—28.

［22］曾丽君，隋映辉，申玉三．科技产业与资源型城市可持续协同发展的系统动力学研究［J］．中国人口·资源与环境，2014，24（10）：85—93.

第五章 福建绿色经济高质量发展风险研究

一、引言

"绿色经济"是指"可增加人类福祉和社会公平，同时显著降低环境风险与生态稀缺的经济"，具有低碳、高效、包容的特征[1]。2019 年全国两会期间，国家主席习近平再次强调"要保持加强生态文明建设的战略定力，探索以生态优先、绿色发展为导向的高质量发展新路子"。福建省是我国南方地区重要的生态屏障，具有较好的绿色经济发展基础，于 2014 年被确定为全国首个生态文明先行示范区。2018 年，福建万元 GDP 能耗继续下降，九市一区城市空气质量达标天数比例 95%，比全国平均高 15.7%；12 条主要河流 Ⅰ、Ⅱ、Ⅲ类水质比例 95.8%，比全国平均高 24.8%；农业废弃物资源化利用率达80%。此外，福建省还形成了泉州绿色开发区、漳州"生态＋"模式、木兰溪流域治理等具有地方首创精神的改革经验[2]。

二、文献综述

风险管理最初主要应用于金融行业，其后逐渐扩展到企业管理、区域发展、宏观经济分析等各个领域，其学科体系得到了系统发展。阿瑞娜（Arena）等人（2010）[3]认为 20 世纪末"不确定因素"的集中爆发促成了风险管理的广泛应用，而风险理性、专业人员和相关技术则是实施风险管理的组织动力。莱斯罗普（Lathrop）和艾泽尔（Ezell，2017）[4]提出了一个包含 16 项测试的系统方法，以验证风险分析能否有效地支持风险管理。威勒姆森（Willumsen）等人（2019）[5]通过实证分析肯定了风险管理对项目实施的保障作用，并主张从价值创造视角理解风险管理的意义。围绕如何实现良好的风险治理，毛伊尔沙根（Mauelshagen）等人（2014）[6]基于英国政府的案例研究，建议构建组织中正式的横向知识转移机制，为综合风险治理提供完备的智力支持；图帕（Tupa）等人（2017）[7]则从工业 4.0 的现实需要出发，构建了一个兼顾风险与绩效的治理框架。围绕风险管理未来发展方向及面临的挑战，霍普金斯（Hopkins，2011）[8]强调单纯的风险评估难以为决策者提供有效指导，因此需要将其转化为组织的技术规则；卡恩（Khan）等人（2015）[9]回顾了各种风险分析方法的演变历程，指出开发新的实时风险评估与决策模型有助于弥合理论与实践的差距；卡尔瓦德（Calvard）和杰斯克（Jeske，2018）[10]则呼吁尽快建立适应大数据时代的人力资源数据风险管理体系。

国内学者也深入探究了如何在人民币汇率[11]、产业技术创新[12]、政府债务[13]、区域环境[14]、海外投资[15]等多个领域更好地开展风险管理工作，2017年"防范化解重大风险"的提出也引起学界的高度重视。围绕公共安全，文宏、张书（2018）[16]通过梳理近 20 年的文献，总结了中国转型期社会风险研究的演进逻辑与未来研究重点；贾楠等人（2019）[17]基于安全管理科学理论，建立了社区风险防范三角形模型，厘清了其中关键技术间的交互关系。围绕风险感知，王刚、宋错业（2018）[18]详细阐述了西方环境风险感知研究的历史变迁，旨在为中国相关理论和实践发展提供借鉴；温志强、李永俊（2019）[19]倡导依托大数据开展整体性预警。围绕风险信息的获取，郭骅等人（2017）[20]建议加快构建以知识为中心的整合性情报体系；梁娜等人（2019）[21]则提出了基于企业年报的三重维度风险信息抽取方法。苏亚松等人（2019）[22]分析了各种风险评估方法近 20 年来的发展趋势以及在不同领域应用的差异性。同时，吕文栋等人（2019）[23]基于能力视角重新阐述了风险的内涵，认为现行风险管理体系正面临风险识别与量化、无法支撑企业战略和价值创造等诸多方面的挑战，应加快其向弹性风险管理的转变。

生态文明建设势在必行，上述理论成果为本研究系统分析并阐释绿色经济高质量发展面临的风险打下了坚实基础。

三、福建绿色经济发展状况的实证分析

绿色全要素生产率（Green Total Factor Productivity，GTFP）是在利用传统全要素生产率（TFP）测算经济绩效的基础上，将资源与环境因素引入生产函数，是衡量区域经济与生态环境协调发展的重要指标。本部分以 GTFP 测度福建绿色经济发展水平。

（一）研究方法与模型选择

DEA – Malmquist 指数模型是一种常用的测算全要素生产率的非参数模型，

该法借用马尔奎斯特（Malmquist，1953）[24]提出的一种基于距离函数的指数形式，在数据包络分析（Data Envelopment Analysis，DEA）基础上，将各种要素的投入与产出纳入模型，计算出生产率随时间的变化率，并可对生产率进行分解，其具体形式为：

$$M\left(x^t, y^t; x^{t+1}, y^{t+1}\right) = \left[\frac{\varphi^t\left(x^t, y^t\right)}{\varphi^t\left(x^{t+1}, y^{t+1}\right)} \cdot \frac{\varphi^{t+1}\left(x^t, y^t\right)}{\varphi^{t+1}\left(x^{t+1}, y^{t+1}\right)}\right]^{\frac{1}{2}} = techch \times effch$$

$$= \frac{\varphi^t\left(x^t, y^t\right)}{\varphi^t\left(x^{t+1}, y^{t+1}\right)}\left[\frac{\varphi^{t+1}\left(x^{t+1}, y^{t+1}\right)}{\varphi^t\left(x^{t+1}, y^{t+1}\right)} \cdot \frac{\varphi^{t+1}\left(x^t, y^t\right)}{\varphi^t\left(x^t, y^t\right)}\right]^{\frac{1}{2}} = techch \times (pech \times sech)$$

其中，$\varphi^t\left(x^t, y^t\right)$ 表示决策单元（DMU）在 t 期投入 x 并产出 y 的生产率水平，techch 与 effch 分别表示技术进步指数与技术效率指数，技术效率指数又可进一步分解为纯技术效率指数（pech）和规模效率指数（sech）。若 $M<1$，则表示该 DMU 从 t 期到 $t+1$ 期的生产率下降，反之则表示生产率水平上升。

（二）指标选取与数据处理

综合考虑数据可获得性，选取福建省九个设区市（平潭综合实验区统计数据并入福州市）2011—2017 年的面板数据，相关数据主要来源于《中国统计年鉴》《福建统计年鉴》及各设区市的统计年鉴。以 Y 表示合意产出（Desirable Output），K、L 分别代表资本投入、劳动投入，再引入非合意产出（Undesirable Output）U、资源投入 E，特定区域的绿色生产函数可以表示为：

$(Y, U) = f(K, L, E)$

（1）合意产出。根据已有研究，选择各设区市的地区生产总值作为合意产出指标，并按各市 GDP 价格指数折算为 2011 年的不变价格。

（2）非合意产出。中国生态环境目前面临的主要是大气污染和水污染问题，参照王兵等人（2010）[25]的研究，以废气中的 SO_2 排放量与废水中的化学需氧量（COD）排放量为非合意产出的度量指标。

（3）资本投入。现有文献几乎都以"固定资本存量"作为资本投入的指标。在计算该指标时，我国现行统计数据中有"全社会固定资产投资额"和"固定资本形成总额"可供使用。虽然单豪杰（2008）[26]详细论述了后者应是最优的度量指标，但龙岩市和三明市并未公布完整数据，我们选用前者作为替代。参照冯杰（2017）[27]的做法，我们以福建省固定资产投资价格指数折算为 2011 年的不变价格，采用永续盘存法以 1993 年为基期，并假设 1993 年的固定资本存量为零，折旧率则以吴延瑞（2008）[28]估算的 4.5% 计算。

（4）劳动投入。理论上，劳动投入不仅包括劳动者数量、劳动时间，还应包括劳动者的智力投入（教育经历、工作培训等），但由于后两者数据不可得，此处仅以全社会从业人员数为替代指标。

（5）资源投入。资源是生产过程中的一种中间投入，传统全要素生产率测算一般不将其纳入模型，但考虑到能源消费是引起环境污染的重要原因，因此选用能源消费总量作为资源投入的指标。福建各设区市并未公开该项数据，因此由我们按地区万元 GDP 能耗推算得出。

各变量的描述性统计如表 1 所示。

表 1　绿色全要素生产率各变量的描述性统计

变量	指标名称	单位	最大值	最小值	平均值	标准差
Y	地区生产总值	亿元	7431.4	894.3	2688.4	1743.1
U_1	SO_2 排放量	吨	113899.0	2712.0	33943.0	27151.9
U_2	COD 排放量	吨	132542.6	18372.0	63559.6	32563.3
K	固定资本存量	亿元	37039.0	4829.8	13489.1	8178.4
L	全社会从业人员数	万人	616.7	133.9	286.7	147.0
E	能源消费总量	万吨标准煤	3243.0	376.7	1278.6	758.2

（三）实证结果与分析

运用 DEAP 2.1，本研究测算福建省绿色全要素生产率及去除环境约束的传统全要素的马尔奎斯特生产率指数，并对其进行分解，具体结果如表 2 所示。

可以看出，全省六个年份区间的绿色全要素生产率均小于无环境约束的传统全要素生产率变动，并且多数情况下 GTFP < 1，这表明考虑了环境因素的经济绩效整体处于下降态势，污染抑制了效率潜力的释放，福建的经济增长在某种程度上仍是以牺牲环境为代价的褐色发展。由分解后的生产率可知，全省整体技术水平虽年年上升，包含环境因素的纯技术效率也稳中有进，但绿色技术研发能力不足，已难以应对日渐严峻的环保形势；此外，有环境约束的规模效率指数上下波动，说明部分年份由于政策干预不当或市场扭曲等原因而无法实现资源的有效配置，也在一定程度上影响了绿色全要素生产率的提高。所以，福建必须重视绿色经济增长潜藏的各种风险，以保障平稳、高质量发展。

表2　福建省2011—2017年绿色全要素生产率及其分解指标

年份区间	有环境约束					无环境约束
	techch	pech	sech	GTFP	techch	TFP
2011—2012	0.985	1.005	0.997	0.987	1.054	1.069
2012—2013	0.992	0.997	1.005	0.995	1.078	1.079
2013—2014	0.970	1.007	1.002	0.979	1.063	1.067
2014—2015	1.069	1.000	0.987	1.056	1.235	1.109
2015—2016	0.758	0.994	0.981	0.740	1.048	1.048
2016—2017	0.912	1.003	1.009	0.924	1.050	1.048
均值	0.943	1.001	0.997	0.941	1.086	1.070

四、福建绿色经济高质量发展的主要风险类型

（一）福建绿色经济高质量发展的内生性风险

1. 资源环境风险

资源是经济发展的关键投入要素，"六区叠加"为福建带来难得发展机遇的同时，也使其资源短板暴露无遗。能源方面，福建煤炭储量少，无石油、天然气，传统能源禀赋匮乏，2017年省外能源调入量10042.15万吨标准煤，占可供消费能源总量的80%，较2010年上升近7个百分点，本省的能源供给存在较大缺口。土地资源方面，全省人均耕地面积仅为全国平均水平的36%，适合城镇规模化开发的土地不足10%，未来产业发展与城市化用地紧缺[29]。水资源方面，以福州和泉漳厦四市为代表的闽东南沿海地区经济发达、人口集中，用水需求量大，2018年四市的用水量已占全省的49.3%，但水资源总量却仅占28.9%，这种情况加剧了地域性缺水问题[30]。

工业是八闽地区的排污大户，2017年全省工业SO$_2$排放量11.17万吨，烟（粉）尘排放量14.8万吨，分别占排放总量的83%和87%，加之许多重化工业沿海分散布局，废水偷排入海的行为在所难免，围海造陆导致自然岸线丧失，治理成本高、难度大。重金属污染物和持久性有机污染物（简称POPs，主要包括多环芳烃、多溴联苯醚等）可在环境中长时间迁移而难以降解，通过食物链富集增强其毒性，最终对人体造成巨大伤害。现有研究成果已经证实，九龙江流域水稻土中重金属存在较高综合潜在生态风险；闽西矿区周边农田土壤中的Cd、Cr含量构成对人体健康的威胁；三沙湾、闽江

口—妈祖海域、漳江口区域重金属污染加剧，具有较大的生态风险；多环芳烃（PAHs）已对闽江沿岸土壤造成了不同程度的污染，虽对人体的致癌风险较小，但也不应忽视[31-35]。"物联网"时代的来临使得电子信息产业在未来还将有更大的发展空间，可该产业与同为福建省主导产业的石油化工业，在上下游生产过程中极易造成上述两种污染，引发区域的生态灾难。在福建省致力于加强海洋强省与生态省建设的背景下，产业发展带来的生态环境风险应当引起足够的重视。

2. 技术创新风险

前文的实证结果表明，绿色技术进步是提高绿色全要素生产率的重要动力。然而，技术研发具有较强的正向溢出效应，技术市场与专利制度不完善会让早期研发企业不仅面临技术剽窃的风险，而且可能得不到应有的创新报酬，这样的结果会挫伤企业研发的积极性，难以促使其主动向绿色技术创新转变。根据《福建统计年鉴》相关数据，福建规模以上工业企业研发投入强度（R&D经费与主营业务收入之比）经计算如表3所示。按经合组织（OECD）《奥斯陆手册》的标准，全省规模以上工业企业整体在研发投入方面刚刚迈过1%的中等水平及格线，其中私营企业创新能力虽有所进步，但仍然偏弱。民营经济作为福建经济社会发展的重要支撑，在增强经济活力方面发挥着格外重要的作用，其创新能力不足势必会制约未来全省绿色经济的高质量发展。此外，2018年福建基础研究人员数只占R&D折合全时人员数的4.07%，经费投入也仅占总经费的3.87%，基础研究人力与资金投入过少，后劲不足，也不利于科技的长远发展。

市场技术锁定则是一项比研发创新能力不足更大的风险。企业早期为追求单纯的经济效益，多数情况下会选择盈利空间更大的污染型技术，组织的学习效应和网络外部性使得这种生产模式进一步固化，产业链上下游各企业、各技术部门之间互联互需，形成了一个庞大的技术—组织复杂系统，而更换为绿色生产技术的沉没成本过于高昂，无论是企业还是行业都不会轻易答应，导致整个系统具有极大的惰性，形成"技术锁定"[36]。另外，供应链核心企业作为污染型旧技术的既得利益者，也存在为一己之私阻挠绿色技术推广应用的可能。阿西莫格鲁（Acemoglu）[37]的研究表明，在无有效的环境政策、产业政策的激励或约束之下，经济发展具有被锁定于污染密集型生产模式的风险。

表3　福建省2015—2018年分类规模以上工业企业研发经费投入规模与强度

年份	私营企业		外资企业（含港澳台商）		全省规模以上工业企业	
	规模（亿元）	强度	规模（亿元）	强度	规模（亿元）	强度
2015	77.24	0.59%	154.24	1.11%	346.98	0.88%
2016	84.03	0.58%	162.02	1.13%	388.26	0.91%
2017	99.51	0.65%	171.00	1.15%	448.79	0.98%
2018	177.87	0.82%	179.99	1.14%	524.94	1.04%

3. 区域协调风险

协调是高质量发展的核心要求之一，人均差距缩小是区域协调发展的重要标志。福建省正处在区域发展差距倒 U 型曲线的前半段，位于闽东南的泉漳厦地区和福州两大都市区发达程度较高，经济总量占全省的比重长期稳定在70%左右，而闽西北的经济增长受地理、交通、产业等因素限制，两个区域呈现出不平衡的发展局面，加之人口集聚过程滞后于经济集聚，人均 GDP 差距持续扩大（图1）[38]。虽然前者与后者的比值从1978年的0.89增长到1999年的峰值2.23，随后又回落至2018年的1.46，但绝对差值则从1978年的30元持续上升到2018年的30861元，按可比价格折算后扩大了8.86倍。

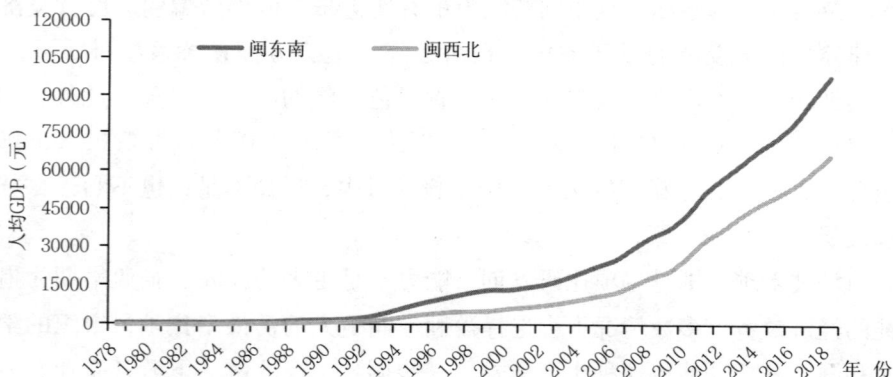

注：闽东南包括福州、泉州、漳州、厦门，闽西北包括南平、宁德。

图1　闽东南、闽西北地区1978—2018年人均 GDP 变化情况

高质量区域协调发展的目标是实现生态、经济、社会三个子系统发展的内部协调和外部协同。然而，区域绿色发展能力不足的情况，进一步激化了闽西北加快发展的迫切需求与当地生态保护之间的矛盾，这一矛盾在限制开发区内更为激烈，处理不当将会增加落入"中等收入陷阱"的风险，直接影响福建省的发展后劲。在促进区域合作时，福建还需注意各地区政府在本位主义驱使下出现的"合作悖论"，防止低效、无效合作的出现。

4. 财政金融风险

央行在《中国金融稳定报告（2019）》中指出，遏制地方政府隐性债务风险仍将是我国未来防范化解重大金融风险的重点工作方向之一。关于福建地方政府性债务详情，目前可供查询的公开文件仅有 2014 年发布的《福建省政府性债务审计结果公告》。该公告表明全省政府性债务风险情况不容乐观：截至2012 年底，有 3 个市本级、4 个县本级和 159 个乡镇政府有清偿责任债务的债务率高于 100%；2010—2013 年全省地方政府负有偿还责任的债务年均增长28.26%；部分地方和单位违规融资和使用融得资金的情况较为严重，债务清偿对"土地财政"依赖程度较高[39]。

绿色产业发展涉及一揽子配套基础设施的建设，对闽西、闽北等欠发达地区形成了较大的财政压力，特别是分税制改革让本就收入有限的基层政府又需要负责大量社会公共物品的供给，造成财政资金巨大的缺口。在融资约束机制与激励机制失衡的情况下，部分地方出于政绩考核的压力，可能会通过政府投资基金、伪 PPP 模式、变相政府购买服务等隐秘复杂的手法违规举债，财政运行机制不透明、预算与债务管理碎片化问题严重则使监管更加困难，从而加剧了地方政府隐性债务风险，长此以往会损伤政府的公信力，危害区域经济金融系统运行的稳定。

（二）福建绿色经济高质量发展的外生性风险

1. 社会意识风险

能不能建设出高质量的绿色经济，归根到底在于全社会有没有绿色发展的意识。垃圾分类是促进资源循环利用的重要举措，虽然厦门此方面拥有较多经验，且多次在住建部的考评中位列全国第一，但福建多数城市还处于全面启动初期，工作进展不平衡，民众的思想建设有待加强。一方面，部分居民把垃圾分类当作一场运动式治理，在意识上仍是"要我分"，短期内难以改变混合投放垃圾的习惯，部分地区源头端分类投放、收集端混装混运的现象也打击了民众的积极性；另一方面，不少居民没有学习或了解过垃圾分类的诸多"冷知识"，导致实际操作时无所适从。绿色消费作为一种亲社会的道德行为，在实践中也遇到了瓶颈，部分民众视绿色产品或服务为一种"时尚"而跟风消费，殊不知若仅是基于自我身份建构的需要而进行绿色购买，也会引发后续的非绿色消费行为，无益于形成真正的绿色生活方式[40]。

"漂绿"（greenwash）这一概念传入中国相对较晚，它是指企业进行虚假环保宣传的社会伪行为。《南方周末》（2012）[41]总结了十大漂绿行为，并连续数年公布中国企业漂绿榜，数家福建企业曾经"入围"，其中2016年馥华食品公司污水监测数据造假作为典型案例被原环保部进行通报。"漂绿"在本质上仍是企业管理者在资本逐利性的驱使下，缺乏可持续发展和社会责任意识的体现。

2. 行政法治风险

我国现行的环保体制是基于"属地原则"要求各地政府对本行政区内的环境进行治理，然而环境污染具有很强的跨区域性，这种分割式的碎片化防治模式在某种程度上形成了一种行政壁垒，已经难以有效化解区域边界的生态环境风险。一方面，污染类企业为躲避环境规制，偏好于在治理基础相对薄弱的地区选址设厂，行政区域交界地带是其"理想"选择；另一方面，边界区域的污染防治成本相对较高，各行政区政府往往存在"搭便车"的侥幸心理，这种"囚徒困境"造成了行政区域交界地带治理的真空，久而久之就会形成"污染天堂"。

地方环保目标责任制落实不到位、问责不力同样会威胁到绿色经济的高质量发展。生态环境部在对漳州漳浦县矿山非法采掘的通报中明确指出，该县污染问题多次被通报而未见有效整改，当地政府有关部门主体责任严重缺失，对中央环保督察组要求阳奉阴违才会导致如此严重生态环境问题的发生[42]。此外，违法成本过低也是企业污染行为屡禁不止的重要原因之一，前文提及的馥华食品公司违规排污一案最终罚款金额仅为5万元人民币，如此之低的处罚力度不仅不足以支付破坏环境的对价和治理的成本，而且当涉事企业的违法所得超过其违法成本时，就会给予企业本身一种变相激励，并对其他同类型企业产生示范效应，从而增加企业的非绿色生产行为。

五、福建绿色经济高质量发展风险的影响因素

（一）市场扭曲降低资源配置效率，制约发展质量进一步提升

政府与市场关系的失衡会导致市场扭曲，引发一系列的不良反应。首先，要素市场扭曲直接导致资源配置效率的降低。增量资本产出率（incremental capital - output ratio，简称ICOR）是衡量投资效率的有效指标，表示每单位GDP增加值所需的资本投入。福建的固定资本形成总额与GDP之比在2000—2017年间持续上升至0.55，其ICOR也处于波动上升态势，在2015年达到峰

值7.35，这意味着全省的经济增长不仅越来越依赖于固定资产投资，而且整体投资效率也趋于下滑（图2）。其次，市场扭曲抑制企业绿色技术创新，不利于促进产业转型升级。政府干预引起的部分要素价格低估，给予了某些高污染的落后产能一种变相补贴，抬高了其退出壁垒，同时创造了更多的寻租机会，无法有效促进企业向知识、技术驱动发展的方向转变。《中国分省份市场化指数报告（2018）》显示，福建的市场化总体水平虽然稳中有进，但"政府与市场的关系"这一分项指标的全国排名自2013年后下跌较为严重，这一情况须引起高度重视[43]。

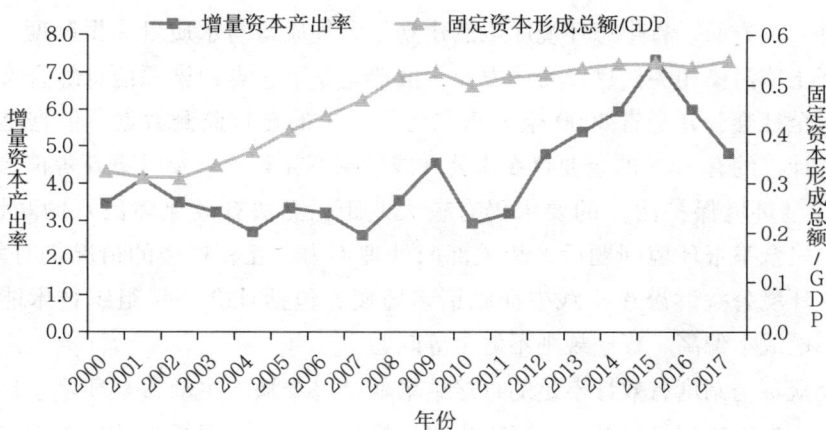

图2　福建省2000—2017年ICOR、固定资本形成总额/GDP变化趋势

（二）绿色金融发展不够充分，难以为绿色产业提供有效支撑

福建是较早发展绿色金融的省份之一，建设成果颇丰，形成了诸如龙岩武平县"林权抵押贷款村级担保合作社"、三明"福林贷"等具有地方特色的创新模式，但仍旧难以满足绿色产业发展的迫切需要，主要体现在以下几个方面。其一，绿色金融产品发展不平衡，目前绿色信贷和绿色债券占据主流，绿色保险尚在试点推广阶段，其他的产品和服务形式较不常见。其二，碳排放权交易市场发展缓慢，湖北碳排放权交易中心的数据显示，截至2020年1月中旬，福建省的碳交易量和交易额分别占全国市场的1.96%和1.67%，远低于湖北、北京、广东等地。其三，绿色金融政策体系缺失，省政府及有关经济金融管理部门公开的为数不多的绿色金融发展政策多为纲领性、指导性文件，无规矩不成方圆，缺乏具有约束力的制度安排不利于绿色金融的长期规范发展。其四，绿色金融配套组织体系建设滞后，绿色项目与产业追求的是经济、生态、

社会效益三者的统一，建设周期长、资金需求量大，因而具有较高的风险，目前依赖金融机构自行判断或政府行政部门评价的做法均不具有长期可行性，前者不具备专业的评估能力，后者的过度参与则不利于绿色金融的市场化运作，因此需要建立专业的评估服务机构。

（三）公众参与制度有效性仍需提高，民众共建共治的主动性不强

生态环境整体利益的实现离不开政府实施与公众参与的有效配合。福建在公众参与制度落实方面做了许多卓有成效的工作，定期发布上一年度的环境状况公报，但仍存在些许问题，影响了其有效性的发挥。第一，环保信息公开仍不充分。一方面，省生态环境厅虽然建立了大气质量与水质量周报制度，但并未公开土壤污染相关信息；另一方面，虽然建立了重点污染源信息综合发布平台，向全社会公开全省3000余家重点污染单位的自行监测数据，但据笔者不完全统计，约有72%的企业存在未公开或数据不完整、未及时更新等情形，与2015年《环境保护法》的要求仍有较大差距，无法有效保障民众的知情权。第二，民众举报环境问题后，相关部门处理不力、互相推诿的情况仍有发生。第三，环境公益诉讼在实践中面临诸多障碍，包括社会环保组织技术能力不足、诉讼成本偏高、程序规则不健全等问题[44]。

公众参与制度有效性不足的直接结果就是民众缺乏主动参与环境治理的积极性，从省生态环境厅及各设区市生态环境局公开的环保投诉信件来看，只有当多数生态环境问题严重影响到当地居民的日常生活乃至生命健康时，他们才会向有关部门反映。这样的情况会使污染企业心存侥幸，不利于从根源上预防环境污染。

（四）缺乏较为有效的跨区域治理协调机制，联防联控能力不足

前文述及的福清港城经济区水污染与漳州漳浦县生态破坏均属于行政区域交界地带的环境问题，该类事件多次发生、难以根治的一个重要原因就是行政壁垒的存在。相关立法对政府横向之间的环境污染防治责任的规定较为模糊，各地区环保部门在处理跨区域环境事件时缺乏紧迫感和主动性，形成"集体行动困境"；区域信息共享平台、执法协调合作机制的缺失造成各自为政的局面。部分情况下，只有当环境问题严重到引起媒体、更高一级主管部门乃至中央环保督察组的高度关注后，各行政区才会在上级部门的督促下开展合作治理。

六、福建绿色经济高质量发展面临的挑战

（一）消费提振乏力，需求结构优化基础不牢

福建与我国总体需求结构的对比如表 4 所示。福建省投资对 GDP 的贡献率与全国总体水平相比在多数年份都要高出 10% 以上，而消费的贡献率则恰恰相反，其拉动作用亦相对有限。上述情况表明，全省经济增长在某种程度上仍旧是依靠投资驱动，近十年来的需求结构优化成果相较于全国层面并不显著，未来的优化之路并不轻松。一方面，扩大居民消费的长效机制尚未形成，要素市场扭曲导致储蓄率上升，以至于刺激投资、制约消费，无法有效改善需求结构[45]；并且，单就绿色经济而言，目前绿色产品价格高、可得性低，也抑制了居民对其的消费欲望。另一方面，闽西、闽北加快城镇化进程和全省绿色产业发展都需要进行大量基础设施建设，包括交通、水利、污染防控体系与设备的更新换代等，未来一段时间内全省对投资仍具有较大的刚性需求。

（二）产业发展协调性不足，转型升级压力大

产业转型升级并不意味着第三产业比第二产业更高级、更重要，牺牲工业发展质量换取服务业增长的做法更是不可取的，从两者占 GDP 的比重无法有效评价地区产业结构状况，还要综合考虑劳动生产率[46]。因此，我们参照干春晖（2011）[47]的做法，以产业结构高级化指数（TS）与合理化指数（TL）衡量产业结构变迁，前者为第三产业与第二产业产值之比，表示经济结构的"服务化"，后者的计算公式为：

$$TL = \sum_{i=1}^{3} \left(\frac{Y_i}{Y} \right) ln \left(\frac{Y_i}{L_i} / \frac{Y}{L} \right)$$

其中，i 为第 i 产业，Y 与 L 分别表示产值和全社会从业人员数，$TL \neq 0$ 表明产业结构不平衡，偏离越多则结构越不合理。数据来源为《福建统计年鉴》，福建 2001—2018 年产业结构变迁趋势如图 3 所示。可以看出，全省的工业"服务化"自 2014 年后得到了较快的发展，产业结构协调优化总体上也取得了长足的进步，不过近几年又存在反弹的迹象，需要格外警惕。转型升级是一个连续而漫长的过程，各地情况又因发展历史、区位因素不同存在较大差异，故而没有放之四海而皆准的真理。特别是在国内经济下行压力增大的背景下，既要保持区域产业结构的合理性，防止服务业发展过热和经济"脱实向虚"，又

要促进诸如仙游的古典工艺家具、泉州的纺织鞋服等传统产业向先进制造业转变，同时还需推动各新兴绿色产业的发展，无论从何种层面来看都是一个巨大的挑战。

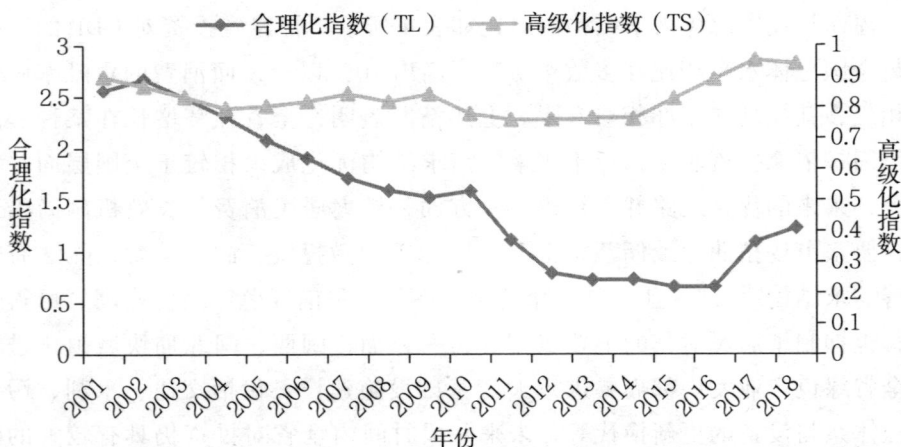

图3 福建省2001—2018年产业结构变迁趋势

七、福建绿色经济高质量发展风险防范与化解的政策建议

（一）建立预警机制，做好风险的全过程管理工作

福建省政府各相关职能部门做好协调与沟通工作，对职能缺失或重叠部分进行相应调整，加强与高校、科研院所、咨询公司等专业机构的合作，成立一个风险管理平台，兼顾"灰犀牛"与"黑天鹅"的防控，以2018年版ISO 31000标准为蓝本建立福建绿色经济发展风险的全过程管理体系。福建省要在收集相关经济数据、政策信息的基础上及时识别各种风险，分析其发生的原因，定期监控省内外风险发展动态；选取恰当的技术指标，构建风险量化评估模型，及时评价各种风险升级的概率与可能造成的危害，并据此设定阈值、划分等级；对于超过阈值的风险，立刻成立控制应对小组，根据事前制定的防控预案灵活指导风险的应对与补救；事后，该小组应主动将相关信息反馈到管理平台，帮助其做进一步分析，持续改进预防和应对方案，形成一个闭环的风险管理体系。

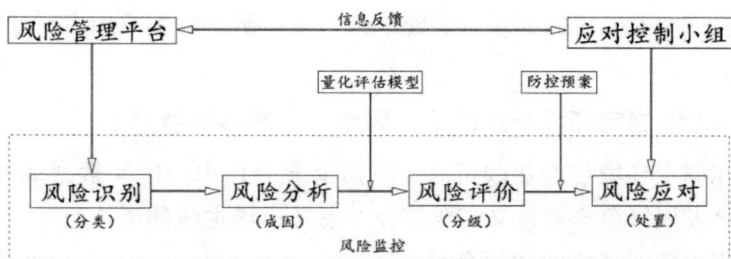

图4 福建绿色经济发展风险的全过程管理流程图

（二）整合优势资源，加快构建全方位支持体系

法治层面，除完善常规环保相关立法之外，福建省可以在遵循合宪合法性的大原则基础之上，学习京津冀、长三角区域的经验教训，尝试开展省内九市一区的环境治理协同立法工作，采用协商互补的模式，明确相关理念、主体和权责，削弱"属地管辖"造成的行政壁垒，为实现区域协同治理提供法律上的依据。在执法方面，福建省应继续多手段推进企业环境信息的公开化、透明化，加快建立全省的环保行政信息共享平台，解决信息不对称所导致的无法协调问题。对于"企业污染，政府买单"的现象，现行法律框架内仍无法给予违法者更重的经济处罚，但福建省可以通过落实"谁污染，谁治理"的原则提高违法成本，泉州虽已有类似规定，然而仍需扩大适用条件、加强追责力度[48]。

金融层面，福建省继续推进以绿色信贷为主体、多种融资方式并存的绿色金融体系建设，同时鼓励、推动建立专业的绿色金融服务企业和独立的企业绿色信用评级机构，以"赤道原则"（Equator Principles，简称EPs）为基础框架，结合具体省情，为福建绿色产业健康有序发展提供资金支持。

人才层面，福建省充分利用现有高等教育资源，加快培养绿色经济发展所需的理论型人才与应用型人才；发挥侨乡与"海上丝绸之路"起点的天然优势，以海外华商网络为支撑点，广泛吸引国外优秀的绿色金融、绿色技术等方面的专家学者，建立绿色发展人才库。

（三）理顺政府与市场的关系，提高资源配置效率

市场化改革是促进要素自由流动、鼓励公平竞争、优化资源配置效率的必然要求。以碳排放权交易市场为例，一方面，市场机制发挥决定性作用有利于通过价格杠杆刺激经营者参与碳排放权交易，推动结构性减排；另一方面，配额过量入市、交易规则漏洞等市场失灵现象又需要政府加以规范和管理，保证整个交易体制正常运行。绿色通用技术外溢效应过强，仅凭市场机制已无法调动企业积极性，此时也需要政府实施干预，主导研发过程或加大对研发企业的补贴力度。

（四）审慎制定环境产业政策，因地制宜发展绿色产业

政府在制定环境与产业政策时，既需要充分认识地区要素禀赋的差异性，因地制宜地发展绿色产业，又需要综合考虑各市场主体的可能行动，尽量避免由于不恰当干预而造成的"绿色悖论"（green paradox）。八闽大地依山傍海、空气质量优良，各种文化兼容并包，在人口老龄化问题不断突出的背景下，一些古城、小镇可以原生态的形象面向老年群体，发展生态康养旅游，既可促进文化产业与低碳产业相融合，又有利于社会问题的解决。

（五）学习国内外先进经验，借鉴有益的制度成果

国内部分地区和一些发达国家绿色发展实践相对较早，积累了丰富的经验，值得学习和参考。以环境风险防治体系为例，OECD 基于 PPRR 理论，建立了化学事故防治的全过程管理循环，包括预防（prevention）、准备（preparedness）、响应（response）、后续（follow–up）四个步骤，涵盖了事前、事中、事后三个阶段，并详细阐述了政府、工业部门、民众、NGO 等多个主体在不同阶段的角色和责任[49]。我们可以参考其中循环管理理念，不仅要强化预防为主的原则，更强调从过往事件中吸取教训，促进全民污染防治，将其环境危害降至最低。而对于如何提高公众环保积极性，上海地区推行的"绿色账户"制度值得借鉴。

八、本章小结

本研究基于五大发展理念，立足于福建发展实际，运用 DEA – Malmquist 指数模型测算全省的绿色全要素生产率，并从模型要素和测算结果衍生分析绿色经济高质量发展面临的内生性风险（资源环境风险、技术创新风险、区域协调风险、财政金融风险）和外生性风险（社会意识风险、行政法治风险）。市场扭曲、绿色金融发展不充分、公众参与制度效率较低、区域间协调能力不足等因素可对上述风险产生较大影响，需求结构和产业结构的优化也依然任重而道远。防范化解重大风险与污染防治是三大攻坚战的重要内容，福建省应当有针对性地做好相关风险的全过程管理工作，建立全方位支持体系，正确处理政府和市场的关系，审慎制定环境与产业政策，学习参考有关的先进经验和制度，努力推动绿色经济高质量发展。

当然，本研究也存在一些局限性。绿色全要素生产率仅包含经济、环境因素，无法测度社会发展状况，因而不能较为全面地反映高质量发展的内涵。某些风险如何实现更为精确的量化分析，也是未来值得尝试的研究方向。

本章参考文献

［1］United Nations Environment Programme. Towards a green economy: pathways to sustainable development and poverty eradication［M/OL］. Nairobi: UNEP, 2011［2020 – 01 – 12］. www. unep. org/greeneconomy.

［2］杨大任，戴全吉. 因地制宜大力发展绿色经济——福建省坚定走好生态优先绿色发展新路［EB/OL］. （2019 – 03 – 21）［2020 – 01 – 10］. http: //fj. people. com. cn/n2/2019/0321/c181466 – 32763738. html.

［3］Arena M, Arnaboldi M, Azzone G. The organizational dynamics of enterprise risk management［J］. Accounting, Organization and Society, 2010, 35: 659—675.

［4］Lathrop J, Ezell B. A systems approach to risk analysis validation for risk management［J］. Safety Science, 2017, 99: 187—195.

［5］Willumsen P, Oehmen J, Stingl V, et al. Value creation through project risk management［J］. International Journal of Project Management, 2019, 37: 731—749.

［6］Mauelshagen C, Smith M, Schiller F, et al. Effective risk governance for environmental policy making: a knowledge management perspective［J］. Environmental Science & Policy, 2014, 41: 23—32.

［7］Tupa J, Simota J, Steiner F. Aspects of risk management implementation for industry 4. 0［J］. Procedia Manufacturing, 2017, 11: 1223—1230.

［8］Hopkins A. Risk – management and rule – compliance: decision – making in hazardous industries［J］. Safety Science, 2011, 49: 110—120.

［9］Khan F, Rathnayaka S, Ahmed S. Methods and models in process safety and risk management: past, present and future［J］. Process Safety and Environmental Protection, 2015, 98: 116—147.

［10］Calvard T, Jeske D. Developing human resource data risk management in the age of big data［J］. International Journal of Information Management, 2018, 43: 159—164.

［11］张海波，陈红. 人民币汇率风险度量研究——基于不同持有期的 VaR 分析［J］. 宏观经济研究, 2012（12）: 25—31.

［12］殷群，贾玲艳. 产业技术创新联盟内部风险管理研究——基于问卷调查的分析［J］. 科学学研究, 2013, 31（12）: 1848—1853.

[13] 孙玉栋，常春．政府债务风险预警机制构建［J］．中国特色社会主义研究，2014（06）：57—62.

[14] 王刚．政府防治环境风险的行为模式——基于信息传导的分析视角［J］．软科学，2016，30（04）：46—50.

[15] 周伟，陈昭，吴先明．中国在"一带一路"OFDI 的国家风险研究：基于 39 个沿线东道国的量化评价［J］．世界经济研究，2017（08）：15—25.

[16] 文宏，张书．转型期中国社会风险研究的前沿议题与未来展望——基于 CiteSpaceⅢ的可视化视角［J］．理论探讨，2018（06）：147—154.

[17] 贾楠，陈永强，郭旦怀，等．社区风险防范的三角形模型构建及应用［J］．系统工程理论与实践，2019，39（11）：2855—2864.

[18] 王刚，宋锴业．西方环境风险感知：研究进路、细分论域与学术反思［J］．中国人口·资源与环境，2018，28（08）：169—176.

[19] 温志强，李永俊．大数据环境下社会冲突的风险感知与预警［J］．上海行政学院学报，2019，20（05）：80—88.

[20] 郭骅，屈芳，苏新宁．风险社会背景下的应急管理情报体系研究［J］．情报学报，2017，36（10）：998—1007.

[21] 梁娜，姚长青，王峥，等．基于三重维度的企业风险信息抽取方法研究［J］．情报学报，2019，38（12）：1241—1249.

[22] 苏亚松，张旻昱，王宗水，等．我国风险评估研究的内容、方法与趋势——基于文献分析的视角［J］．科技管理研究，2019，39（09）：205—214.

[23] 吕文栋，赵杨，韦远．论弹性风险管理——应对不确定情境的组织管理技术［J］．管理世界，2019，35（09）：116—132.

[24] Malmquist S. Index numbers and indifference surfaces［J］. Trabajos de Estadistica, 1953, 4: 209—242.

[25] 王兵，吴延瑞，颜鹏飞．中国区域环境效率与环境全要素生产率增长［J］．经济研究，2010，45（05）：95—109.

[26] 单豪杰．中国资本存量 K 的再估算：1952～2006 年［J］．数量经济技术经济研究，2008，25（10）：17—31.

[27] 冯杰，张世秋．基于 DEA 方法的我国省际绿色全要素生产率评估——不同模型选择的差异性探析［J］．北京大学学报（自然科学版），2017，53（01）：151—159.

[28] 吴延瑞．生产率对中国经济增长的贡献：新的估计［J］．经济学（季刊），2008（03）：827—842.

[29] 梁广林，张林波，李岱青，等．福建省生态文明建设的经验与建议［J］．中国工程科学，2017，19（04）：74—78.

［30］福建省水利厅.2018 福建省水资源公报［R/OL］.（2019－07－39）［2020－01－27］.http：//slt.fujian.gov.cn/xxgk/tjxx/jbgb/201908/P020190819612283781498.pdf.

［31］王燕云，林承奇，黄华斌，等.福建九龙江流域水稻土重金属污染评价及生态风险［J］.环境化学，2018，37（12）：2800—2808.

［32］刘兰英，涂杰峰，黄薇，等.福建闽西矿区周边土壤 Cd、Pb、Cr 含量及风险评价［J］.福建农业学报，2017，32（01）：68—74.

［33］黄磊，孙桂华，袁晓婕.福建近岸海域表层沉积物重金属、PCBs 潜在生态风险评价［J］.海洋环境科学，2017，36（02）：167—172.

［34］马晓霞，姜兆玉，王永飞，等.福建漳江口红树林沉积物重金属汞（Hg）的分布特征［J］.生态科学，2019，38（02）：9—17.

［35］孙焰，祁士华，李绘，等.福建闽江沿岸土壤中多环芳烃含量、来源及健康风险评价［J］.中国环境科学，2016，36（06）：1821—1829.

［36］张友国，张晓，李玉红，等.环境经济学研究新进展——中国绿色发展战略与政策研究［M］.北京：中国社会科学出版社，2016：24—26.

［37］Acemoglu D，Aghion P，Bursztyn L，et al. The environment and directed technical change［J］. American Economic Association，2012，102：131—166.

［38］樊杰，王亚飞，梁博.中国区域发展格局演变过程与调控［J］.地理学报，2019，74（12）：2437—2454.

［39］福建省审计厅.福建省政府性债务审计结果公告［EB/OL］.（2014－01－24）［2020－02－03］.http：//sjt.fujian.gov.cn/zwgk/gsgg/sjjggg/201401/W020180306417605959945.pdf.

［40］王财玉，郑晓旭，余秋婷，等.绿色消费的困境：身份建构抑或环境关心?［J］.心理科学进展，2019，27（08）：1507—1520.

［41］南方周末.他们为何"荣登"漂绿榜［N］.南方周末，2012－02－16（C13）.

［42］中华人民共和国生态环境部.福建漳州市漳浦县矿山非法开采严重破坏生态环境［EB/OL］.（2019－08－18）［2020－02－06］.http：//www.mee.gov.cn/xxgk2018/xxgk/xxgk15/201908/t20190818_729161.html.

［43］王小鲁，樊纲，胡李鹏.中国分省份市场化指数报告（2018）［M］.北京：社会科学文献出版社，2019：216—219.

［44］张式军，徐东.新《环境保护法》实施中公众参与制度的困境与突破［J］.中国高校社会科学，2016（05）：145—151.

［45］王宁，史晋川.要素价格扭曲对中国投资消费结构的影响分析［J］.财贸经济，2015（04）：121—133.

［46］李钢，廖建辉，向奕霓．中国产业升级的方向与路径——中国第二产业占GDP的比例过高了吗［J］．中国工业经济，2011（10）：16—26.

［47］干春晖，郑若谷，余典范．中国产业结构变迁对经济增长和波动的影响［J］.经济研究，2011，46（05）：4—16.

［48］潘园园．谁污染谁治理 谁损害谁买单［N］．福建日报，2017－07－13（004）．

［49］OECD. OECD guiding principles for chemical accident prevention，preparedness and response（second edition）［M］．Pairs：OECD Publications Service，2003：10—17.

第六章　福建绿色经济高质量发展预警测度及时空格局研究

一、理论综述

　　绿色经济作为一种协调环境与经济关系的绿色思想，其发展有着深厚历史根基。最早关于环境与经济关系的研究源自马克思绿色思想[1]。其后随着工业革命迅猛发展或现代化进程中出现种种问题，人类开始反思环境保护、经济发展与社会稳定的所面临的困境，西方绿色运动[2]就是在此背景下产生并催生了生态经济、循环经济等经济形态。以上所说经济形态属于广义绿色经济即环保型经济，而绿色经济具体含义由皮尔斯于 1989 年提出，他指出绿色经济是从社会及生态条件角度建立一种自然环境和人类自然可承受的经济[3]。此后，学者们关于绿色经济发展展开了广泛研究，其研究范围主要集中于绿色经济指标体系构建、区域绿色经济水平测度、绿色经济效率。首先，关于绿色经济指标体系构建，国内学者马骍[4]从资源、环境、经济、社会四个方面构建了适用于云南省绿色经济发展评价指标体系；何静等[5]采用"初步筛选＋R 聚类－灰关联优势分析＋理性分析"相结合的方法筛选并构建绿色经济发展评价指标体系。其次，关于区域绿色水平测度研究，涉及区域涵盖了中国城市群[6]，各个省份，如湖北省[7]、青海省[8]等。由此可见，区域绿色水平测度研究涵盖范围较为广阔，相关研究具有坚实基础。最后，关于绿色经济效率的研究，可分为两种研究方向：关于绿色经济效率测度研究，如学者钱龙[9]利用中国 285 个地级市 2004 年至 2015 年工业层面数据对中国城市绿色经济效率进行了测度研究；关于绿色经济效率的影响因素研究，如学者白洁，夏克郁[10]基于长江经济带 107 个地级及以上城市数据，发现政府干预程度、基础设施、教育水平等对改善经济效率有显著正向作用，而金融发展水平对其有负向作用。综上可知，绿色经济相关研究在我国已经较为成熟且取得了丰厚的研究成果，这为本文关于福建绿色经济预警测度及时空格局研究奠定了良好基础。

二、研究方法与数据来源

（一）预警指标体系构建

绿色经济是一个涉及经济、社会、环境均衡协调发展的复杂体，其发展是一个动态演变过程，其预警指标设计应能体现出这种特点。PSR（压力—状态—响应，pressure – state – response）模型最早由加拿大统计学家弗雷德提出，后经联合国环境规划署修订，已成为环境生态领域常用模型之一[11]。该模型由三个层次组成：压力层、状态层、响应层。其中压力层代表着人类社会活动给自然环境带来的压力，状态层代表着在压力状态下人类活动及自然环境所呈现的状态，响应层指为了改善环境，提高经济、社会、环境协调发展系数，人类活动所做出的行动。PSR模型适用于绿色经济研究体现在它可以将经济、社会、环境与压力、状态、响应有机地结合在一起，对绿色经济指标系统性分类具有很强指导作用。

因此，本书引进PSR（压力—状态—响应，pressure – state – response）模型，将绿色经济指标设定为绿色经济压力层、绿色经济状态层、绿色经济响应层三个层次。采用PSR模型，以科学性、完备性、区域性为准则，在结合已有学者[12-14]对绿色经济指标设定的基础上，构建了福建绿色经济预警指标体系，包含福建绿色经济压力层、状态层、响应层三个层面，共计18个三级指标（表1）。

表1　福建绿色经济预警指标体系

目标层	准则层	指数层	指标层	单位	方向
福建绿色经济预警指标体系	绿色经济压力层	社会经济压力指数	人均GDP（X1）	元	+
			经济密度（X2）	万元/平方千里	+
			城镇化率（X3）	%	+
		能源压力指数	单位GDP能源消耗总量（X4）	吨/万元	−
		水资源压力指数	单位GDP生产用水量（X5）	m^3/万元	−
		土地资源压力	人口密度（X6）	%	−

目标层	准则层	指数层	指标层	单位	方向
福建绿色经济预警指标体系	绿色经济状态层	经济发展状态指数	城镇居民人均可支配收入（X7）	元	+
		生态绿化指数	建成区绿化覆盖率（X8）	%	+
			人均公园绿地面积（X9）	平方米	+
		社会发展状态指数	城市用水普及率（X10）	%	+
			万人普通高校在校学生人数（X11）	人/万人	+
		生产安全指数	亿元生产总值生产安全事故死亡人数（X12）	人/亿元	–
	绿色经济响应层	经济响应指数	第三产业生产总值占GDP比重（X13）	%	+
			R&D经费支出占GDP比重（X14）	%	+
		工业污染治理指数	工业污染投资治理额占GDP比重（X15）	%	+
		工业污染物利用指数	工业固体废弃物综合利用率（X16）	%	+
		生活污染治理指数	生活垃圾无害化处理率（%）（X17）	%	+
		水污染治理指数	城市生活污水处理率（X18）	%	+

（二）数据来源

根据预警指标设定，本研究所涉及福建省9个地市绿色经济压力、状态、响应三个层次的数据主要来源于福建省统计年鉴（2009、2018年），福建省9个市的统计年鉴（2009、2018年），国民经济和社会发展统计公报，环境保护状况公报。

（三）数据处理

1. 指标标准化

由于所建立的绿色经济预警指标间量纲不同，无法进行相互比较，因此研究需要对量纲进行标准化处理。一般而言，绿色经济发展水平指标可以分为收益型与成本型。收益型指标越高，绿色经济发展水平就越高；成本型指标越高，绿色经济发展水平则会越低。对于收益型指标与成本型指标采用不同方式进行标准化处理。本研究借助极差标准化方法对福建绿色经济预警指标进行无量纲化处理，步骤如下：

（1）收益型指标标准化：

$$Y_{ij} = \frac{X_{ij} - X_{ij}min}{X_{ij}max - X_{ij}min} \tag{1}$$

（2）成本型指标标准化：

$$Y_{ij} = \frac{X_{ij}max - X_{ij}}{X_{ij}max - X_{ij}min} \tag{2}$$

2. 指标权重及预警值

利用熵值法，计算福建绿色经济预警各指标权重，具体步骤如下：

（1）计算第 j 个指标熵值

$$e_j = -k \sum_{i=1}^{m} Y_{ij} \times lnY_{ij}, \ (k = 1/ln\ m) \tag{3}$$

（2）计算第 j 个指标权重

$$W_j = \frac{d_j}{\sum_{j=1}^{n} d_j}$$

（其中 $d_j = 1 - e_j$，d_j 为熵值的信息效用价值） $\tag{4}$

（3）计算第 i 个地区预警值

$$E_i = W_j \times Y_{ij} \tag{5}$$

（四）判别标准

根据熵值法得出福建绿色经济预警值 E_i 实际上是一个绿色经济发展水平综合得分，其数值在 0 ~ 1 之间。绿色经济预警值越接近于 0，则表示绿色经济发展隐患较大；绿色经济预警值越接近于 1，则表示绿色经济发展状况较好。为了对福建绿色经济预警进行深入归类与分析，本文在借鉴以往学者关于生态环境预警判别标准[15-18]，并向专家咨询讨论的基础上将福建绿色经济预警指标判别标准划分为重警、中警、轻警、较安全、安全 5 个层次（表 2）。福建省 9 个地市不同预警值对应着不同预警状况。预警值越高，绿色经济高质量发展越安全，对应着较高的预警判别标准。预警值越低，绿色经济高质量发展隐患越大，对应着较低的预警判别标准。

表 2　福建绿色经济预警判别标准

绿色经济预警范围	绿色经济安全等级	绿色经济预警状态
$0 \leqslant E_i < 0.2$	I	重警
$0.2 \leqslant E_i < 0.4$	II	中警
$0.4 \leqslant E_i < 0.6$	III	轻警
$0.6 \leqslant E_i < 0.8$	IV	较安全
$0.8 \leqslant E_i < 1$	V	安全

三、福建九地市绿色经济预警结果分析

从总体预警趋势来看，如图 1 所示，在 2013—2017 年间，福建九市中大部分城市的预警值都在上升，且各个城市间差距总体上呈现出缩小趋势，这说明福建绿色经济发展状况整体呈现出好转的趋势。其中，2017 年福建省绿色经济发展状况最好的厦门市，福州市预警值距离绿色经济预警安全状态（0.8）尚有一定差距，福建绿色经济还有较大发展空间。

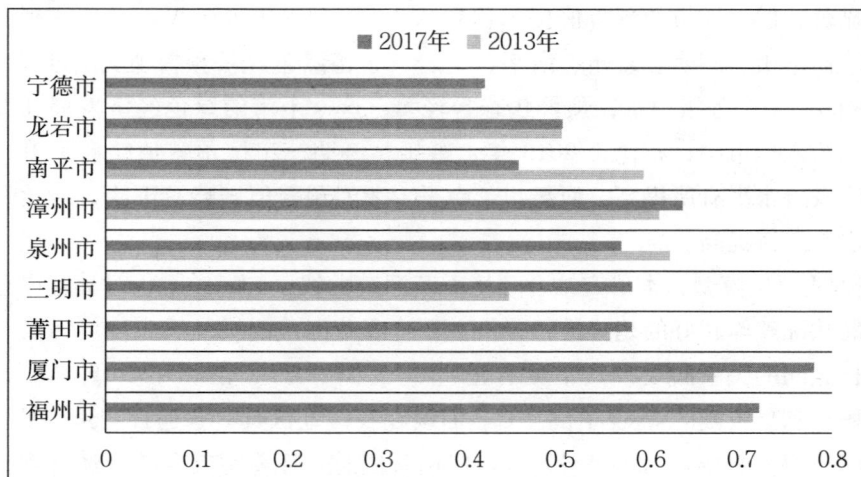

图 1　福建九市绿色经济预警趋势

表 3　福建 9 市绿色经济预警值

城市	2013 年			2017 年		
	预警值	安全等级	预警状态	预警值	安全等级	预警状态
福州市	0.7132	IV	较安全	0.7207	IV	较安全
厦门市	0.6700	IV	较安全	0.7690	IV	较安全
莆田市	0.5554	III	轻警	0.5832	III	轻警

城市	2013 年			2017 年		
	预警值	安全等级	预警状态	预警值	安全等级	预警状态
三明市	0.4441	Ⅲ	轻警	0.5821	Ⅲ	轻警
泉州市	0.6215	Ⅳ	较安全	0.5717	Ⅲ	轻警
漳州市	0.6097	Ⅳ	较安全	0.6451	Ⅳ	较安全
南平市	0.5928	Ⅲ	轻警	0.4482	Ⅲ	轻警
龙岩市	0.5027	Ⅲ	轻警	0.5035	Ⅲ	轻警
宁德市	0.4142	Ⅲ	轻警	0.4257	Ⅲ	轻警

从具体福建九市绿色经济预警值来看，如表 3 所示，2013 年福州、厦门、泉州、漳州四个市的绿色经济预警值在 0.6 ~ 0.8 之间，安全等级为Ⅳ，预警状态较安全。而莆田、三明、南平、龙岩、宁德五个市的绿色经济预警值在 0.4 ~ 0.6 之间，安全等级为Ⅲ，预警状态为轻警，绿色经济高质量发展存在较大隐患。2017 年福州、厦门、漳州的绿色经济预警值有所上升，其中厦门上升最为显著，但这三市的预警值仍未达到 0.8，安全等级处于Ⅳ，尚未达到安全状态。而莆田、三明、泉州、南平、龙岩、宁德绿色经济预警值尚处于 0.4 ~ 0.6 之间，安全等级为Ⅲ，预警状态为轻警，这六个市的绿色经济发展状况不佳。在这六个市中，相比于 2013 年，莆田、三明、宁德预警值略有上升，绿色经济发展水平有所提高，而泉州，南平，龙岩预警值则略有下降，绿色经济发展水平有待提高。

根据 PSR 模型，本研究结合环境库茨涅茨曲线（EKC）[19]，对福建绿色经济发展状况整体转好的趋势进行分析。环境库茨涅茨曲线是反应环境污染与经济增长之间的关系曲线，其常见有正"U"、倒"U"、正"N"、倒"N"[20]。学者杨林和高宏霞[21]验证了倒"U"曲线在我国地区具有普遍性。倒"U"型环境库茨涅茨曲线表示当经济发展在初期阶段时，环境污染会随着经济增长而恶化，但是当经济发展到一定水平后，人们对环保重视程度会逐渐增大，环境污染则会随着经济增长而减少。根据库茨涅茨曲线，若以压力层指标作为衡量经济发展水平标准，把福建省九市看作倒"U"曲线上各个发展阶段，那么宁德、龙岩、南平、三明等市处于倒"U"曲线顶部，漳州、泉州、莆田等市处于倒"U"曲线左侧，福州、厦门等市处于倒"U"曲线右侧。

从绿色经济压力层、绿色经济状态层、绿色经济响应层三个层面对福建绿色经济预警值变化分析中可以看出，2013—2017 年，福建九市经济发展水平整体上取得较大提升，人均 GDP、经济密度、城镇化率均有所提升，大多数城市人口密度也在上升。福建绿色经济状态层 2013—2017 年变化浮动较小，各城市人均公园绿地面积在稳定扩大，部分城市建成区绿化覆盖率，城市用水覆盖率略有下降，福州、厦门万人普通高校在校学生人数指标值有所下降，说明福州、厦门在 2013—2017 年人口相较于普通高校在校学生增速较快。相较于绿色经济压力层与状态层，福建绿色经济响应层部分指标值表现较差，工业污染投资治理额占 GDP 比重，工业固体废物综合利用率有降低趋势，说明福建大多数城市对环境改善意识还不够高。总体来说，福建绿色经济预警三层次表现有较大差异，压力层中人口密度对福建绿色经济预警产生较大抑制作用，状态层各个指标表现较好，响应层部分指标表现较差。也就是说，福建绿色经济状态预警正向表现在一定程度上抑制了压力层及响应层负向表现，所以福建整体绿色经济预警值及绿色经济安全等级都有提高的趋势，绿色经济发展有所提升。

四、福建绿色经济预警空间格局分析

2017 年福建各地市绿色经济预警空间格局分布如图 2 所示。总体来看，预警值呈现出由福建东南区域向福建西部、北部递减趋势，由此说明福建东南区域绿色经济发展整体上优于福建西部及福建北部。2017 年福建各城市绿色经济预警值排序如下：厦门、福州、漳州、莆田、三明、泉州、龙岩、南平、宁德。福建东南五市（福州、莆田、泉州、厦门、漳州）在绿色经济预警值上排名靠前，这主要得益于这些城市地理位置较优越，政治优惠较多，产业发展水处于领先地位，产业转型升级速度较快。如 2017 年第三产业生产总值占 GDP 比重这一指标，福州、厦门已高达 50.98%，57.73%，均超过 1/2，而莆田、泉州、漳州也高达 37.57%，39.11%，40.33%，均超过 1/3。在绿色经济预警值较低的福建北部区域及福建西部区域，绿色经济预警面临较大压力。一方面，较为不佳的地理位置在一定程度上不利于福建北部区域及福建西部区域绿色经济高质量发展。另一方面，福建北部及福建区域由于产业落后，高科技人才及科研投入较低，从其绿色转型较为困难。如 2017 年万人普通高校在校学生人数这一指标，三明市为 115 人，南平市为 96 人，龙岩市为 66 人，宁德市为 39 人，这与福建东南区域（福州 410 人，厦门 350 人，莆田 70 人，泉州 146 人，漳州 141 人）差距显著。

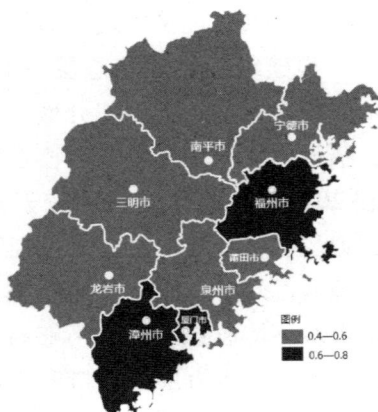

图2　2017 年福建绿色经济预警区域分布图

就福建绿色经济预警压力层而言，2017 年福建九市绿色经济预警压力值从大到小排序如下：福州、泉州、厦门、宁德、莆田、南平、漳州、三明、龙岩。从 2017 年福建绿色经济预警压力层区域分布来看（如图3），2017 年福州和泉州绿色经济预警压力层值在 0.2 ~ 0.4 范围内，其他 7 市均低于 0.2。这说明福州和泉州的绿色经济活动对环境产生的压力大于其他城市绿色经济活动对环境产生的压力。就城镇化率而言，福州、泉州 2017 年城镇化率平均为 67.15%，而其他城市人口密度平均为 61.8%，较高的城镇化率给福州和泉州绿色经济承载带来了较大压力。就人均 GDP 及经济密度而言，福州、泉州 2017 年人均 GDP，经济密度均值分别为 90330 元，6341 万元/平方千里，而其他城市人均 GDP，经济密度均值分别为 74884 元，5303 万元/平方千里。这意味着福州、泉州两市快速发展的经济活动给其绿色经济强度带来了较大压力。

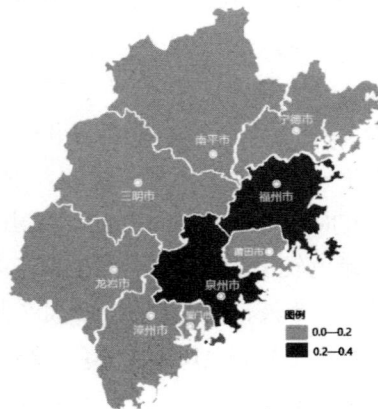

图3　2017 年福建绿色经济预警压力层区域分布图

　　就福建绿色经济预警状态层而言，2017 年福建九市绿色经济预警状态值从大到小排序如下：厦门、福州、漳州、莆田、三明、南平、宁德、泉州。从 2017 年福建绿色经济预警状态层区域分布来看，如图 4，2017 年厦门、福州、莆田、漳州、三明绿色经济预警压力层值在 0.2 ~ 0.4 范围内，其他 4 市均低于 0.2。这说明厦门、福州、莆田、漳州和三明绿色经济状态（社会状态，经济状态，环境状态）优于其他城市绿色经济状态。就建成区绿化覆盖率及人均公园绿地面积而言，2017 年厦门、福州、莆田、漳州和三明建成区绿化覆盖率及人均公园绿地面积均值分别为 44.33%，14.9225 平方米，而其他城市建成区绿化覆盖率及人均公园绿地面积均值分别为 41.98%，14.004 平方米，表明厦门、福州、莆田、漳州和三明生态环境质量较好。就万人普通高校在校学生人数而言，2017 年厦门、福州、莆田、漳州和三明万人普通高校在校学生人数均值为 184 人，而其他城市的均值为 139 人，表明厦门、福州、莆田、漳州和三明社会教育发展较优。就亿元生产总值生产安全事故死亡人数而言，2017 年厦门、福州、莆田、漳州和三明亿元生产总值生产安全事故死亡人数均值为 0.0304 人，其他城市均值为 0.0331 人，可以看出厦门、福州、莆田、漳州和三明在经济建设中较其他城市更加重视安全。

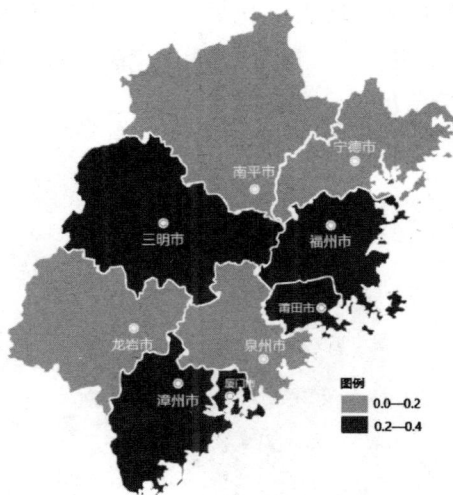

图 4　2017 年福建绿色经济预警状态层区域分布图

　　就福建绿色经济预警状态层而言，2017 年福建九市绿色经济预警响应值从大到小排序如下：厦门、福州、泉州、漳州、三明、莆田、龙岩、南平、宁德。从 2017 年福建绿色经济预警响应层区域分布来看，如图 5，2017 年厦门、福州、泉州、漳州、三明绿色经济预警压力层值在 0.2~0.4 范围内，其他 4 市均低于 0.2。这说明厦门、福州、莆田、漳州和三明绿色经济响应（社会层面响应、经济层面响应、环境层面响应）力度大于其他城市绿色经济响应力度。就第三产业生产总值占 GDP 比重而言，2017 年厦门、福州、莆田、漳州和三明第三产业生产总值占 GDP 比重均值为 44.73%，其他城市均值为 36.56%，说明厦门、福州、莆田、漳州和三明相较于其他城市，第三产业发展水平更高。就 R&D 经费支出占 GDP 比重而言，2017 年厦门、福州、莆田、漳州和三明 R&D 经费支出占 GDP 比重均值为 1.75%，其他城市的均值为 1.285%，说明厦门、福州、莆田、漳州和三明科技投入力度较其他城市高。就工业污染投资治理额占 GDP 比重及工业固体废物综合利用率而言，2017 年厦门、福州、莆田、漳州和三明工业污染投资治理额占 GDP 比重及工业固体废物综合利用率均值分别为 0.05%、92.9%，而其他城市工业污染投资治理额占 GDP 比重及工业固体废物综合利用率均值分别为 0.039%、67.09%，说明厦门、福州、莆田、漳州和三明对环境治理及循环利用废弃物重视程度较福建其他城市高。就生活垃圾无害化处理率及城市污水处理率而言，2017 年厦门、福州、莆田、漳州和三明生活垃圾无害化处理率及城市污水处理率均值分别为 99.48%、92.08%，而其他城市生活垃圾无害化处理率及城市污水处理率均值分别为 97.375%、89.95%，说明厦门、福州、莆田、漳州和三明相较于福建其他城市，更加重视城市环境治理。

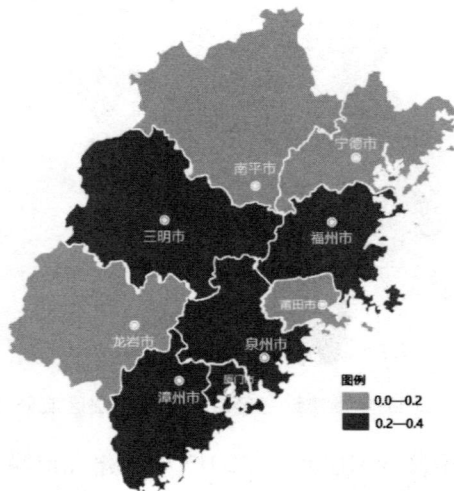

图 5　2017 年福建绿色经济预警响应层区域分布图

五、结论与对策

（一）结论

整体看来，福建大部分城市绿色经济预警值在 2013—2017 年提升显著，2013—2017 年绿色经济发展取得了较大进步。其原因主要是：一方面，福建努力创造经济发展新路径，努力加大产业转型升级力度，生产力提高是绿色经济发展的重要因素。另一方面，福建在进行经济建设过程中没有忽视社会，环境协调发展，努力探寻经济、社会、环境齐头并进的绿色经济发展道路。虽然福建绿色经济发展状况较之前有所改善，但是 2017 年福建九市绿色经济预警值均没有达到 0.8 以上，尚不处于安全状态。其中只有福州、厦门、漳州三个城市达到了 0.6 以上，处于第Ⅳ生态安全等级，处在较安全状态。其余六市均在 0.6 以下，处于第Ⅲ等级，处在轻警状态。福建各城市绿色经济发展整体还有较大进步空间。

从各区域发展状况可以看出，福建东南区域绿色经济发展状况要明显好于福建西部，北部区域，福建绿色经济发展状况呈现出由东南向西北减弱趋势。福建东南区域由于地理位置优势，政策优惠，绿色经济发展基础较好等因素导致其绿色经济较之于福建西部，北部区域发展水平更高。另外，可以发现，泉州虽地处福建东南区域，但由于其绿色经济响应层指标表现较差（如万人普通高校在校人数较少），因此绿色经济预警值较低，绿色经济处于轻警状态。同样，莆田虽地处福建东南区域，但由于其绿色经济压力层及响应层指标表现较差（如人口密度较大，工业固体废物综合利用率较低），因此绿色经济预警值较低，绿色经济处于轻警状态。所以，在进行绿色经济改善高质量发展的时候，要注意把握区域不同特点进行针对性发展。

（二）对策

1. 把握区域差异性，针对不同区域采取不同策略

福建绿色经济高质量发展是每个市绿色经济高质量发展的集中体现。然而不同区域及城市的资源禀赋和发展基础不同，需要在把握区域差异性基础上针对不同区域采取不同绿色经济发展策略。对于绿色经济发展较好的福建东南区域五市（福州、厦门、泉州、漳州、莆田），应利用好已有资源优势，在生态资源节约型绿色产业开发上多下功夫，进一步完善绿色生态系统服务功能，以确保人口增长速度能够与区域绿色发展承载力相匹配，采取合理的

人口政策，优化城市结构。另外，泉州及莆田在福建东南五市中绿色经济发展稍显落后。泉州需要加大对教育的重视与投入，提高高校教育水平，培养更多优秀人才。莆田则需要进一步优化人口政策，加大固体废物排放利用率，着力恢复经济活动对生态环境造成的损伤。绿色经济发展安全等级处于轻警状态的福建西部、北部区域4市（三明、南平、龙岩、宁德），应注重把握经济建设与生态环保的协调性，利用自身生态环境资源优势，积极开发探索"生态产业"系统建设策略，结合当地实际情况因地制宜培育绿色经济发展新的增长点，摒弃以往粗放式经济增长模式，探寻绿色经济增长新模式。

2. 打造政府机制、道德机制及生态机制有机统一的绿色经济发展机制

福建绿色经济发展不仅仅是政府宏观建立统筹规划策略，因其涉及社会稳定发展、企业长足发展、公众生活保障等各个方面，所以其发展需要各主体共同努力建设政府机制、道德机制及生态机制有机统一的绿色经济发展机制。具体而言，政治机制指政府在绿色经济发展中要宏观把控，制定绿色经济发展策略。道德机制针对的主体是社会企业及社会公众。福建绿色经济发展需要充分发挥企业绿色生产、绿色营销、绿色服务的社会责任感，福建企业在生产、营销、服务各个环节中需要充分考虑环境成本，加大环境保护投入，努力开发新科技开拓绿色产业，为社会提供更好的绿色环保产品。社会公众是绿色经济直接受益者，其也在一定程度上影响绿色经济发展。因此，社会公众需要加强绿色生活道德约束意识，在生活中积极采取节水、节电、垃圾分类、绿色消费等环保型生活方式。生态机制指绿色经济发展中所存在的内在规律性，福建绿色经济发展需要遵循生态发展规律，充分探寻绿色生态可持续路径。概言之，政府机制、道德机制、生态机制对福建绿色经济的高质量发展至关重要。福建绿色经济发展需要充分协调政府机制、道德机制与生态机制的关系，打造三者有机统一的绿色经济发展机制。

3. 以"数字经济"引领绿色经济高质量发展

随着大数据、互联网等技术发展，福建绿色经济需要向"数字经济"驱动转型发展。具体而言，福建省应学习国内外先进大数据技术，将其应用于环境污染攻坚防治战，应用于生态环境产业与大数据产业相融合，在环境数据公开上，要消除"私密"数据不便公开的观念，真正使得这些数据做到"取之于民，用之于民"，尤其要公开环境污染严重现象，让社会对环境问题更加重视；

在环境数据共享上，政府环保部门及大数据企业，科研机构及高校均要树立长期合作，共同发展思想，积极探索跨行业，跨部门的绿色经济产业发展深度合作路径，搭建绿色经济信息服务平台建设，信息共享平台建设；在绿色经济发展体系统一问题上，结合大数据，"互联网＋"技术将纷繁复杂的环境数据类型及绿色经济指标评价体系进行归类、整合，创建科学可靠统一的环境数据分类体系及绿色经济指标评价体系，实现多源异质环境与绿色经济大数据有机统一，突破由数据隔阂差异带来的创新壁垒；在绿色经济产业大数据应用上，建立绿色经济产业发展体制机制，推广大数据技术绿色产业开发应用，创建绿色经济全区域，多方位的高密度监测网络，构建数字化绿色产业发展平台，制定绿色产业大数据应用规范，切实防范数据安全问题，在应用中不断提升大数据在绿色产业发展中的安全可靠性、实用性、先进性，引领全省绿色发展迈向数字化新阶段。

本章参考文献

［1］剧宇宏. 中国绿色经济发展研究［M］. 上海：复旦大学出版社，2013.

［2］R. David Simpson. Scarcity and Growth Revised, Johns Hopkins University Press, Baltimore & Lonond, 1979.

［3］［英］大卫·皮尔斯，阿尼尔·马肯亚，爱德华·巴比尔. 绿色经济的蓝图［M］. 何晓军，译. 北京：北京师范大学出版社，1996.

［4］马骍. 云南省绿色经济发展评价指标体系研究［J］. 西南民族大学学报（人文社科版），2018，39（12）：128—136.

［5］何静，李战江，苏金梅. 基于R聚类－灰关联优势分析的绿色经济评价指标体系构建［J］. 科技管理研究，2018，38（10）：90—98.

［6］黄跃，李琳. 中国城市群绿色发展水平综合测度与时空演化［J］. 地理研究，2017，36（07）：1309—1322.

［7］张欢，罗畅，成金华，王鸿涛. 湖北省绿色发展水平测度及其空间关系［J］. 经济地理，2016，36（09）：158—165.

［8］戴鹏. 青海省绿色发展水平评价体系研究［J］. 青海社会科学，2015（03）：170—177.

［9］钱龙. 中国城市绿色经济效率测度及影响因素的空间计量研究［J］. 经济问题探索，2018（08）：160—170.

［10］白洁，夏克郁. 政府干预、区域差异与绿色经济效率测度——基于长江经济带107个地级及以上城市的数据［J］. 江汉论坛，2019（07）：21—27.

[11] 刘海龙，谢亚林，贾文毓，石培基．山西省生态安全综合评价及时空演化[J]．经济地理，2018，38（05）：161—169．

[12] 马骍．云南省绿色经济发展评价指标体系研究［J］．西南民族大学学报（人文社科版），2018，39（12）：128—136．

[13] 尤玉军，解娟娟．江苏苏中绿色发展的实证研究［J］．江苏社会科学，2017（05）：263—268．

[14] 郭玲玲，卢小丽，武春友，曲英．中国绿色增长评价指标体系构建研究[J]．科研管理，2016，37（06）：141—150．

[15] 张玉泽，任建兰，刘凯，程钰．山东省生态安全预警测度及时空格局［J］．经济地理，2015，35（11）：166—171，189．

[16] 徐成龙，程钰，任建兰．黄河三角洲地区生态安全预警测度及时空格局[J]．经济地理，2014，34（03）：149—155．

[17] 宋敏，刘学敏．西北地区能源－环境－经济可持续发展预警研究——以陕西省为例［J］．中国人口·资源与环境，2012，22（05）：133—138．

[18] 卢亚灵，刘年磊，程曦，蒋洪强．京津冀区域大气环境承载力监测预警研究[J]．中国人口·资源与环境，2017，27（S1）：36—40．

[19] Grossman G M，Krueger G A B．Economic Growth and the Environment［J］．The Quarterly Journal of Economics，1995，110（2）：353—377．

[20] 闫宁，施泽尧，王天营．江苏工业废气排放环境库兹涅茨曲线研究［J］．中国人口·资源与环境，2017，27（S2）：119—123．

[21] 杨林，高宏霞．经济增长是否能自动解决环境问题——倒 U 型环境库兹涅茨曲线是内生机制结果还是外部控制结果［J］．中国人口·资源与环境，2012，22（08）：160—165．

第七章　福建绿色经济高质量
发展支持体系研究

一、理论综述

（一）福建绿色经济高质量发展支持体系理论综述

不同学者从不同的角度分析了关于环境资源与经济发展之间互动作用。秦炳涛等学者[1]通过对中国 31 个省份的工业经济发展情况以及环境污染情况的分析，发现中国很多地区无法避免以牺牲环境为代价发展经济。从经济集聚[2]的角度分析则会发现，当经济集聚达到一定程度时，经济发展对环境保护有着正向促进的作用[3]。然而目前对于环境资源的需求随着经济发展持续上升，依靠停工等不可持续的方式并不能起到长久的效果[4]。经济发展与环境保护的实践既不能"饮鸩止渴"，也不能"因噎废食"，必须探索可持续性的方法。于是如何使经济发展与环境保护两者得以共同发展成为当下中国各地区乃至世界各国的探讨实践热点，进而"绿色经济高质量发展"成为促进解决中国社会主要矛盾——人民日益增长的美好生活需要和不平衡不充分的发展之间的矛盾的关键之一。

1. 绿色金融对绿色经济高质量发展的影响

为了解决上述问题，中外众多学者进行不同角度的分析。有学者分析认为绿色金融对低碳转型有积极的作用。研究认为虽然不同地区的影响不同，但绿色金融将在 2030 年将全球煤炭消费量降至基准情景（BAU）以下 2.5%，将非化石电力的比例从全球水平的 42% 提高到 46%[5]。同时，也有学者认为绿色金融将在世界范围引领未来金融的发展，但是中国的绿色金融发展机遇与缺点并存[6]，需要使中国绿色金融的各个方面更加完善，只有完善了绿色金融才能为绿色经济高质量发展带来更强劲的力量。

2. 绿色科技人才对绿色经济高质量发展的影响

绿色科技人才的吸引对于实现绿色经济高质量发展有关键性作用，绿色科技人才通过提升绿色技术水平以及增强绿色科技创新，以共同实现经济发展与环境保护[3]。有研究者认为当下的发展形势促使企业对组织目标的设定做出了改变，新的组织目标不仅仅注重财务利润还重点关注环境友好型绩效。该研究认为促进"绿色"组织的其中一个原则是可持续人力资源管理（SHRM），上述新组织目标即可持续发展目标（SDG），是通过组织的人力资本采用新的生态技术和创新的可持续战略的整合来实现的[7]。绿色人才管理实现绿色经济发展的另一个作用机制是"绿色人力资源管理"。绿色人力资源管理可以使员工的绿色价值观、绿色工作动机得到有效增强，从而达到绿色生产的作用[8]。

3. 绿色企业对绿色经济高质量发展的影响

绿色企业可以为绿色经济的实现带来重要保障，其作用机制是通过提升企业绿色全要素生产率（GTFP）实现的。相对于全要素生产率，GTFP 考虑了能源消耗和污染物排放等负面产出，这就表明追求 GTFP 是绿色企业与传统企业的关键区别。易明[9]等人通过测算长江经济带的 GTFP，发现技术进步会导致 GTFP 的变化，从而可以推知绿色企业的技术进步可以促进绿色经济的高质量发展。技术创新被视为优化"社会—生物—经济"系统中重要资源的有效和清洁利用的手段[10]。技术创新可以降低企业环境治理的成本，为了降低成本，企业拥有极高的动力推动技术创新[11]，因此绿色企业是实现绿色科技进步的关键。

4. 绿色供应链对绿色经济高质量发展的影响

从 20 世纪初开始，绿色供应链管理（GSCM）这一概念开始在学术界中越来越受到欢迎，这是因为企业改善环境绩效的压力逐渐增大，高额的科学研究与试验发展（Research and Development，R&D）投入以及环保费用刺激管理者挖掘其他实现绿色经济的方法。管理者在企业运营中发现大部分环境恶化作用都是通过公司的供应链网络产生的[12]。目前 GSCM 重点关注绿色供应链管理，具体方面有绩效评估、供应商选择或评估、分析建模工作等[13]。成琼文等学者[14]分析电解铝企业的绿色供应链实践过程中发现，绿色供应链可以在现有市场及资源环境的压力下通过平衡资源、提高资源利用率的方式达到更高的 GTFP。由此可知绿色供应链也是绿色经济高质量发展的不可或缺的一环。

5. 绿色文化对绿色经济高质量发展的影响

有学者提出绿色消费文化会与绿色技术之间产生相互作用，这一相互作用会推动经济增长与环境保护之间的平衡[15]。还有学者以低收入家庭为研究对象，发现对生态的认识、自我效能、感知行为控制会使消费者对绿色产品的态度产生积极影响，通过对于消费者的引导可以增加绿色产品消费[16]。推动发展绿色文化可以起到上述的引导作用，而且这种引导作用的扩散性以及持久性非常强，足以达到推动绿色经济可持续发展的目标。绿色消费行为的影响因素还有消费者创新性，这一影响因素与绿色文化之间的关系是不可分割的。消费者创新性会影响绿色消费态度、主观规范以及知觉控制，这三个方面会影响绿色产品消费的意图和行为[17]。从哲学的角度来看绿色价值观可以产生绿色的生产生活方式，与文化息息相关的社会制度以及教育可以为绿色生活提供制度保障以及道德支持[18]。从制造商和零售商的角度来看，消费者绿色意识会增强上述二者对于绿色产品的投资努力水平以及绿色产品质量[19]。因此，绿色文化与绿色价值观对于推动社会、自然、经济之间的平衡能够起到关键的作用。

6. 政府政策支持对绿色经济高质量发展的影响

首先，地理相邻的城市之间的经济与环境关系非常微妙，如何避免"污染避难所"现象的产生关键在于政府政策的引导[3]。其次，金刚等研究者[11]指出政府环境规划的严格程度达到一定水平后，可以通过逼迫企业技术创新的方式提高企业的技术效率，抵消环境规划带来的成本，这增加了绿色经济的可实现性。反之，如果政策激励程度不足则会陷入以环境为代价弥补经济缺失的恶性循环[20]。政府的政策不仅仅在严格程度上会影响绿色经济发展的质量，还会从政策种类上对绿色经济发展质量产生影响[19]。对于消费者、制造商、零售商这三种不同的市场参与者在不同的情况下制定的政策要"因地制宜"，从而达到绿色经济高质量发展的目标。最后，从企业的角度来看，政府设置一定的"门槛"有助于提升供应链的运营绩效[21]，并且能够为企业带来一定的盈利，可观的盈利会给企业积极采取绿色供应链实践带来动力，从而形成一个良性循环。

（二）福建绿色经济高质量发展支持体系理论构成

从上述学者的研究结果我们可以发现，影响绿色经济高质量发展的重要因素共有六点：绿色金融、绿色科技人才及管理、绿色企业、绿色供应链、绿色文化及绿色价值观、政府政策。这六个因素带来的影响作用相结合会为绿色经济高质量发展带来支撑，而这种支撑作用便构成了支持体系。该支持体系中的各因素之间存在相互联动的作用，整个支持体系能够起到多管齐下的促进作用。综上所述，绿色经济高质量发展的支持体系可以总结为图1。

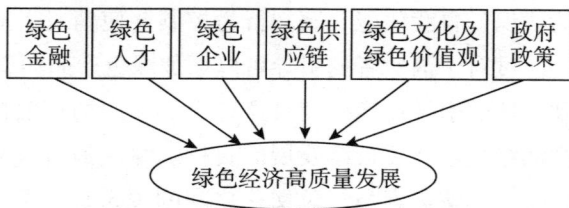

图1　绿色经济高质量发展六大支持体系

二、福建省绿色经济支持体系现状分析

从环境的角度出发，福建省拥有丰富的森林资源。2018 年省内森林覆盖率达到66.8%，连续 40 年位居全国第一[22]。由于福建省多山沿，拥有良好的生态环境，所以也就拥有较好的自然环境条件发展绿色经济。从经济的角度出发，占福建省 GDP 比重较大的是第二产业与第三产业，即福建省拥有足够的经济动力发展绿色经济。从绿色金融、绿色科技人才及管理、绿色企业、绿色供应链、绿色文化及绿色价值观、政府政策六个方面出发可以系统性地分析福建省绿色经济支持体系的现状。

（一）福建省绿色金融分析

近几年福建省积极响应国家的绿色政策号召，在全省范围内推广各种绿色金融产品，致力于发展绿色金融创新，促进绿色经济高质量发展的实现。福建省作为全国首个生态文明试验区，2017 年发布《福建省绿色金融体系建设实施方案》，提出到 2020 年建成与福建省生态文明试验区建设相匹配、组织体系完备、市场高度活跃、产品服务丰富、政策支持有力、基础设施完善、稳健安全运行的绿色金融体系。以福建省排污权交易市场的情况为例，2014 年 9 月福建省首次进行排污权交易，通过学习有成功经验的省份并将之转化为适合福建省情况的排污相关管理政策。2014 年至 2018 年期间的福建省排污权交易市场交易情况可以总结为表1。从表中数据可以发现福建省排污交易市场中参与企业以及成交额逐年增加，这一现象反映出福建省的绿色金融建设力度越来越大，效果也随之逐渐增强。在这期间福建省各种环境权益抵押新型融资产品也在逐渐丰富，同时，福建省还设立振幅引导基金以促进绿色投资，种种努力为绿色金融可持续发展奠定基础。但是福建省的绿色金融发展仍处于初期探索的阶段，实践过程中存在一定的问题与挑战，如总量小、市场化不足、信息化程度较低等，这些问题需要通过持续不断的探索实践以得到解决方案。

表 1　2014 年至 2018 年福建省排污权交易市场总结

时间范围	交易场次 （场）	新增参与 企业（家）	交易数量 （笔）	总成交额 （亿元）
2014 年 9 月—2015 年 8 月	19	192	439	1.01
2015 年 9 月—2016 年 8 月	20	350	922	2.17
2016 年 9 月—2017 年 7 月	19	535	1448	2.89
2017 年 8 月—2018 年 8 月	23	1086	2889	4.03

数据来源：福建排污权交易服务平台。

（二）福建省绿色科技人才分析

人力资本这一概念可以体现一个区域的人口质量，通过分析福建省人力资本的情况可以得到福建省高级人才及其管理情况的现状信息。由于福建省是一个沿海省份，吸引外资是福建省经济发展的动力之一。研究表明知识密集型的绿色 FDI 可以促进外资吸引地的经济增长[23]，而较高的人力资本水平可以增强该区域对 FDI 的吸收能力[24]。表 2 为 1985 年至 2016 年福建省人力资本与固定资本的情况。

表 2　福建省名义人力资本、实际人力资本、实际固定资本　　单位：10 亿元

年份	名义总人力资本	实际人力资本	实际固定资本
1985	1055	1055	25
1986	1251	1182	29
1987	1472	1277	33
1988	1781	1223	36
1989	2137	1235	39
1990	2523	1472	41
1991	3077	1735	44
1992	3697	1967	48
1993	4407	2025	55
1994	5212	1904	65
1995	6105	1927	78
1996	7120	2109	92
1997	8231	2384	108

年份	名义总人力资本	实际人力资本	实际固定资本
1998	9340	2704	127
1999	10545	3078	146
2000	12088	3436	165
2001	13839	3960	183
2002	15116	4338	204
2003	16699	4737	228
2004	18174	4945	261
2005	19394	5152	303
2006	21596	5678	354
2007	24063	5997	419
2008	26304	6259	503
2009	29028	7019	600
2010	30978	7248	701
2011	34195	7584	815
2012	37274	8057	941
2013	40280	8479	1083
2014	43101	8882	1235
2015	45693	9250	1401
2016	47411	9425	1578

数据来源：《2018 中国人力资本报告》。

人均人力资本（总人力资本/非退休人口）可以准确地反映人力资本存量的动态变化信息，1985—2016 年福建省名义人均人力资本量从 4.317 万元增长到 148.120 万元，增长倍数约为 333.31，实际人均人力资本量从 4.317 万元增至 29.444 万元，增长倍数约为 5.82。从图 2 我们可以更加直观地看出变化趋势，福建省的人力资本总体呈现逐年增长的状态，但是为了能够达到绿色经济的高质量发展目标就需要使人力资本量增速更快，吸引、培养更多高科技绿色人才。

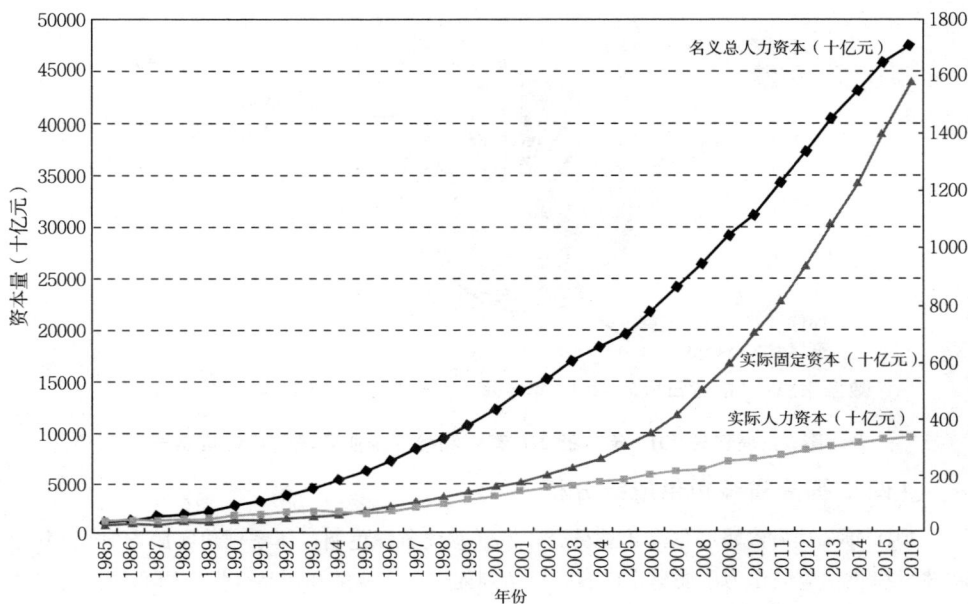

图 2 1985—2016 年福建省名义人力资本、实际人力资本、实际固定资本折线图

（三）福建省绿色企业分析

福建省 A 股上市企业共有 132 家，这其中主要为计算机通信和其他电子设备制造业、软件和信息技术服务业、专业设备制造业、电气机械及器材制造业，可见技术型企业占据福建省企业总量的较大比重。技术型企业拥有更多的资源进行绿色生产，截至 2018 年底福建省共有 13 家企业入选工业和信息化部绿色工厂，6 家企业 30 项产品入选绿色设计产品，2 家单位获批工业节能与绿色发展评价中心，争取国家绿色制造系统集成项目 10 项，总投资 24.54 亿元，获国家财政补助资金 1.82 亿元[25]。作为绿色经济的主体，绿色企业会为福建省的绿色经济高质量发展带来极大的动力。福建省为了促进企业绿色发展还进行了各种绿色监评制度创新，2019 年福建省率先在企业环境信用评价制度中采取企业环境信用动态评价机制，216 家首批强制参评企业环境信用评价结果总结为图 3。从图 3 可见福建省目前占比最大的是环保良好企业，同时仍有一部分非绿色企业的存在。这就表明福建省绿色企业仍需投入更大的努力发展环保效果更好的技术，非绿色企业需要加大力度转型以减少其数量，福建省绿色企业仍然存在很大的发展空间。

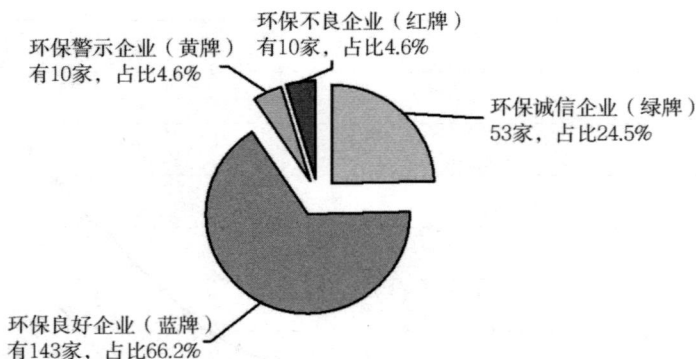

环保警示企业（黄牌）
有10家，占比4.6%

环保不良企业（红牌）
有10家，占比4.6%

环保诚信企业（绿牌）
53家，占比24.5%

环保良好企业（蓝牌）
有143家，占比66.2%

数据来源：《福建日报》，2019年3月14日。

图3　福建省2019年首批216家强制参评企业环境信用评价结果

（四）福建省绿色供应链分析

2018年福建省经济和信息化委员会印发《福建省绿色制造体系创建实施方案》，其中将建设绿色供应链作为主要建设内容，以达到促进全产业链和产品全生命周期绿色发展的目的。方案中提出要在汽车、电子电器、通信、机械、大型成套装备等企业中选择代表性强、行业影响力大、经营实力雄厚、管理水平高的龙头企业作为绿色供应链管理的试点单位，并且对其进行一定的资金奖励。2018年11月由工信部公布的第三批绿色制造名单中福建省有一家公司——厦门盈趣科技股份有限公司入选绿色供应链管理示范企业。图4是目前已被选为工信部绿色制造名单中绿色供应链管理的企业所在省份数量统计，从中可以看出福建省的绿色供应链发展相较于其他省份仍有较大的空间，应进一步提高绿色供应链管理水平。绿色供应链的建设与管理在福建省绿色经济发展的过程中需要更多的探索与实践。

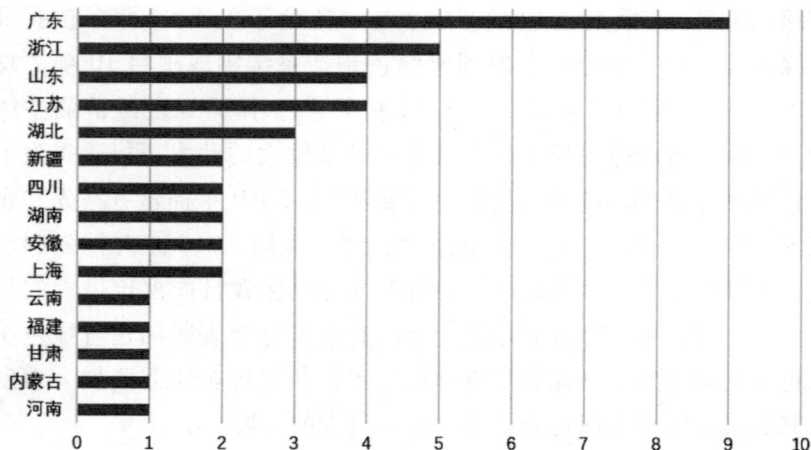

图4　入选绿色供应链管理的企业所在省份

（五）福建省绿色文化分析

福建省历史源远流长而且拥有得天独厚的自然环境，由于地理位置处于中国东南沿海通商，交通较为便利。其中泉州在宋元时期是世界最大商港之一，是形成"海上丝绸之路"的重要城镇，如今又称为"一带一路"中"21 世纪海上丝绸之路"的起点。厦门市是中国七大经济特区之一，在多年发展中形成了全方位、多层次的对外开放格局。这些条件集中起来促使福建成为民俗文化极为丰富的区域。与此同时，福建省有一千多年的茶文化以及榕树文化等一系列与自然环境息息相关的文化背景。可以说福建省的地方特色文化里处处彰显着绿色价值观，强调自强不息的发展，也强调对自然的热爱与敬畏，而丰富的自然资源与历史背景又酝酿出有深远影响力的福建特色文化。但是目前福建传统文化与绿色文化之间的结合程度并不太深，对于传统文化中绿色价值观的挖掘也不够充分，存在一定的发展创新空间。

（六）福建省绿色政府政策分析

福建省各区市为积极响应《中国制造 2050 》《绿色制造工程实施指南（2016—2020 年)》等政策相继出台多项绿色政策，如《福建省绿色制造体系创建实施方案》、福建省绿色价格政策、《关于创新体制机制推进农业绿色发展加快建设生态农业的实施意见》、《福建省绿色金融体系建设实施方案》等。这些政策措施涵盖各个行业、多个方面，从多个角度出发进行福建省绿色经济发展的实践。从人才、企业、技术、创新等方面的发展现状也可看出福建省的绿色政策在其中起到了极大的引导作用。与此同时，福建省正在全面推进闽台经济社会融合发展，这一政策对实现福建省、台湾地区绿色经济高质量发展有极大的促进作用。但是，当前绿色政策仅初见成效，从当前政策实施效果来看已有的绿色政策还不够完善，其影响力以及影响长远度还不够，企业、市民等绿色经济的参与者与政策制定者之间的沟通也有所欠缺。为解决上述问题，政策制定者需要结合具体发展状况进行更多的政策创新。

三、福建省绿色经济高质量发展支持体系面临的机遇与挑战

根据上述的福建省绿色经济支持体系现状分析可知福建省目前的发展情况为机遇与挑战并存、优势与缺陷并存。

（一）福建省绿色经济高质量发展支持体系面临的机遇

首先，福建省地理位置沿海，并且与江西、广东、浙江、台湾相邻，交通

便利便于经济发展、人才交流、供应链发展，也便于跨国贸易，吸引外国投资。福建省与台湾地区地理相邻、文化相近、自然环境相似，有利于实现闽台绿色经济高质量融合发展。例如厦门市的"一区三中心"可以为闽台两省的金融、科技、经济、物流、贸易发展营造良好的环境。其次，福建省文化底蕴深厚，福建企业敢于创新，积极跨省、跨国发展，拥有充足的绿色经济发展动力。另外，人民群众对环境保护与经济发展的关注度高，有利于绿色政策的实施。与此同时，福建省的民营经济占省内经济总量的三分之二以上，福建省的民营经济可以为福建省绿色经济高质量发展带来极大的动力。再次，福建省是数字中国建设的源头，并且福建省有将近四千家高新技术企业，福建省的信息化发展以及高新技术发展拥有较大的优势，这一优势有利于提升绿色发展的经济效益。2018 年福建省的生产总值增长 8.3%，高技术产业增加值增长13.9%。新能源、信息技术、节能环保、石墨烯、稀土等新兴产业的良好发展趋势可以为福建省提升绿色经济效益带来动力[26]。最后，国家各项发展政策重点关注福建省，为福建省绿色经济发展提供了大力的支持。综上所述，福建省目前面临充足的发展机遇，这些机遇可给予支持体系内部的 6 个因素多元化的发展动力，只要能够及时把握并且有效利用这些机遇就能够实现省内绿色经济的高质量发展。

（二）福建省绿色经济高质量发展支持体系面临的挑战

首先，福建省内某些市、县的经济支柱行业是高污染行业（如惠安县的石雕业），若整顿方法有误则会对当地经济造成极大的打击，但是如果不予理睬则会严重阻碍福建省绿色经济高质量发展的进程。其次，由于福建省位于苏浙沪区域之南、广东省之北，即两大经济、科技核心区域之间，导致福建省的人才吸引力不足，大量高级科技人才外流。最后，福建省多数企业规模较小，省内企业品牌在全国的知名度、认可度不高，导致企业绿色生产的成本较高。上述几点都是目前福建省绿色经济发展中存在的较为突出的问题，需要通过绿色经济高质量发展支持体系对其进行全方位的引导、改造，否则福建省绿色经济就无法保证发展的可持续性。

四、优化福建省绿色经济高质量发展支持体系政策建议

（一）健全绿色金融项目的信息体系

为了达到绿色金融的可持续性发展目标就要建立健全绿色金融项目的信息

体系。首先，信息体系可以促进绿色投资。投资活动中最为重要的就是对于信息的搜集与解读，投资是借助各种有效信息而进行的一种判断。由此可知，当信息体系健全后投资者可获得的有效信息便更加丰富起来，与此同时，投资者通过这种信息体系可以接触到更多创新型绿色金融产品和金融服务。绿色金融信息体系还可以很好地融入"一带一路"的建设中，向国外投资者提供信息以吸引更多的国际绿色投资。其次，信息体系可以起到监评作用。绿色金融产品是新型金融项目，其风险可能大于传统金融项目，与此同时不良的绿色金融参与者可能会破坏金融市场秩序、阻碍绿色金融发展。这时信息体系可以及时更新风险信息，为投资者创造风险保障，并且还可以及时曝光不良参与者扰乱市场环境的行为从而遏制其不良行为。信息系统还有助于实现社会监督，从而更加深入对绿色金融的监管，提高监管效果。再次，信息体系有助于银行等金融机构进行学习与创新。信息系统可以快速、全面地获得社会对于现有金融项目的意见及对于创新的建议，金融机构可以更加准确地了解到投资者的投资意向，从而获得更多的金融创新动力，保障金融创新持续进步。最后，信息体系可以为研究绿色金融发展提供帮助。信息体系的健全会使收集金融市场数据信息更加便利，研究者可以更全面地了解到当下绿色金融的创新风向以及存在的不足。

（二）借助国际合作平台培养吸引绿色人才、促进绿色管理创新

国际合作平台可以帮助福建省三位一体实现人才培养、人才吸引、人才管理创新。首先，福建省共有本科院校 26 所，专科高校 57 所，独立高校 9 所，这些丰富的高校资源可以培养出相当多的高技术人才。一方面，这些高校可以借助国际合作平台吸引绿色技术领域的尖端研究者到这些高校进行专题讲座或者学术研讨，从而激发更多在校学生对绿色技术的兴趣，为进行有关绿色科技创新研究的在校学生提供帮助。另一方面，福建省各高校可以组织海内外交流活动，可以让国外有创新能力的学生了解学习中国绿色技术与理念，吸引他们将创造力投入到帮助解决中国绿色经济发展的进程之中，并且可以让中国高校的优秀学子去国外学习交流先进技术，通过交流这些学子可以将国外的先进技术更好地切合中国实际情况，并用于解决中国的绿色经济问题。其次，借助国际合作平台福建省可以吸引更多的绿色金融、绿色生产技术人才。从国外引进的绿色人才能够为我国绿色经济高质量发展带来创新动力与解决问题的新视角，吸引国外绿色人才的同时也增大了吸引国外投资的可能，这些投资对于技术的发展和研究都有所帮助。最

后，福建省很多企业都需要引进或者自主创新更加先进的可持续人力资源管理方式。一方面，先进的绿色人力资源管理可以促进企业留住高级人才，同时还能更好地发挥出企业知识型人才的能力。另一方面，采取了绿色管理方式的企业可以有效节省环保成本，提高企业绿色发展的成功率。另外，企业也可以采取与国内外高校对接的方式，将高校人才培养、国外高校人才吸引、人才管理创新方法引进三个方面融合为一套系统，不仅能为高校学生提供更多应用所学知识以及发挥创新想法的场所，更能为企业引入创新动力提高绿色生产效率。

（三）地方政府联合企业促进产业集聚、建立绿色产业联盟

经济集聚可以有效解决由地理相邻带来的各城市间的"污染避难所"现象，由此可以有效地提升福建省各城市的绿色经济质量。首先，省级政府部门应做出合理的产业发展区域规划，结合省内各市、县的工业、经济发展情况以及当地自然环境特色，使所规划的新型产业聚集区域适合当地的具体情况。政府在制定区域规划时可以与当地企业进行合作，了解企业绿色发展所需的资源以及外部支持，从而使规划出的产业聚集区能更好地提升企业的 GTFP。其次，地方政府要鼓励高新技术产业以及服务业的产业聚集。一方面，此举可以给予绿色技术较强的企业一定的鼓励，支持其加大力度研发绿色科技并带动整个产业聚集区的绿色技术发展。与此同时，福建省引导产业聚集区中的传统企业进行改造升级，使之逐渐发展为使用新技术、新管理方法的绿色企业。另一方面，地方政府可以利用当地自然资源与文化背景，联合各种旅游、健康、文创企业促成省内第三产业的产业集聚，使福建省的绿色经济发展更加可持续。最后，福建省可以着力于培养、推广本省的优质品牌。一方面，福建省可以选择产业聚集区内有一定影响力的多个企业，对其进行着重培养，依托"一带一路""互联互通蓝图"等国际合作平台，将其打造成面向国际的有竞争力的绿色企业。另一方面，福建省可以促进产业聚集区内各企业之间的交流，形成绿色产业联盟，联盟内各企业可根据自己的情况与联盟内其他企业技术、经济的发展进行优势互补。

（四）加强绿色供应链管理实践

福建省当前的绿色供应链管理实践还存在较大不足，对于绿色供应链管理的实践需要因地制宜。首先，绿色产业联盟可以帮助供应商、分销商形成可长久合作的战略伙伴关系。绿色产业联盟内部成员企业可以进行合理的专业化分工，相互配合从而形成有序的绿色产业链。其次，企业应进行绿色供应链管理方法的学习。绿色供应链管理是新型的管理方法，企业需要对其进

行深入学习。一方面，企业可以引进优秀绿色供应链管理人才，在短期内就可以将先进方法引入本企业内部。另一方面，企业可派员工去绿色供应链实践较为成熟的企业进行经验学习，同时利用校企合作机制，从而培养出本企业的绿色供应链管理人才。最后，政府应当构建符合福建省具体情况的标准体系。绿色供应链标准体系可以有效地对福建省绿色供应链发展产生引导作用，与此同时，绿色供应链认证评价体系也会在绿色供应链构建中发挥至关重要的作用。评价体系会为标准体系提供支撑，便于管理标准更好地发挥作用。

（五）加强文化建设将绿色价值观融入地方文化

绿色经济的发展离不开当地文化对其的引导与支持。首先，福建省应以传统特色文化为支撑，创新绿色价值观宣传方式。相关文化部门可以将绿色价值观融入当地的传统文化项目之中，如德化陶瓷、泉州木偶戏等，与此同时还要着力于挖掘、保护传统文化中的绿色价值观。另外，政府宣传部门应当开展群众性生态科普专题教育活动，对于绿色经济的认识能够促进市民产生对于绿色经济建设的热情，并且积极利用当地媒体进行舆论引导，当地媒体是当地居民获取信息的主要途径之一，当地媒体带给居民的亲切感与号召力能够使市民更容易接受与认同绿色价值观。其次，当地企业应创建关于培养员工绿色观念的企业文化。一方面，企业绿色文化会产生一种很强的吸引力。绿色企业文化会吸引更多绿色技术人员进入该企业进行生产研究。同时绿色企业文化会吸引更多绿色企业成为自己的合作伙伴。另一方面，绿色企业文化会对公司的每一个员工产生导向作用，企业的员工在工作、生产、管理的过程中就会将绿色价值观融入其中。同时企业员工也是城市居民，他们会把企业的绿色文化带入日常生活之中，形成绿色生活的习惯。最后，政府举办以绿色生活为核心的活动，鼓励市民积极参与，例如绿色马拉松、海洋清洁活动等都可以提升市民对于绿色文化建设的参与感。同时大型活动会带来一定的经济效益，有助于绿色经济的发展。

（六）学习借鉴绿色经济发展经验

仅仅将探索发展的眼光聚焦于本省容易产生一定的思维盲区，因此多参考其他地区的经验会为政策创新带来极大的动力。首先，福建省可以举办交流会与相邻省份进行经验交流。由于相邻各省的地理情况、经济发展情况会有很多相似之处，于是也会遇到相似的发展问题。各个省相互协助，共同探讨，有助于问题的解决。不同的省份发展思路不同，相互交流各自的发展思路有助于扩展政策创新思路。其次，福建省可以组成学习小组，借助国际合作平台学习国外先进的绿色经济发展经验。国外有很多相对成熟的绿色经济发展经验，很多福建省正在面临的发展问题可能在其他国家的地区已经有过一定的尝试去解决。因此学习国外绿色经济发展经验可以提高福建省的政策创新效率。最后，福建省可多做调研，积极吸纳市民以及企业的建议。市民和企业的建议都是源于生产生活中的现实问题，有助于政策制定者有的放矢地调整当地政策。

五、本章小结

对于福建省绿色经济高质量发展支持体系的研究可以使福建省的经济发展与自然环境之间的关系更加清晰。绿色经济是未来经济发展的重点，也为文化、政治、科技、金融、教育引领了发展方向。福建省的经济增速已经连续两年领跑东部沿海。作为首个国家生态文明试验区，福建省采取各项领先于全国各省市区的绿色经济创新战略与政策，可以看出福建省正在优先实现绿色经济高质量发展的赶超。福建省需要对已有优势进行有效利用，着力改进缺陷、规避风险，进而在绿色经济的高质量发展道路上更好地前进。后续的研究应当注意到对于福建省相关发展问题的探索方法也适用于全国其他省份，只要将绿色经济高质量发展支持体系与各省实际相结合就能得出有针对性的发展战略，以此提高各省的发展效率。

本章参考文献

［1］秦炳涛，葛力铭，我国区域工业经济与环境污染的实证分析［J］. 统计与决策，2019. 35（04）：133—136.

［2］Glaser E. L, a. K. M. E. , "The Greenness of Cites: Carbon Dioxide Emissions and Urban Development", ［J］. Journal of Urban Economic, 2010, 67 (3): 404—418.

［3］邵帅等，经济集聚的节能减排效应：理论与中国经验［J］. 管理世界，2019. 35（01）：36—60.

［4］付鹏，新常态下城市雾霾治理的现实路径选择［J］. 管理世界，2018. 34（12）：179—180.

［5］Glomsrød, S. , T. Wei, Business as unusual: The implications of fossil divestment and green bonds for financial flows, economic growth and energy market ［J］. Energy for Sustainable Development, 2018. 44: 1—10.

［6］西南财经大学发展研究院、环保部环境与经济政策研究中心课题组李晓西等，绿色金融与可持续发展［J］．金融论坛，2015. 20（10）：30—40.

［7］Chams，N.，J. García – Blandón，On the importance of sustainable human resource management for the adoption of sustainable development goals［J］．Resources，Conservation and Recycling，2019. 141：109—122.

［8］周金帆，张光磊，绿色人力资源管理实践对员工绿色行为的影响机制研究——基于自我决定理论的视角［J］．中国人力资源开发，2018. 35（07）：20—30.

［9］易明等，长江经济带绿色全要素生产率的时空分异特征研究［J］．管理世界，2018. 34（11）：178—179.

［10］Cancino，C. A.，et al.，Technological innovation for sustainable growth：An onto-logical perspective［J］．Journal of Cleaner Production，2018. 179：31—41.

［11］金刚，沈坤荣，以邻为壑还是以邻为伴？——环境规制执行互动与城市生产率增长［J］．管理世界，2018. 34（12）：43—55.

［12］de Oliveira，U. R.，et al.，A systematic literature review ongreen supply chain management：Research implications and future perspectives［J］．Journal of Cleaner Produc-tion，2018. 187：537—561.

［13］Fahimnia，B.，J. Sarkis，H. Davarzani，Green supply chain management：A re-view and bibliometric analysis［J］．International Journal of Production Economics，2015. 162：101—114.

［14］成琼文，周璐，余升然，绿色供应链管理与实践绩效研究——以电解铝企业为例［J］．中国软科学，2017（10）：163—172.

［15］Bezin，E.，The economics of Green consumption，cultural transmission and sus-tainable technological change［J］．Journal of Economic Theory，2019.

［16］Al Mamun，A.，et al.，Intention and behavior towards green consumption among low – income households［J］．Journal of Environmental Management，2018. 227：73—86.

［17］劳可夫，消费者创新性对绿色消费行为的影响机制研究［J］．南开管理评论，2013. 16（04）：106—113.

［18］付强，范冬萍，绿色价值观与社会生态系统的整体优化——复杂性科学哲学的视野［J］．自然辩证法研究，2017. 33（07）：82—87.

［19］曹裕，李青松，胡韩莉，不同政府补贴策略对供应链绿色决策的影响研究［J］．管理学报，2019. 16（02）：297—305.

［20］祁毓等，生态环境治理、经济发展与公共服务供给——来自国家重点生态功能区及其转移支付的准实验证据［J］．管理世界，2019. 35（01）：115—134.

［21］福建日报．呼吸清新空气　欣赏秀美山川　享受碧海蓝天［EB/OL］．http：//cpc. people. com. cn/n1/2019/0307/c64102 – 30962498. html. 2019 – 3 – 7/2019 – 4 – 10.

［22］陈志松，政府激励政策下人造板绿色供应链谈判—协调机制研究［J］. 中国管理科学，2016. 24（02）：115—124.

［23］Sara Amoroso, B. M. , The short – run effects of knowledge intensive greenfild FDI on new domestic entry［J］. The Journal of Technology Transfer，2017：815—836.

［24］谢安妮，FDI、人力资本与经济增长关系的实证研究. 2017，［D］. 北京邮电大学.

［25］福建日报. 福建省 8 家企业入选工信部第三批绿色工厂［EB/OL］. http：//www. hxnews. com/news/fj/fj/201811/25/1657337. shtml. 2018 – 11 – 25/2019 – 3 – 30.

［26］人民网. 因地制宜大力发展绿色经济［EB/OL］. http：//fj. people. com. cn/n2/2019/0321/c181466 – 32763738. html. 2019 – 3 – 21/2019 – 4 – 11.

第八章　福建绿色经济高质量
发展人才支持体系研究

一、绿色经济高质量发展人才支持体系相关综述

英国环境经济学家皮尔斯在《绿色经济蓝皮书》中首次提出绿色经济的概念，将其定义为以传统产业经济为基础，以经济与环境的平衡和谐为目的而产生的一种新经济形式，是产业经济为满足人们环保和健康需求而形成的一种新的发展状态[1]。2011 年，联合国在发布的《绿色经济综合报告》中，认为绿色经济是低碳的、资源节约与社会兼容的经济类型。我国学者季铸是绿色经济系统理论的创建者和实践者之一，他将绿色经济定义为以效率、和谐、持续为发展目标，以生态农业、循环工业和持续服务产业为基本内容的经济结构、增长方式和社会形态[2]。苏立宁、倪其润认为绿色经济社会是继农业社会、工业社会和服务经济社会之后人类最高的社会形态，绿色经济、绿色新政、绿色社会是人类文明的全球共识和发展方向[3]。通过研究 2006—2010 年的数据，向书坚、郑瑞坤提出目前我国绿色经济发展整体上处于低水平发展阶段，但在生态建设和生产绿色化过程中逐渐取得成效[4]。王兵、刘光天验证"波特假说"，提出节能减排可以通过推动技术进步促进绿色全要素生产率增长，从而促进绿色经济发展[5]。冯志军、康鑫等提出产业升级对绿色经济起到显著的促进作用，同时知识产权管理以产业经济作为中介，对绿色经济增长起促进作用[6]。林格尔（Ringel）等探讨能源效率政策在经济体向绿色经济转型中的关键作用，提出政府加强绿色能源政策即使是在短期内也可以促进 GDP 增长并且产生新的就业方向[7]。德罗斯特（Droste）等提出通过政府鼓励在自然资本和社会公平方面的投资，建立有利于绿色经济发展的制度环境[8]。加帕拉托斯（Gasparatos）等认为绿色经济努力的支柱是可再生能源的高渗透率[9]。李江龙、徐斌则提出一个地区的资源丰富程度会影响该地区的绿色经济增长，由于经济分工及其带来的锁定效应和路径依赖，资源丰富的地区反而会难以实现快速的绿色经

济增长[10]。田晖、宋清的研究发现，创新驱动可以促进智慧型城市经济绿色发展，并且创新投入、创新产出以及创新主题能抑制某些污染指标，如工业废水的排放量[11]。张英浩、陈江龙等发现随着时间的推移，各个地区的绿色经济发展效率呈上升趋势，并且区间差异逐渐收敛，经济发展水平、产业结构以及科研水平与绿色经济效率呈显著的正相关关系[12]。

朱婧、孙新章等提出在面对我国绿色经济发展的问题上，政府以及企业应该重视绿色科技人才队伍建设[13]。李剑玲认为建设低碳绿色经济，需要加强人力资源开发，建立低碳绿色经济人才管理和使用制度，加速绿色经济城市建设进程[14]。黄虹、许祺分析人口流动对上海市绿色经济发展的影响，认为从短期来看，人口流动抑制了绿色经济增长，但从长期看来，这种影响会逐渐消失[15]。田晖、宋清提出目前我国优秀的创新型科技人才较少，且行业结构分配不均，在绿色经济发展中难以发挥出其最优的效果。张义丰、张吉福等以山西省大同市为例，说明绿色经济高质量发展要以人为主体，整合、利用当地的人才，政府、社会和个人联合起来，充分发挥、优化社会资源，拉动绿色经济的发展[16]。许艳丽、李资成提出要实现制造业绿色转型升级，发展绿色经济，需要加强校企合作，发挥校企合作的协同效应以提高绿色人才质量，企业与高校协同培养绿色人才[17]。何自强[18]、黄兴召[19]、张新美[20]分别从化学、林学专业、农业分析了其专业人才在绿色发展背景下的发展问题及改进建议。综上所述，大量的学者对绿色经济做出论述，就绿色经济发展下人才的发展及其重要性做了相应的研究建议，但目前较少有学者针对某个区域的绿色经济高质量发展所需的人才支持体系做系统的研究。

二、福建绿色经济高质量发展人才体系现状及政策优势

绿色经济，作为一种生态环境与社会经济协同发展的经济发展方式，在我国经济发展追求稳步发展、经济结构不断优化、从快速发展向高质量发展转变的经济新常态下，成为我国这一经济发展时期的必然选择。福建省响应时代发展趋势和国家号召，制定了一系列的政策方针来促进福建绿色经济的发展。在福建省的十三五规划中强调绿色发展，实现低碳生态，深入实施生态省战略，加快生态文明先行示范区建设，强化环境保护和生态建设，实现人与自然和谐共生。

福建省作为东南沿海经济区中的重要部分，在绿色经济高质量发展中取得了显著的成效。根据中国人民大学国家发展战略研究院发布的《中国经济绿色发展报告2018》，在经济发展、可持续性以及绿色发展能力三个方面，福建省

在全国各省中排第六。这说明福建省的生态环境在全国属于前列，且综合经济水平来看，其发展也高于大部分省份。其中厦门、福州、泉州的绿色发展指数水平均位于全国前列。笔者根据人大国务院采用了省级尺度绿色发展评价指标体系，分别从经济发展、可持续性和绿色发展能力三个方面分析福建省的绿色经济发展情况，得出表1。

表1　福建省绿色发展评价指标

一级指标	二级指标	三级指标	2011 年	2017 年	单位
经济发展	1.1 经济发展水平	人均 GDP（+）	40025	82677	元
		GDP 增长率（+）	/	0.8	元
		人均可支配收入（+）	14604	30048	元
		人均存款余额（+）	5.7	10.94	万元
	1.2 经济增长动力	研究与试验发展（R&D）经费投入强度（+）	1.16	1.68	（%）
		固定资产形成占 GDP 比重（+）	54.7	81.5	%
	1.3 产业结构转型	第三产业占 GDP 比重（+）	30	54	%
		高耗能产业占 GDP 比重（-）	0.43	0.393	%
		生产性服务业务占 GDP 比重（+）	0.26	0.29	%
可持续性	2.1 生态健康	PM2.5 年均浓度（+）	/	27	微克/立方米
	2.2 污染控制	单位面积二氧化硫排放量（-）	3.29	1.08	万吨/平方公里
		二氧化硫排放强度（-）	0.003	0.0004	万吨/亿元
	2.3 低碳发展	可再生能源发电占比（+）	0.34	0.48	%
	2.4 资源节约	单位 GDP 能耗（-）	0.62	0.40	万吨标煤/亿元
		单位 GDP 水耗（-）	0.14	0.006	亿立米/万亿元
		单位 GDP 用电量（-）	0.089	0.066	亿千瓦时/万亿元
绿色发展能力	3.1 基础设施	供水管道密度（+）	/	0.171	公里/平方公里
		排水管道密度（+）	0.078	0.124	公里/平方公里
		建成区绿化覆盖率（+）	41.0	43.7	%
		市区人均公共交通客运量（+）	8.29	18.64	万人次/万人
	3.2 内源性增长能力	国内专利申请授权数（+）	18063	68304	件
		技术市场成交额（+）	38.12	103.28	亿元
		每百万人高校数量（+）	332.79	813.78	所/百万人
		人力资本水平（+）	32647	69029	年

数据来源：《福建统计年鉴—2018》。

　　表格反映，相对福建省的经济发展水平而言，其绿色化水平相当，生态环境保护与经济协调发展。第三产业在 2017 年对福建省的经济总量贡献率超过50%，且有不断壮大的发展趋势；高耗能产业对经济的支撑作用略微减弱，同时金融业、信息技术业、科技服务业等蓬勃发展，逐渐成为绿色经济发展的重要增长点。环境的治理、生态环境的保护以及对生产工作的污染源控制和排放管理也成为福建省绿色经济发展的亮点。但值得注意的是，在福建绿色经济高质量发展过程中，其内源性增长能力较弱：技术专利授权数量较少，技术市场成交额有了初步的发展，但是与浙江、江苏、北京等先进地区相比仍处于弱势地位；相对于人口总量而言，福建省的高校数量仍有待增加；人力资本水平与先进省市的差距依旧很大。内源性增长能力的指标都需要大量的高质量人才投入，这充分说明福建省目前的高水平技术人才在结构、质量、数量方面都有待提高，弱化的人才支持体系成为阻碍福建绿色经济高质量发展的重要因素。

　　福建省发展绿色经济、构建绿色人才支持体系有着得天独厚的政治优势。2013 年 10 月，习近平总书记提出"21 世纪海上丝绸之路"的战略构想，2014年 3 月，国务院出台《关于支持福建省深入实施生态省战略加快生态文明先行示范区建设的若干意见》，标志着福建生态省建设由地方决策上升为国家战略，步入创建全国生态文明先行示范区的新阶段。2015 年 9 月，国务院同意设立福州新区，推动福建全面融入"一带一路"战略实施。2015 年 11 月中国共产党福州市第十届委员会第十届会议通过《中共福州市委关于制定福州市国民经济和社会发展第十三个五年规划的建议》中央支持福建经济社会加快发展，国家级新区、自贸试验区、海上丝绸之路核心区、生态文明先行示范区"四区叠加"和平潭综合实验区"一区毗邻"的独特优势，将为福州发展带来众多"机会窗口"，催生政策、项目、资金等要素向福州汇集，福州加快发展的动力更加强劲。2016 年 4 月，福建省出台了《福建省"十三五"生态省建设专项规划》，推进生态文明体制改革，积极推进生态文化建设。这些政策的落地执行，对福州的绿色产业的发展有着积极的监控作用以及有力的推动作用，同时，也为福建省绿色经济发展建设人才支持体系带来了积极的影响。为了贯彻这些措施，政府通过提高对绿色行业的政策倾斜、资金支持以及税收优惠等措施来推动绿色经济的发展，政策的颁布执行吸引大量的资本在福建投资，也能引进大量优秀的技术专业人员，同时推动市场自主培育高水平技术人员。

三、福建绿色经济高质量发展人才支持体系建设存在主要问题

发展是第一要务，人才是第一资源，创新是第一动力。经济发展新常态背景下，为了获得高质量持续的内在发展资源和动力，福建要推动绿色经济高质量发展，需要加强人才支持体系建设，这个建设过程会面临各个方面的挑战和机遇。

（一）人才数量少、结构不均

经过初步核算，2018 年福建实现地区生产总值 35804.04 亿元，比上年增长 8.3%，第三产业增长 8.8%，但一些高耗能、劳动密集的产业，如采矿业、制造业等，仍成为福建工业发展的重要部分。这些产能落后且污染严重的产业，未能引进足够的优秀高科技人才通过发展高新技术来提高产能、减少能耗及污染。而在新能源、金融业、医疗服务业等产业，缺乏高质量的专业人才，专业技术研发较为落后。通过对比福建省与其他发达省市的研究与试验发展人员数量及行业分布（如表 2），我们可以看出福建省拥有的高水平人才数量还远少于其他绿色经济发展得良好的地区，同时在科研机构和高等院校的 R&D 人员分布较少，这会使得整个绿色经济的发展缺乏足够的人员研发前沿的科学技术、寻找绿色产业发展方向，也限制了对新一代高水平绿色人才的培育。绿色产业的技术研究周期长、所需研发资本高，加之由于整体数量较少，在工业企业以及其他新兴行业分布的人才数量也相对较少，会进一步阻碍绿色产业的技术进步和绿色经济的高质量发展。

表 2　福建省与其他发达省市研究与试验发展（R&D）人员情况比较　　　单位：位

省份	合计	按执行部门			
		科研机构	高等院校	规模以上工业企业	其他
福建	207608	5703	31827	145529	24549
浙江	398100	7800	20000	333600	36600
北京	397281	119429	84410	179897	13545
广东	879854	17635	63332	696385	102502

（二）科技人才开发效率低

福建省要突破发展瓶颈，发展绿色经济，其根本在于加快创新的步伐，关键要依靠科学技术的力量。而科学技术的有效发挥关键在于高水平的人才，人才成为绿色经济发展过程中最需要争取的战略资源，高科技人才的利用水平和

开发程度直接影响到绿色经济发展的持续动力。福建省的人力资源开发效率尚不能满足绿色经济发展需求。2017 年福建省每万人口发明专利拥有量以 8.0 件在全国排名第八，但远低于北京（94.5 件）、上海（41.5 件）、江苏（22.5 件）等地区。况且我国发明专利授权量排名前十位的企业没有一家来自福建。福建 R&D 的经费投入强度在 2017 年为 1.68%，相对于 2010 年的 1.16% 以及当前发展绿色经济的必要来说，其投入增长较缓慢、投入强度不够支撑科学技术的发展要求，科研发展环境对创新型人才的吸引力不足[21]。笔者根据张春海等[22]以及孙健、丁雪萌[23]的研究结果发现，虽然全国各省市的科技人才开发效率都呈现缓慢的上升趋势，但在东部沿海各省市中，福建省的科技人才开发的综合技术效率、纯技术效率都低于全国平均水平。福建科技人才的创新水平以及科学技术落地执行能力亟待提高。

（三）人才培养机制不完善

目前，福建省的人才培育机制尚不完善。已有的高校中只有厦门大学是"985"，厦门大学和福州大学两所高校是"211"，高校的发展层次较低。与浙江、江苏、广东等绿色经济发展迅速的省份相比，福建依靠高校培养出的高水平人才数量差距还很大。福建大部分优秀的高校都集中在福州、厦门、泉州地区，对其他地区的辐射带动作用弱，内部区间差距大。如表 1 所示，截止至 2017 年底，福建省每一百万人只有 813 所高校，其中高职高专院校和民办院校占了绝大多数，在这些院校中，大部分院校对人才的培养方向不清晰、培养目标不明确、培养力度弱，培育出的人才不能满足绿色经济所需的技术专业要求，质量还有待考验。同时，福建省内民办企业占多数，由于人才培养需要耗费大量的资金，且见效周期长，在对员工进行培训的过程中企业需要承担一定的绩效损失和成本，处于损失厌恶的心态，较少有企业愿意对员工进行深层次的培训。即便迫于企业转型升级、竞争激烈等压力，企业内部对部分人员进行培训也可能因为缺乏经验和指导而产生许多不必要的花费，拉长生产技术研发周期，进一步给企业造成压力，延缓企业向绿色生态企业转型。

四、构建完善人才支持体系建议措施

针对绿色经济发展的人才体系现状，福建省需要构建一个完善的人才支持体系，如图 1，可以从吸引外部人才同时留住内部人才、提高人才开发效率以及完善人才培养模式等方面出发。

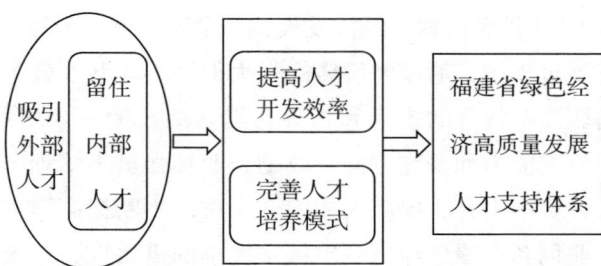

图1　福建省绿色经济高质量发展人才支持体系图

（一）全方位引进人才

面对高水平人才缺乏的情况，福建必须全方位有针对性地引进人才以促进绿色经济高质量发展。2019年3月，国家发改委联合工信部等六部委印发《绿色产业指导目录（2019年版）》，将绿色产业划分为六大类别：节能环保产业、清洁生产产业、清洁能源产业、生态环境产业、基础设施绿色升级以及绿色服务。根据这一划分，福建可以在现有基础上引进相关人才。目前，福建省已经拟定了精准引进五大类高端人才计划，从北京大学、清华大学、中国人民大学等国内顶尖高校引进党政类、国企类、科研类、医疗卫生类、规划建设类人才。在推进绿色经济发展为重要发展目标的当前，福建省可以扩大引进人才范围，加强与上述高校的合作力度，达成合作协议，争取引进一批高质量的绿色人才来福建工作或者对其发展提出指导建议。在设立的高素质人才引进政策的基础上，设立与国际水平相当的人才吸引政策，吸引国内优秀人才的同时，对国外掌握先进技术、高科技和管理经验的人才创造吸引力，给予全方位的优待政策。另外，针对临近台湾的地缘优势，生活习惯与文化传统相近的特征，借鉴国家的"千人计划"等政策，福建省应设立针对台湾高层次人才来闽工作的政策，引进台湾科研机构、企业研究所以及高校的科研管理人才。在引进人才时，福建应有针对性地为其解决个人生活家庭问题，简化来闽工作手续、提供配偶就业机会或子女入学问题、支持住房问题解决等。与此同时，福建应针对从各大高校毕业的外省或外籍优秀生源，提供毕业后几年内的工作补贴和住房补贴等，引导其留在福建工作，为绿色经济发展提供人才储备。

（二）提高人才开发效率

人才开发效率受到多重外部因素影响，经济发展水平、人力资本水平、产业结构、产业密度以及对外开放程度等都会对其产生影响，因此要提高人才开发效率，要从多个方面出发。2018年，福建省GDP总量35804.0亿元，排名全国第十，人均 GDP 排名第六，经济发展位于全国前列，但还有很大的发展空间，在未来的发展过程中，通过经济体的强大促进人才开发效率的提高；加大对高等教育及高职高专教育的投入和指导，提高高校的人才培养效率和数量，强调科研机构的研究能力和研究方向，鼓励企业加强员工培训，从人才培育到使用全面促进人力资本提升，提高人才综合素质；不断提高第三产业比重，强化技术进步和产业创新在绿色经济高质量发展中的重要性，逐渐降低高耗能高污染产业在经济发展中的地位，通过科学技术促使传统产业转型升级，优化区域产业结构；加快绿色高科技园区建设，吸引更多优秀企业和科技人才在园区内聚集，形成产业和人才的集聚效应和协同效应，促进人才开发效率的提升，推动绿色经济的高质量发展，形成生态可持续的经济循环；全面促进福州、平潭、泉州、厦门等地的对外开放程度，主动将区域周围的可利用人才充分吸引，融合现有的人员加以利用，借鉴其他地区，如浙江、广东、台湾等地人才利用策略，缩小区域间的科技创新和人才开发效率差距。

（三）完善人才培育模式

完善人才培养模式，需要政府、高校、科研机构、企业等合作。政府在推行人才引进计划的同时，确立人才培养规划。对于行业急需的人才或急需解决的某个难题，政府利用自身的影响力和号召力开展指导培训班，在较短时期内为绿色经济的发展创造优秀人才、解决难题；鼓励高校、科研机关、企业的科研人员或管理人员去技术先进的地区、机构学习，为这些人才创造在"干中学"的机会。高校和科研机构是人才培育的重要一环。高校需要形成一套科学合理的课程体系，并配备有高水平的师资队伍以及教研设备，针对绿色经济发展的人才技术要求，推出新的课程体系专业，教授前沿的技术管理理念并组织实操加强学生理解，为福建绿色经济的发展培育大量综合素质优秀的专业人才。科研机构要加快对最新绿色科技的了解把握并自主研发出新工艺、新技术，提高科研成果产出量，将人才培育成专业化程度更高的掌握核心技术的高水平科技人员。企业是经济发展的重要主题，其自身的竞争压力也促使企业主动培养人才，加快技术开发。企业应加强彼此间的联系以及正常的人才流动，加强人才间的技术沟通与经验借鉴；主动派遣企业自身技术管理人员外出学习，将其他地区、企业的优秀经验以及技术研发方向带回，提高企业人力资本；构建有市场竞争力的科学人才开发培育渠道，吸引优秀人才前来就职，通过奖金、职位的设置激发人才工作热情和动力，推动员工自我开发自我培育。

在此基础上，政府、高校、科研机构以及企业间加强合作，由政府牵头，推动产学研合作、校企合作等合作方式，将人才培养、技术创新、科研成果落地等结合起来，全面提高人才的学习能力、科研水平和工作实践能力。

（四）加强闽台人才支持体系融合，促进绿色经济高质量共同发展

福建自古就与我国台湾地区有着密切的交流与合作，在发展绿色经济、构建绿色人才支持体系的进程中，需要进一步加强闽台人才支持体系融合，促进绿色经济高质量共同发展。闽台两岸政府加强合作，发挥政府的引领作用。面对"台湾当局"相对保守的人才交流态度，福建省应积极主动地制定闽台绿色人才互通有无、人才培育经验交流等政策意见，引导闽台企业、高校、社会机构以及社会人才的交流，逐步解决各个机构在人才融合过程中遇到的困难，发挥政府在闽台人才支持体系融合中的协调作用，为闽台共同打造绿色人才支持体系建立一个有吸引力、阻碍小的人才交流环境。除了当地的合作外，闽台两地高校和企业还应该在政府号召以及满足自身发展背景下加强与对方高校企业的合作，加大高校与高校之间学生的交换学习与学者访问力度，共同分享企业之间的人员培养经验，引进自身需要的绿色人才，加强双方高校与企业之间的合作。当前台湾有着丰富的绿色经济发展经验，其电子信息产业以及旅游服务业等有着成熟的发展模式和水准，而福建高校能为企业人员提供基础理论学习平台，福建企业目前有较大的转型需求，相对台湾企业来说其发展空间相对较大，通过闽台两地的人员交流，可以利用双方的长处，加强人才间的融合，共同促进绿色经济高质量发展。

五、本章小结

在经济增速放缓、产业面临转型升级的压力下，全面推动绿色经济高质量发展成为福建经济的发展重点和亮点，作为其支撑的人才支持体系成为关注焦点，福建目前绿色经济发展表现良好，在全国各省份对比中位于前列，整体而言，其经济水平与生态环境可持续协调发展。但人才给福建绿色经济带来的发展动力不足，具体表现在其人才数量较少且结构分布不均，科技人才的开发效率不高且人才培养模式不够完善。为满足福建高质量发展绿色经济的目标，福建省必须构建可持续高动力的人才支持体系，具体举措有全方位引进人才、提高科技人才开发效率、完善人才培养模式、加强闽台人才支持体系融合等。

本章参考文献

[1] Pearce. D. W, Mark Andy, A, Barrier, E. B. 1989, Blueprint for a Green Economy. 1989.

[2] 季铸. 2009—2010 年中国经济分析展望报告（CEAOR2010）——后危机时代中国绿色经济结构增长 [J]. 中国对外贸易，2010（3）：20—39.

[3] 苏立宁，倪其润. 城市绿色经济发展战略研究—以安徽省合肥市为例 [J]. 合作经济与科技，2012，6（443）：25—27.

[4] 向书坚，郑瑞坤. 中国绿色经济发展指数研究——基于 2000—2015 年全国各地区的面板数据 [J]. 统计研究，2013，30（3）：72—77.

[5] 王兵，刘光天. 节能减排与中国绿色经济增长——基于全要素生产率的视角 [J]. 中国工业经济，2015，5：57—69.

[6] 冯志军，康鑫，陈伟. 知识产权管理，产业升级与绿色经济增长——以产业转型升级期的广东为例 [J]. 中国科技论坛，2016（1）：118—123.

[7] Ringel M, Schlomann B, Krail M, et al. Towards a green economy in Germany? The role of energy efficiency policies [J]. Applied energy, 2016, 179：1293—1303.

[8] Droste N, Hansjürgens B, Kuikman P, et al. Steering innovations towards a green economy：Understanding government intervention [J]. Journal of Cleaner Production, 2016, 135：426—434.

[9] GasparatosA, Doll C N H, Esteban M, et al. Renewable energy and biodiversity：Implications for transitioning to a Green Economy [J]. Renewable and Sustainable Energy Reviews, 2017, 70：161—184.

[10] 李江龙，徐斌. "诅咒"还是"福音"：资源丰裕程度如何影响中国绿色经济增长？[J]. 经济研究，2018（9）：11.

[11] 田晖，宋清. 创新驱动能否促进智慧城市经济绿色发展 [J]. 科技进步与对策，2018，35（24）：6—12.

[12] 张英浩，陈江龙，程钰. 环境规制对中国区域绿色经济效率的影响机理研究——基于超效率模型和空间面板计量模型实证分析 [J]. 长江流域资源与环境，2018，27（11）：2407—2418.

[13] 朱婧，孙新章，刘学敏，等. 中国绿色经济战略研究 [J]. 中国人口. 资源与环境，2012，4：7—12.

[14] 李剑玲. 基于低碳绿色经济的中国城市建设问题研究 [J]. 生态经济，2014，30（5）：53—56.

[15] 黄虹，许祺. 人口流动、产业结构转变对上海市绿色 GDP 的影响研究 [J]. 中国软科学，2017（4）.

［16］张义丰，张吉福，马安全等. 我国县域经济绿色发展方式转型的典型剖析——以山西省大同市"左云绿"为例［J］. 中国生态文明，2018，No. 25（03）：78—83.

［17］许艳丽，李资成. 基于协同理论的校企合作绿色技能人才协同培养［J］. 继续教育研究，2018，（2）：100—105.

［18］何自强，张惠玲. 培养创新型人才的精细化工实验绿色化改革［J］. 化学教育，2016，37（6）：58—60.

［19］黄兴召，徐斌，黄存忠，等. 绿色发展下林学专业人才教育存在的问题及建议——以安徽农业大学林学专业为例［J］. 现代农业科技，2017：287，289—287，289.

［20］张新美，李燕. 绿色经济视域下我国现代农业园区的可持续化发展研究［J］. 农业经济，2018，No. 375（07）：31—32.

［21］林玮，张向前. 闽台创新型人才培育协同创新机制研究［J］. 科技进步与对策，2014，31（6）：36—40.

［22］张春海，孙健，刘铮. 区域科技人才开发效率及其影响因素研究——来自我国省际面板数据的实证分析［J］. 科技与经济，2013，26（3）.

［23］孙健，丁雪萌. 区域科技人才开发效率评价研究——基于2005～2014年省际面板数据的经验分析［J］. 广东社会科学，2018.

第九章　福建绿色经济高质量发展创新支持体系研究

一、理论综述

本书通过文献梳理发现，近年来国内绿色经济领域与创新支持体系研究相关的热点话题主要有绿色发展理念、绿色技术创新、绿色金融等。第一，肖金成、王旭阳等人指出，要实现绿水青山就是金山银山，必须推动绿色产品和生态服务的资产化，让绿色产品、生态产品成为生产力[1]；王培培、陈林云等人认为，绿色发展理念的践行需要政府、企业与公众等多元主体力量共同治理，才能真正实现绿色发展[2]。第二，在绿色技术创新方面，张岩、董锐等人认为，科技创新是发展绿色经济的第一推动力[3]；彭衡、李扬实证研究指出，加强沿海地区的知识产权保护力度有助于激励绿色技术的创新，提高绿色全要素生产率[4]。第三，在绿色金融方面，严金强、杨小勇认为，必须坚持以绿色金融为核心，将绿色金融融入绿色技术创新的各个要素和环节之中，强化绿色金融政策体系及其协调性，建设以市场为目标导向的绿色金融基础设施[5]；余丹指出，绿色技术的创新发展离不开绿色技术创新体系，建设绿色技术创新体系离不开绿色金融的支撑作用[6]等。此外，在文献梳理过程中，研究还发现近年来福建省绿色经济相关高质量研究较为缺乏，除了罗兴鹏、张向前通过演化博弈较为全面地刻画了包含政府、企业与消费者的福建省经济绿色转型多主体互动机制外[7]，其他研究多是基于实践经验的理论总结与阐述[8][9]，关于福建绿色经济高质量发展的创新支持体系的系统性的实证研究更是少之又少，不利于发挥理论对福建绿色经济高质量发展实践工作的指导作用。因此，本书拟通过扎根实证研究方法，发展福建绿色经济高质量发展创新支持体系理论模型，并据此提出若干对策建议，为推动新时期福建绿色经济高质量发展实践工作提供决策参考。

二、研究设计

（一）研究方法

扎根理论最早由社会学家巴尼·格拉泽（Barney G. Glaser）与安塞尔姆·施特劳斯（Anselm L. Strauss）提出[10]，是通过对经验资料进行开放编码（开放式登录）、主轴编码（关联式登录）及选择编码（核心式登录）三个规范性程序，自下而上进行理论构建的一种实证研究方法[11]，其目的主要是为了填平理论研究与经验研究之间的尴尬壕沟[12]。本书选择扎根理论进行福建绿色经济高质量发展的创新支持体系研究的原因主要可归纳为以下两点：其一是该理论在本研究中的适用性。通过前文文献回顾与梳理，我们可知目前福建绿色经济高质量发展的创新支持体系探索仍处在以经验总结为主阶段，尚未形成较为完整的理论结构与体系。在此背景下，扎根理论恰可起到其"经验研究"与"理论研究"之间的桥梁作用，构建较为系统、完善的福建绿色经济高质量发展创新支持体系理论框架，为福建省贯彻落实习近平新时代生态文明建设思想，推动新时代福建绿色高质量发展实践工作提供一定的理论指导。其二是传统量化实证方法在本研究中的局限性。福建绿色经济高质量发展的创新支持体系研究是涉及政治、经济、社会、文化等多方面因素，包含政府部门、绿色产业、社会公众、高等院校、科研机构等诸多主体及主体间互动关系的复杂系统，传统量化研究通常只能研究有限的变量之间的相关或因果关系，无法刻画如此复杂的系统运作机制。综上所述，扎根研究方法适合本研究中福建绿色经济高质量发展创新支持体系的理论构建工作。

（二）数据来源

本书注重获取研究资料的权威性与准确性两方面。第一，为保证获取原始研究资料的权威性，考虑到福建绿色经济高质量发展的创新支持体系研究所须访谈对象的特殊性（涉及政府部门、绿色产业、社会公众、高等院校、科研机构等诸多主体的众多负责人与员工），又考虑到难以获取最为全面的直接访谈材料，本研究格外注意筛选采用中国知网（CNKI）报刊数据库中国内重要报纸所刊载的对上述访谈对象相同主题的访谈材料作为原始研究材料。第二，为保证获取原始研究资料的准确性，并与福建绿色经济高质量发展创新支持体系的研究主题相适应，本研究选取时任福建省省长的习近平总书记于 2000 年提出的"生态省"建设战略构想，也即 2000 年 01 月至 2019 年 6 月自上述来源获取的相关访谈资料，且首选新晋访谈材料。在样本数量方面，遵循扎根理论的一般要求，即边收集边分析，直到新收集资料不再涌现新的理论属性时停止[13]。综合以上研究原始材料获取规则，本研究最终共获取 50 份访谈材料。本研究主要借助质性分析软件（Nvivo12），遵循扎根理论的一般程序对根据研究需要先后获取的 50 份材料进行分析，未发现有新概念涌现，判定达到样本饱和要求。

三、福建绿色经济高质量发展创新支持体系分析

（一）开放编码

开放性编码就是将原始研究资料打破、揉碎，逐行逐句进行概念化与范畴化的过程。开放性编码过程在 Nvivo12 质性研究软件中完成，需要说明的是，下表"参考点"一栏的数据为所有样本资料涉及相应该范畴的语句数量累计所得，"材料来源"一栏数据为涉及相应范畴的所有样本资料累计所得（以"发展模式创新"范畴为例，在 50 份研究样本材料中共有 41 处文本语句涉及该范畴，故其"参考点"一栏数据为 41；总共有 21 个研究样本涉及该范畴，故其"材料来源"一栏数据为 21）。另外，本研究为明确各不同范畴的重要性程度，将开放性编码过程中获得的项范畴按"参考点"数量进行排序，并举一项编码示例（如下表 1 所示）。

表 1　开放编码

范畴	参考点	材料来源	编码示例
发展模式创新	41	21	福建省排污权储备和管理技术中心负责人介绍，"通过企业间排污权的自主交易，促使企业从'要我减排'转变为'我要减排'。"
公共事业服务	25	11	"通过电价机制抑制高耗能、高污染行业的无序发展，促使污染防治设施稳定运行，促进产业结构优化升级。"
行政制度创新	16	10	"基地将采用全新的两岸协同创新创业新模式，向海外人才提供低成本、便利化、全要素、开放式、高起点的创新创业空间。"
绿色金融体系	13	7	"多亏了农信社提供的长期低利贷款，……，今年的柚子、蜜橘开始收成，明年还有脐橙、沃柑，整个果园经营也走上了轨道。"
生态文明思想	13	12	他说，"这些年来，三明坚定贯彻落习近平生态文明思想，……，稳稳地做、实实地干，从中收到了效益、尝到了甜头。"
行政理念创新	12	10	李坊乡乡长赵红玉表示，"这要求我们必须以生态视角审视决策行为，发展不能再靠牺牲生态环境来换取了。"
生产技术创新	11	9	亚南电机集团董事长郭健说，"它具有无污染、高效率等优势，是新能源汽车的终极方案，成为主流整车厂新能源车重点发展方向。"

范畴	参考点	材料来源	编码示例
"政""产"绿色协作	9	7	"在厦门市交通运输局、市邮政管理局指导和支持下，菜鸟网络联合中华环境保护基金会，共同在厦门三管齐下推广绿色包装。"
行政绿色监察	5	4	"守住'清新福建'，只有环保执法硬起来，'清新福建'才能亮起来。"
"学""研"绿色协作	5	2	"学校牵头成立南方水土保持研究院，着重开展南方红壤区水土保持及其相关领域的关键性、基础性技术研究及成果推广。"
"产""学"绿色协作	5	3	"近年来，福建农林大学积极创新农林人才培养方式，打造出一支支深受社会青睐的'绿色大军'。"
发展战略转型	4	8	"我们深刻体会到，节能环保是转型大趋势，与其被动不如主动，与其跟随不如赶超。"刘德芳说。
行政技术创新	3	2	"打造全国首个省级生态环境大数据平台，初步构建环境监测、环境监管和公众服务三大信息化体系，用科技手段守护碧水蓝天。"
"政""用"绿色协作	3	3	"现在群众当中还存在很多破坏环境的不良习惯和生活方式，政府部门要引导群众树立绿色、低碳的生产生活方式，更好地保护环境。"
"学""用"绿色协作	3	1	"三明学院已经将'具备绿色发展理念和实践'列入学生核心能力培养，并占据5%的目标权重。"
"产""研"绿色协作	3	2	"学校的重大关键技术成果，将带动近60亿元投资建设示范厂，将对我国近300家的合成氨企业节能、减排和增效具有革命性意义。"
"政""学"绿色协作	2	1	徐建平表示，"愿意发挥同济大学的人才、技术和学科等优势，为推动南平绿色发展、改善城乡环境提供强有力的智力支持和科技支撑。"
"产""用"绿色协作	2	2	李女士感叹，"以前买农产品都是在集贸市场，不看牌子，也不关心产地，现在更关注农产品的品质，也越来越多选择绿色、有机产品。"
"政""研"绿色协作	1	1	"'一个研究所、一个园区、一个平台'，借助机械科学研究总院的人才优势，三明市开启了科技探索之路。"

（二）主轴编码

主轴编码是对开放性编码阶段获得的范畴进行不断比较，并按一定逻辑关系进行重新组织，归纳总结主范畴的过程。如下表 2 所示，本研究通过对开放性编码所得 19 项范畴进行比较分析与整合，最终得到"外部支持要素""政府部门引导""产业绿色发展""'政、用、产、学、研'绿色协作网络"等四个主范畴，并阐述各主范畴和与之所对应范畴之间的关系（如下表 2 所示）。

表 2 　主轴编码

主范畴	对应范畴	关系内涵
外部支持要素	绿色金融体系	绿色金融体系是构建福建省绿色经济高质量发展创新支持体系的重要外部支持要素
	生态文明思想	习近平新时代生态文明建设思想是构建福建绿色经济高质量发展创新支持体系的根本遵循
政府部门引导	公共事业服务	包括气象、交通、燃气等公共事业单位提供的绿色经济发展服务
	行政制度创新	出台包括高层次人才引进、绿色交流平台搭建等系列政策制度
	行政理念创新	政府部门牢固树立绿色发展理念并以生态视角审视其决策行为
	行政绿色监察	政府部门严密监控生态环境并严格落实生态环境责任追究机制
	行政技术创新	政府部门开发数字化、信息化、智能环保的生态环境监控平台
产业绿色发展	发展模式创新	包括进行多元化发展、融合发展等产业绿色发展模式创新探索
	生产技术创新	包括进行无污染、高效率的绿色技术与绿色产品的开发与生产
	发展战略转型	包括主动进行绿色产业投资、绿色设备更换、绿色业务转型等
"政、用、产、学、研"绿色协作网络	"政、产"绿色协作	是"政、用、产、学、研"绿色创新协作创新网络的重要一环
	"学、研"绿色协作	是"政、用、产、学、研"绿色创新协作创新网络的重要一环
	"产、学"绿色协作	是"政、用、产、学、研"绿色创新协作创新网络的重要一环
	"政、用"绿色协作	是"政、用、产、学、研"绿色创新协作创新网络的重要一环
	"学、用"绿色协作	是"政、用、产、学、研"绿色创新协作创新网络的重要一环
	"产、研"绿色协作	是"政、用、产、学、研"绿色创新协作创新网络的重要一环
	"政、学"绿色协作	是"政、用、产、学、研"绿色创新协作创新网络的重要一环
	"产、用"绿色协作	是"政、用、产、学、研"绿色创新协作创新网络的重要一环
	"政、研"绿色协作	是"政、用、产、学、研"绿色创新协作创新网络的重要一环

（三）选择编码

选择性编码是整个分析的核心程序，是将前期研究获得的所有范畴、主范畴都围绕核心范畴串联起来，形成完整理论架构的过程。根据开放性编码部分"参考点"排序情况，我们可知"'政、用、产、学、研'绿色协作网络"主范畴内容出现的综合频率最高，亦可体现该主范畴在本研究中的重要性。由此，本书确定"'政、用、产、学、研'绿色协作网络"为核心范畴，"外部支持要素""政府部门引导""产业绿色发展"等为支持性主范畴。此外，研究发现最早由埃兹考维茨于 1997 年提出的"三螺旋"理论能够较为清晰地对所有范畴与主范畴进行整合[14]。近年来，该理论更是被李恩极[15]、亓文婧[16]、王玉民[17]等诸多学者广泛运用于政治、经济等领域创新发展体系研究。本研究参考已有研究经验，基于拓展的"三螺旋"理论，对 1 项核心范畴与 3 项支持性主范畴进行福建绿色经济高质量发展的创新支持体系的理论模型构建（如下图 1 所示）。

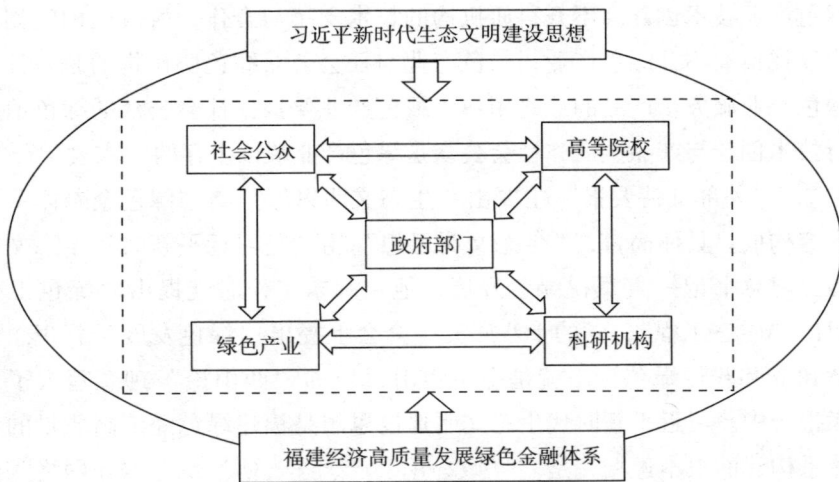

图 1 福建绿色经济高质量发展的创新支持体系理论模型

第一，"'政、用、产、学、研'绿色协作网络"主要由政府部门（政）、社会公众（用）、绿色产业（产）、高等院校（学）、科研机构（研）五大参与主体及其相互间合作关系构成，政府部门为该体系的核心参与主体，起到协同各方推动福建绿色经济高质量发展的作用。总体而言，政府部门作为"'政、用、产、学、研'绿色协作网络"的核心参与者，主要通过公共事业服务、行政制度创新、行政理念创新、行政绿色监察、行政技术创新等方式为构建福建省绿色经济高质量发展的创新支持体系保驾护航。具体而言，政府部门与社会公众间的绿色协作指的是，政府既可通过制定阶梯电价标准、排污禁令等方式强制社会公众绿色消费、绿色生活，也可通过社区宣传、电视宣传等方式潜移默化地向社会群众传递生态理念，社会群众则可通过信访、举报等方式向政府部门生态管理与绿色经济发展工作提出建议与意见；政府部门与高等院校及科研机构的绿色协作主要是通过签订"校地""研地"人才与技术引进合作协议的方式展开；政府部门与绿色产业的绿色协作主要是通过政府部门为绿色产业提供税收、财政、土地等方面的政策倾斜与优惠，绿色产业则主动响应政府部门发展高质量绿色经济的号召，积极开展发展模式创、技术创新以及发展战略

— 113 —

转型等工作；社会公众与高等院校的绿色协作主要是高等学校通过开展绿色教育等方式，培养认同绿色，践行绿色的社会公民；高等院校与科技机构绿色协作主要指的是，高等院校与科研机构往往是相伴而生，许多科研机构依托于高等院校设备及人才资源开展绿色技术研究；科研机构与绿色产业绿色协作主要指，绿色产业技术创新离不开科研机构的技术支持与合作，科研机构的创新技术落地往往也离不开绿色产业；绿色产业与社会公众绿色协作指的是，社会公众是绿色产业服务于产品的最终用户，绿色产业要根据社会公众的绿色消费需求进行技术创新与产品生产，社会公众是绿色产业赖以生存的"衣食父母"。

第二，"外部支持要素"主要由"生态文明思想"与"绿色金融体系"两部分内容构成。具体而言，"生态文明思想"指的是习近平新时代生态文明建设思想。习总书记一直重视绿色发展，他在闽东工作时就提出"绿色工程"，继而提出"生态工程"，党的十八届五中全会上提出"绿色发展"新理念，后又将"树立和践行绿色青山就是金山银山"也即"两山论"理念写入了党的十九大报告中。习近平新时代生态文明建设思想是福建绿色经济高质量的创新支持体系构建的根本遵循，是"'政、用、产、学、研'绿色协作网络"中政府部门（政）、社会公众（用）、绿色产业（产）、高等院校（学）、科研机构（研）等参与主体开展绿色创新协作的重要行动指南。"绿色金融体系"指的是福建经济高质量发展绿色金融体系。福建作为全国首个生态文明建设实验区，早在 2017 年就发布了《福建省绿色金融体系建设实施方案》，提出力争到2020 年，建设与生态文明实验区建设相匹配、组织体系完备、市场高度活跃、产品服务丰富、政策支持有力、基础设施完善、稳健安全运行的绿色金融体系。近年来，福建省各级政府及相关金融机构不断推进绿色金融改革，为各参与主体参与推动福建绿色经济高质量发展提供了强有力的金融支持与保障，改革是福建绿色经济高质量发展创新支持体系的重要组成部分。

四、福建绿色经济高质量发展创新支持体系对策建议分析

（一）坚持以习近平新时代生态文明建设思想为指导

习近平新时代生态文明建设思想是习近平新时代中国特色社会主义思想的重要组成部分，是新时代福建绿色经济高质量发展的最高行动指南。具体而言，福建绿色经济高质量发展创新支持体系中的政府部门（政）要坚持绿色行政理念，创新绿色行政方式方法，强调服务与监察两手抓，助力福建绿色经济

高质量发展创新支持体系高效运转；社会公众（用）应积极响应政府部门绿色消费号召，坚持从身边做起，绿色出行、绿色购物，为福建绿色积极高质量发展添砖加瓦；绿色产业（产）要坚绿色技术创新，不断探索多产业融合等产业发展新模式，推动实现产业绿色转型；高等院校（学）探索开展绿色教育，潜移默化地向社会传输将绿色生态理念，同时注培养具有绿色意识、绿色技能的高水平人才；研究机构（研）要注重贴近产业与消费者的绿色需求，不断坚持绿色技术研发与创新，加强绿色科研人才培养。

（二）　完善新时代福建经济高质量发展绿色金融体系

新时代福建绿色经济高质量发展离不开由政府部门（政）、社会公众（用）、绿色产业（产）、高等院校（学）与科研机构（研）等组成的创新支持体系的推动作用，而该创新支持体系则离不开绿色金融体系的支撑作用。福建完善新时代绿色经济高质量发展绿色金融体系，要深入贯彻落实《福建省绿色金融体系建设实施方案》所提出的大力发展绿色信贷、推动资本市场支持绿色投资、积极发展绿色保险等六项重点任务；要加强金融机构绿色金融改革与政府部门绿色财政与税收政策的协调整合工作，以充分发挥各项绿色政策与金融制度改革的支持与激励作用；要为绿色产业进行产品创新提供资金和平台支持，逐步形成市场导向的绿色金融交易平台，引导资金向创新性、适应性更强的产业流动，以此达到促进绿色产业良性发展目的；要加强对高等院校、科研机构的绿色人才培养与绿色技术研发的资金支持，加快绿色创新技术的成果转化，增强福建绿色经济高质量发展动力。

（三）　充分发挥政府部门在绿色协作网络中纽带作用

根据前文研究可知，政府部门（政）处于福建绿色经济高质量创新支持体系核心位置，与社会公众（用）、绿色产业（产）、高等院校（学）及科研机构（研）等其他参与主体有着最为广泛的绿色协作关系。第一，政府部门要不断提升自身绿色行政能力，主要体现在政府部门要牢固树立绿色发展理念，不断加强行政技术与行政制度创新，简政放权，提高行政效率，为推进福建绿色经济高质量发展提供交通、电力、通信等全方位公共事业服务。第二，政府部门利用自身不断提高的行政能力，充分发挥其在福建绿色经济绿色创新协作体系中的纽带作用，通过线上与线下相结合等多种方式，努力克服各参与主体间的信息沟通壁垒，为各参与主体搭建形式多样的绿色人才、绿色项目、绿色技术、绿色产品交流与交易平台，充分释放各参与主体创新活力，推动福建绿色经济高质量发展。

（四）强化多主体参与的创新支持体系绿色协作网络

根据前文研究可知，政府部门（政）、社会公众（用）、绿色产业（产）、高等院校（学）与科研机构（研）构成了福建绿色经济高质量发展创新支持体系的绿色协作网络，现主要协作关系有"政、产""学、研""产、学""政、用""学、用""产、研""政、学""产、用""政、研"共9种协作模式。福建绿色经济高质量发展创新支持体系的绿色协作网络已初具规模，但仍待完善。不足之处具体表现为该绿色协作网络过于依赖政府部门，许多参与主体间的绿色协作关系是通过政府部门"牵线搭桥"间接实现的。要强化多主体参与的福建绿色经济高质量发展创新支持体系绿色协作网络，政府部门必须充分发挥在该协作网络中的纽带作用，搭建起尽可能多的参与主体间直接协作关系，努力使自身从"管理者"角色向"服务者"角色转变。

（五）增进福建绿色经济高质量发展国际交流与协作

增进国际交流与合作是促进新时代福建绿色经济高质量发展的重要途径，符合国家坚持发展开放型经济的整体战略布局。具体而言，政府部门（政）可通过牵头搭建国际绿色技术、绿色产品、绿色学术与科研交流平台等方式，互通有无，学习借鉴海外先进绿色发展经验；绿色产业（产）可通过政府部门或自有渠道与国外相关产业或企业开展包括人才培养、技术开发等在内的绿色协作，实现共同发展；高等院校（学）与科研机构（研）则要在福建省实施绿色发展战略中找到责任与定位，主动与海外绿色教育、绿色科研强校开展多形式、多层次的交流与合作，努力在中外教育合作平台上找到跨越式发展的跳板，服务新时代福建绿色经济高质量发展。

（六）打造闽台融合的绿色经济高质量发展协作体系

福建省与台湾地区一衣带水，两省地缘相近、血缘相亲、文缘相和、商缘相通、法缘相循，为打造新时代闽台融合的绿色经济高质量发展协作体系奠定了坚实基础。具体而言，两省应在共同坚持和维护"九二共识"的基础上，进一步贯彻落实《关于促进两岸经济文化交流合作的若干措施》（"31条惠及台胞措施"）等方针政策，充分发挥各自发展优势与特长，着力推进绿色技术、绿色投资、绿色生产、绿色人才、绿色教育等多领域、多层次协作，实现两岸经济合作制度化，打造新时代闽台融合的绿色经济高质量发展协作体系，助力闽台实现共赢发展，壮大中华民族经济。

五、本章小结

本章借助质性研究软件（Nvivo12），基于拓展的"三螺旋"理论，构建出由 19 项范畴、1 项核心主范畴、3 项支持性主范构成的福建绿色经济高质量发展的创新支持体系理论模型。理论意义在于，丰富福建绿色经济研究领域实证研究成果，构建较为完整的福建绿色经济高质量发展的创新支持体系理论框架，供后续研究参考。实践意义在于，研究材料均来源于奋战在推进福建绿色经济发展一线的政府部门、绿色产业、高等院校、科研机构的主要负责人与社会公众的实践经验与思考，再用经验连接理论，能够最大程度上保证所构建的福建绿色经济高质量发展的创新支持体系理论模型符合福建省在推进绿色经济高质量发展过程中所面临的实际情况与现实需求，所提的政策建议具有较强的针对性。

本章参考文献

[1] 肖金成，王旭阳．以绿色发展理念推动生态优势向经济优势转化 [J]．环境保护，2018，46（06）：21—24.

[2] 王培培，陈林云．绿色发展理念的内在逻辑及其践行路径——以经济发展与保护环境之间的关系为视角 [J]．思想理论教育导刊，2019（05）：95—98.

[3] 张岩，董锐，吴佩佩．以科技创新为引领的中国区域绿色转型能力提升研究 [J]．科学管理研究，2017，35（05）：60—63.

[4] 彭衡，李扬．知识产权保护与中国绿色全要素生产率 [J]．经济体制改革，2019（03）：18—24.

[5] 严金强，杨小勇．以绿色金融推动构建绿色技术创新体系 [J]．福建论坛（人文社会科学版），2018（03）：41—47.

[6] 余丹．绿色技术离不开绿色金融的有效支撑 [J]．人民论坛，2018（18）：86—87.

[7] 罗兴鹏，张向前．福建省推进绿色转型建设生态文明的演化博弈分析 [J]．华东经济管理，2016，30（09）：19—25.

[8] 黄聪英，林宸彧．福建工业绿色发展的制约因素与路径选择研究 [J]．福建师范大学学报（哲学社会科学版），2018（01）：29—38，169.

[9] 杜强，吴志先．加快建设国家生态文明试验区（福建）的思考 [J]．福建论坛（人文社会科学版），2017（06）：188—192.

[10] B. G. Glaser, A. L. Strauss. The Discovery of Grounded Theory：Strategies for Quali-

tative Research ［M］. Chicago：Aldine de Gruyter，1967：2.

　　［11］陈向明 . 质的研究方法和社会科学研究 ［M］. 北京：教育科学出版社，2000.

　　［12］Lloyd Moyo. Corruption in Zimbabwe：Implications for Social Work Practice ［J］. Journal of Human Rights and Social Work，2018：1—7.

　　［13］凯西·卡麦兹 （著），边国英 （译）. 建构扎根理论：质性研究实践指南 ［M］. 重庆大学出版社，2016：144.

　　［14］亨利·埃兹考维茨 （著），周春彦 （译）. 大学—产业—政府三元一体的创新模式：三螺旋 ［M］，北京：东方出版社，2005.

　　［15］李恩极，李群 . 政府主导的产学研协同创新的利益分配机制研究 ［J］. 研究与发展管理，2018，30 （06）：75—83.

　　［16］亓文婧，郑玉刚 . 海洋科技协同创新与成果转化 ［J］. 科学管理研究，2019，37 （01）：39—42.

　　［17］王玉民，刘海波，靳宗振，梁立赫 . 创新驱动发展战略的实施策略研究 ［J］. 中国软科学，2016 （04）：1—12.

第十章　福建绿色经济高质量
发展动力机制研究

一、经济增长动力机制研究概述

（一）传统经济增长动力机制

传统经济增长动力主要依靠资源和要素投入驱动。改革开放 40 多年来，中国经济增长主要依靠三驾马车拉动：投资、出口和消费。在特有资源禀赋、人口禀赋、国情民情等综合作用下，中国创造出令世界刮目相看的中国奇迹；特有的中国模式为中国 40 多年来的社会经济发展提供强劲动力，中国又创造出世界奇迹。但同时，传统的经济增长模式也给社会、经济等带来许多问题、困难和麻烦，如生产中的高耗能、高污染、低产出、低效益，生活中的浪费、过度消费、攀比消费、回收利用率低等，提前消费或过度消费今后经济发展的动力，造成经济增长难以持续甚至不可持续的局面，经济增长动力面临突然枯竭和难以持续的重大风险，传统经济增长动力模式已经不能适应中国新常态经济发展要求。

（二）新旧动力转换概况

随着中国经济发展所面临国内外各种环境的变化，特别是中国经济整体环境和区域经济环境的变化，资源配置也出现较大调整和变化，经济发展的动力机制迫切需要转型或重构，经济增长迫切需要从投入驱动型转向生产率驱动型模式转变。黄泰岩[1]认为，当前中国经济增长迫切需要更换新引擎，重点需要调整驱动力着力点和突破约束机制，才能有效促进中国经济发展调整和顺利转型。蔡昉[2]等认为，中国经济增长的动力机制在于促进农业部门转移到非农业部门的制度设计。中国经济增长的动力由改革初期的资本、全要素生产率和劳动三驾马车平衡拉动，转换成现阶段的资本投入与全要素生产反向角力态势，福建经济新旧动力转换整体态势与全国情况类似[3]。

（三）经济增长动力发展趋势

效率提升是一国或地区经济增长的主要追求目标和发展趋势，是社会、经济和历史发展的主动力和永恒动力。但在不同的历史阶段、不同的国家、不同的区域，其被重视的程度有所不同。中国现阶段经济发展进入"新常态"，其主要特征就是"效率"和"创新"，国家、地方、产业、企业和个体消费者都在努力共同营造有效的外部环境，目标和重点是尽快使不同地区和企业发展朝着效率提升的共同方向发展，同时通过效率持续提高来推动结构调整，实现产业结构转型升级。"大众创新、万众创业"也是中国经济增长动力的新来源之一，从国家层面政策支持推动，到地方区域的协助落地，全国范围正在形成良好的氛围和合适的土壤，许许多多的创业项目正在实施，创新活动正在开展，正在或即将为全国和区域经济注入活力和动力。绿色发展也正在成为经济增长动力新趋势，只有人与自然和谐发展、协调发展，经济增长才有可持续性，才有源源不断的后劲，才能不断有新动力的产生。

二、福建绿色经济高质量发展特色

（一）福建是全国首个生态文明先行示范区

十八大以来全国首个建设生态文明先行示范区花落福建，2014 年 3 月，《关于支持福建省深入实施生态省战略加快生态文明先行示范区建设的若干意见》以国务院文件形式发布。面对信任和鼓励，福建要在遵循生态规律的基础上，结合福建现有资源禀赋，发挥生态条件优势，顺应经济发展规律，增强福建绿色经济高质量发展动力，加快提高福建综合实力。

2013 年至 2018 年六年全省经济发展速度平均达 9.1%[4]，2018 年福建人均 GDP 达 9.17 万元，全省森林覆盖率达 66.8%，连续 40 年保持全国第一[5]，全省经济发展速度连续多年保持在 8% 以上，高于全国平均水平，正处于转速度要质量的关键时期。借鉴周小亮、吴武林在《环境库兹涅茨曲线视角下经济增长与环境污染的关系研究——以福建省为例》一文中研究成果，参照全省近十年的平均经济增长率，本研究预计库兹涅茨曲线拐点（39890 元/Lnwater，27046 元/LnGas，95054 元/LnSO2，103777 元/LnSolid）将在 2019 年前后发生，环境库兹涅茨曲线开始越过曲线的顶点，进入排放总量逐步下降的区域[6]。福建经济面临爬坡过坎的关键时期，要构建福建经济绿色制度与绿色文化双轮驱动动力模型，激发福建绿色经济高质量发展内在动力和外部动力，为福建经济绿色高质量发展增强动力，助力福建经济既好又快发展。

（二）福建绿色经济发展有特有的优势

福建绿色经济发展有特殊的优势，蕴藏福建绿色高质量发展所需的巨大潜力。福建地处祖国东南与台湾一水之隔的地理位置，亚热带季风气候给福建的青山常年披上绿装。福建"八山一水一分田"的资源禀赋等特有地理、人文和自然环境给足福建面子，让福建到处都是青山绿水，在武夷山脉、戴云山脉和杉岭山脉等众多山脉的保证下，森林覆盖率稳定在60%以上，在全国第六、七、八次森林资源清查中，分别达到森林覆盖率62.69%、63.10%和65.95%[7]，常年保持全国第一位置，即使是污染和环境受破坏最严重的时期，福建省的闽江、富屯溪、西溪和九龙江等众多主要河流水质都保持在优良以上，全省空气质量也常年保护在优良以上。在此基础上，福建迎来了"全国首个建设生态文明先行示范区建设""中国（福建）自由贸易试验区""21世纪海上丝绸之路核心区""平潭综合实验区""福州新区"和"福厦泉国家自主创新示范区"等全国少有的多区叠加优势，蕴藏着福建绿色经济高质量发展所需的巨大潜力。

第6次全国森林资源清查聚类分析　　　　第7次全国森林资源清查聚类分析

第8次全国森林资源清查聚类分析

图1　从上到下分别为第6、7、8次全国森林资源清查聚类分析

（三） 福建绿色经济发展有特有的潜力

福建绿色经济发展有特殊的潜力，蕴藏高质量发展所需的丰富动力。2018年，福建全省经济生产总值达 3.58 万亿元，挤进全国 GDP 第一梯队行列。近十年来，福建经济增长速度保持在 10% 左右，远超全国经济平均增长速度。福建茶产业是福建传统优势产业，涉及全省超过 1/10 人口，福建的乌龙茶出口也是全国少有的，是福建绿色经济的重要支柱。在新兴产业方面，福建能紧抓科技发展和创新的机遇，适时引进和发展科技含量高、附加值高、环境污染小的智能、通信和电子信息、高端制造等产业，这些产业蕴藏着福建绿色经济高质量发展所需的丰富动力，也为福建绿色经济发展创设良好的氛围和条件。

（四） 福建绿色经济发展有特有的底蕴

福建绿色经济发展有特殊的底蕴，将持续为福建绿色经济高质量发展提供动力。福建人能拼、肯拼和爱拼的传统人文文化是福建绿色经济高质量发展特殊的底子。福建绿色经济发展需要建立在经济较高速发展的基础之上，也就必须面对发展对环境的冲突甚至伤害。在此基础上，如何进行最大程度的规避或修复，是目前世界性和全国性的难题。但福建人既有特别能吃苦耐劳的精神，又有善于灵活创新的传统品质，有望在许多难题面前率先有所突破，持续为福建绿色经济高质量发展提供动力。

三、"绿色制度与绿色文化"动力模型功能与作用

（一） 国内外绿色经济发展存在主要问题

总的来说，绿色经济主要存在的问题可以概括为生产方式问题和生活方式问题。生产方式中的问题主要体现为高耗能、高污染、低产出、低效益；生活方式问题主要体现为浪费、过度消费、攀比消费、回收利用率低等。常见的问题有绿色转型缺乏积极性、主动性和创造性，绿色发展被动进行，绿色发展投入多、见效慢，绿色发展动力不足和绿色发展有时会失去动力等。

造成这些问题的主要原因首先是理念问题。无论是政府、组织，还是单位、个人，改革开放四十年来的焦点是 GDP，一切围绕 GDP，一切服从 GDP，所以速度远远超过了质量，超越了其他层面。其次是执行问题。由于思想指导行动，所以在理念出问题的前提下，操作层面必然要出问题。该制止、消除或减少的污染得不到有效制止，该保护的环境和资源让位于 GDP。

（二）"绿色制度与绿色文化"动力模型

表1　"绿色制度与绿色文化"双轮模型

绿 色 制 度	环保制度	绿 色 经 济	尊重顺应保护自然	绿 色 文 化	
	排污许可证制度		节约消费		
	排污总量控制制度		减量化设计		
	生态补偿制度		简约适度		
	自然资源产权制度		垃圾分类		
	自然资源资产用途管制制度		资源回收		
	碳交易制度		资源共享		
	河长制制度		资源循环利用		
	区域联防联动制度		美丽家园		
	绿色金融制度		命运共同体		
	绿色财政制度		崇尚生态文明		
	绿色税收制度		人与自然和谐		
	环保督察		清洁生产		
	其他绿色制度		其他绿色文化		
高质量预期		高质量预期		高质量预期	

　　绿色制度与绿色文化双轮动力模型主要由绿色制度与绿色文化两部分组成，绿色制度主要由环保制度、排污许可证制度、排污总量控制制度、生态补偿制度、自然资源产权制度、自然资源资产用途管制制度、碳交易制度、河长制制度、区域联防联动制度、绿色金融制度、绿色财政制度、绿色税收制度、环保督察和其他绿色制度等制度组成，绿色文化主要由尊重顺应保护自然、节约消费、减量化设计、简约适度、垃圾分类、资源回收、资源共享、资源循环利用、美丽家园、命运共同体、崇尚生态文明、人与自然和谐、清洁生产等组成，以绿色高质量发展预期为基础，保护、协调并促进福建绿色经济高质量发展。

（三）"绿色制度与绿色文化"动力模型功能

　　"绿色制度与绿色文化"动力模型主要想从硬约束和软激励二个维度试图解决福建绿色经济高质量发展中动力失速或动力不足问题。硬约束主要指法律法规、制度和政策等方面有明文规定的约束。软激励主要从长期激励和短期激励两个方面进行，金钱或利益通常可以解决短期激励问题，但难以持续和长久，文化的特殊功能与作用通常有较长的激励效果。

（四）"绿色制度与绿色文化"动力模型作用

福建通过变革、重设、创新符合绿色经济高质量发展的相关制度，形成绿色制度保护网，对福建绿色经济高质量发展起到保驾护航的作用，保护福建经济发展沿着绿色高质量发展方向进行，让制度发挥约束和保障作用，约束不遵循绿色高质量发展的企业、组织和个人的行为；从绿色文化建设维度，通过发挥文化软实力的作用，营造绿色经济高质量发展的文化氛围，通过具体的绿色文化活动带动企业和个人体会发展绿色经济的必要性和重要性，激发组织和个人发展绿色经济的积极性、主动性和创造性，创设出未来绿色经济高质量发展可期可望的心里预期；以强化预期为基础，贯穿第一、第二、第三产业，以绿色制度和绿色文化为双翼，带动福建绿色经济高质量发展。

（五）"绿色制度"与"绿色文化"之间的协调与创新

在绿色经济高质量发展动力机制形成过程中，"绿色制度"的主要作用是营造、界定、调节绿色经济高质量发展大环境，扶持、鼓励和促进适合绿色经济高质量发展的产业、企业、组织和个人有良好的发展时空，并把那些不能适应绿色经济高质量发展的产业、企业、组织和个人所占有的宝贵资源、机会和时空转移过来，形成新的绿色发展动力，主要从宏观层面进行设计和引导。"绿色文化"不但要在宏观层面与"绿色制度"相辅相成、相得益彰，还要细化为各种有形的活动和载体，把高深的理论或不易理解的理念转化为人们易于接受、乐于接受的各种文化活动当中，要根植于生产生活当中，要内化为企业、组织、团体或个人等微观方面的自觉行动，进而形成绿色经济高质量发展动力的一部分。在"绿色制度"进一步建立健全的同时，新的"绿色文化"也在潜移默化中形成，"绿色文化"经过实践检验后又反过来影响"绿色制度"的执行或修正，两者若能沿着良性的轨道发展和前进，则可在相互影响中相互提升，影响力、作用力也将不断增强和扩大。

四、开拓福建绿色经济高质量发展动力来源

（一）从"绿色制度"层面寻找福建绿色经济高质量发展的动力

上帝关上一道门，同时也会打开一扇窗。国家和地方出台系列与淘汰高污染、高耗能、低产出的落后产能，扶持低能耗、高产出、高效率的新产能相关的政策和制度，正是把不适合时代发展的污染之门关上，但同时也开启未来发

展的光明之窗。国家通过制定各项环保、财政、税收、科技扶持等制度，引导关停淘汰落后产能，引导人们转变生活方式，从制度层面压缩落后的生产生活方式，强力引导个人和组织尽快接受可持续发展的生产生活方式，把人们"趋利避害"的本能转化为绿色经济高质量发展的动力。

（二）从"绿色文化"层面寻找福建绿色经济高质量发展的动力

文化具有教诲、引导和丰富人们各项实践活动的功能和作用，具有强大的内化动力。"绿色文化"运用适当的载体，开展适当的活动，教育、引导人们大力发展福建绿色经济，在发展过程把握高质量这一重要核心。文化载体或文化活动可以把一些高深的理论或理念浅显化、直观化，可以通过创作或演绎的方法把眼前的一些困难和矛盾放入历史的长河中进行比较和看待，把一些点的事件拉长为一系列小点组成的线，许多困难和问题就更容易获得易化和解决。一旦企业、组织或个人把"绿色文化"内化为行动的组成部分，福建绿色经济高质量发展就可以获得充足、长久且可持续的动力。福建特色文化丰富多彩，且与"绿色文化"有密切的关联，福建闽台缘区域文化、福建茶文化和闽剧戏剧文化是福建特色文化的典型代表。

（三）从"绿色政策"中寻找福建绿色经济高质量发展的动力

1983 年，在第二次全国环境保护会议上，国务院首次将环境保护作为基本国策，要求今后经济、城乡和环境应同步建设。1994 年，我国通过了《中国 21 世纪议程——中国 21 世纪人口、环境与发展白皮书》。2012 年，十八大报告从国家战略高度把生态文明与经济建设相提并重。2017 年，十九大报告从建设美丽中国出发进行新时代战略部署。从政策层面可以看出，国家一贯重视和支持经济绿色高质量发展，若能顺应时代潮流与国家政策，按照国家政策指引去淘汰、改造、更新落后产能工艺，同时去引进新的工艺、技术、设计等，形成新的绿色产能，从政策中发现或挖掘绿色经济高质量发展的无穷动力，可以为国家和社会造福，为企业或组织获利，为民众增加幸福感。

（四）以"绿色制度与绿色文化"动力模式重设绿色制造动力源头

传统产品生命周期主要从需求端出发，重点关注生产和销售，对产品使命完成后进行末端处理。为满足人民对美好生活日益增长的需要，供给侧结构改革已成为时代必然，对产品生命周期的关注已前移至产品设计和用料等源头上，全程进行绿色控制。运用"绿色制度与绿色文化"动力模式创新福建绿色制造模式，就是一方面用制度来规范产品生命全周期，使其符合绿色高质量发展要求，另一方面用文化来引导产品设计、生产、使用和回收，使其符合绿色高质量发展要求，以节约资源能源投入、提升产品附加值来对冲因技术、工艺等提升而增加的成本，实现绿色高质量发展。在充分尊重自然、认清各种发展规律的前提下，福建省运用各项科学技术，创新各项工艺，获得绿色经济高质量发展动力。

（五）挖掘福建绿色经济高质量发展动力新来源

福建"科技特派员"制度开创全国农村扶贫新模式，收到良好的效果。现在许多企业、组织或个人在"绿色制度""绿色文化"建立、执行和开展方面问题很多，困难很大，重要原因之一是缺乏相应的人力和智力要素。福建在绿色经济高质量发展过程中可以充分借鉴"科技特派员"制度，把宏观政策、制度和理念真正落实具体的企业、组织和个人，把扶贫要"扶志"和"扶智"的方法借鉴到福建绿色经济高质量发展中来，在微观层面真正做到解难点、去痛点，真正做到帮到点、扶到位，然后微观实体才有精气神投入到新的生产生活中去，才能焕发新的战斗力。

五、发挥"绿色制度与绿色文化"动力促进福建绿色经济高质量发展建议

（一）进一步建立健全"绿色制度"促进福建绿色经济高质量发展

1. 建立健全"绿色发展法律法规的硬制度"

为引导和规范绿色发展，各国各地政府、部门、组织或协会出台了许多政策、制度和措施，专家和学者目前探讨较多的是环境规制，此类政策制度主要以命令与控制为基础和出发点，常见手段有"环境标准""环保禁令"和"交易许可"等，通常具有较强强制性，需要通过专门机构或组织来执行。此举反应快、见效快，但成本高、难度大。对于影响重大的区域或事项，我们建议加强和完善此类措施，从人和法人都具有趋利避害的本性出发进行强制约束，向绿色高质量方向发展，设置相应的"高压线"和"底线"，一旦有人或法人触犯这两条线，就必须付出相应代价，约束组织和个人守住绿色发展的"底线"。

2. 建立健全"绿色发展的软制度"

绿色发展法律法规的硬制度优缺点都很明显，为弥补其缺点和不足，应重点创新绿色发展的软制度。福建省应主要从市场角度对绿色发展制度进行设计

和改革，通过市场手段有效激励按"绿色要求"进行生产生活的组织或个人，让那些遵循绿色发展规律的企业和个人有利可图，避免出现"劣币驱逐良币"的现象，让那些迷途知返的组织和个人在修复生态损失的前提下支付相应的损害绿色发展的代价，然后进入绿色轨道进行生产和生活。

（二）创新"绿色文化"建设促进福建绿色经济高质量发展

1. 让绿色发展理念深入人心，成为行动指南

随着福建经济总量的不断上新台阶，资源的消耗和环境承载的压力也在不断增加。随着人们认知水平的不断提高，人们对生存生活质量的要求也在不断提升，其中对环保的要求也越来越高，对青山绿水的渴望也在不断增加。改革开放 40 年来，为了经济增长而破坏污染环境的代价令越来越多的人感到得不偿失，国内外一些人与自然和谐共处、协调发展的先进经验和理念也被越来越多的人所学习和接受，习总书记所倡导的"青山绿水就是金山银山"的理念也正在逐步得到实践和落实。福建作为全国第一个生态文明示范省份，更应该高举绿色文化的大旗，率先从理念上树立绿色高质量发展的意识，让绿色文化理念内化为福建人民生产生活的思维习惯，为践行绿色高质量发展做指导。

2. 努力丰富"绿色文化"活动载体，塑造人们喜闻乐见的"绿色文化"

生产生活方式绿色化不是自然而然就会出现的，其转变过程需要一定的内外因素共同促成。除了理念上的转变，外在的一些引导或促进也尤为重要。福建绿色经济高质量发展，应当通过创新丰富绿色文化活动来引领生产生活的绿色化：如通过闽台缘区域文化与交流，努力学习台湾精细化和节约型的生产生活理念和方式；致力于把福建茶文化发扬光大，从茶树种植注重生态系统保护到茶叶采摘加工销售全流程做好"绿色化"；把倡导垃圾分类的好处编成戏剧、歌剧、小品等大众喜闻乐见的文化活动形式向人们广为宣传和学习；把中华民族勤俭节约的优良传统以时代的新面孔向人们重新展示、大力推广和弘扬。

（三）以"绿色制度与绿色文化"动力模型引领福建绿色生产模式

1. 进一步落实"人类命运共同体"理念

人类共处太阳系当中，生活在太阳系中的一切生命与生命之间、生命与非物质之间都是休戚相关的，都存在必然联系，只是有的关系短期内可以显见，有的关系要经过历史的见证才可以被认知，有些联系是物化可及的，有些联系

是不可物化的。由于物体、组织、区域、国别之间存在阶段性的发展异质性问题，所以有"先发展再治理""边发展边治理"和"先预防再发展"等各种不同的模式，但在历史长河中，他们的命运是互联互通的。人类只有尽心尽力、互帮互助，共同维护太阳系的系统生态稳定，才能最大程度上保护好共同家园，最大程度上延续太阳系的寿命，为太阳系的一切做最大贡献。

2. 积极营造区域绿色高质量发展氛围

太阳系的生态系统是由许许多多的区域生态小系统组成的，各个区域生态小系统若能按绿色经济发展的标准运转，则大系统自然无恙。但由于各个区域之间的阶段发展不可能一样，事实上是差别较大，有些区域是有心无力实行绿色发展，有些区域是有力却无心实行绿色发展，有些区域是有心也有力实行绿色发展。

（四）以"绿色制度与绿色文化"动力模型引领福建绿色生活模式

1. 充分尊重自然、保护自然、关爱自然

福建"八山一水一分田"的资源禀赋哺育了福建的一方人士，亚热带季风气候给福建的青山常年披上绿装，特殊的地理气候逐渐养成福建人与自然相依为命的生活习惯，但也有些福建人经受不住外部诱惑而过度向自然索取，过度消费资源、破坏生态。历史教训警示人们，只有充分尊重自然、保护自然、关爱自然，自然才会给予大方慷慨的回馈，只有在充分摸清自然规律的前提下，合理加以改造和变革，创新绿色生活模式，人类才有真正的幸福生活。

2. 从生活细节中获取绿色发展动力

以垃圾分类为例，这种生活细节只要形成习惯，不但可以减轻垃圾处理的压力，同时可以节约大量的人力、物力和财力，部分可以循环回收利用的垃圾重新成为资源，为生产生活提供动力，福建的山和水就可以少受一点破坏和损害，福建的青山绿水就可以多一抹绿色，留给子孙的财富就会多一点。

六、本章小结

福建绿色经济高质量发展契合新常态发展模式要求，顺应人们对美好生活的向往，符合社会和自然发展的趋势和规律。福建应立足自身自然资源、社会环境和条件禀赋等优势，结合中国区域规划所赋予的使命，根据福建绿色经济发展态势和特点，依靠"绿色制度—绿色文化"动力模型所焕发出的不竭动力，推动福建社会经济在绿色高质量发展道路上更进一步，为福建人民增添一抹幸福生活的绿色。

本章参考文献

［1］黄泰岩.中国经济的第三次动力转型［J］.经济学动态，2014（2）：4—14.

［2］蔡昉."中等收入陷阱"的理论、经验与针对性［J］.经济学动态，2011（12）：4—9.

［3］范玉波，张卫国."新常态"下经济增长动力机制转型三重解析［J］.经济问题探索，2015（10）：171—175.

［4］2018 年福建省经济运行情况分析：GDP 同比增长 8.3%［J］.福建轻纺，2019.2.25.

［5］福建省林业局办公室.福建林业清新福建的一份优异答卷——全省森林覆盖率连续40年保持全国第一［J］.福建林业，2019（01）：4—5.

［6］周小亮，吴武林.环境库兹涅茨曲线视角下经济增长与环境污染的关系研究——以福建省为例［J］.福建论坛·人文社会科学版.2016（9）：150—159.

［7］陈丹璐，靳茗茗.我国森林覆盖率的时空分布规律及对空气质量的影响［J］.河北林业科技，2016（2）：52—56.

第十一章　福建绿色经济高质量发展战略研究

一、理论综述

"战略"一词最早出现在军事领域，在被认为是中国古代最早的完整战略思想源泉的《孙子兵法》中，被解释为战争的"谋略"[1]。近代以来，以美国和加拿大为主的西方国家的学者对战略管理理论的发展做出了巨大贡献，"战略"逐渐被应用到各个领域，其中以企业为研究主体的战略管理理论发展最快、最成熟。战略管理理论的发展历程一般被划分为经典战略管理理论、竞争战略管理理论、资源基础观战略管理理论[2]，其学派也众多，比如，明茨伯格曾经将战略管理梳理和归纳为十大学派[3]。虽然战略管理理论学派众多，但是其背后的战略思想是一致的，即从宏观的、长远的、整体的视角来为组织目标的实现做出一系列的判断、计划、行动。

与绿色经济发展战略相关的研究，国内学者最早开始于 20 世纪末，吴晓青提出云南建设绿色经济强省的战略路径[4]。随后，云南省于 2000 年发布了《云南建设绿色经济强省纲要》[5]，是第一个将绿色经济明确纳入全省发展战略规划的省份。之后，该领域陷入沉寂，直到 2012 年左右，联合国环境规划署多次提出绿色经济发展，同时党的十八大正式将生态文明建设纳入"五位一体"总布局的战略地位，学者们对绿色经济发展的战略、政策、影响因素等研究进入新的高潮。在这一段时期内，有关绿色经济发展战略的研究主要可以分为两大类，第一大类是直接研究绿色经济发展战略，第二大类则是对绿色经济发展本身进行研究。第一大类主要是对我国绿色经济的发展战略、机制、对策和路径进行研究[6-10]；第二大类又可以分为两小类，第一小类是研究绿色经济发展水平和现状，主要集中于对绿色经济发展评价指标体系的研究[11-15]，第二小类是对绿色经济发展影响因素的研究[16-19]。

关于绿色经济发展战略的研究，在研究区域上，随着时间的变化呈现出由大到小的规律，展示出由全国到省级区域再到市县级区域的特征；在研究内容上，主要以政策解读和分析以及 SWOT 战略分析为主，鲜有实证研究；而具体到福建绿色经济发展战略的研究上，绿色城市、绿色信贷、绿色海洋、绿色建筑等研究较多，但缺乏从福建整体性视角出发的研究。关于对绿色经济发展水平和现状的研究，主要聚焦于对评价指标体系的构建上，构建的方法包括熵值法、灰关联分析法、R 聚类因子分析法、主成分分析法、变异系数分析法等众多统计和计算方法，绿色经济发展评价指标体系的构建经历了由主观构建[20-21]到客观构建[22-23]再到主客观结合构建[24]的方法，到目前为止，这一领域已有丰富的研究成果。更有趣的是，最近的研究在具体的区域根据其个性化特征构建相应的绿色经济发展评价指标体系，然后利用该体系进行本区域实证评价，再依据评价结果给出发展绿色经济的建议和策略，这在一定程度上提高了区域评价的科学性，但评价体系在外部信度和效度上会有所欠缺，且最后的发展战略往往只关注了实证评价结果而丧志了整体性和系统性，使得政策建议可能带有片面性。关于绿色经济影响因素的研究则涉及比较广泛，比如能源政策、对外开放程度、绿色金融发展情况、资源丰裕程度等因素对绿色经济发展的影响。

总体来看，这两大类研究是相辅相成的，因为在研究绿色经济发展战略时必然要评估绿色经济的发展水平，以绿色经济发展现状为基础，提出发展战略；同样，在构建绿色经济发展战略时，对影响绿色经济发展的因素及其作用机制的研究就显得尤为重要，因为这为绿色经济发展战略的制定提供方向性的参考和指导。虽然从整体视角看关于绿色经济发展战略的研究成果较为丰富，但由于绿色经济的发展在省域和地区之间存在着极高的异质性，所以对福建省来说可借鉴的研究和文献仍寥寥无几。在区域性绿色经济发展战略问题上，已有的研究多数依赖于理论分析，另有部分学者则只侧重于数据分析，前者缺乏具体实践中的数据作为参考，而后者则忽视了理论体系的构建，缺乏系统性和迁移性。所以本研究将以福建省作为具体的研究区域，首先利用目前较为主流和认可度较高的国家发改委等四部委共同制定的绿色经济发展指标体系对福建目前的绿色经济发展水平做出评价，然后将评价结果作为依据，再结合 SWOT - AHP 定性和定量相结合的分析方法系统地对福建发展绿色经济的优势、劣势、机会、威胁进行分析，从而构建福建绿色经济高质量发展战略体系，为福建绿色经济高质量的发展提供理论上的指导和借鉴。

二、福建绿色经济发展水平评价

（一）绿色经济评价指标体系的选取原则

有关绿色经济评价指标体系构建及实证的研究已有丰硕成果，不同省份或地区之间的指标体系突出了明显的地域特色，其中，在较为主流的绿色经济评价指标体系中，采用较多的一是由北京师范大学、西南财经大学与国家统计局于 2012 年联合制定和发布的国内第一套完整的绿色发展指数测算指标体系，该体系包括 3 个一级指标，分别是经济增长绿化度、资源环境承载潜力和政府政策支持度，下辖 9 个二级指标和 55 个三级指标，另一个是 2016 年由国家发展改革委、国家统计局、环境保护部、中央组织部共同制定和发布的《绿色发展指标体系》[25]。本书拟采用 2016 年由四部委联合制定和发布的《绿色发展指标体系》，其原因如下：第一，该体系是为了配合 2016 年中共中央办公厅、国务院办公厅印发《生态文明建设目标评价考核办法》作为生态文明建设评价考核的依据而由四部委联合制定的，具有较高的科学性和权威性。第二，该体系 7 个一级指标分为两部分，如表 1 所示，一是由资源利用、环境治理、环境质量、生态保护、增长质量、绿色生活等 6 个一级指标组成绿色发展指数，二是将公众满意程度用来评价公众在绿色发展中的获得感，该指标体系既有客观依据，又有主观评价，多层面、多维度进行评价，综合程度较好。第三，该体系在各项二级指标上采用的均是与政府作为息息相关的指标，因此各指数反映的信息可以直接揭示政府各项绿色发展政策的有效性，为政府下一步行动决策提供参考和指南，所以在研究福建省绿色经济高质量发展战略的课题中，该体系具有其显著的优势。

（二）福建绿色经济发展水平现状分析

国家统计局于 2017 年 12 月 26 日联合国家发展和改革委员会、环境保护部、中央组织部共同发布了《2016 年生态文明建设年度评价结果公报》，该公报公布了全国 31 个省市自治区的绿色发展指数及各一级指标的得分和排名，现摘取绿色发展指数前五名省份各一级指标排序，结果如表 2 所示，同时摘取绿色发展指数前五名省份各一级指标得分，如表 3 所示。

表1　绿色发展指标体系绿色指数部分

一级指标	二级指标	一级指标	二级指标	一级指标	二级指标
A 资源利用	A1 能源消费总量 A2 单位 GDP 能源消耗降低 A3 单位 GDP 二氧化碳排放降低 A4 非化石能源占一次能源消费比重 A5 用水总量 A6 万元 GDP 用水量下降 A7 单位工业增加值用水量降低率 A8 农田灌溉水有效利用系数 A9 耕地保有量 A10 新增建设用地规模 A11 单位 GDP 建设用地面积降低率 A12 资源产出率 A13 一般工业固体废物综合利用率 A14 农作物秸秆综合利用率	B 环境治理	B1 化学需氧量排放总量减少 B2 氨氮排放总量减少 B3 二氧化硫排放总量减少 B4 氮氧化物排放总量减少 B5 危险废物处置利用率 B6 生活垃圾无害化处理率 B7 污水集中处理率 B8 环境污染治理投资占 GDP 比重	C 环境质量	C1 地级及以上城市空气质量优良天数比例 C2 细颗粒物（PM2.5）未达标地级及以上城市浓度下降 C3 地表水达到或好于 Ⅲ 类水体比例 C4 地表水劣 Ⅴ 类水体比例 C5 重要江河湖泊水功能区水质达标率 C6 地表水水环境功能区达标率 C7 近岸海域水质优良（一、二类）比例 C8 受污染耕地安全利用率 C9 单位耕地面积化肥使用量 C10 单位耕地面积农药使用量
D 生态保护	D1 森林（林木绿化）覆盖率 D2 森林蓄积量 D3 草原综合植被覆盖度 D4 自然岸线保有率 D5 陆域自然保护区面积 D6 湿地保护率 D7 海洋保护区面积 D8 可治理沙化土地治理率 D9 新增矿山恢复治理面积 D10 新增水土流失治理面积	E 增长质量	E1 人均 GDP 增长率 E2 居民人均可支配收入 E3 第三产业增加值占 GDP 比重 E4 战略性新兴产业增加值占 GDP 比重 E5 研究与试验发展经费支出相对于 GDP 的比例	F 绿色生活	F1 公共机构人均能耗降低率 F2 绿色产品市场占有率（高效节能产品市场占有率） F3 新能源汽车保有量增长率 F4 绿色出行（城镇每万人口公共交通客运量） F5 城镇绿色建筑占新建建筑比重 F6 新城市建成区绿地率 F7 农村自来水普及率 F8 农村卫生厕所普及率

注：数据来源于国家发展和改革委员会关于印发《绿色发展指标体系》《生态文明建设考核目标体系》的通知。

从表2可以看出，福建省绿色发展指数位居全国第2名，说明福建省绿色发展水平总体上来说处于较高水平，但是从具体的各一级指标上看，与绿色发展指数相关的6个一级指标中，只有A资源利用位于全国第一，其他5个指标均在福建省综合排名第二名之后，这说明其他5项一级指标所包含的内容福建省仍有较大的发展空间和潜力，尤其是B环境治理、E增长质量、F绿色生活3个一级指标处于明显落后的情形。通过表1所示的各一级指标下具体的二级指标可以发现：第一，B环境治理下面的二级指标大多与企业的污染有关，这一指标严重落后说明福建省在经济发展过程中对第二产业仍有较强的依赖性，且第二产业转型升级速度太慢，亟须产业结构调整；第二，E 增长质量下面的二级指标与经济发展的质量有关，这一指标的落后说明福建省整体来说经济增长不强劲，且在经济高质量发展方面严重不足，具体表现在第三产业及新兴产业增长较低，研发支出相较于兄弟省份不足；第三，在 F 绿色生活指标下的二级指标主要是衡量与人们日常生活息息相关的绿色发展成果，这一指标落后说明福建省的绿色发展成果转化效率不高，仍需要政府和社会在这方面加大力度和作为。

表 2　2016 年绿色发展指数前五省份各项指标排序

绿色发展指数	地区	资源利用指数	环境治理指数	环境质量指数	生态保护指数	增长质量指数	绿色生活指数	公众满意程度
1	北京	21	1	28	19	1	1	30
2	福建	1	14	3	5	11	9	4
3	浙江	5	4	12	16	3	5	9
4	上海	9	3	24	28	2	2	23
5	重庆	11	15	9	1	7	20	5

数据来源：国家统计局网站。

表 3　2016 年绿色发展指数前五省份各项指标实际得分

地区	绿色发展指数	资源利用指数	环境治理指数	环境质量指数	生态保护指数	增长质量指数	绿色生活指数	公众满意程度（％）
北京	83.71	82.92	98.36	78.75	70.86	93.91	83.15	67.82
福建	83.58	90.32	80.12	92.84	74.78	74.55	73.65	87.14
浙江	82.61	85.87	84.84	87.23	72.19	82.33	77.48	83.78
上海	81.83	84.98	86.87	81.28	66.22	93.20	80.52	76.51
重庆	81.67	84.49	79.95	89.31	77.68	78.49	70.05	86.25

数据来源：国家统计局网站。

结合表 2 和表 3 可知，虽然 A 资源利用在排名中居全国首位，但是在实际得分中却低于 C 环境质量，这说明福建拥有丰富的生态资源优势，所以在环境质量上表现较好，但仍要看到，需要努力提高资源利用这一指标的绝对分数。B 环境治理与 E 增长质量虽然都比较落后，且在相对排名上 B 环境质量比 E 增长质量更低，但是从实际分数上看，更迫切需要改善和提高的是 E 增长质量，因为这一指标的分差更显著。D 生态保护这一指标全国得分普遍较低，这说明在生态保护这一问题上，全国都处于严峻的挑战当中。福建省作为省级生态文明先行示范区和国家生态文明试验区，理应在生态保护上起到引领作用和榜样作用，所以应切实关注这一指标所反映出的问题，争取为兄弟省份提供福建方案和福建智慧。另外，值得说明的是，福建公众满意度这一指标达到了87.14%，说明人民群众切实感受到了绿色发展所带来的成果，这充分说明了福建省一直以来的政策和行为发挥出相应的作用。

三、福建绿色经济高质量发展战略 SWOT – AHP 分析

（一）SWOT – AHP 模型介绍

SWOT 分析又叫态势分析，结合内外部环境对优势（S）、劣势（W）、机会（O）、威胁（T）四要素进行全面系统的分析，是战略分析中常用的方法之一。AHP 方法是层次分析法的简称，主要用来解决多目标的复杂决策问题，其优势就是将定性分析与定量分析结合起来，将与决策有关的各要素分解为多层次阶梯模型，将该模型中同一层级的指标予以定量分析，以比较各要素之间的相对重要性，从而为战略决策提供科学的指导。将 SWOT 分析与 AHP 方法结合起来可以互相补充、相辅相成，从而增强结果的科学性。

（二）福建绿色经济高质量发展 SWOT 分析

1. 优势（S）

S1 自然生态环境优良。从表 2 和表 3 可知福建省环境质量指数高达 92.84，其排名也居全国第三名，2018 年，福建省森林覆盖率达 66.8%。连续 40 年居全国首位，城市空气质量达到国家环境空气质量二级标准，PM2.5 浓度比全国平均水平低 1/3，全省 12 条主要河流水质均达到优，Ⅰ类—Ⅲ类水质比例、近岸海域优良水质（Ⅰ、Ⅱ类）比例均居全国前列[26]。

S2 生态文明思想优势。福建绿色经济高质量发展有着先进的生态文明思想指导，且该生态文明思想由来已久，根植于福建省历任领导和人民群众心中。习近平同志在福建省任职长达 18 年之久，他深知福建省情，在 2002 年任福建省省长期间就提出将福建建成生态省的战略构想，从此这一战略思想深根于八闽大地，一直引领福建发展。

S3 特殊区位优势。福建省位于东南沿海，隔台湾海峡与台湾相望，自古以来就是海上丝绸之路的起点，"一带一路"战略实施以来，福建更是着力建设成为"21 世纪海上丝绸之路核心区"，上接长三角，下连珠三角，地处海峡西

岸，多经济区联动，为福建省的经济发展和对外交流提供区位优势，另外，福建作为最大的侨乡之一，与东南亚和南亚许多国家联系密切，在"引进来"与"走出去"的实践中侨乡地位优势显著。

2. 劣势（W）

W1 产业结构调整与企业转型升级速度慢。福建省民营经济发达，传统制造业占比较高，但转型升级却较慢。2017 年和 2018 年福建三次产业结构分别为 6.9∶47.7∶45.4 和 6.7∶48.1∶45.2，第一、二、三产业对经济增长的贡献率分别为 3.2%、45.8%、54% 和 2.8%、50.9%、46.3%[①]。第二产业占比以及贡献率与 2017 年相比不降反增，上文分析的绿色发展指数中 B 环境治理与 E 增长质量两项指标也佐证了这一问题的存在。

W2 科技创新水平落后。2018 年 10 月国家科技部中国科技发展战略研究院发布了《中国区域科技创新评价报告 2018》，该报告构建了由 5 个一级指标、12 个二级指标和 39 个三级指标组成的指标体系，对全国各省、市、自治区进行创新水平评价，结果显示福建省科技创新水平指数为 61.38%，远低于国家平均水平 69.63%，科技创新水平指数提高百分点为 1.21%，远低于国家平均水平 2.06%。另外，福建省 2018 年研究与试验发展（R&D）经费投入强度为 1.8%，低于全国平均水平 2.19%，科技创新投入不足。

3. 机会（O）

O1 国家政策支持。福建省拥有众多国家扶持政策，2014 年国家设立中国（福建）自由贸易试验区，2015 年国务院发布《推动共建丝绸之路经济带和 21 世纪海上丝绸之路的愿景与行动》明确指出支持福建建设 21 世纪海上丝绸之路核心区，2016 年《国家生态文明试验区（福建）实施方案》发布，福建成为全国首个生态文明试验区，2018 年国家又发布《进一步深化中国（福建）自由贸易试验区改革开放方案》，这些国家政策使得福建在经济发展中更加灵活，拥有更多机会。

O2 内外经济区联动。福建省内拥有厦门经济特区、自贸试验区、平潭综合试验区、"21 世纪海上丝绸之路"核心区等多个经济区，外部又属于海峡西岸经济区主要部分，同时上接长三角经济圈，下连珠三角经济圈，使得福建的经济发展和建设拥有内外经济区多区叠加以及内外联动的重大机遇。

---

① 数据来源于 2018 年福建省统计年鉴。

4. 威胁（T）

T1 对外开放交流的安全问题。福建依赖于东南沿海的区位优势，自古以来就是对外开放的重要窗口，但最近一段时期以来，台海局势紧张，"台湾当局"拒不承认"九二共识"，南海问题依然存在，东南亚及东亚等地区局部冲突，而福建又作为最大的侨乡之一，与东南亚等国家关系密切。这些问题都是制约福建推进绿色经济高质量发展的外部威胁。

T2 国际经济不稳定及贸易保护主义抬头等经贸合作不稳定问题。目前，全球经济进入增长疲软期，美国经济增长缓慢，欧洲经济问题不断，新兴国家经济萧条，致使福建的对外贸易受到极大影响，同时美国的贸易保护主义导致的中美之间的贸易战使得福建省内很多出口型企业受到影响，更重要的是使得福建省很多对外的经贸合作受到挑战，经济合作的不确定性增强。

（三）福建绿色经济高质量发展 AHP 分析

1. 构造层次分析模型图和判断矩阵

首先，本书根据 SWOT 分析，构建层次分析模型，发展战略为目标层，S、W、O、T 分别为准则层，S1、S2、S3、W1、W2、O1、O2、T1、T2 分别为对应的因素层。本研究根据表 4 所示比例标度，运用德尔菲法对准则层包含的因素进行两两比较，形成判断矩阵，如表 5 所示。

表 4　AHP 比例标度及其含义

标度	含义
1	表示两个元素相比，重要性相同
3	表示两个元素相比，前者比后者稍重要
5	表示两个元素相比，前者比后者明显重要
7	表示两个元素相比，前者比后者强烈重要
9	表示两个元素相比，前者比后者极端重要
2、4、6、8	表示上述相邻判断的中间值
倒数	若元素 i 与元素 j 重要性之比为 A_{ij}，那么元素 j 与元素 i 重要性之比为 $1/A_{ij}$

表 5　SWOT 各组判断矩阵

S 组	S1	S2	S3	W 组	W1	W2	O 组	O1	O2	T 组	T1	T2
S1	1	1/3	2	W1	1	1/5	O1	1	4	T1	1	1/3
S2	3	1	4	W2	5	1	O2	1/4	1	T2	3	1
S3	1/2	1/4	1									

2. 指标权重及战略四边形

本研究根据所形成的判断矩阵，先做一致性分析。如表6所示，一致性检验通过，分别计算因素层各要素的得分和权重，再依据相同的步骤计算准则层各要素的权重，各权重如表6所示，根据分析结果画出战略四边形，如图1所示。

表6　各要素权重分析表

	S1	S2	S3	W1	W2	O1	O2	T1	T2
得分	0.7168	1.8710	0.4122	0.3333	1.6777	1.6	0.4	0.4981	1.5019
权重	0.2389	0.6237	0.1374	0.1667	0.8389	0.8000	0.2000	0.2491	0.7510
一致性检验	S组：CI = 0.00915，CR = 0.018，CR < 0.1，通过一致性检验。其他组判断矩阵均为一致矩阵								
总权重	0.0927			0.534		0.3181		0.0552	

3. 福建绿色经济高质量发展战略选择分析

由表6可知，在内部优势中 S2 生态文明思想优势占比重最高，内部劣势中 W2 科技创新水平落后为主要因素，外部机会中 O1 国家政策支持权重最高，外部威胁中 T2 国际经贸合作不稳定为主要因素。因此福建省应充分发挥生态文明思想的优势，灵活运用国家政策支持的机会，攻克科技创新水平落后的劣势，避免国际经济形势不稳定的威胁。从

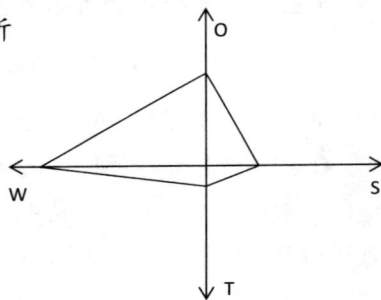

图1　福建绿色经济高质量发展战略四边形

图1所示的战略四边形上看，福建省推动绿色经济高质量发展战略选择应该以WO战略和SO战略为主，即要采取争取型战略和开拓型战略。具体来说福建省应该充分利用机会，尽快补齐短板，结合自身优势，以外部契机为最大拉动力，以解决内部劣势为最迫切问题，制定相应的发展战略。

四、福建绿色经济高质量发展战略模型构建

根据福建绿色经济高质量发展战略 SWOT – AHP 分析，构建如图2所示福建绿色经济高质量发展战略模型。该模型以一个连续循环形成持续动力，不断助推福建省绿色经济高质量发展。模型左侧是推动绿色经济高质量发展的动力系统，右侧是绿色经济高质量发展目标，其中动力系统有四个子系统，四个子

系统中又有两个属于起点子系统,分别是"自然生态、思想引领"和"国家政策、多区叠加",无论从哪个起点子系统开始,最后均是动力系统形成合力共同推动绿色经济高质量发展。

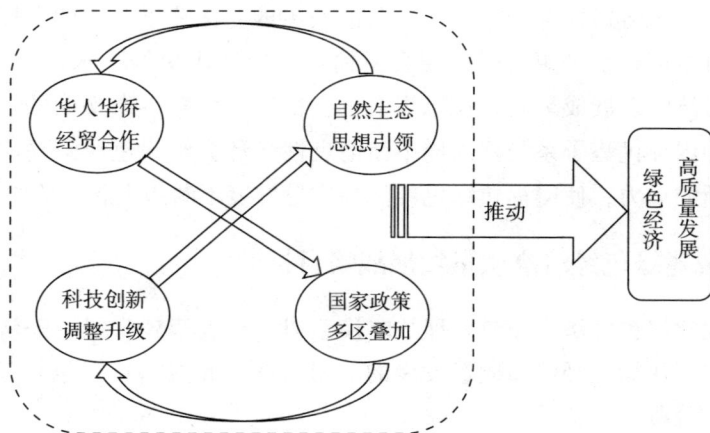

图2 福建绿色经济高质量发展战略模型

具体来说,"自然生态、思想引领"是福建省可以发挥的内部优势子系统的简称,该子系统最重要的便是利用自然生态环境的天然优势,同时发挥生态文明思想的引领作用,一"软"一"硬"相互配合,可以将内部优势发挥到最大。当内部优势做大做强之后便能够在一定程度上规避外部威胁,在"华人华侨、经贸合作"外部威胁子系统的作用下,会借助优势子系统的动力将威胁转化为机会,也就是说虽然国际形势和国际贸易不稳定,但优势子系统力量足够强大,可以将外部的不稳定与内部的稳定形成鲜明对比,提高经贸合作的信任度,同时借助于海外华人华侨资源,一"里"一"外"相互配合,从而实现将外部威胁转化为外部机会的可能。当外部威胁被规避以及被转化之后,其力量将助推"国家政策、多区叠加"外部机会子系统,其具体逻辑内涵是在规避威胁的过程中需要寻找有效对策,而"国家政策支持"这一因素便是有效的规避外部威胁的对策,从而外部威胁子系统在规避和转化威胁的同时充分和灵活地利用了机会子系统中的力量,从而助推机会子系统成为动力系统中主要的动力输出子系统,一"推"一"拉"相互配合,使得外部机会子系统效用发挥到最大。

当外部机会子系统充分发挥力量时便会推动"科技创新、调整升级"内部劣势子系统提高科技创新水平,加快产业结构调整和转型升级,这是因为当外部机会子系统力量过于强大时，会给内部劣势子系统带来溢出效应，在机会子系统的压力之下，使得劣势子系统不得不追随机会子系统的发展以保持整个动力系统的平衡，一"压"一"弹"使得内部劣势子系统会迅速补齐短板。当内部劣势子系统将短板补齐时，其又会进一步推动优势子系统的发展，具体来说就是当科技创新水平更高时，便会使福建省的"山更绿，水更清"，人们享受到绿色经济的发展成果后，在思想上也会更加深化对生态文明的认识，从而建立起新的内部优势子系统。这样不断地良性循环会给绿色经济高质量发展带来源源不断的动力，使得福建绿色经济高质量发展不断迈上新台阶。

五、福建绿色经济高质量发展战略目标

依据福建绿色经济高质量发展战略模型以及结合福建省绿色经济发展现状可以制定出福建绿色经济高质量发展的战略目标，此战略目标包含近期、中期及远期三个阶段。

从目前来看，解决福建省绿色经济发展的劣势中科技创新问题和产业结构调整及转型升级问题是最紧迫也是最根本的任务，因为福建省目前在科技创新方面是短板，这不但会阻碍和制约福建绿色经济高质量发展，甚至会对福建未来的整体发展产生限制影响，这也是将其作为近期战略目标的意义所在，因此，近期战略目标就是要着力补齐福建绿色经济发展中的劣势这一短板。

中期战略目标是理顺推动福建绿色经济高质量发展的各子系统之间的互动关系，使整个系统形成良性循环，从而使得福建绿色经济高质量发展全面实现。有近期战略目标作为铺垫，科技创新可以带动产业结构调整和企业转型升级，从而为福建绿色经济高质量发展带来巨大的动力优势，但此时除了关注福建绿色经济高质量发展的先锋和优势，更重要的是关注其平衡性和系统性，要维持福建绿色经济高质量发展的长期优势和动力就需要从整体视角出发，让绿色经济高质量发展全面实现。这是中期战略目标所需要完成的也必须要完成的。

远期战略目标是利用福建绿色经济高质量发展的优势带动福建整体跃升新的台阶，从而反过来再促进福建绿色经济高质量发展进入新的阶段。任何事物的发展都需要动力，而世上却没有永久的动力，所以要创造良性循环以获得持续不断地动力，因此远期战略目标就是要由点带面，由面带体，反过来再由体带点进入更高的台阶。在未来绿色经济高质量发展的过程中除了关注自身之外，福建省更应该关注与之相关的一切，充分发挥绿色经济的溢出效应，拉动福建发展中的其他要素，这不仅是福建绿色经济高质量发展的本质目的，也是

福建绿色经济高质量发展迈入新阶段的合理选择。因此，福建绿色经济高质量发展拉动新福建的形成，新福建再推动福建绿色经济高质量发展进入新的里程，这是必然的远期战略目标。

六、福建绿色经济高质量发展战略实施路径

（一）国家政策支持与多区叠加

充分利用国家政策支持，发挥多区叠加政策联动优势。根据福建绿色经济高质量发展战略模型可知，福建省在推动绿色经济高质量发展时最有利的优势便是利用国家政策支持，在现有的厦门经济特区、自由贸易试验区、平潭综合试验区、"21世纪海上丝绸之路"核心区、生态文明试验区等多个经济发展区和多重政策的支持下，福建省政府应切实研究这些国家战略性政策的可利用优势和宏远目标，以此为基础，结合福建省省情，大刀阔斧地改革传统经济发展模式，以绿色经济高质量发展为突破点，以多区联动为面，以福建省整个发展体系为体，化单一为整体，系统化对待各国家级政策和规划的要求，建立"以点带面，以面带体"的绿色经济发展新格局。

（二）科技创新与产业结构调整

提高科技创新能力，加快产业结构调整和转型升级。从战略分析上看，福建省在科技创新和产业结构调整及转型升级上处于短板水平，因此，着力提高科技创新水平，拉动产业结构调整和转型升级是目前最迫切的要求。由战略模型可知，在"国家政策、多区叠加"子系统的推动下，"科技创新、调整升级"子系统也会同步推进，具体来说，作为推动绿色经济高质量发展关键因素的科技创新，从战略层面应重视对其的支持和鼓励，在政策制定上应加强向扶持科技创新政策的倾斜力度，在经费上应提高研究与试验发展（R&D）经费投入强度，在对外交流上应突出向兄弟省份以及国外先进地区学习先进技术和科技成果，使得绿色经济高质量发展有持续的强大推动力，使现在的短板逐渐变成优势。

（三）自然生态环境与习近平生态文明思想

以优越的自然生态环境为载体，继续发挥习近平生态文明思想的引领作用。优越的自然生态环境和深入人心的生态文明思想是福建省绿色经济高质量发展的最大优势，借助"科技创新、调整升级"的发展契机，福建省应充分发挥这一优势并与之形成配合。从战略上看，战略的目标、愿景、使命最根本的

来源是指导战略的思想，因此战略思想的形成与确立又在战略规划和发展中占据战略位置。福建省拥有全国最好的自然生态资源，从"社会存在决定社会意识"的角度上，在社会发展过程中很早就孕育出利用生态优势的观念，后来，习近平同志高瞻远瞩地提出福建建设"生态省"的宏伟蓝图，自此福建省利用生态优势发展生态文明的思想便深入人心，充分发挥这一宝贵的优势是福建省在推动绿色经济高质量发展中所必须优先重视和解决的问题，所以应继续宣传和倡导生态文明思想，深入贯彻落实生态文明思想，使优势更大、动力更足。

（四）华人华侨与对外经贸合作

充分利用华人华侨优势，提高对外经贸合作的稳定性。在当前国际经济形势衰退和国家间贸易保护主义抬头之际，国家间以及地区间经贸合作面临着严峻挑战，而福建省由于地理区位的特点，本就是"向海而生"的经济地区，所以在绿色经济高质量发展战略中依然要利用"海洋"优势，除了更加谨慎地对待对外经贸合作外，更重要的是要变威胁为机会，使当前的国际政治经济环境成为福建发展高质量绿色经济的巨大契机，这就需要在战略层面以华侨华人关系网络为基础载体，搭建海内外交流合作的战略平台，依托"21世纪海上丝绸之路"和"互联互通蓝图"，使绿色经济高质量发展有着坚强而稳定的海外资源为依托。

（五）区域内协同与区域间联动

福建省加强区域内协同与区域间联动，在经济上，通过规模效应和溢出效应形成合力，共同促进绿色经济高质量发展；在环境上，通过对环境恢复和保护、污染处理与防治等环节形成合力，以省内各区域以及各省份之间打出组合拳的方式提高环境生态质量，从而为绿色经济高质量发展提供载体优势。具体来说，福建省在省内应强化山海合作的政策，同时要求各地区评估自己的优势，按照经济发展与生态环境的不同优势进行相应的互补性合作，从而提高环境生态水平，缩小山海间发展的差距；在省际应强化区域间经济交流和企业及政府间合作，主动与相邻省份，尤其是有着互补优势的地区建立合作交流的长期机制，着重政府间的对话和沟通，打破区域间共同发展的壁垒，避免区域间无效竞争的损耗，以竞合的姿态重新审视彼此关系，以求得共同发展。

七、本章小结

福建省在新时代背景下面临着巨大机遇和挑战，发展绿色经济是实现福建省跃飞的重要途径，绿色经济高质量发展也将是未来一段时期内福建省乃至全国和全世界共同追求的目标和蓝图，所以本章梳理已有文献对绿色经济高质量发展的研究，重点分析福建省绿色经济发展现状，构建福建绿色经济高质量发展战略，具体方法上用到了 SWOT – AHP 分析方法，结合定量和定性分析的优势，最终构建绿色经济高质量发展战略模型，展示绿色经济高质量发展的动力来源以及动力循环逻辑，可以为政府和企业等主体制定相关决策提供参考。

本章参考文献

［1］徐二明，李维光.中国企业战略管理四十年（1978—2018）：回顾、总结与展望［J］.经济与管理研究，2018，39（09）：3—16.

［2］谭力文，丁靖坤.21 世纪以来战略管理理论的前沿与演进——基于 SMJ（2001—2012）文献的科学计量分析［J］.南开管理评论，2014，17（02）：84—94，106.

［3］约瑟夫·兰佩尔，亨利·明茨伯格，等著.耿帅，黎根红等译.战略过程：概念、情境与案例（原书第 5 版）［M］.北京：机械工业出版社，2017.

［4］吴晓青.云南经济发展的战略性选择：建设绿色经济强省［J］.生态经济，1999（06）：1—6.

［5］车志敏，张淑静，祝培礼.云南建设绿色经济强省纲要［Z］.云南经济年鉴，2000.

［6］彭绪庶.绿色经济促进创新发展的机制与路径［J］.经济纵横，2017（09）：56—61.

［7］闫泽涛.推进中国经济绿色发展的体系构建［J］.华东经济管理，2016，30（12）：47—52.

［8］佟贺丰，杨阳，王静宜，封颖.中国绿色经济发展展望——基于系统动力学模型的情景分析［J］.中国软科学，2015（06）：20—34.

［9］彭斯震，孙新章.中国发展绿色经济的主要挑战和战略对策研究［J］.中国人口·资源与环境，2014，24（03）：1—4.

［10］曹东，赵学涛，杨威杉.中国绿色经济发展和机制政策创新研究［J］.中国人口·资源与环境，2012，22（05）：48—54.

［11］魏振香，周晗.基于 DPSIR 模型的东营市绿色经济发展评价［J］.中国石油大学学报（社会科学版），2018，34（06）：48—53.

［12］马骈.云南省绿色经济发展评价指标体系研究［J］.西南民族大学学报（人文社科版），2018，39（12）：128—136.

［13］李战江，何静，苏金梅.基于动态修正的绿色经济评价研究［J］.科技管理研究，2018，38（12）：73—85.

［14］曾贤刚，毕瑞亨．绿色经济发展总体评价与区域差异分析［J］．环境科学研究，2014，27（12）：1564—1570.

［15］何新安．广东省绿色经济发展总体评价与区域差异分析［J］．经济论坛，2016（09）：17—25.

［16］曾婧婧，童文思．能源政策如何作用工业绿色经济发展［J］．中国人口·资源与环境，2018，28（12）：19—28.

［17］董晓红，富勇．绿色金融和绿色经济耦合发展空间动态演变分析［J］．工业技术经济，2018，37（12）：94—101.

［18］李江龙，徐斌．"诅咒"还是"福音"：资源丰裕程度如何影响中国绿色经济增长？［J］．经济研究，2018，53（09）：151—167.

［19］孙瑾，刘文革，周钰迪．中国对外开放、产业结构与绿色经济增长——基于省际面板数据的实证检验［J］．管理世界，2014（06）：172—173.

［20］肖宏伟，李佐军，王海芹．中国绿色转型发展评价指标体系研究［J］．当代经济管理，2013，35（08）：24—30.

［21］张焕波．中国省级绿色经济指标体系［J］．经济研究参考，2013（01）：77—80.

［22］石震，李战江，刘丹．基于灰关联－秩相关的绿色经济评价指标体系构建［J］．统计与决策，2018，34（11）：28—32.

［23］武春友，郭玲玲，于惊涛．基于 TOPSIS－灰色关联分析的区域绿色增长系统评价模型及实证［J］．管理评论，2017，29（01）：228—239.

［24］杜永强，王悦，李晶洁，卢志义．基于主成分分析的经济绿色发展评价研究［J］．科技和产业，2018，18（10）：50—59.

［25］关于印发《绿色发展指标体系》《生态文明建设考核目标体系》的通知［EB/OL］．（2016－12－12）［2019－10－20］http：//www. ndrc. gov. cn/gzdt/201612/t20161222_ 832304. html.

［26］钟自炜．福建推进全国首个国家生态文明试验区建设生态高颜值发展高质量［N］．人民日报，2019－03－07（06 版）.

第十二章　新时代福建省农业绿色高质量发展研究

一、引言

2018 年底，中央农村工作会议召开，习近平总书记再次指出，我国农业正处在转变发展方式、优化经济结构、转换增长动力的攻关期，要坚持以农业供给侧结构性改革为主线，走质量兴农之路，实施质量兴农战略，不断提高农业创新力、竞争力和全要素生产率，加快实现由农业大国向农业强国的转变。总书记为我国农业农村经济工作的开展指明了推进农业供给侧结构性改革和质量兴农的道路。2019 年 2 月，农业农村部、国家发展改革委、科技部、财政部、商务部、国家市场监督管理总局、国家粮食和物资储备局联合制定并发布了《国家质量兴农战略规划（2018—2022 年）》，着眼于贯彻落实党中央、国务院关于实施质量兴农战略的决策部署，加快推进农业高质量发展，分阶段制定了2022 至 2035 年的质量兴农发展目标，提出包括加快农业绿色发展、推进农业全程标准化、促进农业全产业链融合、培育提升农业品牌、提高农产品质量安全水平、强化农业科技创新、建设高素质农业人才队伍七个方面重点任务。在党中央、国务院质量兴农战略的部署下，各省结合本地本区域的农业生态和结构特点，制定本省的农业高质量发展的目标。福建省基于农业发展地理概况的特殊性，需要对自身的农业的绿色高质量发展目标作出战略性发展规划。

二、理论综述

新时代，我国各地高度关注农业的发展，专家学者对农业发展的多个方面进行深入研究。黄宗智等人[1]2012 年在《开放时代》做了一期专题，主题为《中国新时代的小农经济》，提出中农阶层及其对中国农村和农业发展的重要作用。侯秀芳[2]等人从对农业劳动者的关注转向了对农业的发展方式和科学技术等作为关键点的"智慧农业"的关注，认为这是我国实现农业跨越式发展的选择路径。此后，学者们从农业相关的思想高度、行动力度、现实问题及预测未来等不同的角度对我国农业农村发展建言献策。2018 年以来，随着乡村振兴战略的提出和实施，大量相关文献涌现出来，学者们围绕"农业和农村"这一主题，对"三农"问题[3]、"三农"思想[4]、乡村建设[5]、生态文明[6]、乡村社会[7]、农业农村现代化[8]等研究方向做出了多个层面的探讨和深入的研究。研究的针对性和方向的明确性也进入新的境界。具体而言，夏英等[9]从战略发展高度强调对质量兴农、绿色发展的理解，认为应当以辩证思维处理好质量兴农与绿色发展、"供给侧"结构性改革、政府和市场、数量增长与质量提升、创新现代市场体系、民生福祉、建立健全农业体制机制、国内农业和国外农业"八大关系"；卞靖等[10]则从具体问题入手，关注解决如何实现农业要素市场化配置、激发新型农业经营主体活力、确保各项改革有效性协调性等问题。钟钰[11]提出从壮大农业农村优势产业、推进农业生产标准化规范化、增强农业科技支撑作用和建设农产品质量监管体系等方面推进农业高质量发展。姜长云[12]专门针对如何推进中央提出的乡村振兴战略提出见解，认为推进乡村振兴应坚持高质量发展、农业农村优先发展、城乡融合发展的重大战略导向，并围绕为什么要坚持、怎样坚持这三大战略导向，分别进行分析研究，并探讨相关延伸性问题。丁声俊[13]从新时代基本特征出发阐述推进农业粮食高质量发展的必然性和必要性。

与此同时，国外专家学者对现代农业的发展关注度也在不断提升，芭芭拉（Barbara）和亚历山德拉（Alexandra）指出，为对抗饥饿和养活不断增长的世界人口，适应气候变化并减少不可持续耕作方式对环境的影响，过去几十年来越来越多地表达对农业范式转变的需求。他们的研究介绍关于农业生态学和可持续集约化的讨论[14]；谢勒（Scherer）等人提出通过可持续农业集约化来解决粮食不安全和全球环境变化问题，认为这是当前整个欧洲农业发展的趋势所在[15]；亨利克森（PJG Henriksson）等人的关注焦点则集中于水产养殖的快速增长和集约化，提出其对环境的影响，认为这一农业生产方式应当为发展中国家所广泛运用[16]；坎贝尔（Campbell）等人进一步提出了农业"可持续集约化"（SI）方法和"气候智能农业"（CSA）的高度互补性及其相互协调和适应内容[17]。

从国内学者的研究可见，当前研究内容囊括中国政府在农业发展中的政策和战略思想、政策推进过程中的具体问题以及未来的发展路径和方向等，将农业发展的过去、现在与未来有机联系，从理论到实践引导我国农业的绿色高质量发展。国外学者的研究认为农业的可持续集约化发展更符合生农业态学，是解决粮食不安全和全球环境变化各种问题的趋势所在，这种方法与"智慧农业"的发展相辅相成。但农业绿色发展研究除涉及思想、政策和科技的力量外，还应当考虑生产全过程中所承担生产任务的人的因素，将全过程细分为生产前、生产中和生产后三个不同阶段，分析福建省绿色农业发展现状，并提出建议。

三、福建省农业绿色高质量发展现状

（一）福建省把握中央农业发展战略思想、制定本省农业绿色发展决策

从政府角度，从 2017 年 1 月的福建全省农村工作会议召开至今，福建省紧跟中央农业发展战略思想，认真贯彻落实中央农业政策，从战略决策制定上体现对本省农业绿色高质量发展的一贯思路。

1. 紧跟中央农业工作精神，高度重视

福建省委对农业工作狠抓落实，农业工作会议、农业生产工作会议等紧跟中央农业思想且立足福建省情，提出符合本省农业生产实际情况的战略决策。农业部门认真传达贯彻党的农业工作精神，并将其贯穿到"三农"各项工作中，大力实施"乡村振兴战略"，发展、维护群众根本利益，保持农村和谐稳定，把握维稳全局。涉农部门座谈会则听取各部门工作情况汇报，研究解决困难问题，及时对下一阶段农业工作做出部署。

2. 优化农业生产结构，全盘把握

福建省在大力推进农业供给侧结构性改革的同时发展品牌农业、生态农业和智慧农业，加强农产品质量安全建设，推进农村一二三产业融合发展，提升特色现代农业发展水平，走优质高效农业的发展道路，推动农业产业化发展。农业工作有序开展，及时总结、提前部署。福建省不仅及时总结当前农业工作，且注重研究政策实施过程中的各种问题，提前对未来本省农业发展安排部署重点工作，对季节性农业生产和农产品质量安全工作提前部署，对农业生产任务的落实和粮食生产结构的优化合理做出安排，在农资供应、技术指导、防灾减灾和农田水利建设等农业生产服务上强化工作，从项目带动、人才支撑等方面推动特色现代农业发展。

3. 坚持农业绿色高质量发展道路，注重细节

福建省农业发展过程中，强调粮食产能、质量兴农、绿色发展、科技强

农、注重开发农业农村发展新动能。通过加快推进农业农村现代化，福建省走中国特色社会主义乡村振兴道路，让农业成为有奔头的产业，并对农业农村现代化的实现和特色现代农业建设规划了目标，对农业生产环境保护和农业污染治理成果巩固制定了具体行动计划，以加快推动农业绿色发展。

4. 推动特色现代农业转型升级，打响品牌

福建省围绕龙头和品牌做强、做优、做大十大乡村特色产业，聚焦提质增效，实施特色现代农业"五千工程"，做优质量做强品牌，夯实农业发展基础，推动特色现代农业加快转型升级、高质量发展，坚持绿色发展，大力建设生态农业，转变发展方式，提升农业物质技术装备水平，提高畜禽养殖废弃物资源化利用水平，推动农业绿色发展，具体参见下表1。

表1 福建省把握中央农业发展战略思想、制定本省农业绿色发展决策情况

时间	会议名称	中央农业发展战略思想	福建省农业绿色高质量发展决策
2017年1月	全省农村工作会议	习近平总书记在中央政治局常委会会议上的重要讲话、中央农村工作会议工作部署	推进农业供给侧结构性改革，抓好粮食安全，发展品牌农业、生态农业和智慧农业，加强农产品质量安全建设，推进农村一二三产业融合发展，提升特色现代农业发展水平
2018年1月	全省农业工作会议	党的十九大和中央农村工作会议精神、全国农业工作会议部署	强调粮食产能、质量兴农、绿色发展、科技强农、精准扶贫脱贫、农业农村发展新动能等，以及农业系统干部队伍建设，冬春农业生产、农产品质量安全、农业系统维稳等工作
2018年1月	省委农村工作会议	习近平新时代中国特色社会主义思想和党的十九大精神、中央农村工作会议各项部署	坚持农业农村优先发展，加快推进农业农村现代化，走中国特色社会主义乡村振兴道路，让农业成为有奔头的产业。到2035年，乡村振兴取得决定性进展，农业农村现代化基本实现，切实加快特色现代农业建设
2018年4月	全省春季农业生产工作会议	习近平总书记"三农"思想、乡村振兴和农村改革	抓好春季农业生产，落实粮食播种任务，优化粮食生产结构，确保粮食安全；加强春耕生产服务，强化农资供应、技术指导、防灾减灾和农田水利建设等工作；全力推动农业产业化发展，强化项目带动、人才支撑，推动特色现代农业发展；加强农业生产环境保护，巩固养殖业污染治理成果，实施"四大行动"，加快推动农业绿色发展
2018年5月	全省主要涉农部门座谈会	习近平总书记"三农"思想	推动农业农村高质量发展，坚持绿色发展，加快建设特色现代农业，深化农业供给侧结构性改革，优化农业结构，走优质高效农业的发展道路，推动农业产业化发展，确保粮食安全等

续表

时间	会议名称	中央农业发展战略思想	福建省农业绿色高质量发展决策
2019 年 1 月	省委农村工作会议	习近平总书记关于做好"三农"工作的重要论述、中央农村工作会议部署	发展特色现代农业,加快构建现代乡村产业体系。巩固提升粮食产能,实施特色现代农业"五千工程",做优质做强品牌,夯实农业发展基础,推动特色现代农业加快转型升级、高质量发展
2019 年 1 月	全省农业农村局长会议	习近平新时代中国特色社会主义思想、中央和省委农村工作会议精神、全国农业农村厅局长会议部署	推动特色现代农业高质量发展,围绕龙头和品牌做强、做优、做大十大乡村特色产业,聚焦提质增效,组织实施特色现代农业"五千工程"。坚持绿色发展,建设生态农业。转变发展方式,提升农业物质技术装备水平。提高畜禽养殖废弃物资源化利用水平,推动农业绿色发展

资料来源:福建省农业农村厅网站。

(二)福建省农业绿色高质量发展政策实施和推广做法

在中央农业工作精神指导下,福建省农业政策制订和落实过程顺利,在农业生产内外部要素的多个方面进行提升,绿色农业高质量发展,具体参见下表2。

表 2 福建省部分农业政策实施和推广做法

时间	会议(活动)名称	实施、推广政策	做法
2017 年 1 月	全省农业工作会议	中央农村工作会议、全国农业工作会议精神,推进农业供给侧结构性改革为主线,农业增效、农民增收、农村增绿为目标,加强科技创新、深化农村改革为动力,发展品牌农业、生态农业、智慧农业,推进农业结构调整、农村一二三产业融合发展、精准扶贫稳定脱贫和社会主义新农村建设	强调2017年农业农村工作总思路,表彰全省农业系统先进集体和先进个人、典型交流,对抓好会议精神的贯彻落实提出要求
2017 年 8 月	全省信息进村入户试点工作座谈会	加快推进信息进村入户工作	试点县农业局分管领导汇报信息进村入户工作的做法、经验、存在问题及建议,其他试点县农业局参会人员提出存在的问题和建议
2017 年 8 月	福建省人民政府发文		出台《关于加快推进品牌农业建设七条措施》,在优质专用品种选育推广、农业标准化生产、品牌农产品质量全程管理、发展"三品一标"、打造特色农业品牌、支持品牌宣传营销和组织保障等方面提出了具体要求

时间	会议（活动）名称	实施、推广政策	做法
2018 年 8 月	全省实施乡村振兴工作会议	习近平新时代中国特色社会主义思想、习近平总书记关于"三农"工作的重要论述、习近平总书记对实施乡村振兴战略的重要指示、重要讲话精神，全国实施乡村振兴战略工作推进会部署要求。加快推进我省乡村振兴各项工作，努力开创新时代福建"三农"工作新局面	尊重农民意愿和乡村发展规律，深入研究、全面谋划、推进乡村振兴战略的实施，确保乡村振兴的正确方向、科学路径、有效方法，切实把乡村振兴战略落实好。把好农业人力资源关、加大投入、确保与乡村振兴目标任务相适应、加强基层党组织建设和带头人选拔培养、科技特派员制度，加强规划管理，对表现突出的基层干部给予表彰和政策倾斜，提高基层干部待遇
2018 年 9 月	省农业厅行政审批标准化试点示范项目工作推进会	习近平新时代中国特色社会主义思想，国务院、省政府推进简政放权和"放管服"改革要求	提出下一步推进行政审批标准化创建工作要求，对成员单位参会人员进行行政审批标准化规范编制培训
2018 年 11 月	全省农业农村重点工作攻坚会	习近平总书记关于做好"三农"工作的重要论述、省委十届六次全会、省委省政府三季度经济形势分析会暨高质量发展落实赶超工作督查会、省直农口经济形势分析会、全省实施乡村振兴战略现场推进会精神	肯定农业农村工作成效，分析存在的困难问题，对做好下阶段工作提出要求。包括年度农林牧渔业增加值、农民人均可支配收入、农业领域安全生产、特色现代农业、乡村特色产业等工作。强调着手谋划来年工作，对筹办厦门绿博会开展农业品牌评选、对推进农业信息进村入户，农业绿色发展和畜禽粪污资源化利用等工作分别做出安排部署
2019 年 4 月	福建省农业农村局长会议		听取农业农村厅开展"千村万户调研，推动三农工作落实"活动工作情况汇报，分析存在问题，部署下一步调研重点。要求调研人员对任务、内容、方式、举措及工作要求心中有数、聚焦重点、注重总结提高
2019 年 5 月	姜绍丰副厅长赴泉州市开展千村万户调研推动三农工作落实活动		深入永春、安溪、南安等六个镇乡村基层、农户家中，开展政策宣讲，了解党在农村政策和农业农村重点工作落实情况，要求抓好农村人居环境整治、承包地确权登记颁证、农业生产托管服务项目等工作。对"千村万户调研推动三农工作落实"活动提出指导意见，要求泉州组同志总结当地农业农村工作的好做法和好经验，查找工作差距和薄弱环节，积极推动农业农村各项重点工作落实落地

资料来源：福建省农业农村厅网站、福建省政府网站。

绿色农业意识引领：领导层面及时总结工作总思路，抓住时机提前部署阶段任务，尊重农时和农业发展规律，提前安排农业生产任务，并做到具体细化。

绿色农业人才培养：福建省对农业人才的培养与选拔制订制度，实现对多样化农业人才的引导和支持；挖掘一批亮点，打造形成有特色、可复制推广的典型；表彰全省农业系统先进集体和先进个人、做好典型交流，在农业系统树立典范的同时，促进全省各地的共同进步和争先前进的心理。

绿色农业生产管控：福建省对于新的农业工作方式方法（如品牌农业建设、信息进村入户工作、行政审批标准化创建工作），根据省情选择全面铺开或先设试点进行做法、经验、问题的研究，确认可行性后及时推广；做好安全生产工作，从生产过程控制农产品质量；对瘟疫防控、农产品质量安全监管等农业领域安全生产工作高度重视。

绿色农业资源运用：福建省充分发挥区位优势，推进并深化闽台农业合作、促进闽台乡村产业发展深度融合；将农业的绿色发展与科技融入紧密结合；打造乡村特色农业；推动农业产业发展，形成规模发展、融合发展、安全发展的特色现代产业。

（三）福建省绿色农业发展的地理概况和农业生产条件

1. 福建省绿色农业发展的地理概况

从福建省地理概况及农林用地概况可知福建省农业生产的各方面地理条件，并从中可以看出，占据较大比例农业用地的山地丘陵，被福建人民合理利用，发展出与之适应的农业种植。具体参见下表3和表4。

表3　福建省地理概况

经度	东经 115°50′—120°43′
纬度	北纬 23°33′—28°19′
气候	海洋性季风气候
温度带	中、南亚热带
年降水量	1100—2000 毫米
地形地貌	境内多山，山岭蜿蜒，丘陵起伏
陆地面积	12.138 万平方公里
海域面积	12.51 万平方公里
海岸线长度	3324 公里
年平均温度	17—21.3℃
80% 以上雨量集中在 3—10 月的温暖和炎热季节之间，雨热同期，为农作物的生长发育和多熟种植，林木的速生丰产，畜禽、鱼虾、贝藻的繁殖生长，蔬菜的周年生产，绿肥，饲料的四季栽培等，都提供了良好的气候条件。	

资料来源：福建省农业农村厅网站。

表 4　福建省农林用地概况

	数量	占总数的比重（%）	人均	特点
山地丘陵面积	1000 万公顷	85		便于开发利用。高于全国平均水平林区松香、香菇、笋干等林副产品也十分丰富；现有的茶、果等多年生作物，绝大部分也分布于山地丘陵。
海拔高度	1000 米以上	3		
	500—1000 米	33		
	500 米以下	64		
林地面积	8410 万亩		3.3 亩	
活立木蓄积量	4.3 亿立方米		17.1 立方米	

资料来源：福建省农业农村厅网站。

2. 福建省绿色农业生产自然条件

福建省农业发展条件较为复杂。耕地比重小带来对农业生产发展的限制；海洋性季风气候带来频繁的农业气象灾害；福建省境内多山、群峰耸峙，且山岭蜿蜒，丘陵起伏；曲折绵亘的海岸，比陆地面积稍大的海域面积。倚山滨海的地理优势，带来丰富的山海资源，为农业全面发展提供了广阔前景。与此同时，较有限的耕地资源也让福建省农业生产及发展受到限制，只有走绿色高质量发展道路，才能让福建省农业长足发展。

充沛的降水带来丰富的水资源、雨热资源又为福建省农业提供了良好的气候条件：从降水和温度条件看，福建省地处中、南亚热带，热量充足、降雨量丰富，对于农业产量的提升是先天的有利条件；且处于季风的影响范围，省内气候较为不稳定，自然灾害也相对频繁。

这样的雨热条件孕育了境内种类繁多的生物物种，具有地方特色的农业品种较为丰富，有利于农业的多种经营和全面发展。由于地理位置、降水、温度、光热、土壤等不同条件的影响，福建省农业生产甚至在同一纬度的不同高度上呈现垂直分异的"立体农业"特点，有利于结合各地具体情况发展多种作物生产、经营。

复杂的地理自然条件造就了福建省独特的农业生产条件，是福建农业产品生产的基础。全省陆地森林生态系统中的用材树种有 400 多种，药用植物 600 多种，野生木本淀粉和糖料植物 40 多种，油料植物 30 多种；动物类中野生动物有数千种，海洋鱼类 750 种，甲壳类和头足类如蛤、蛏、泥蚶等有数十种、淡水鱼类 160 多种；微生物中真菌类有 430 种，被利用并大量生产的有蘑菇、香菇、鲜草菇、银耳、黑木耳、茯苓等。在农业生产过程中，人工培育的作物、林木、畜禽、鱼类等种丰富样，为发展我省农、林、牧、副、渔多种经营提供了宝贵的财富。[18]

3. 福建省绿色农业生产实际条件

　　农业的绿色高质量发展，不但要提升农业生产效率，而且要使农业生产与生态环境和谐发展。一方面，为了提升农业生产效率，农业机械化的发展成为必然趋势，在机械耕地、播种、收割、灌溉等方面节约劳动力、扩大生产规模并提高生产效率。另一方面，机械化的同时，带来了柴油使用量的增加。而为了保障农产品的产出数量，不断扩大的农业生产规模也需要增长量的化肥、农药和农用塑料薄膜。而福建省的实际情况则不同于常规思维。以粮食作物为例，2017 年，福建省粮食作物的播种面积约为 2000 年的 46%，粮食产量为 2000 年的 57%，粮食产量与粮食播种面积正向相关，但粮食单产却向反向发展，2017 年粮食单产为 2000 年的 1.25 倍。具体见下表 5 和表 6。

　　进一步分析，在农作物播种面积减少的情况下，福建省农业机械动力从 2010—2015 年反而呈现上升趋势，2016、2017 年才有所下降，说明随着作物播种面积的减少和科技力量的提升，农业机械动力从逐年增长至基本稳定的态势。有效灌溉面积从上升到下降的转折点出现在 2014 年，直到 2017 年又呈现增加，这其中，与各个年份不同的降水量有较大关系。化肥的施用量从 2012—2013 呈现下降趋势，在 2014—2016 三年间又上升，2017 年出现大幅度下降，是因为福建省实行化肥和农药量"零增长"行动，而对农业发展的生态要求和农业技术的提升也是农药使用量历年来呈现下降趋势的原因。与此同时，农用塑料薄膜的使用量则一路上升。具体参见表 7 和表 8。

表 5　主要年份农作物播种面积　　　　　　　单位：千公顷

年份	合计	粮食作物	非粮作物
2000	2793.25	1828.51	964.74
2005	2392.92	1308.41	1084.52
2010	1941.2	1073.17	868.04
2011	1878.36	1032.07	846.29
2012	1801.75	976.15	825.6
2013	1758.29	943.71	814.59
2014	1703.13	908.38	794.75
2015	1658.18	874.2	783.98
2016	1589.33	832.83	756.5
2017	1592.1	833.22	758.88

资料来源：福建省统计局。

表6　主要年份主要农业产品产量及粮食单产　　　　　　　　单位：万吨

年份	粮食		油料	蔬菜	园林水果
	粮食单产（公斤/亩）	粮食			
2000	854.68	312	25.79	1161.11	356.44
2005	662.04	326	27.42	1346.66	479.36
2010	584.65	363	22.08	1278.82	495.03
2011	576.13	372	21.72	1276.20	514.22
2012	547.33	374	21.18	1264.56	540.83
2013	534.68	378	20.75	1254.22	557.68
2014	520.43	382	20.49	1254.65	481.35
2015	500.05	381	20.10	1274.50	554.30
2016	477.28	382	19.41	1256.78	548.51
2017	487.15	390	19.55	1292.18	601.14

资料来源：福建省统计局。

表7　2010—2017年农业生产条件

年份	农业机械动力（万千瓦）	有效灌溉面积（千公顷）	化肥施用量（吨）	农药使用量（吨）	农村用电量（万千瓦小时）	农用塑料薄膜使用量（吨）
2010	1206.16	964.77	1210372	58238	2574895	57053
2011	1250.81	967.48	1209317	58276	2705792	57814
2012	1286.80	1120.98	1208660	57846	3128548	58692
2013	1336.76	1122.42	1205733	57804	3466813	59154
2014	1368.41	1118.78	1226138	56391	3676659	60932
2015	1384.13	1061.65	1238017	55770	3810646	62067
2016	1269.09	1055.37	1238417	55387	3844476	62424
2017	1232.42	1064.84	1163227	52167	3883797	62415

资料来源：福建省统计局。

表8　农业机械使用和柴油使用情况

项目	2000	2005	2010	2016	2017
1. 农业机械使用					
机耕地面积（千公顷）	405.49	421.85	908.68	1130.60	1072.39
机械播种面积（千公顷）	1.95	0.75	25.77	147.78	159.69
机械收获面积（千公顷）	18.48	64.25	222.74	440.27	500.05
2. 农用柴油使用量（万吨）	47.95	74.19	83.17	86.30	83.61

资料来源：福建省统计局。

（四）福建省农业产品销售及市场发展

1. 福建省农产品概况及竞争力

由于自然地理条件和历史沿革等人文因素，福建省的主要农产品主要有粮食、蔬菜、园林水果、食用菌、茶叶、烟叶、油料、木材、猪牛羊禽肉、禽蛋、牛奶、水产品等。各地根据本区域的生产条件，开发特色农产品和品牌农业，具体分布参见下表9。从表中可见，省内各地的主要农产品均覆盖粮食、蔬菜两大类，各地再根据本地农业生产实际条件，生产园林水果、油料、木材、食用菌、茶叶、水产品、肉蛋奶等农产品，并开发出特色农产品，走上品牌建设的道路。根据农业产品类型在全国进行排名，福建省主要农产品在全国排11位，主要林产品22位，主要畜产品12位，主要水产品5位，参见下表10。在主要农产品竞争力排名比去年上升的同时，主要林产品下降幅度较大，而另两项则与去年持平，即除主要水产品排名靠前外，其他本章参考文献几项均未有较好成绩，而福建省建设力度较大的品牌农业在农业产品类型中属于主要农产品。可见，福建省想提升本省农业的竞争力，要依靠品牌发展，产生更大程度的带动作用。

表9　福建省部分设区市农林牧渔业农产品概况

设区市	主要农产品	特色农（渔）产品	品牌
福州市	粮食、蔬菜、园林水果、食用菌、茶叶、水产品、肉类	茉莉花茶、鲍鱼	茉莉花茶
三明市	稻谷、烟叶、油料、蔬菜	生姜、花卉、茶叶	生姜
漳州市	稻谷、油料、蔬菜、木材、猪牛羊禽肉、禽蛋、牛奶、水产品	铁皮石斛、生态农业休闲产业	平和琯溪蜜柚、"闽溪红"红肉蜜柚、"绿源宝菌"杏鲍菇、天宝香蕉
龙岩市	粮食、稻谷、烟叶、油料、蔬菜、毛竹、竹笋干、肉蛋奶	闽西"八大干""八大珍""八大鲜"	截至2017年末，龙岩市新获无公害认证农产品65个，绿色食品16个，地理保护标志2个，目前全市有效用标认证农产品290个
宁德市	粮食、稻谷、烟叶、油料、蔬菜、肉蛋奶、水产品、木材	茶、食用菌、大黄鱼	福鼎白茶、古田银耳、宁德大黄鱼、海晹无公害生猪、三本山茶油等

资料来源：根据福建统计年鉴整理所得。

表10　2016年福建省主要农业产品竞争力全国排名

主要农产品	主要林产品	主要畜产品	主要水产品
11	22	12	5
上升7位	下降17位	持平	持平

资料来源：根据福建统计年鉴整理所得。

2. 福建省农产品品牌发展

福建省推进建设品牌大省的步伐。以果品、茶业的品牌发展为例，参照中国农业品牌研究中心的研究数据可以看出，当前福建省的农业品牌建设呈现向前推进的趋势，但与国内其他本章参考文献品牌强省相比，仍然存在差距。福建省大力建设和发展本土区域品牌，农产品区域品牌整体呈现数量增加、品牌价值不断提高、产业带动能力增强、知名度不断提升的趋势[19]，但除优势品牌外，其他本章参考文献品牌仍存在开发意识不足、缺乏规划性、品牌杂乱、品牌创造价值低等问题。2017 年 8 月，福建省出台《关于加快推进品牌农业建设七条措施》，在优质专用品种选育推广、农业标准化生产、品牌农产品质量全程管理、发展"三品一标"、打造特色农业品牌、支持品牌宣传营销和组织保障等方面提出了具体要求。同时，福建省有意识地通过信息入户推进农业的信息化强化一二三产业的融合，促进农业产业化，着力建设、打造本省农业品牌。但在本省品牌发展的过程中，福建仍要关注全国品牌的发展步调，力争突破自我，使优势品牌的价值在全国市场乃至世界市场中占据一席之地。根据中国农业品牌研究中心发布的《2018 中国果品品牌价值评估报告》，在 2018 中国果品区域公用品牌价值评估结果中，总共上榜的 121 种果品，福建省仅占 4 席，且不具备优势，具体参见下表 11。2018 中国果品商业品牌价值评估结果中，总共上榜的 131 家企业，福建省占 4 席，情况比前者略好，具体参见下表 12。

表 11　2018 中国果品区域公用品牌价值评估结果（福建省节选）

排序	品牌名称	品牌价值（亿元）
20	永春芦柑	32.95
36	福州橄榄	21.56
93	顺昌芦柑	5.6
107	古田油柰	2.96

资料来源：根据中国农业品牌研究中心的研究数据整理所得。

表 12　2018 中国果品商业品牌价值评估结果（福建省节选）

排序	企业名称	品牌名称	品牌价值（万元）
3	厦门福慧达果蔬股份有限公司	SUNLOVIT 新乐仕	93500
62	久泰现代农业有限公司	久泰 17.8°	6881.24
86	厦门鑫金鹭果蔬贸易有限公司	鑫金鹭	3948.2
105	福州市豪果缘果业有限公司	豪果缘	1511.15

资料来源：根据中国农业品牌研究中心的研究数据整理所得。

以茶叶为例，福建的茶叶品种多，有武夷山大红袍、正山小种、福鼎白茶、安溪铁观音和福州茉莉花茶等。在 2018 中国茶叶区域公用品牌的价值评估报告中，福建省的参评品牌数量在总共的 56 个品牌中，与四川省共同位列第 2 名，仅次于浙江省。福鼎白茶、福州茉莉花茶、武夷山大红袍、正山小种、永春佛手茶、政和工夫等多个品牌上榜。武夷山大红袍、福鼎白茶、正山小种在品牌带动力、经营力、传播力、发展力等方面表现突出。福鼎白茶和福州茉莉花茶经过多年的品牌价值评估，跻身十强品牌，其历年品牌价值参见下表 13。逐步向前推进中的品牌价值，与品牌的质量和标准分不开。

表 13　2018 品牌价值十强品牌的历年品牌价值　　　　单位：亿元

品牌/年份	2018	2017	2016	2015	2014	2013	2012	2011	2010
福鼎白茶	38.26	35.53	33.8	31.41	28.32	26.93	25.34	24.45	22.5
福州茉莉花茶	31.75	30.36	28.52	26.77	21.91	23.26	19.89	18.27	16.85

资料来源：根据中国农业品牌研究中心的研究数据整理所得。

3. 福建省农产品质量和标准

柯铭华等人认为要从标准化视角提升农产品质量管理能力。[20]2016 年，福建省"十三五"现代农业发展专项规划中指出，提升农产品质量安全水平，需要做好推进农业标准化生产、强化质量安全监管、完善监管信息化平台、发展优质农产品等方面的工作；针对农业标准化生产，提出完善现代农业标准体系和加快农业标准化示范推广的要求；质量安全监管的强化，则需要做好生产经营主体责任、产地安全分级管理、质量安全检验检测能力、质量安全监管机制和农产品质量安全示范省建设等方面的工作。截至2017 年，福建省 774 家省级以上重点龙头企业销售收入 3254.63 亿元，比上年增长 2.6%。[21]

福建省统计局 2018 年 8 月专题专栏的《砥砺奋进，建设新福建谱写新篇章——党的十八大以来福建经济社会发展成就系列之一》报告了福建省当前现代农业建设的情况："一区两园"（即国家现代农业示范区、台湾农民创业园、福建农民创业园及示范基地）建设取得成效，已建成 41 个特色优势产业集中区。设施农业快速发展，重点发展蔬果温室和智能温控大棚生产、食用菌工厂化栽培、畜禽标准化设施养殖等项目，全省累计建成设施农业生产基地 180 多万亩。农业机械化进程加快，主要农作物耕种收综合机械化水平达到 48% 以上。农业"五新"工程（新品种、新技术、新肥料、新农药、新机具）深入推广，科技在对农业的提升作用越来越突出，农作物和畜禽良种覆盖率在 96%

以上。[22]

福建省在 2019 年 5 月出台的《关于营造有利于创新创业创造良好发展环境的实施意见》中指出，要实施特色现代农业"五千工程"，即围绕"切实加快特色现代农业建设"，新建 1000 个优质农产品标准化示范基地，建设改造 1000 个农产品产地初加工中心，培育 1000 个省级以上重点农业龙头企业，新增 1000 个"三品一标"农产品，培育 1000 个"一村一品"特色产业示范村。

由此可见，福建省正在加快对农产品生产质量的控制，并基于标准化生产确立了相应的目标，以此来提高本省农产品在国内、乃至国际市场的竞争力，拓展国内和国际市场。

四、福建省农业绿色高质量发展存在主要问题与挑战

农业绿色发展主要体现在农业生产效率高和农业面源污染两个方面[23]。将之融入农业生产的全过程中来考察，则可分为三个明显的阶段：产前阶段，涉及生产者的意识问题，如打算对农业生产采用何种模式，优先考虑农产品数量或质量，经济利益优先或生态环境优先。产中阶段，涉及生产过程中使用的机械设备、农业技术、生产流程等问题。产后阶段，涉及农业生产废弃物的处理问题、农产品的销售和市场开拓问题等。

（一）产前阶段

在经济利益与生态效益的对比下，做好小农户的绿色生产意识引导是一项高难度的工作。福建省农业发展坚持绿色高质量发展方向，省政府及农业部门对相关工作高度重视。但是面对福建省独特的自然生产条件，农业的规模生产与高效率并不适用每一个生产基地，除了农村合作社、大型农业企业外，小型农户生产在一些地区成为必然。对农村合作社、大型农业企业绿色生产的管理可以通过政策引导和经济补偿来实现。而小型农户通常达不到政策享有的条件，得不到相应的政策福利和经济补偿，为了获得最大的经济利益，他们通常舍弃生态环境。在偏远山村，农业科技普及的不到位、先进农业设备的缺失，通常让小型农户依靠农药化肥的施用量来保证农产品的产出数量，造成对土地、空气和水源的污染，破坏农业生态环境。因此，对小型农户的绿色生产意识的引导，成为福建省绿色农业高质量发展的重要内容。

（二）产中阶段

旧农业机械过剩成为趋势，新农机的推广存在阻力；农用塑料薄膜的使用

对生态环境产生影响；农业生产受天气影响程度大。2010—2017 这几年间，随着农机购买补贴政策的推出，符合政策条件享受农机购买补贴的生产单位均已购买农机，农业机械的使用数量基本达到稳定态势，符合当前农业生产的要求。但农业科技的不断发展，良种选择等，会带来农产品产量的大幅度提升，农业作物的播种面积进一步减少，农业机械的数量将超过实际需求量。在这一情况下，随着科技的不断发展，适合新生产力的先进农机的推广将存在阻力。农药化肥施用和塑料薄膜使用对环境影响等进一步突显。福建省化肥农药尽管在政策的管控下总体上呈现下降趋势，但与其他农业强省相比，对生态环境的影响还是较大。金赛美通过省际比较，认为福建省农业化肥、农药、农用塑料薄膜使用量过多，绿色农产品产量过低、生态环境保护和治理财政投入较少，造成农业绿色发展能力弱。[24]此外，福建省的自然条件使许多地区的农业生产受天气影响程度大，气象灾害影响农业生产的情况时有发生。

（三）产后阶段

农业生产废弃物处理的技术问题和农产品市场开拓问题有待进一步解决。首先，随着农业生产的规模化和机械化的推进，农产品生产供应过程中的废弃物必然增多，解决方案既要考虑生态环保和可持续发展，又要兼顾科学和效率，这对当前的技术提出极大的挑战。其次，对于生产出来的农产品，其市场开拓和竞争力问题摆在眼前。多而杂的中小品牌没有足够大的带动效应，也无法打开大的市场，却分散了有限制政府资源，也削弱了特色农业的竞争力，降低了本省绿色农业的发展质量。此外，由于地理位置相近，气候影响趋同，两岸农业发展趋势大体相近，在作物品种选择、作物生长特性等方面存在的共性及农业生产部门组织结构上差异与变动形成的互补，构成了闽台农业的竞合关系。[25]但两岸政策的不同开放程度阻碍了闽台农业的合作发展。台湾先进农业科技进入福建受到制约[26]，且由于两岸农民所处的不同的农业组织化环境[27]，福建省农业政策及农业资金福利的不到位，导致台湾农民在闽的农业生产存在困扰。而福建省农业绿色高质量发展不仅在区域农业发展上存在挑战，在当前"一带一路"背景下，农业国际化发展同样具有极大发展空间。虽然在农产品质量和标准化生产等方面制定了目标，但福建省农业受制于用地资源、技术创新和总体规模等多方面要素，在"走出去"过程中存在多重束缚[28]，而国外投资环境多变、跨国经营人才的稀缺和海外经营经验的不足，也在一定程度上限制福建省农业绿色高质量的国际化发展。

五、福建省农业绿色高质量发展的对策建议

福建省农业的绿色发展，要建立起农业生产、加工、销售的全产业链思维，寻找突破瓶颈的方法和路径，发挥特色优势，加大对绿色农业发展的全程投入。一是政府对绿色农业生产的严格监督和把关，促使农业生产的标准化和规范化；二是为农业科技的传播创造便利条件，加大政府财政投入的同时，降低农民在农业生产过程中的技术购买成本；三是为福建省农业发展寻找合作资源与平台，着力高质量发展，提升农产品的竞争力。具体而言，福建省需要考虑整个生产流程的绿色无污染及生产废弃物的处理，如对化肥农药使用量的控制，实施生态农业示范工程等；而高质量发展则离不开对农产品质量的把控和销售渠道的通畅，这其中少不了农产品生产标准化、规范化流程，和农业科技的支撑作用。此外，福建省应借力闽台农业的融合发展及福建省农业绿色高质量的国际化发展，强化农业优势产业的壮大和规模化、品牌化生产，通过加强生产过程监管、颁布绿色农业生产标准、打造农业品牌拓展占有市场，拓宽销售渠道，提升价格决策权力等建设农产品质量监管体系和提升农业产业效益来推进本省农业绿色高质量发展，进而进军国际市场。

建议主要涉及以下几个方面。

（一）明确政府在农业发过程中的主导作用

福建省委省政府认真贯彻执行中央农业工作精神，根据福建省农业生产的自然和生态条件，制定并推行适宜的农业政策，大力发展品牌农业、生态农业、智慧农业，推动七大优势特色产业加快转型升级发展，在人（农业科技人才培养、职业农民培训、农业标准化生产知识传播）、财（财政支农强农、农业信息进村入户）、物（多种农机的投入使用、农业项目引进）等多个方面发挥作用。福建省由于自然地理条件的复杂性和特殊性，农业作业的生产条件和各地的作物呈现多样性，要坚持土地流转改革，认真研究各地的不同情况，挖掘当地特色资源，寻找适合当地的农业生产方法，引进多方的合作资源和项目，制定严格的产品生产和监管流程及质量监督机制，对整个生产与销售过程的质量把关、成本控制及风险管控，积极打造优势品牌、扩大品牌的价值和市场竞争力，通过品牌的带动效应，促进一二三产业的有机融合，带动农业和农村经济发展。

（二）重视农业生产者能力和素质的提升

新型职业农民、农村实用人才和农业高技能人才是新时代农业绿色生产的

实施者和农业科技的运用者，农业作业者的绿色生产意识及其对农业知识的掌握，不仅影响生态环境、作物生产，在新时代背景下，还通过农业科技的运用和标准化生产的控制而影响农产品的质量，进而影响农产品在竞争激烈的国际市场的占有量。福建省对小型农户的绿色生产意识引导，提升其品牌意识和远见，也将为农产品提升竞争力和增加农民收入带来实际的回报。福建省农业发展离不开农业人才队伍的付出和努力，在规模、结构、素质等方面对当前的农业科技人才进行扩充和培养，最终实现符合新时代农业绿色高质量发展的人才需求。

（三）重视农业技术进步对绿色农业发展的带动作用

福建省充分调动省内农林院校、农技组织、科研机构以及信各种产学研单位的积极性，提升农业科技的创新动力及其转化，对包括良种选育、水热条件配合、农业机械使用等，通过多层次多维度组织农业培训、"科技下乡"等活动，传播农业科技、推广提高农户技术认知，并通过给予农户技术政策补贴的方式进行农技推广，将其实质性高效地转化为现实的生产力和竞争力，使其对农业的提升作用上升到新的高度，产生实际效益。条件允许的情况下，福建省可借鉴国外的"可持续集约化"生产方法和"智能农业"的具体做法，将农业生产的绿色标准融合到农产品生产加工的全过程，借助科技的力量提高畜禽养殖废弃物资源化利用水平，使农业生产呈现高质量的同时，也不忘"绿色"的标准。

（四）建立科学的评价方法及认证体系

在评价和监测上，福建省对农产品的质量检测、绿色农业的统计指标、价值测度等提出符合当前实际的标准，涵盖农产品品质、农业生产效率、农业生产对生态环境影响、对农业可持续发展的影响和对区域经济的影响等多个维度的全程化评价，对不符合标准的农产品及农业生产过程追溯根源，明确责任。

（五）加大对环境污染的治理力度

福建省采用预防为主、治理为辅的治理思路，对农业生产过程中产生的水源污染、土地污染和空气污染进行专项治理，加大环境整治力度，鼓励绿色生产，对各类涉农组织和企业制定统一的农业绿色生产标准，强化对分散农户的生产过程监督，对符合绿色生产标准的对象给予奖励，对不达标者给予处罚，以此来强调政府环境污染整治的决心。

（六）提升农产品质量，打造品牌拓展市场

福建省正视国家提出的 2020 年化肥和农药量零增长目标对本省农业产出数量和质量的影响，对绿色农产品在过渡期给予价格保护或对绿色农业生产者给予补贴，使其具备良好的生存条件。福建省及时投入技术攻关，结合区域资源和自然条件，进行农业特色优势差异化发展和品牌建设，提高绿色农业的产出质量和数量，打响品牌、拓展市场，提升竞争力。福建省优势品牌的带动力、经营力、传播力、发展力等方面表现突出，能最大限度地打开国际市场并形成竞争优势，从而带动农业的产业化经营。如果福建省将优势品牌结合休闲农业等新产业新业态，则能创新农产品流通销售新模式，进一步促进一二三产业融合发展，从而提升优势特色产业的综合竞争力。同时，福建省根据本省农业生产独特的条件，因地制宜，采用不同的农业模式，结合"立体"农业和规模发展各自的优势，对大型农业组织、企业、合作社等重点提升农技的溢出效应，建立绿色农业产业园区，发挥产业龙头企业、示范基地绿色高质量生产的榜样作用，充分带动当地农户的绿色生产积极性

（七）用好"五缘"优势，促进闽台农业绿色融合发展

福建省发挥与台湾的"五缘"优势，提供政策促使两岸农业纵深方向的合作程度深化与宽广方向的合作领域拓展，从扩大福建的对外开放程度到政策、资金、设备、土地、技术、人才的支持，将闽台农业绿色融合发展落实到具体事项，包括搭建闽台现代农业融合发展平台，落实并提升两岸农业合作试验区、台湾农民创业园的人、财、物的配备，保障闽台农业科技研发、协同创新的向前推进，以政策利好引进台湾先进农业技术、吸引农业高端人才的加入和重大项目的融资合作。

（八）推进国际化发展方向的农业绿色高质量发展

福建省农业绿色高质量发展，应当放眼全球，打开国际市场，做到国际化发展。除了上述几点外，福建省还应当做好如下几个方面的工作：

政策先行，宏观布局。福建省应坚持农业发展的开放政策，从全局视角规划发展，加大扶持力度和覆盖领域，用境内外企业并购重组的方式培育省内重点农业产业的发展，打响品牌，从农业生产所需的土地、资金、人员、技术等方面整合资源，构建绿色农业高质量发展的战略联盟。

福建省应搭建农业企业国际化发展的平台，以政策利好的方式吸引重大项目的国内国际融资，加快农业信息化平台的向前推进，同时做好"引进来"和

"走出去"的工作，提高对农业企业的服务质量，重视农业生产效率的提升，强化风险管控，健全农业产业国际合作监督机制，提高农业企业适应所在国的经营能力。

福建省应重视农业相关方向的民间交流合作，充分发挥协会和民间团体的作用；提高"走出去"企业的社会责任意识和社会形象，提醒企业重视维护与当地政府和社区居民的关系，以利于企业在所在国的顺利发展。

六、本章小结

新时代，通过对福建省农业发展现状、农业政策实施和推广做法、地理概况和农业生产条件以及农业产品销售和市场发展的分析，福建省应提出明确政府在农业发过程中的主导作用，重视农业生产者能力和素质的提升，重视现代科技对农业绿色发展的提升作用，建立科学的评价方法及认证体系，加大对环境污染的治理力度、提升农产品质量，打造品牌拓展市场，用好"五缘"优势，促进闽台农业绿色融合发展，以及推进国际化发展方向的农业绿色高质量发展的建议。

本章参考文献

[1] 黄宗智.《中国新时代的小农经济》导言 [J]. 开放时代，2012（03）：5—9.

[2] 侯秀芳，王栋. 新时代下我国"智慧农业"的发展路径选择 [J]. 宏观经济管理，2017（12）：64—68.

[3] 卓玛草. 新时代乡村振兴与新型城镇化融合发展的理论依据与实现路径 [J]. 经济学家，2019（01）：104—112.

[4] 李明. 习近平新时代中国特色社会主义"三农"思想的形成与特点 [J]. 南京农业大学学报（社会科学版），2018，18（02）：12—16，157.

[5] 贺丹. 新时代乡村人口流动规律与社会治理的路径选择 [J]. 国家行政学院学报，2018（03）：26—31，153.

[6] 周宏春. 新时代东北振兴的绿色发展路径探讨 [J]. 经济纵横，2018（09）：64—72，2.

[7] 陆益龙. 乡村振兴中的农业农村现代化问题 [J]. 中国农业大学学报（社会科学版），2018，35（03）：48—56.

[8] 魏后凯. 如何走好新时代乡村振兴之路 [J]. 人民论坛·学术前沿，2018（03）：14—18.

[9] 夏英，丁声俊. 论新时代质量兴农绿色发展 [J]. 价格理论与实践，2018

（09）：5—13，53.

［10］卞靖，高钦. 以"三有"经济体制促乡村振兴战略高质量实施［J］. 宏观经济研究，2018，（09）：139—146.

［11］钟钰. 向高质量发展阶段迈进的农业发展导向［J］. 中州学刊，2018（05）：40—44.

［12］姜长云. 科学理解推进乡村振兴的重大战略导向［J］. 管理世界，2018（04）：17—24.

［13］丁声俊. 站在新时代高度认识农业粮食高质量发展［J］. 价格理论与实践，2018（01）：5—9.

［14］Barbara B, Alexandra L. How to feed the world sustainably: an overview of the discourse on agroecology and sustainable intensification［J］. Regional Environmental Change, 2016: 1—12.

［15］Scherer L A, Verburg P H, Schulp C J E. Opportunities for sustainable intensification in European agriculture［J］. Global Environmental Change, 2018, 48: 43—55.

［16］PJG Henriksson, Belton B, Jahan K M, et al. Measuring the potential for sustainable intensification of aquaculture in Bangladesh using life cycle assessment［J］. Proceedings of the National Academy of Sciences of the United States of America, 2018, 115（12）: 2958.

［17］Campbell B M, Thornton P, Zougmoré, Robert, et al. Sustainable intensification: What is its role in climate smart agriculture?［J］. Current Opinion in Environmental Sustainability, 2014, 8: 39—43.

［18］福建概况，日期：2015 – 04 – 03 作者：来源：福建农业信息网 http://www. agri. cn/province/fujian/nygk/201504/t20150403_ 4473425. htm

［19］郑琼娥，许安心，范水生. 福建农产品区域品牌发展的对策研究［J］. 福建论坛：人文社会科学版，2018（10）：197—202.

［20］柯铭华，朱朝枝，谢志忠. 标准化视域下福建特色农产品质量管理［J］. 福建论坛（人文社会科学版），2017（04）：177—184.

［21］第二章 福建产业竞争力报告 2017 年福建省农业竞争力报告. 福建产业竞争力年鉴，中国统计出版社，2018，81—87.

［22］http：//tjj. fujian. gov. cn/ztzl/xysjdjsxfj/201708/t20170822_ 87315. htm 福建省统计局.

［23］涂正革，甘天琦. 中国农业绿色发展的区域差异及动力研究［J］. 武汉大学学报（哲学社会科学版），2019，72（03）：165—178.

［24］金赛美. 中国省际农业绿色发展水平及区域差异评价［J］. 求索，2019（02）：89—95.

［25］陈嘉，韦素琼，陈松林．开放条件下的闽台农业技术进步研究［J］．资源科学，2018，40（10）：1980—1990.

［26］于立新，林武程．闽台农业科技合作的战略思考［J］．国际贸易，2018（12）：27—31.

［27］单玉丽．闽台农业融合的现状、机遇挑战与发展策略［J］．福建论坛（人文社会科学版），2015（09）：174—179.

［28］林萍．福建面向东盟实施农业"走出去"战略研究［J］．亚太经济，2015（04）：114—116.

第十三章　福建省制造业绿色高质量发展研究

一、引言

2019 年 3 月，习近平总书记在参加十三届全国人大二次会议福建代表团审议时发表重要讲话，为全社会创新创业创造指明重要方向，指出要营造有利于创新创业创造的良好发展环境，向改革开放要动力，最大限度释放全社会创新创业创造动能，为中小企业、年轻人发展提供有利条件，为高技术企业成长建立加速机制。总书记指出，发展实体经济，就一定要把制造业搞好，当前特别要抓好创新驱动，掌握和运用好关键技术。进入新时代，新一轮科技革命和产业革命与我国转变发展方式形成历史性交汇，原来的"双创"（创新、创业）被拓展为更具有成果转化和落地导向意义的"三创"（创新、创业、创造），更符合国家大力实施创新驱动发展战略，增强制造业企业创新创造活力和动力，推动我国制造业的高质量发展的需要。在这一过程中，制造业企业必须始终关注提质、降本、增效的成效，以使自己在激烈的竞争中立于不败之地。此外，一些制造业在高质量发展过程中，能耗问题逐步突显，制造业的绿色发展成为人们关注的焦点之一。自此，以创新为驱动的绿色高质量发展成为制造业发展的必然趋势。

2018 年福建省出台《关于深化"互联网 + 先进制造业"发展工业互联网的实施意见》，提出到 2025 年，建成国内领先的工业互联网网络基础设施，形成一批技术领先、引领行业发展的工业互联网平台，工业互联网总体发展水平位居全国前列的发展目标。同年省政府出台的《关于推动新一代人工智能加快发展的实施意见》提出到 2025 年要让福建的人工智能技术在经济社会各领域得到深度融合和推广应用，部分人工智能产业具有国际竞争力，让人工智能成为引领福建省产业转型升级和新福建建设的核心动力。福建省积极响应国务院提出的打造工业互联网平台，拓展"智能＋"，为制造业转型升级赋能的号召，得益于较早起步，省内已涌现颇具影响力的制造业龙头企业和特色鲜明的工业互联网平台，进一步推动省内传统制造业向"智能＋"的转型升级。在这样的发展战略支持下，福建人工智能在 2019 年亮相北京大兴国际机场，提供超过 300 台用于查询、安检、航显、登机等的科技产品，让大兴机场实现基于人脸识别技术的 One ID 全流程刷脸登机，占据大兴机场 90％ 以上的人脸识别服务市场份额。

二、理论综述

近几年，绿色经济理念深入人心，产业发展的各个领域都将绿色指标放置重要位置。贾军认为中国制造业绿色发展需要绿色技术研发并商业化以及相关制度等配套建设，才能最终实现绿色技术体制对原有非绿色技术体制的替代，提出中国制造业绿色发展的解锁模式，并建立了制造业绿色发展运作模式[1]。王新红等从基本要素、科技创新、绿色发展和经济效益四个方面构建中国制造业创新驱动能力的评价体系，提出中国制造业应多渠道吸引人才，完善互联网基础设施，积极建设研发中心，全面施行绿色改造升级的建议[2]。

有学者研究发现，环境行政监管能有效促进企业绿色发展，"软"手段反而不利于促进企业绿色发展[3]。在界定企业绿色发展的内涵，并从绿色发展绩效、经济绩效、社会责任绩效三个维度构建了绿色制造业绿色发展评价指标体系后，研究发现，传统"三高"行业和处在绿色产品研发前沿的行业更加重视绿色发展[4]。而现实情况是，我国在制造业绿色增长与环境规制、资源禀赋之间呈现脱钩状态[5]。于是，有学者从硫排放强度情况对我国工业发展的影响，提出政府在政策制定上的针对性[6]，预测出 2025 年制造业在积极、消极、基准情景下的碳排放水平及 2020—2025 年制造业碳排放的平均增速，提出未来十年我国制造业细分行业的碳排放构成比例，为制造业、进而为中国经济2020—2025 年碳减排目标的实现勾勒出碳排放路线图[7]。由于投资规模等因素与制造业碳排放存在关系，学者们提出政府引导激励制造业企业增加以节能减排为目的的投资活动，严格执行节能减排措施、发展低碳技术创新的建议[8]，指出在制定环境保护政策的过程中，应降低行业的环境规制遵循成本，出台财政补贴和税收优惠政策，鼓励制造业的低碳节能型技术创新，增强绿色创新成果转化能力[9]。

以地区产业绿色发展为对象的研究中，李琳等构建区域制造业绿色竞争力评价指标体系并提出了政策启示[10]。诸多学者以不同关注点对绿色经济发展进行实证研究，实证检验不同产业集聚对城市绿色效率的差异性影响，得出制造业集聚与城市绿色效率之间呈 U 型关系，服务业集聚对城市绿色效率的提升具有显著的促进作用的结论[11]。通过实证考察，一些学者揭示全国层面及长江三角洲、泛珠江三角洲和环渤海经济带内资源禀赋、环境规制对制造业绿色发展的作用机理[12]。

此外，制造业上市企业数据也受到学者的关注，从我国绿色金融仍处于低效率的配置水平，未对污染企业形成显著的融资约束的情况看，应加强"绿色"政策、"绿色"财政政策和"绿色"监管政策对金融发展对绿色金融配置效率的影响作用[13]。克雷特林（Kreitlein）介绍了评估生产过程的能源效率在不同公司和行业比较的方法[14]。结合德国的"工业 4.0"和中国的"中国制造 2025"，有研究指出中国在制造业能力发展、研究与开发承诺及人力资本投资方面的上升趋势[15]。后来的研究，实证了员工素质对于高研发效率和绿色环境的重要性[16]。赫里迪亚（Heredia）研究了不同类型的路径创新与制造业业务绩效之间关系的内部和外部因素[17]。

近 3 年来学者们对福建省制造业发展的关注点主要涉及体育用品制造业和新时期的高端装备制造业，聚焦体育用品攀升高端价值链[18]、体育用品制造业服务转型[19][20]和高端装备制造业创新发展[21]等方面。

综上可知，学者们对我国制造业绿色发展进行多角度研究和分析，从政府层面的制度配套、环境行政监管、评价指标体系，产业层面的制造业产业集聚效应，以及企业层面的绿色技术研发、创新驱动能力、碳排放、绿色成果转化、绿色金融等方面提出各自的看法。这些研究聚焦政府、产业和企业三个层面，从政策、技术和效益视角指明制造业发展的方向。以此为借鉴，福建省制造业在新时代背景下的发展，应该充分发挥本省多区叠加的优势，依托福厦泉国家自主创新示范区技术力量、拓展闽台合作交流区合作领域、深化自贸试验区改革、巩固"21 世纪海上丝绸之路"核心区地位，结合本省各地资源禀赋，研判当前的产业发展趋势，依靠科技突破创新，着力节能降耗，实现绿色高质量发展。

三、福建省制造业发展现状分析

（一）工业区域布局明朗、创新发展方向明确、投资总体规模增长

福建省通过培育电子、机械、石化作为本省三大主导产业带动全省工业经济发展，1—8 月，对主导产业投资增长 23.1%，比上年同期提高 9.3 个百分点。省内各区域结合资源禀赋，实现总体布局下的创新发展。2018 年 9 月，福建省政府发布《关于进一步推进创新驱动发展的七条措施》，要求福建省加大对创新绩效的正向激励，发挥福厦泉国家自创区引领作用，建设若干高水平福建省实验室，着力引进重大研发机构，加大行业领军企业研发扶持力度，推动新一代人工智能加快发展，提升科技金融服务水平，从而促使创新驱动成为高质量发展的主引擎。同时，福建省不断提升对外开放水平，借力对台区位优势，拓展闽台合作交流，积极推动外资准入负面清单从 190 项缩减到 37 项，在高端制造业等更多领域取消或放宽外资准入限制，在多个服务贸易领域率先对台开放，增加对外资企业、台资企业的吸引。根据《2019 年 1—8 月固定资产投资主要数据》，全省 1—8 月份固定资产投资同比增长 7.0%。其中，制造业投资增长 18.7%，高于全部固定资产投资 11.7 个百分点，对全部固定资产投资增长的贡献率为 63.3%。分行业具体数据见下表 1。

表 1　2019 年 1—8 月份固定资产投资主要数据（分行业）

指标	1—8 月同比增长（%）
固定资产投资（分行业）	7.0
农林牧渔业	11.0
采矿业	5.6
制造业	18.7
电力、热力、燃气及水的生产和供应业	4.0
建筑业	−82.9
交通运输、仓储和邮政业	−17.1
水利、环境和公共设施管理业	−8.1
教育	27.8
卫生和社会工作	20.5
文化、体育和娱乐业	16.4
公共管理、社会保障和社会组织	−52.8

注：此表中速度均为未扣除价格因素的名义增速。

本表节选自《2019 年 1—8 月份固定资产投资主要数据》。

（二）产业结构优化、行业增长面扩大，高技术产业、高端制造业增长速度快

福建省产业发展重视结构调整，不断朝着高端化、现代化的方向发展。2013—2018 年，全省装备制造业投资年均增长 15.3%，高技术产业投资年均增长 21.5%，改建和技术改造投资年均增长 21.0%。2018 年，全省规模以上工业增加值中，高技术产业增加值占比为 11.3%，战略性新兴产业增加值占比为 21.1%[22]。根据《2019 年 1—8 月工业生产数据》，全省规模以上工业增加值同比增长 8.6%。在总体的 38 个大类行业中，共有 34 个行业增加值同比增长，增长面达到 89.5%，呈现行业增长面扩大的特点。从行业看，1—8 月福建省规模以上工业经济增长的主要拉动力为计算机通信和其他电子设备制造业、非金属矿物制品业、化学原料和化学制品制造业、有色金属冶炼和压延加工业、黑色金属冶炼和压延加工业，皮革毛皮羽毛及其制品和制鞋业、电气机械和器材制造业，这 7 个行业合计拉动规模以上工业经济增长 4.7 个百分点，重点行业有力拉动了工业经济的增长。高技术产业增加值同比增长 13.2%，增速高于规模以上工业 4.6 个百分点，占规模以上工业比重为 11.6%，比重比上年同期提高 0.6 个百分点。其中，锂离子电池制造（35.9%）、化学药品原料药制造（30.0%）、通信终端设备制造（26.6%）、工业自动控制系统装置制造（19.2%）、显示器件制造（19.0%）、光电子器件制造（18.8%）等高端制造业增加值同比呈现较快增长的特点。

（三）规模以上工业利润增长，生产性服务业增势明显

根据《2019 年 1—8 月规模以上工业企业主要经济指标（分行业）》，全省规模以上工业企业实现利润总额 2302.23 亿元，同比增长 10.4%。其中，制造业实现利润总额 2138.77 亿元，增长 9.5%。在 38 个工业大类行业中，农副食品加工业，烟草制品业，木材加工和木竹藤棕草制品业，文教、工美、体育和娱乐用品制造业，以及电气机械和器材制造业等制造业行业利润增长较快，生产性服务业积极支撑制造业迈向价值链中高端；而专用设备制造业，水的生产和供应业，石油、煤炭及其他燃料加工业，以及汽车制造业等利润下降（见下表 2）。消费品制造业利润同比增长，增速比全部规模以上工业高，但高技术制造业、战略性新兴产业和装备制造业等新兴产业利润却大幅度降低。

表2　1—8月规模以上工业企业主要经济指标（部分行业）

分行业	营业收入		利润总额	
	1—本月（亿元）	同比增长（%）	1—本月（亿元）	同比增长（%）
总计	36865.47	10.9	2302.23	10.4
农副食品加工业	2222.64	12.8	127.16	44.3
烟草制品业	205.37	8.1	11.51	32.6
木材加工和木竹藤棕草制品业	933.82	14.5	40.05	25.0
文教工美体育和娱乐用品制造业	1434.13	15.4	95.09	37.8
石油、煤炭及其他燃料加工业	1024.67	27.7	65.33	−16.3
专用设备制造业	705.74	7.3	49.17	−15.9
汽车制造业	831.95	−3.9	29.94	−30.2
电气机械和器材制造业	1597.69	12.7	153.12	30.7
水的生产和供应业	54.54	14.4	7.13	−16.2

注：本表节选自《2019年1—8月规模以上工业企业主要经济指标》。

（四）规模以上工业节能降耗地区差异明显

福建省持续推进规模以上工业的节能降耗工作，对六大高耗能行业加大监管力度。除了重点行业对标、差别电价等方案外，还对固定资产投资项目执行严格的节能评估和审查制度，并出台财政政策对企业的节能降耗进行重点引导和支持。2018年，全省规模以上工业万元增加值能耗比2011年下降43.0%，比同期万元GDP能耗下降率多降12.6个百分点。工业内部结构优化带来明显的节能成效。2018年石油加工炼焦及核燃料加工业、化学原料及化学制品制造业、非金属矿物制品业、黑色金属冶炼及压延加工业、有色金属冶炼及压延加工业、电力热力的生产和供应业六大高耗能行业能源消费量为6466.96万吨标准煤，占规模以上工业的比重为83.3%，六大高耗能行业万元工业增加值能耗比2011年下降43.4%。其中，化学原料和化学制品制造业下降51.8%，石油加工、炼焦和核燃料加工业下降47.7%，非金属矿物制品业下降46.7%，电力、热力生产和供应业下降21.3%，黑色金属冶炼和压延加工业下降17.8%[23]。各区市一方面在本地资源和产业发展上做出努力，另一方面在这场能耗战中持续奋斗，根据《福建统计年鉴 − 2019》，以近两年的工业发展和能耗控制进行对比研究各设区市规模以上工业万元增加值能耗的升降情况可知，2017年，厦门、三明、泉州、南平、龙岩分别实现了能耗下降，其他四个市仍然处于不同程度的上升状态，其中，福州、莆田和宁德三地的能耗情况呈现大幅度上升。至 2018 年，除莆田和漳州仍较强上升外，福州和宁德虽有小幅度上升，但比上一年度的上升比例有所下降，其他五个城市均呈现明显的能耗降低趋势（见下表 3）。

表 3　各设区市规模以上工业万元增加值能耗升降情况　　　　单位：%

地区	2009	2010	2011	2012	2013	2014	2015	2016	2017	2018
全省	-2.70	-6.08	-1.13	-14.11	-4.83	-1.01	-16.43	-13.83	0.05	-1.04
福州市	0.89	-11.97	9.50	-18.58	-5.07	-10.75	-18.97	-15.24	9.15	3.18
厦门市	-3.43	-6.42	-6.11	-18.30	-6.92	-10.22	-16.81	-11.89	-1.54	-1.47
莆田市	4.83	-6.19	-3.16	-15.94	-5.55	-10.41	-16.92	-10.53	14.86	35.24
三明市	-18.69	-12.81	-6.84	-8.03	-9.35	-11.87	-18.19	-9.75	-4.80	-7.11
泉州市	7.15	13.49	-11.06	-8.89	-9.49	2.96	-2.87	-10.39	-3.83	-9.05
漳州市	-5.61	-7.65	1.53	-25.16	12.77	22.43	-40.34	-28.91	0.63	8.94
南平市	-13.43	-5.83	-8.52	-12.51	-10.91	-12.56	-9.97	-13.03	-9.69	-8.01
龙岩市	-16.97	-4.36	-3.72	-15.20	-5.89	-11.13	-16.52	-11.95	-1.23	-0.51
宁德市	14.81	-7.19	10.47	-25.15	-6.70	11.01	-10.50	-13.53	9.53	5.96

注：本表以当量值计算；

　　本表来源于《福建统计年鉴 - 2019》。

四、福建省制造业绿色高质量发展的 SWOT 分析

结合新时代背景，对福建省制造业（包含于规模以上工业）的发展进行如下 SWOT 分析（见下图 1）：

S 多区叠加优势。福厦泉国家自主创新示范区、闽台合作交流区、自贸试验区、海丝核心区。 资源禀赋优势。各地均有主导产业，依托自然资源，依靠科技力量，具有爱拼敢赢企业家精神，形成了创新创业创造的社会氛围、民营经济活跃发展的社会环境和开放型经济新体制。	W 对六大高耗能行业的监管力度不够，能耗逆向发展问题。 对固定资产投资项目的节能评估和审查制度不足。 科技力量的不足，无法带来制造业能耗的进一步降低。而政策方面对企业的节能降耗的引导和支持尚存不足。 制造业发展的基础薄弱，创新驱动与智能制造在落地转化过程中存在的障碍。
O 新时代背景下，国家营造有利于创新创业创造的良好发展环境。 福建省政策先行，引导工业互联网和智能制造发展基础，在创新驱动下抢占发展机会。	T 关键核心技术的自主创新力不足，导致高新技术制造业、战略性新兴产业和装备制造业等新兴产业的利润大幅度降低。 新科技力量的迅猛发展，时刻提醒福建省先进制造业面临的被超越甚至被淘汰的风险。

图 1　福建省制造业绿高质量发展的 SWOT 分析

（一）福建省制造业绿高质量发展的优势（S）

多区叠加的优势。福建省具有多区叠加优势，可以依托福厦泉国家自主创新示范区的技术力量，拓展闽台合作交流区的合作领域，展现自贸试验区的改革开放姿态，巩固海丝核心区地位。

资源禀赋优势。福建省各市当前的发展，离不开丰富的资源禀赋。各地均有主导产业，制造业的发展或者依托自然资源，或者依靠科技力量，或者得益于爱拼敢赢的企业家精神，形成了创新创业创造的社会氛围、民营经济活跃发展的社会环境和开放型经济新体制。

（二）福建省制造业绿高质量发展的劣势（W）

福建省对六大高耗能行业的监管力度不够，使之仍然在能耗方面存在逆向发展；对固定资产投资项目的节能评估和审查制度方面存在不足；科技力量的不足，无法带来制造业能耗的进一步降低。而政策方面对企业的节能降耗的引导和支持尚存不足；制造业发展的基础薄弱，创新驱动与智能制造在落地转化过程中存在的障碍。

（三）福建省制造业绿高质量发展的机遇（O）

新时代背景下，国家正营造有利于创新创业创造的良好发展环境，为福建省制造业的发展提供有利的政策条件。2018 年福建省出台《关于深化"互联网＋先进制造业"发展工业互联网的实施意见》和《关于推动新一代人工智能加快发展的实施意见》，积极响应国务院提出的打造工业互联网平台，拓展"智能＋"，为制造业转型升级赋能的号召，较早起步，省内已涌现颇具影响力的制造业龙头企业和特色鲜明的工业互联网平台，进一步推动省内传统制造业向"智能＋"的转型升级。这既是福建省当前在政策有力引导下工业互联网方面和智能制造方面的优势，也是福建省制造业在创新驱动下抢先发展的机会。

（四）福建省制造业绿高质量发展的威胁（T）

关键核心技术的自主创新力不足，导致高新技术制造业、战略性新兴产业和装备制造业等新兴产业的利润大幅度降低。新科技力量的迅猛发展，时刻提醒福建省先进制造业面临的被超越甚至被淘汰的挑战与风险。

五、福建省制造业绿色高质量发展的战略目标

福建省围绕制造业绿色高质量发展的 SWOT 分析，提出新时代背景下制造

业发展分步战略目标。政府进一步改革开放，政策引领，先行先试，以产业转型发展为导向，融合创新力量，搭建各类平台，实现企业的规模化发展，打通产业发展的上下游链条，产生集群效应，真正实现创新驱动下的成果转化，促进科技创新与经济发展的深度融合，实现制造业的绿色高质量发展。

短期目标：通过三年的努力，福建省对全省制造业布局合理安排，形成规划发展局面；用发展的眼光看问题，对全省制造业进行全面合理的规划布局，对制造业绿色高质量发展的劣势和威胁，进行针对性政策引导，解决当前存在的问题，形成发展意识；新兴产业与传统产业合理结构调整，为新一代信息技术、新材料、高端装备制造等具有新动能特征的新兴产业集聚发展，和推动制造业的高质量发展奠定基础。

中期目标：至 2025 年，福建省实现全省制造业多领域齐头并进，形成蓬勃发展局面；产业转型升级，借力外部条件与机遇，实现总体趋势向好发展，确保制造业创新驱动发展方向明确，持续实现投资总体规模增长，朝着高端化、现代化的方向发展；充分利用大数据、云计算、人工智能等新一代信息技术改造传统制造业，形成智能生产和智慧制造蓬勃发展的局面，提高传统制造业的智能化、数字化水平，构建互利共生的制造业产业生态。

长期目标：面向 2035 年，福建省争取在世界制造业占据地位，形成领先发展局面。

六、福建省制造业绿色高质量发展战略目标的实现路径

（一）制定政策，政府充分发挥加强引导、激励和监管作用

当前福建省制造业存在的明显问题在于对关键核心技术的掌握不足，已有人工智能的落地存在障碍，以及高能耗问题。政府在短期内，首先要用全局发展的眼光对省内产业进行合理布局，通过政策的引导着力发展高新技术产业、促进人工智能在不同领域的落地。同时，政府通过制定政策，评价并监管制造业企业绿色发展，构建企业发展过程中的绿色发展评价体系与经济效益的并行架构。在财政方面，政策支持和优惠倾向于引导和鼓励企业积极投入高端技术、战略性新兴产业和装备制造业等新兴产业关键核心技术的自主创新研发，让科技力量带来绿色高质量发展效益。

（二）重视产业结构优化，持续关注绿色效益和经济效益的稳步提升

产业结构优化升级是一个渐进的过程，在前期精心布局和政策引导下，产

业结构调整可以让创新驱动带来的技术力量在经济效益和绿色发展之间同时产生作用。改变高污染、高能耗的传统生产模式，除了加快产业结构调整和优化结构升级的路径外，还可以通过技术创新解决问题。制造业绿色发展应当受到全方位关注，政府可通过政策制定，在环保规范和绿色竞争力评价指标等方面对企业提出明确要求，规制企业的绿色发展，把握好资源环境与经济效益之间的协调可持续性。制造业的绿色高质量发展，需要政府、产业和企业的共同努力。

（三）考虑消费者需求，推动制造业与服务业结合发展

提升制造业服务化投入规模与水平，需要推动制造业企业从单一的产品生产向综合服务供给转变，促进制造业与现代服务业深度融合。政府在政策方面提供引导和支持；产业做好融合创新力量、搭建平台、打通产业发展的上下游链条，产生集群效应方面发挥作用；企业则在关键核心技术研发及使制造符合消费者需求方向做出努力。如此，充分利用大数据、云计算等新一代信息技术，促进制造业各企业各环节之间、生产与销售之间信息的联通与快速流动，才能努力形成协同效应，生产更加适合消费者需求的产品。

（四）加大研发投入，培养、引进研发人才

企业的研发需要大量资金的投入，在政策把握、资金融合、人才引进等方面，需要政府及企业共同努力，确保充裕的研发经费及到位的设施条件作为企业研发的保障。高层次人才是技术研发的实施者及成果转化的推动者，通过制定良好的人才培养与引进机制，为企业提供源源不断的人力资源。人才从教育中来，科研力强的研究型高校，应着力突破制约产业发展的高尖端技术，与掌握前沿技术的科研机构一起，服务于产学研协同创新，致力于关键核心技术的突破，真正实现创新驱动，引领产业技术改造、攀升高端。

（五）突破关键核心技术自主创新力难关，放眼世界，引领未来的人工智能

福建省鼓励有实力的企业先行先试，走上国际舞台。福建省制造业在人工智能部分领域的研发水平已经走到世界前列，这些采用前沿科技力量引领企业生产技术创新的同时，对接国际化产业标准，把握前沿行业发展动态，解决关键核心技术问题。福建省应当充分发挥榜样企业的带动效应，夯实制造业发展的基础，强化资本催化与市场驱动，出台政策全方位引导人工智能在各行业的

落地应用。福建省集中力量解决关键核心技术自主创新力问题,鼓励企业加大自主研发投入力度。高新科技力量不仅成为福建省制造业绿色高质量发展的驱动力,同时成为福建省人工智能引领未来发展的关键。

(六)发挥"五缘"优势,促进闽台制造业绿色高质量融合发展

台湾地区在培育技术密集型新兴产业方面比福建领先,管理者本着"精益生产"理念,着力提高生产效率,不断投资自动化和人工智能,在半导体、精密机械、电子制造业和显示技术等领域实现世界级产业发展,现已成为世界中高端精密机械的主要产地之一,但在抵御外部风险方面能力不足。福建与台湾地区隔海相望,闽台交流在多个领域全面铺开,解决台湾地区产业梯度转移问题,缓解了岛内资源压力,优化了台湾地区的产业结构,形成闽台绿色制造业的优势互补。在新形势下,台商也正在寻找合作与发展的机会,福建省应充分运用各项政策,进一步发挥沿海近台优势,深化两岸经济合作,立足"五缘"优势,在产业合作开放和融合机制、通关合作建设模式、创新创业平台搭建、官方和民间交流渠道拓宽等方面积极努力,有效优化合作环境,引导推进闽台制造业优势互补,形成绿色高质量融合发展,共同做强做大。

七、本章小结

福建省制造业发展呈现以下利好趋势:工业区域布局明朗、创新发展方向明确、投资总体规模增长;产业结构优化、行业增长面扩大,高技术产业、高端制造业增长速度快;规模以上工业利润增长,生产性服务业增势明显。但规模以上工业节能降耗地区差异明显,制造业发展存在劣势,面临挑战。研究通过对福建省制造业发展现状进行 SWOT 分析发现,福建省制造业具有多区叠加优势和资源禀赋优势,但存在对六大高耗能行业的监管力度不够、能耗逆向发展问题,对固定资产投资项目的节能评估和审查制度不足,科技力量不足,政策方面对企业的节能降耗的引导和支持不足,以及制造业发展基础薄弱,创新驱动与智能制造在落地转化过程中存在的障碍等劣势。在新时代背景下,国家营造有利于创新创业创造的良好发展环境,福建省依靠政策先行,引导工业互联网和智能制造在创新驱动下抢占发展机会。然而,关键核心技术的自主创新力不足,导致高技术制造业、战略性新兴产业和装备制造业等新兴产业的利润大幅度降低,在新科技力量的迅猛发展的情况下,福建省先进制造业面临着被超越甚至被淘汰的风险和挑战。本章具有针对性地设定福建省制造业绿色高质

量发展的战略目标，提出制定政策，加强监管、引导和激励，重视产业结构优化，持续关注绿色效益和经济效益稳步提升，考虑消费者需求，推动制造业与服务业结合发展，加大研发投入力度，培养、引进研发人才，以及突破关键核心技术自主创新力难关，放眼世界、引领未来人工智能的福建省制造业绿色高质量发展战略目标的实现路径。

本章参考文献

[1] 贾军. 中国制造业绿色发展的锁定形成机理及解锁模式 [J]. 软科学，2016，30（11）：15—18.

[2] 王新红，李世婷. 基于改进熵值法的中国制造业创新驱动能力评价研究 [J]. 商业研究，2017（01）：27—33.

[3] 唐勇军，李鹏. 董事会特征、环境规制与制造业企业绿色发展——基于2012—2016年制造业企业面板数据的实证分析 [J]. 经济经纬，2019，36（03）：73—80.

[4] 陈婕. 基于绿色发展的中国经济综合绩效评价体系研究 [J]. 贵州财经大学学报，2018（05）：104—110.

[5] 张峰，宋晓娜. 环境规制、资源禀赋与制造业绿色增长的脱钩状态及均衡关系 [J]. 科学学与科学技术管理，2019，40（04）：32—47.

[6] 秦颖博，王文平，李文文. 中国工业部门绿色发展路径分析 [J]. 统计与决策，2019，35（05）：150—153.

[7] 张明志，孙婷，李捷. 中国制造2025的碳减排目标会实现吗 [J]. 广东财经大学学报，2017，32（04）：4—14，23.

[8] 邵帅，张曦，赵兴荣. 中国制造业碳排放的经验分解与达峰路径——广义迪氏指数分解和动态情景分析 [J]. 中国工业经济，2017（03）：44—63.

[9] 袁宝龙. 制度与技术双"解锁"是否驱动了中国制造业绿色发展？[J]. 中国人口·资源与环境，2018，28（03）：117—127.

[10] 李琳，王足. 我国区域制造业绿色竞争力评价及动态比较 [J]. 经济问题探索，2017（01）：64—71，81.

[11] 张治栋，秦淑悦. 产业集聚对城市绿色效率的影响——以长江经济带108个城市为例 [J]. 城市问题，2018（07）：48—54.

[12] 张峰，薛惠锋，史志伟. 资源禀赋、环境规制会促进制造业绿色发展？[J]. 科学决策，2018（05）：60—78.

[13] 王凤荣，王康仕. "绿色"政策与绿色金融配置效率——基于中国制造业上市公司的实证研究 [J]. 财经科学，2018（05）：1—14.

［14］Kreitlein S，Meyer A，Franke J. E｜Benchmark — A pioneering method for process planning and sustainable manufacturing strategies for processes in the electric drives production ［C］// Electric Drives Production Conference. 2014.

［15］Ling Li. China's manufacturing locus in2025：With a comparison of "Made – in – China2025" and "Industry 4. 0" ［J］. Technological Forecasting \ s& \ ssocial Change，2017：S0040162517307254.

［16］Song M，Wang S，Sun J. Environmental regulations，staff quality，green technology，R&D efficiency，and profit in manufacturing ［J］. Technological Forecasting and Social Change，2018，133：1—14.

［17］Heredia Pérez，Jorge A，Geldes C，Kunc M H，et al. New approach to the innovation process in emerging economies：The manufacturing sector case in Chile and Peru ［J］. Technovation，2018：S0166497218301135.

［18］李碧珍，李晴川，程轩宇，杨少雄. 价值链视域下体育用品制造业服务化转型路径及其实践探索——以福建省为例 ［J］. 福建师范大学学报（哲学社会科学版），2017（05）：16—27，167—168.

［19］李碧珍，陈若芳，王珍珍，杨少雄. 福建体育用品服务型制造的驱动因素及创新模式研究——以安踏为例 ［J］. 福建师范大学学报（哲学社会科学版），2018（01）：46—56，169.

［20］赵少聪，杨少雄，郭惠杰. 福建省体育用品制造业服务化转型困境与路径研究——以福建晋江国家体育产业基地为例 ［J］. 福建师范大学学报（哲学社会科学版），2018（04）：15—23.

［21］林迎星，廖菊珠. 基于创新驱动的福建省高端装备制造业发展研究 ［J］. 福建论坛（人文社会科学版），2019（07）：177—184.

［22］投资建设铸辉煌　八闽河山谱华章——新中国成立70周年福建经济社会发展成就系列分析之二十四.

［23］绿色低碳促发展　节能减排惠民生——新中国成立70周年福建经济社会发展成就系列分析之二十一.

第十四章　福建省服务业绿色高质量发展研究

一、引言

面对资源环境瓶颈制约，习近平总书记提出"创新、协调、绿色、开放、共享"五大发展理念。诸多学者围绕绿色发展理念展开了学术研究。宋雪等[1]在考虑环境约束后，发现服务业的平均效率要高于工业，工业与服务业整体运行效率均呈现下降趋势，但工业效率下降的速度更快，认为中国经济转向大力发展服务业，总体上是有效率的。休姆（Hume）等[2]考察承担起环境保护责任的服务业企业的投资回报率，发现该类企业具有更高的回报率。张新婷和许景婷[3]认为可以从以下三个方面来理解服务业绿色发展的概念：一是减量化，即服务业在服务过程中应尽可能实现使用的物质和能源的低消耗及废弃物的低排放，提高资源的利用效率；二是再利用，即服务业在服务过程中应保持设备的多次利用，减少废弃物的产生，提高服务设施的利用效率；三是再循环，即服务业在服务过程中应努力实现废弃物的回收和再利用，实现排放物的循环利用。对于如何实现服务业绿色发展，罗能生和郝腾[4]提出大力发展生产性服务业，生产性服务业专业化集聚和多样化集聚显著提高了绿色全要素生产率。有研究[5]发现，中国消费者的生态情感和环境知识对绿色购买意向和购买行为有极强的正向影响，因此他们提出应该加强消费者的绿色消费行为。对于福建省来说，林宏杰[6]研究表明隐性知识溢出程度、城市规模、政府行为和资金是福建省科技服务业集聚发展的主要影响因素。福建省人民政府发展研究中心课题组[7]提出改革服务业管理体制机制，培育服务业市场主体发展动能，推进服务业结构转型升级，发展新型服务业集聚区，强化服务业发展要素保障等推进服务业加快发展的政策建议。因此，面对新时代经济增长极限的挑战和可持续发展的要求，研究福建省服务业绿色高质量发展显得尤为重要。

二、福建省服务业绿色发展的现状

（一）服务业缓慢发展

改革开放以来，福建省的产业结构总体上是以第二产业（包括工业和建筑业）为主导。2000 年福建第三产业占比为 39.7%，2018 年上升到 45.2%。18 年来服务业的均值在 40% 左右。从全国来看，2000 年我国的第三产业占比为 39.8%，然后逐年稳步提升，到 2018 年已经上升到了 52.2%，18 年来均值为 45.0% 左右。福建的第三产业占比比全国低了近 7 个百分点。但在 2015 年，福建省第三产业增加值突破万亿元，达到 10657.7 亿元，同比增长 9.4%，第三产业增速自 2010 年以来首次超过第二产业。如表 1 所示，其中 2016 年，交通运输、仓储和邮政业同比增长 13.7%，批发和零售业同比增长 17.9%，金融业同比增长 15.2%，房地产业同比增长 10.3%。福建第三产业对经济的贡献率也在 2015 年达到了 41.5%，2017 年对经济的贡献率达到了 45.4%，拉动地区生产总价值增长率的 3.9%，第三产业成为福建经济发展中的一抹亮色。

表1　福建省各产业占地区生产总值比重

年份	2000	2005	2010	2015	2016	2017
第一产业	17.0%	12.6%	9.3%	8.2%	8.3%	6.9%
第二产业	43.3%	48.5%	51.0%	50.3%	48.5%	47.7%
第三产业	39.7%	38.9%	39.7%	41.5%	43.2%	45.4%
交通、邮政业	27.5%	17.5%	14.9%	14.3%	13.7%	12.9%
批发和零售业	26.7%	22.4%	22.4%	19.0%	17.9%	16.4%
金融业	7.9%	7.3%	13.1%	15.6%	15.2%	14.1%
房地产业	9.9%	13.0%	11.6%	10.0%	10.3%	12.1%

数据来源：《福建统计年鉴》。

（二）批发零售等产业成为福建第三产业的支柱

《福建统计年鉴–2018》描述了 2017 年福建批发零售业、金融业、交通运输仓储和邮政业、房地产业分别实现增加值 2392.78 亿元、1889.69 亿元、2055.53 亿元和 1768.48 亿元，分别占当年福建地区生产总值比重的 16.4%、14.1%、12.9% 和 12.1%。如表 2 所示，这四大产业占到了第三产业总增加值的 55.5%。2017 年福建商务服务业、信息服务业、科学研究技术服务业和文化服务业等产业的增加值分别为 1380.11 亿元、785.24 亿元、341.91 亿元、533.68 亿元，分别占到当年 GDP 比重的 4.3%、2.4%、1.06%、1.66%，这四项产业占第三产业总增加值的 20.8%，说明福建的高端服务业所占的比例还是偏低。

表2 2017 福建省第三产业内部构成情况

服务业	行业生产总值	各行业增加值
交通、邮政业	1889.69	12.9%
批发和零售业	2392.78	16.4%
金融业	2055.53	14.1%
房地产业	1768.48	12.1%
商务服务业	1380.11	4.3%
信息服务业	785.24	2.4%
科学研究服务业	341.91	1.06%
文化服务业	533.68	1.66%

数据来源：《福建统计年鉴》。

（三）外商对福建服务业投资情况

2014 年外商投资福建省服务业合同金额达到 446431 万美元，占到了外商投资总额的 52.6%，其中建筑业占 1.3%，交通运输仓储及邮电通信业占 2.3%，批发和零售贸易餐饮业 15.7%，其他服务业占 33.3%。到 2016 年，外商投资福建省服务业合同金额达到 112.8 亿美元，占到了外商投资总额的 72%。2017 年外商对福建省服务业投资有所放缓，合同金额也达到了 106.4 亿美元，占外商投资总额的 71.5%。外商直接投资福建服务业的情况如表 3 所示，说明福建省服务业利用外资规模在不断扩大，福建省服务业对于外商的吸引力在进一步增强。值得说明的是，自 2009 年《关于支持福建省加快建设海峡西岸经济区的若干意见》出台之后，福建省加大了对台商的政策优惠力度，随着闽台合作的不断深入，台商对福建的投资有了明显增长。

表3 外商直接投资合同金额　　　　　　　　单位：万美元

年份＼行业	合同总金额	房地产业		交通运输仓储及邮电通信业		批发和零售贸易餐饮业		其他服务业	
		金额	占比	金额	占比	金额	占比	金额	占比
2014	446431	10625	1.3%	19551	2.3%	133299	15.7%	282956	33.3%
2015	962729	653	0.05%	24364	1.7%	322761	22.3%	614951	42.5%
2016	1128385	53100	3.4%	167	0.01%	283161	18.1%	791957	50.6%
2017	1064828	99249	6.7%	18704	1.3%	102566	6.9%	844309	56.7%

数据来源：《福建统计年鉴》。

（四）服务业发展水平参差不齐

表4 2017年福建省服务业劳动生产率

服务业类别	产值（亿元）	从业人数（万人）	劳动生产率（亿元/万人）
交通、仓储、邮政业	1889.69	23.92	79.00
批发和零售业	2392.78	28.73	82.28
金融业	2055.53	20.82	98.70
房地产业	1768.48	15.64	113.07
租赁和商务服务业	1380.11	16.28	84.77
信息传输、软件和信息服务业	785.24	10.85	72.37
教育	683.8	53.07	12.88
公共管理、社会事业	706.63	42.68	16.55
科学研究和技术服务业	341.91	7.80	43.83

数据来源：《福建统计年鉴》。

服务业作为一个庞大的部门，它所包含的行业是十分丰富的，因而各行业发展也呈现很大差异，这就决定了服务业具有很强的行业异质性。2017年福建省服务业中房地产业的劳动生产率最高，达到113.70亿元/万人，其次是金融业，达到98.70亿元/万人，租赁和商务服务业的劳动生产率在84.77亿元/万人，其中教育行业的劳动生产率水平最低，只有12.88亿元/万人。进一步观察表4可以发现，劳动生产率最低的行业除了教育以外，公共管理、社会事业，科学研究和技术服务业等一些具有公共品性质的服务业劳动生产率水平也十分低下，这也反映出福建的公共服务供给严重不足，亟待进一步加强。

三、福建省服务业绿色发展质量不高的原因

（一）服务业内部结构不优

福建省服务业的内部结构既有优势，也存在短板。一是物流、文化服务是福建的相对优势行业，2017年福建省物流业增加值占第三产业增加值比重为12.9%，远高于全国平均值8.6%。文化服务业增加值占第三产业增加值比重为3.65%，也明显高于其他省份和全国平均水平1.4%。二是金融、房地产、商务服务业的占比保持在中等水平。其中，金融业占比14.1%，低于全国平均水平16%。三是信息服务业、科技服务成为福建服务业发展的短板。两者的占比分别为5.3%和2.3%，低于多数省市，特别是科技服务业明显低于全国平均水平3.8%。

李江帆和曾国军[8]提出第一层次服务业比重下降而第二层次服务业比重上升代表中国第三产业内部结构升级的趋势。一般来讲高附加值、高效率、高知识密集度的产业比重提升会提高服务业绿色发展水平，而高耗能服务业比重提升会降低服务业绿色有效程度。软件和信息、科研设计等技术密集型服务业，作为服务业向高端进阶过程中分工细化的产物，是服务业中生产率提高最快的部门，也是推动绿色经济长期增长的潜力所在，福建省的信息服务业、科技服务业还有很大的提升空间。

（二）劳动者的素质有待提升

内生增长理论认为，教育水平是影响人力资本的重要因素，而人力资本积累是经济增长的源泉。由于就业人员教育水平的高低是衡量员工接受能力、技能、知识的重要指标，受教育多的人有更多的知识应用于工作中并提高工作中的学习能力，这种现象显著反映在服务业的发展中。2017年福建省的大专以上的人员占总人口比重为10.9%，高中（含中专）占总人口比重为15.5%，初中及以下占到了总人口的65.1%，还有8.5%人口未接受过教育。而从全国来说，根据抽样结果，大专以上的占到总人口的13.9%，初中及以下的占63.3%，未接受过教育的占5.3%。福建在各个层次受教育情况方面都要低于全国平均水平。当前，产业发展越来越依赖人力资源、科学技术、基础设施等高级生产要素，因此人力资源的状况直接影响福建省服务业的发展前景。可见，福建省服务业向绿色高质量发展还缺乏大量高素质的人才。

（三）发展绿色服务业的制度尚不健全

建立绿色服务制度，实际上就是重新建立服务行为的主要规则和考核评价指标，即用绿色服务规则和指标，作为服务业发展的指挥棒，包括绿色服务规范制度、绿色服务激励制度、绿色服务考核制度、绿色服务认证制度等。在市场经济条件下，利润成为企业追求的唯一目标，缺乏实现经济与环境协调发展的绿色制度安排，必然会导致困扰经济社会发展的生态环境灾难。福建省在2016年出台了《福建省人民政府关于加快发展现代服务业的若干意见》，对现代服务发展的主要目标、重点领域、重大项目和保障措施进行了规定。但是有关专门用于规范服务业绿色发展的法规，以及涉及节能环保服务业的政策法规基本包含在一些综合法规及节能环保产业政策中，内容分散，缺乏具有针对性的系统完整的服务绿色发展的相关法规政策。

（四）绿色生产、消费意识不足

随着环保意识、健康意识的增强，大多数企业和居民的绿色服务意识明显增强。但是，由于绿色服务的收益有一个滞后效应，消费者感知或受益也不一定体现在经济效益上。还有不少企业和居民忽略了绿色服务的重要性，甚至还会做出危害生态环境和损害绿色发展的生产和消费行为。总体看，当下人们对绿色服务、绿色旅游、绿色消费等新名词、新概念或新理念的关注大多仅停留在口头上，但人们受习惯思维的影响，以及没有相应强有力的约束与激励机制，并未真正将绿色理念落实到行动上。许多消费者依然我行我素地按照原来的方式方法消费，很少严格地遵循绿色消费行为，比如浪费食物、电子产品频繁更换、包装品过度使用。据中国农科院估计，我国每年浪费食物的总量折合粮食约为 5000 万吨，相当于我国每年粮食进口数量[9]。不少企业和居民甚至不知道绿色产品和绿色服务为何物，绿色服务意识还没有真正深入人心。

（五）绿色服务管理水平总体不高

企业在其经营管理过程中，习惯性地把经济利益摆在第一位，这是可以理解的行为。但是，随着环保和绿色意识的增强，强化绿色服务管理不但不会影响经济利益，反而会促进企业的经济利益，两者是相辅相成、相得益彰的。遗憾的是，由于长期的惯性思维，不少企业仍缺乏绿色管理意识，比如，在制定经济发展战略时，不重视既有的或者闲置的服务资源的充分利用问题，可能超越市场需求提供服务资源，从而造成服务资源的浪费；再如在经营过程中，服务能力的利用率不高，运营效率低下，为降低服务成本而采用非环保品，危害健康和环境。福建目前很多企业产品质量、技术水平和生产工艺比较落后，废料产出环节多、大量消耗资源和能源，对环境污染和生态破坏严重。虽然企业都设有环保机构，但环保部门的职责主要在应对相关机构的检查等，真正进行环境管理的能力较差。

四、福建省服务业绿色发展的紧迫性

（一）服务业绿色发展是新时代满足民生的重要内容

福建已进入服务业主导发展阶段，但从生态标准来看，服务业层次偏低、结构欠优，加上现在资源约束、环境污染问题依然严峻，因而，推进服务业绿色发展显得尤为重要和迫切，绿色服务业发展应成为福建发展产业体系的主要组成部分。习近平总书记在出席博鳌亚洲论坛年会时指出，中国的绿色机遇在扩大，我们要走绿色发展道路，让资源节约、环境友好成为主流的生产生活方式。我们正在推进能源生产和消费革命，优化能源结构，落实节能优先方针，推动重点领域节能。长期以来，解决民生问题主要靠物质产品来实现。随着新时代社会主要矛盾的变化，在收入水平提高，民生内涵不断丰富，百姓诉求日益广泛的背景下，解决民生问题越来越依赖服务业，特别是社会服务业和生活性服务业。没有健全的服务体系和发达的现代服务业，就不可能有高质量的民生。新时代必然有新的生活理念，随着全面建成小康社会目标年的来临，大多数居民的主要需求将从基本的生存需求转向追求发展型、享受型需求，将大大拓展绿色服务业，如文化旅游、医疗养老、体育健身、教育培训等方面的消费空间。换句话说，只有适时实现服务业的绿色转型或绿色发展，才能高质量、安全地满足广大群众的民生需要，保障百姓民生福祉。

（二）服务业绿色发展是推进供给侧结构性改革的重要突破口

长期以来，福建的经济增长主要依靠第二产业带动，虽然这些年情况有所好转，但与我国同等发达程度的地区相比，无论是绿色服务业增加值比重，还是绿色服务业发展质量均总体滞后。根据福建经济发展实际情况和全球经济发展大趋势，福建经济增长要转变为依靠一二三产业协同带动，必须注重绿色服务业的贡献。而更加注重服务业贡献或作用，不是简单地提高服务业占比，而是要充分发挥服务业对实体经济和民生福祉的支撑作用。绿色服务业产业是现代服务业的重要组成部分，大多是知识密集型服务业，既为民生福祉服务，又为生产服务。总体看，绿色服务业是福建服务业发展中的一个短板，弥补绿色服务业这个短板，也是从供给端发力，解决服务业发展不平衡不充分问题，推进服务业供给侧结构性改革的重要突破口。

（三）发展绿色服务业是缓解新时代资源环境压力的重要途径

服务业发展中所产生的资源环境问题日益凸显。尽管服务业通常被认为具有无形性或非物质性的特点，但服务业也会造成资源环境问题。首先，许多服务产品本身不能完全脱离物质成分。市场上多数服务不过是活动成分占比大、物质密集度低的一类商品而已，纯粹的服务并不多见，即便是信息型服务有时也必须存储于介质中。其次，服务交易需要物质系统支持。在服务提供之前，服务提供者要进行必要的设施建设、设备购置，提供过程中要占用建筑空间并产生随附消耗，如信息通信服务、运输服务需要建设网络化的基础设施，而且前者产生的电子垃圾、后者排放的废气数量惊人。最后，服务消费者和提供者可能要发生必要的位置移动。有的服务过程特性强,需要消费者与提供者面对面,这些都会产生资源能源的耗费和环境负面影响。基于这些机理,加上服务业规模越来越大,它的发展对资源能源和环境生态造成的压力也越来越大。党的十九大要求我国经济从中高速增长转向高质量发展,依靠能源资源大规模消耗的发展模式难以为继,必须转型,而转型的方向之一就是提高能源资源利用效率,降低污染物排放,大力发展包括绿色服务在内的绿色经济。

(四)服务业绿色发展是提高新时代经济发展质量的源头

新时代中国经济发展的五大驱动力是:消费升级、科技创新、乡村振兴、体制改革、对外开放。2015 年 11 月 23 日,国务院印发《关于积极发挥新消费引领作用加快培育形成新供给新动力的指导意见》,提出了消费升级的六大方向,主要包括服务消费、信息消费、绿色消费、时尚消费、品质消费和农村消费,旨在通过发挥新消费的引领作用,培育形成新供给的力量。服务业与工业、农业和消费活动的交互作用强,服务是工业、特别是制造业的重要投入,此时的服务取得的是生产性服务形式。如果生产性服务本身不是绿色的,那么,生产过程就无法做到"清洁",即便对造成的污染进行治理,也只是属于低效的末端治理。农业生产情况亦是同样道理。这是服务业的资源环境前向效应,易于被人们所关注。其实对应的后向效应也不容忽视,即服务业企业的生产经营行为会影响到它的产品提供者,如快餐企业是否采用可降解包装引导着上游企业的生产结构等。随着人们收入水平、消费水平的提高,对服务消费需求十分旺盛,在消费结构中的比重日益提升。如果作为消费对象的服务不是绿色的,那么,也就不能实现绿色消费。总而言之,没有绿色服务、没有服务业的绿色化,就没有绿色经济,就没有绿色发展。

五、福建省服务业绿色发展的措施

党的十九大报告指出,经过长期努力,中国特色社会主义进入新时代,这是我国发展新的历史方位。当前,我国社会主要矛盾已经转化为人民日益增长的美好生活需要和不平衡不充分的发展之间的矛盾,我国经济已由高速增长阶段转向高质量发展阶段,正处在转变发展方式、优化经济结构、转换增长动力的攻关期,为有效解决不平衡不充分的发展问题,必须坚定不移推动经济持续健康发展,必须建设现代化经济体系。2017 年 5 月 26 日,第十八届中央政治局就推动形成绿色发展方式和生活方式进行第 41 次集体学习,习近平总书记在这次政治局集体学习时发表重要讲话，提出要根本改善生态环境状况，必须改变过多依赖增加物质资源消耗，过多依赖规模粗放扩张，过多依赖高能耗高排放产业的发展模式，把发展的基点放到创新上来，塑造更多依靠创新驱动，更多发挥先发优势的引领型发展。为了认真贯彻党中央关于服务业绿色高质量发展的意见，福建省在《福建省人民政府关于加快发展现代服务业的若干意见》中提出推动福建省生产性服务业向专业化和价值链高端延伸、生活性服务业向精细和高品质转变，促进全省服务转型升级，提升服务业的发展速度。对此，福建省可以从以下几方面着手提高服务业的绿色发展水平。

（一）推进服务业内部结构优化升级

"十四五"期间，福建省进入服务业加速发展阶段，要实现服务业绿色高质量的发展目标，必须提高服务业的劳动生产率，推进服务业结构转型升级，大力发展现代服务业，以保持一定的 GDP 增速。一是突出围绕制造业"微笑曲线"两端，推动生产性服务业向专业化和价值链高端延伸，针对福建省服务业的薄弱环节和发展动力转换需求，发展与先进制造业相匹配的生产性服务业，重点是现代物流、金融、商务、信息、科技等五类生产性服务业，特别是要发展科技服务业，在条件合适的产业园区开辟科技服务业集聚专区，引进入驻专业设计、检验检测、知识产权等服务，打造包括业务审查、代理服务、预警分析、数据利用、专利软件研发成果交易在内的完整的科技服务产业链。二是瞄准人们的现实需求变化，推进生活性服务业向精细和高品质转变，以医疗护理、健康检测、卫生保健、康复护理等为重点发展健康服务业，以家政、社区照料、病患陪护为重点发展家庭服务业，以消费升级为动力，面向教育、文化、旅游、体育、休闲娱乐等服务性消费需求，扩大有效供给，提高服务品质以提升服务质量为核心。

（二）培育发展服务业绿色增长点

新时代提高经济增长质量的关键是培育新动能。创新是引领发展的第一动力，是服务业绿色发展的战略支撑。李先江[10]提出了服务业的四种绿色创新发展模式：一是以技术为基础的渐进式绿色服务创新；二是以市场为基础的渐进式绿色服务创新；三是以技术为基础的突破式绿色服务创新；四是以市场为基础的突破式绿色服务创新。福建省根据自身的资源优势，可以从以下几方面培育服务业的绿色增加点：首先，福建省根据产业的发展趋势，重点支持一批现代服务业做大做强。福建省可围绕海洋资源发展建设海洋交通运输服务、海洋旅游服务、海洋科技服务等现代服务业，发展休闲、养老、观光、旅游为一体的综合旅游服务业等。福建省加强信息化建设，加快推动软件信息产业的服务支撑能力，扶持大数据、云计算、物联网、人才培训等公共服务平台建设，积极发展基于互联网信息和数字内容的服务业。其次，福建省要推进服务业创新发展。服务业同样需要研发新技术、开发新产品、挖掘新业态、创造新模式等创新动能。福建省要积极引导服务业加强前沿技术研究和应用，高端服务产品开发和推广、配套设施改造和更新等科技创新项目等。再次，福建省要建立服务业绿色发展评价的指标，对服务业内部的绿色化程度做出判断和分类，构建绿色服务业结构体系，以此作为政府专项基金扶持、贴息、担保、采购等措施的标准。最后，福建省加强对低绿色程度服务业的改造，搭建合适的平台、运用多种技术和手段，对服务运作方式、传递过程和物质支持系统进行升级再造，来提高现存所有服务业的绿色程度。

（三）发展绿色服务业集聚区

绿色服务业集聚区已经成为各省服务业绿色发展的重要空间载体。广西、辽宁省提出到2020年建成100个省级现代服务业集聚区，上海市还制定了现代服务业集聚区发展"十二五"规划。苏州建立国内首个知识产权服务业集聚区，吸引了众多创新创业人才，成为推动苏州创新发展的活力源泉。杭州从2013年至今已经建立了近10家人力资源产业园，基本涵盖了从人才派遣、代理、外包、招聘、猎头到培训、测评等各环节完整的人力资源服务产业链，既能够很好地把人才优势和区域经济发展特色相结合，又能够引导产业升级，创造新的经济增长点。福建省"十三五"现代服务业发展专项规划中也提到2020年建成100个左右规模较大、特色鲜明的省级现代服务业集聚区，提升现代服务业的综合竞争力。福建目前要对适宜聚集发展的重点领域以产业集聚、企业集中、资源集约为方向，突出集约化、规模化和特色化发展。福建根据目前服务业发展的情况，可以重点规划建设现代物流、创意产业、电子商务、信息软件、商品贸易、生产性服务业、文化旅游等为主的现代服务业集聚区，并围绕重点产业，打造各集聚区在地域、功能和形态方面的鲜明特色，集聚行业龙头企业及相关上下游企业，延伸产业链。福建要不断创新集聚区的开发模式，注重市场化运作，吸引各类社会资源参与开发建设，拓展集聚区的品牌和集聚效应。

（四）强化服务业绿色发展的要素保障

第一，积极运用财政政策支持服务业绿色转型。政府要加大服务业投资的供给侧结构性调整力度，围绕年度服务业重点工作，选择新兴服务业态等重点领域作为财政引导资金的重点补助对象。福建要通过政府投资带动相关社会投资支持服务业绿色发展，比如，各级政府在较大力度增加对绿色服务行业预算投入的同时，应通过专项基金、补贴、奖励、贴息、担保等多样化财政资金使用方式引导社会资本进入绿色产业领域，支持企业绿色转型。

第二，组建服务业绿色发展公共服务云平台。山东省在 2013 年就筹集 1.14 亿元财政资金，拉动社会投资 23.7 亿元，支持 40 个具有全省示范效应的生产性服务业公共服务平台项目建设。福建省应积极组建服务业绿色公共服务云平台，涵盖招商引资、重点项目、重点企业、集聚区、成果交易、融资担保、决策分析、管理应用及服务业大数据中心等多个板块的一站式服务咨询平台，为解决制约服务业绿色发展的共性和关键技术问题提供支撑。

第三，健全支持服务业绿色转型的金融政策。由于企业发展绿色经济面临融资难的问题，政府应该建立有效的银行绿色信贷政策的激励与约束制度，确保企业能够公平公正地享受绿色信贷政策，为环境友好的企业提供优惠利率，以促进企业绿色发展，推动集聚发展方式转变。

第四，健全相关税费制度，降低服务企业绿色转型成本。按照资源节约和环境友好的原则，福建应对服务业绿色发展的有关税种、税目、税率进行动态调整，比如，加快推进资源税改革，调整消费税，采取适度税收优惠等政策措施鼓励企业绿色转型和绿色服务产业的发展。

（五）发挥市场主体的主动性和积极性

促进服务业绿色化发展，关键是微观主体要有主动性和积极性。为此，福建省可以加大宣传力度，增强服务企业的绿色意识，改变过去绿色转型只是制造业而非服务业事情的传统观念，让服务企业意识到随着绿色经济时代的到来，未来市场上各种绿色标准将更加严苛，企业未来的竞争不可避免地面临着绿色门槛，迫使企业不得不进行绿色转型，同时让服务企业认识到市场上存在巨大的绿色商机，从而积极地进行绿色转型，争取绿色认证，打开广阔的国际国内市场。消费者的消费行为对服务企业服务产品的开发和服务途径的优化具有很大的引导作用。政府要加大宣传力度倡导绿色消费，即加强绿色消费理念的宣传，传递绿色消费信息，使消费者认识到绿色消费的好处；向广大消费者普及绿色消费知识，提高消费者的环境保护意识，使消费者建立合理的绿色消费结构和多样的绿色消费方式等，减少消费过程中造成的生态环境污染；通过媒体、网络进行宣传，引导并鼓励消费者展开绿色消费，引导消费者优先购买使用能效领跑者产品。建筑行业方面，福建省要注重推广绿色建材应用，进行绿色建材评价标识，推广使用节能门窗、陶瓷薄砖、节水洁具、建筑垃圾再生产品等绿色建材和水性涂料等环保装修材料，鼓励选购节水龙头等节水产品，鼓励建立绿色商场、节能超市、节水超市等绿色流通主体，推广应用新型墙体材料、预拌砂浆、机制砂等绿色建材产品，引导扩大绿色建材消费的市场份额。

（六）闽台合作促进福建服务业绿色发展

改革开放40年来，尤其是"十三五"以来，福建省积极发挥对台优势，推进闽台产业合作不断深化。但闽台产业合作还存在结构性瓶颈，尤其是在绿色服务业方面的合作层面还是偏低。由于经济发展阶段的差距，闽台服务业的互补性较强。台湾地区服务业占台湾GDP的比重达到了70%，服务业已成为台湾的主导产业，台湾在金融保险业、医疗保健服务、文化创意、观光及休闲运动等绿色服务业方面具有独特的优势。但目前台湾服务业因为内需市场有限，制造业资本外移，居民收入放缓等原因，导致服务业发展缓慢，竞争力不足[11]。2019年福建省出台了《关于探索海峡两岸融合发展新路的实施意见》，为闽台合作共促两地服务业绿色发展提供了保障。福建要重点加强与台湾绿色服务业的合作，加强与台湾现代的技术和知识密集型服务业合作；深化和台湾的生产性服务业如交通运输业、现代物流业、金融服务业、信息服务业、高技术服务业和商务服务业等重要行业和部门的合作；深化闽台的农业交流合作，加快拓展农产品深加工、休闲农业等产业。同时福建要进一步优化投资环境，推动相关配套政策措施的完善，通过两岸企业家峰会、海交会等多个贸易活动载体，促进闽台服务业绿色高质量发展。

六、本章小结

进入新时代，社会主要矛盾，从改革开放初期的"人们日益增长的物质文化需要与落后的生产力之间的矛盾"演变成"人们对美好生活的需要与不平衡、不充分的发展之间的矛盾"。人们的需要已经不仅包括物质和文化方面，还包括对生态环境等方面的更加综合的需要。习近平指出，我们要充分认识形成绿色发展方式和生活方式的重要性、紧迫性、艰巨性，加快构建科学适度有序的国土空间布局体系和绿色循环低碳发展的产业体系、约束和激励并举的生态文明制度体系、政府企业公众共治的绿色行动体系，加快构建生态功能保障基线、环境质量安全底线、自然资源利用上线三大红线，全方位、全地域、全过程开展生态环境保护建设。当前福建服务业绿色发展质量还不高，服务业内部结构不优，各行业发展参差不齐，绿色发展制度尚不健全，从业人员的素质有待提升等诸多问题。为此，福建省应该坚持把服务业绿色高质量发展作为全省重点发展目标，加大政策扶持力度，加快建立和完善绿色服务增长点，建立服务业绿色评价标准和体系，推动福建服务业绿色发展集聚区建设，充分发挥市场主体的主动性和积极性，利用对台优势，通过闽台服务业深度合作等措施，推动福建省服务业绿色高质量发展。

本章参考文献

[1] 宋雪，匡贤明. 绿色全要素视角下中国工业与服务业的效率比较 [J]. 产业经济评论（山东大学），2018，17（01）：112—137.

[2] Hume S R；Gallagher L. The Value for Service Industry Firms of Environmental Initiatives [J]. Management Research Review，2010，33（11）：1054—1063.

[3] 张新婷，许景婷. 政府在发展我国绿色服务业方面的作用及对策 [J]. 生产力研究，2010（3）：173—174.

[4] 罗能生，郝腾. 生产性服务业集聚对中国绿色全要素生产率的影响 [J]. 系统工程，2018，36（11）：67—76.

[5] Chan R Y K，Lau L B Y. Antecedents of green purchases：a survey in China [J]. Journal of consumer marketing，2000，17（4）：338—357.

[6] 林宏杰. 市场效应、政府行为与科技服务业集聚发展的空间视角分析——以福建省为例 [J]. 重庆大学学报（社会科学版），2018，24（05）：1—17.

[7] 福建省人民政府发展研究中心课题组. "十三五"推进福建省服务业加快发展的若干思考 [J]. 发展研究，2016（09）：44—51.

[8] 李江帆，曾国军. 中国第三产业内部结构升级趋势分析 [J]. 中国工业经济，2003（03）：34—39.

[9] 贺爱忠，邓天翔. 典型非绿色消费行为形成机理研究 [J]. 经济管理，2014，36（01）：77—87.

[10] 李先江. 服务业绿色创业背景下低碳服务创新与企业绩效关系研究 [J]. 华东经济管理，2013，27（06）：39—43

[11] 颜莉虹. 21 世纪以来台湾服务业发展概况及其发展趋势 [J]. 台湾研究集刊，2014（03）：64—74.

第十五章　非公有企业促进
绿色经济发展战略研究

一、引言

2018 年 11 月，习近平总书记在主持召开民营企业座谈会时着重强调，毫不动摇鼓励支持引导非公有制经济发展，支持民营企业发展走向更加广阔的舞台。据统计，截至 2017 年底，我国民营企业数量超过 2700 万家，个体工商户超过 6500 万户，注册资本超过 165 万亿元，民营经济占 GDP 的比重超过了60%。2018 年世界 500 强企业中，中国民营企业有 32 家上榜。[①] 然而，非公有企业虽然是中国 GDP 的重要贡献者却也是环境污染的制造者，近年来民营企业环境污染纠纷案频发，存在很多重污染企业未被整改。中国当前处于稳中求进、追求高质量发展的经济新常态，绿色经济发展战略是实现这一目标的必然选择，在十九大报告中绿色经济以及上升至国家战略的层面。"斯特恩气候变化的经济学评论"[1]强调气候变化是有史以来最严重的市场失灵，只有全球范围内的经济调整才能避免这个灾难。与此同时，另一个概念——循环经济（CE）的核心与绿色经济一致，其方法为企业实施绿色战略提供了指导。制造企业可以从循环经济再生系统中受益，更有效地利用资源、更好的生态设计、负责任的废物管理、材料的再利用和再循环可以帮助企业和消费者节约成本，并且还可以减少对环境的负面影响。[2]传统高污染、低效能的生产方式以及产品并不符合绿色发展的要求。如何使非公有企业的发展与中国的绿色经济相匹配，如何利用非公有企业的优势与潜力更好地发展绿色经济，研究解决这两个核心问题已经成为当前经济发展的重要任务。这就要求我们从非公有企业的实际出发，找准企业与绿色经济发展之间的关联方式，从而使非公有企业给绿色

---

① 截至 2017 年民营企业超 2700 万家民营经济占 GDP 比重超 60% ［EB/OL］. http：// news. sina. com. cn/c/2018 - 09 - 06/doc - ihiixzkm5435351. shtml. 2018 - 09 - 06—2019 - 07 - 19.

经济发展战略提供更加可持续的促进动力。

二、国外理论综述

绿色经济、循环经济近年来是世界各国研究的热点，其中非常多的研究是基于各国不同的经济、政策，进而将关注点放在企业与绿色经济的关联性。

首先，最受关注的是影响企业选择绿色发展战略的各种因素。阿吉曼（Agyemang，M.）等学者[3]通过研究循环经济在巴基斯坦的汽车工业中的应用，总结出主要驱动因素——①盈利能力、市场份额、利益②成本降低③商业原则、关注环境、升值以及主要阻碍因素——①缺乏意识②成本和财务约束③缺乏专业知识。有北美的学者[4]探讨了在企业社会责任（CSR）的框架下构建绿色管理实践，观察结果表明战略动机是采用绿色管理的主要原因。还有学者[5]基于澳大利亚昆士兰州制造业中小型研究得出了可持续商业实践的四个关键推动因素（整合的战略、持续的进步、股东参与意向、简化的流程）和五个主要障碍（资金技术知识的缺乏、时间限制、风险、文化导向、政策）。根据这些因素这些学者提出了一种强调绿色思维引导力的"可持续商业实践的战略推动者模型"，以指导中小企业有意识地使用其绿色战略。关于实施循环经济商业模式的阻碍促成因素的还有欧洲学者[6]对于欧盟企业的研究。其研究得出的阻碍因素主要有：供需网络缺乏支持、缺乏资金、缺乏政府支持、行政负担、缺乏技术知识。而促成因素主要有：公司环保文化、从需求网络中获得支持、关系网络、资金吸引力、认知、个人知识，国家的宏观经济环境也是一项重要的影响因素。根据对法国5877家公司的调查，德尔马斯和佩科维奇（Delmas，M. A. & Pekovic，S）[7]两位学者研究了在经济衰退中企业的绿色战略选择倾向。研究发现仅有少数公司会在经济衰退的情况下采用资源效率策略，而有近半数的公司会在经济状况良好时采用资源效率策略。从这项研究的结果可以看出宏观经济环境以及公司是否选取成本领先战略是影响企业绿色选择的重要因素。2018年"欧洲晴雨表"（Eurobarometer）发布的调查数据[8]显示，虽然中小企业的重要股份正在采取行动以获得更多的资源效率，但它们通常不会像大公司那样做得太多，而且企业在施行绿色措施时的考虑点也不尽相同。数据显示中小型企业通常依赖于自己内部的资源（60%）以及技术专家（58%）。

其次，对于绿色经济的各项支撑环节各国的学者也有一定的研究。伯特·科林（Bert Colijn）[9]量化了招聘需求以分析欧洲的绿色工作情况。研究结果表明丹麦、瑞士和挪威是填补绿色工作岗位的最高招聘需求的国家，但就业岗位本身的性质差异很大。而且中欧和东欧经济体在创造绿色就业方面落后。统计发现绿色工作岗位仅占欧盟工作总数的 3.25%，因此绿色经济环境下的绿色社会转型才处于起点的位置。韩国学者[10]通过对绿色经济支持体系的重要一环——绿色供应链管理（GSCM）的实证研究发现，提高韩国企业绩效的重要途径就是采用绿色供应链管理。正是因为有了一定的规划以及实施力，并且结合了企业合作伙伴的合作与基础设施的整合才会使这一研究得以成功。虽然这些支持因素会对企业造成一定的财务负担，但是经验证实施绿色供应链管理对企业的绩效的确可以产生重要的影响。还有学者[11]在关于印度的中小型、大型工业与绿色制造（GM）关系的研究中认为，由中小企业和大型工业组成的制造业被视为绿色增长的"守门人"。"印度制造"计划的实施很大程度上取决于"绿色"概念的传播，中小型、大型工业在其中起到了极大的作用。

最后，研究者也关注绿色经济对企业的影响。克罗地亚学者[12]也探讨过"以中小型企业的经验来分析在当地是否值得绿色"这一题目。调查数据显著表明绿色企业是可持续和社会责任企业背景下的主要业务领域之一。巴拉诺娃·波利纳和帕特森·弗雷德（Baranova Polina&Paterson Fred）两位学者[13]基于对英国东米德兰地区 120 家中小型企业的研究，发现企业的环境能力对降低成本有直接的积极影响。

从上述的国外研究可以发现，在不同国家的不同经济环境、资源条件下，企业选择绿色经济发展都能够拥有长期效益，然而促使企业做出这一选择的因素并非都是正向的。由此可见企业与绿色经济发展之间互动关系非常紧密。但从企业视角出发研究企业如何对绿色经济的发展产生影响这一问题的学者比较少，大多是研究绿色经济环境或是外部因素对企业的影响。因此从非公有企业这一中国经济的重要组成部分出发，研究其对绿色经济发展战略的影响可以扩展对绿色经济的理解角度，从而帮助企业与政策相配合形成绿色经济战略发展的良性循环。与此同时从这个方向研究绿色经济还对中国以及国外各企业制定发展战略有实践价值，有助于企业的长远发展。

三、非公有企业与中国绿色经济关联现状分析

非公有企业通过提供大量就业机会，在国家发展中发挥着重要作用。根据国家统计局公布的数据，2018 年中国国内生产总值达 900309 亿元，同比增长

6.6%，非公有企业在其中贡献了很大的力量。①而非公有企业对绿色经济产生的直接影响是从四个方面出发的——工作与劳动力市场、企业技术与服务、企业知识管理、企业与当地政策关联，之所以选择重点分析这四个方面的现状是因为这四个方面可以较为全面地概括非公有企业在绿色经济中起到的各种作用。

（一）工作与劳动力市场方面

在中国经济向稳向好发展的背景下，非公有企业对中国的就业人口有着极强的吸收作用。非公有企业是依据中国市场情况配置劳动力市场，这些企业比公有企业对劳动力市场的供需关系变化更为敏感。而当前中国的绿色劳动力市场需求情况可以根据《2018绿色金融大数据报告：就业，创新与风险》清晰地体现②：①季节波动大。中国对于绿色人才的招聘存在季节性波动全年的11个月中仅有前三个月的绿色人才需求较高，其余月份绿色人才在人才市场中的需求情况较为低迷。②区域差异大。绿色就业的"第一梯队"是广东与山东，而"第二梯队"城市需求仅为"第一梯队"的二分之一。尤其是北部的一些省份，处于"第四梯队"其绿色人才的需求量相对最少。国际劳工组织发布的《2018年全球就业和社会展望：绿色就业》显示如果各国都投入到绿色经济的建设之中，到2030年将会创造2400万个就业机会。基于中国的经济、政策情况可以将这一报告解读为：如果中国非公有企业积极加入绿色转型的进程中，将会创造更多的高质量的就业机会。具体来说，绿色能源、绿色金融、绿色生产、绿色管理这些新兴的领域需要大量科技人才对其进行技术支持，而建设这些绿色项目又牵涉到了各行各业从基层岗位到高层管理岗位的参与。而且从区域的角度来看，绿色经济发展需要的是城乡共同走绿色道路，即企业不仅仅可以创造城市就业机会，更会为乡村带来很多工作机会，通过这一点可以实现城乡共同发展，减少区域经济差异。

（二）企业技术产品与服务方面

据调查，2018年中国以制造业为主的实体经济部门的状态可以总结为稳中趋好。制造业加速转换新旧动能、制造业与科技创新相互融合、先进制造业与

---

① 解读2018年中国主要经济指标：结构持续优化 总量再上新阶 [EB/OL]. http：//news. ycwb. com/2019 −01/22/content_ 30182066. htm2019 −01 −22，2019 −07 −20.

② 2018绿色金融大数据报告：就业、创新与风险 [EB/OL]. http：//www. 100ec. cn/detail −6446856. html2018 −04 −25，2019 −07 −20.

现代服务业相互融合，使制造业部门对经济高质量发展的核心支撑作用愈加明显。而另一方面，服务业对经济发展的作用也越来越大，2018 年第三产业增加值占国内生产总值的比重为 52.2%，对国内生产总值增长的贡献率为 59.7%，比上年提高 0.1 个百分点。① 根据国家知识产权局于 2019 年 1 月发布的 2018 年中国知识产权统计数据，前十名发明专利授权量的企业如图 1 所示，其中非公有企业在专利的研发与申请上占了很大份额。这个数据反映出非公有企业对高新技术的投入力度很大，而高新技术的发展引领了绿色科技发展，即非公有企业正在通过加大 R&D 投入影响绿色经济的发展。从另一方面，根据学者的研究[14]，当前的开拓性公司起到了引领绿色经济发展的作用，这个引领作用是通过对消费者生态行为的影响实现的。法丽达·杰拉勒（Faridah Djellal）和法兹加洛伊（Faïz Gallouj）[15]在研究中也强调企业的服务创新可以开拓新的绿色化途径。综合上述几点可以看出，当前非公有企业技术与服务方面和中国绿色经济的关联。

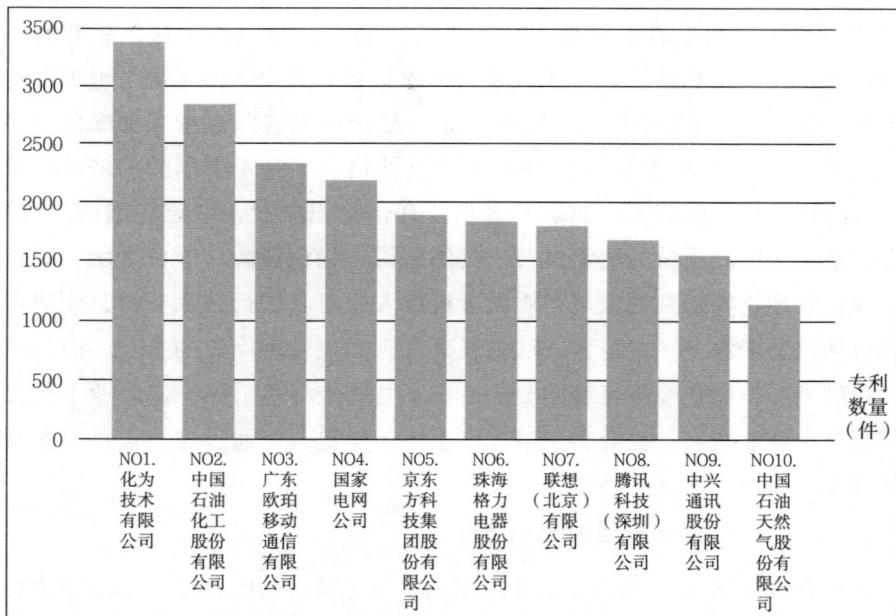

图 1　2018 年中国企业（不含港澳台）专利前十

数据来源：国家知识产权局。

---

① 解读 2018 年中国主要经济指标：结构持续优化 总量再上新阶［EB/OL］. http：// news. ycwb. com/2019 −01/22/content_ 30182066. htm2019 −01 −22，2019 −07 −20.

（三）企业知识管理方面

知识管理（KM）一方面指的是基于供应链的协同效应，另一方面是企业之间与企业内部的知识转移与共享。由于资源、知识、技术能力的限制，大多数中小企业正面临例如负面溢出等环境问题。首先，我国的绿色供应链的发展还不够全面，目前仅为重点行业、企业先行尝试绿色供应链的建设。但是当前中国绿色供应链的发展势头良好，并于 2018 年 10 月成立了中国绿色供应链联盟。其次，中国关于知识管理的应用比较晚，不论是能够获得更多资源与支持的公有企业，还是对市场动向把握更加灵敏的非公有企业对于知识管理方面的实践都处于初始阶段，对于这方面的认知也不完全。但是我国企业在知识管理方面取得进步的空间很大，也同时拥有较好的技术基础。在"2018 中国知识管理论坛——新技术环境下的知识管理"论坛中强调中国现在拥有较为优秀的人工智能、大数据技术，因此中国的知识管理发展趋势就是迎合数据时代、合理利用新技术，以此弥补起步晚的缺陷，走上快速高质量的发展道路。最后，根据中国学者的最新研究[16]，减少碳排放知识的交易和分享有助于减少中小企业的碳排放，有助于绿色经济发展。国家工商总局的统计显示中国微型、小型企业占企业总数的 76.57%，知识共享能够在一定程度上帮助这些处于创新领域前沿的小规模企业改善绩效，进而与绿色经济的发展相关联。

（四）企业与当地政策关联方面

目前中国各地区关于发展绿色经济的政策都处于初期试探的阶段，绿色企业在制度不确定下会面临政策、法律与其绩效实现之间的问题，有学者[17]提出一种确定绿色主动性取向（GPO）的概念。其研究结果表明政府对绿色转型企业的约束不宜过紧（限制企业发展），也不宜过松（市场秩序混乱）。当前中国绿色经济处于发展初期，由于当地政策的引导企业参与绿色转型的积极性远大于绿色政策引导之前，然而随之带来了一些新的风险。统计报告显示①，2014 年初至 2017 年末共发生了 47983 起关于绿色企业的法律案件，而且也正是高新技术发展较好的地区此类风险也较大。与此同时 2016 年的环境违约数量几乎达到了 2015 年的 10 倍。这一数据的变化趋势反映出随着绿色经济的发展政策与相关法律正在逐渐完善，而且我们可以看出当地政府的约束与引导可

---

① 2018 绿色金融大数据报告：就业、创新与风险 [EB/OL]. http：//www. 100ec. cn/detail－6446856. html2018－04－25，2019－07－20.

以帮助市场维持秩序，保护优质绿色企业发展，淘汰劣质企业以及不良市场行为，这对于企业转型以及经济发展起到了重要的作用。

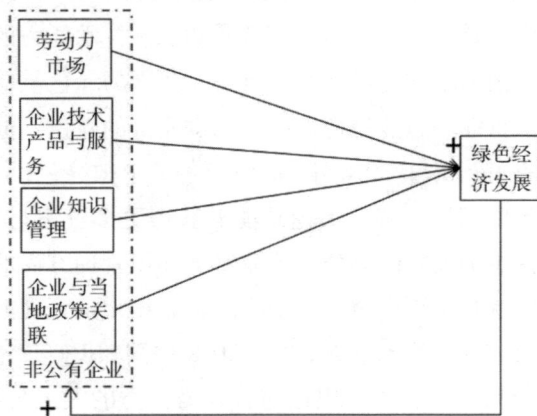

图2 中国非公有企业与绿色经济良性循环图

如图2所示，上述当前的四个方面的各项情况整合为一个整体便是非公有企业与中国绿色经济的关联关系，在不断发展的过程中逐渐可以形成一个良性的循环。

四、当前非公有企业在绿色经济发展中的主要问题

（一）非公有企业生命周期短

非公有企业中虽然有一些较为成熟的大型企业，但是占绝大多数的是规模较少、知名度较小、各方面都不够成熟的中小微型企业。导致其生命周期短的主要因素为：①产品结构单一，抗风险能力较差；②融资途径有限，政府补贴少；③实力较低，设备、管理等方面存在缺陷。而生命周期短这一因素会从两个方面对绿色经济发展产生阻碍作用。一方面企业发展战略倾向于短期收益，由于长期发展情况得不到保障，而企业绿色转型的收益体现在长期，企业决策者会倾向于重视短期收益而选择消极对待绿色转型这一战略；另一方面，企业循环经济模式的建立需要一定时间，不仅仅是决策者不看好循环经济模式带来的益处，而且即便决策者选择了建设循环经济模式也有可能无法在企业负担得起的时间内将之投入运行。

（二）非公有企业管理模式存在不足

非公有企业中有很多企业的经营模式是传统的家族经营或者是其他一些不

成熟的经营模式，这会造成企业内部管理制度、绩效评估等方面的混乱。这种存在漏洞的管理经营模式会在绿色经济的发展过程中埋下隐患。首先，非公有企业中存在资本集中导致经营者权力过于集中的情况。这会使公司在制定绿色战略时思路不够开阔，对于新的管理方式、技术接纳度不高，同时也会为公司的长期发展埋下隐患。其次，非公有企业创新绿色管理模式难度较大。非公有企业中大多数是中小型企业，中小型企业的特征之一就是营业收入在一定数额之内，相较于成熟的大型企业，营业收入除了用于支持企业的正常运作之外还需要用于驱动企业的技术创新、产品研发。一旦绿色管理方式转型不成功则会为企业带来额外的负担，这一负担一方面有可能影响企业的产品创新进度；另一方面，也有可能造成企业内部的管理混乱，影响正常的运作。最后，管理模式的不足限制绿色人才创新能力。有缺陷的管理模式不能有效发掘人才的潜力，决策权过于集中使绿色人才的想法难以得到实现，降低企业创新效率，不利于企业实施绿色发展战略。

（三）非公有企业文化建设力度不足

很多非公有企业的管理者缺乏管理或者经济文化的相关知识，会导致企业文化不能够有效引领企业发展。首先，企业文化不够扎根实际。应当注意的是企业文化不是空喊口号，不是广告，它应该蕴含企业发展的精神。如果企业文化起不到实际作用，那么一方面会使员工缺乏归属感，使员工没有工作责任感，缺乏动力，长时间容易造成人才流失；另一方面，企业文化的影响力小会不利于绿色精神在企业内部的扎根，而且企业文化起不到消费者与绿色精神之间的纽带作用，影响绿色精神在消费者之间的传播与理解。其次，企业价值观过于功利。很多非公有企业的企业文化里缺少对于可持续发展的强调，而单一地强调市场份额以及生产经营成本，这样会宣扬一些过于追求物质的思想，使企业的社会责任感降低。最后，管理者对先进思想及政策的学习不充分。很多企业在运营过程中仅仅注重技术的培训或者仅仅关注组织氛围的建设，并没有将政策学习纳入关注的范围，缺少对于国家经济政策动态的理解，这样不利于绿色政策的实施，也会对企业的长期发展造成不利影响。

五、非公有企业对绿色经济发展的积极作用及促进方式

依据上一部分关于四大方面现状的整理可以将非公有企业对绿色经济发展的积极作用以及其促进方式细化为更具有实践意义的五个关键点，图 3 为这五

个关键点与上述四个方面的关联图。非公有企业可以通过实践下列五个关键点来促进四个方面的进步，弥补四个方面现状中的不足，进而起到促进绿色经济发展的作用。

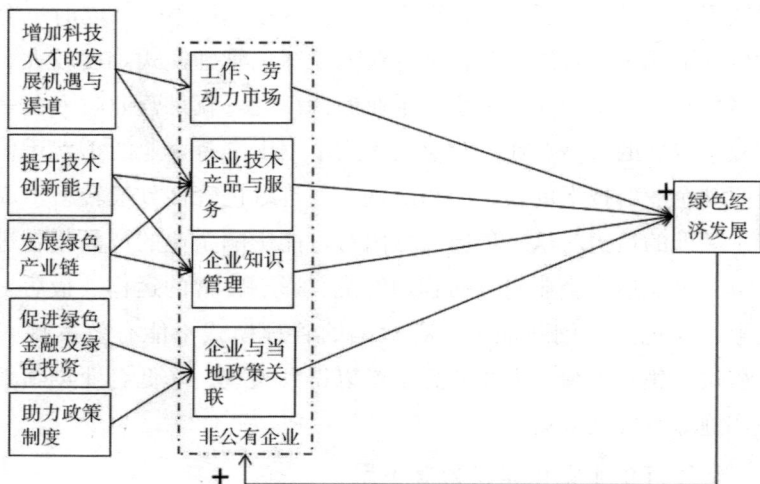

图3　可实践性促进措施与良性循环关联图

（一）发展绿色产业的产业链

非公有企业发展绿色产业链可以从四个方面促进绿色经济发展。首先是绿色价值链。绿色价值链是绿色产业链的"血液"，绿色价值链帮助绿色生产方式产生的效益与思想纵向传播到每一个环节（设计、采购、生产、销售、物流、消费、回收），非公有企业的灵活性有助于实现绿色发展战略的全覆盖。其次是绿色企业链。绿色企业链是绿色产业链的"骨架"，绿色企业链中的企业相互竞争中蕴含着相互合作，竞争压力保证了绿色企业的活力与企业质量，合作给予非公有企业多方面的支持，弥补其资源与政府扶持不足的缺陷。再次是供需链。绿色供需链是绿色产业链的"筋肉"。绿色供应链保证了绿色企业物资采购的高效性，为非公有企业节约成本，使绿色战略更有吸引力。绿色需求链保证了绿色产品的物流与销售的高效性，使绿色产品更具有顾客吸引力。最后是绿色空间链。绿色空间链起到连接中国各地区产业链的纽带作用，使各地的产业链相互支持，由点到线成面。这四个方面的合力产生了"1 + 1 > 2"的效果，促进企业技术产品与服务方面以及企业知识管理方面的发展，进而促进绿色经济的发展。

（二）帮助培养绿色科技人才并提供发展机遇与渠道

非公有企业拥有较高的人才吸引力以及容纳力，其企业灵活性能为绿色科技人才提供更加广阔的发挥平台。非公有企业对绿色经济具体的促进方式可以总结为三点。首先是人才培养阶段。非公有企业可以利用其在当地的资源与高校进行合作，一方面帮助学生更好地把握其学习的方向，并且使学生在学习中保持"眼界开阔"，知悉绿色技术的动态，从而增加绿色人才的数量和质量；另一方面，非公有企业可以在人才培养的过程中促进当地绿色文明与绿色价值观的传播，给予人才更有力的精神支持。其次是为人才提供实践机会。非公有企业拥有更高的决策可控性，绿色人才在企业中拥有更高的影响力。与此同时，非公有企业的运营灵活性可以更好地应用绿色管理思想，帮助发掘绿色人才的潜力在促进其成长的同时提升企业效益。最后是提供知识交流渠道。很多外国投资的非公有企业拥有较多的国外先进绿色生产经验与外派交流学习渠道，绿色人才利用这一优势结合自身能力可以更高效地提升专业水平。

（三）提升技术创新能力促进环境技术进步

根据之前的分析可知绿色经济战略的实施有助于非公有企业节约生产成本，因此非公有企业拥有更多的资金可以投入到技术研发。从另一个角度分析非公有企业的创新，就是这些企业对于市场风向、政策变动、消费者需求变动比较敏感，为了能使本企业尽可能地抓住发展机会便会倾向于企业内各方面的创新。另外已有研究显示[18]，知识耦合能够帮助企业提升技术以及创新能力。而大多数非公有企业拥有本企业的特色技术，专精于某些特定领域。因此这类企业可以利用其已有的专业技术，结合全新领域的技术创造更大的发展空间。非公有企业的灵活性还可以帮助公司战略创新，开拓绿色战略的方向。其原因是很多非公有企业的规模不大，领导与员工之间存在的交流隔阂相对较小，这种情况下如果企业决策者意图创新企业发展战略，则新的战略思想在融入企业的"磨合"过程中信息反馈会比较及时，调整速度较快，能够在一定程度上减少所需的时间投入。综上所述，非公有企业可以利用其优势从时间方面、资金方面以提升创新效率进而提升绿色经济战略的可实现性。

（四）吸引投资者对绿色项目进行投资

从文化的角度来看，非公有企业一般依托于当地自然环境、区域政策的独特优势而发展，因此企业会受到当地文化比较大的影响。而中国各地区的传统文化或多或少都会涉及自然与人之间的和谐目标。可以发现这一目标正与绿色经济的核心思想相契合，进而促使当地企业转型升级，将更绿色的思想融入企业之中。企业与当地特色文化相融合可以帮助投资者更好地理解绿色精神与企业的绿色战略，从而吸引更多当地投资者对绿色项目进行投资。从企业竞争力的角度来看，投资者在投资时最关注的就是企业的未来收益，而企业的绿色生产战略会提升企业的长期竞争力。当企业选择绿色战略时也在无形中向投资者释放了投资信息，即该企业一方面拥有较高的社会责任感，产品及服务的质量可以保证，另一方面企业拥有成本控制的优势，拥有较高的竞争力。另外这一信号还会告诉投资者该企业的发展战略是长期的、符合经济发展趋势的，拥有较高的稳定性与可持续性。非公有企业通过上述角度吸引了投资者的投资意向，长期可以带动投资者的绿色投资趋势，给绿色经济的发展提供更持久的动力。

六、优化非公有企业促进绿色经济发展的相关建议

（一）加强区域绿色经济发展协调性

协调性加强的方式主要可以从三个方面出发。首先是利用区域优势。各区域应利用其地缘优势、资源优势，结合当地非公有企业特色打造新的经济增长点。同时各区域可以通过各项宣传平台吸引数量更多、种类更丰富的非公有企业进入该区域，提升当地特色产业的丰富度，从而实现区域发展的扬长补短以提高各区域间的协调性。其次是加强区域间的政策交流、文化交流，利用跨区域绿色产业链实现区域间的高效知识管理、知识共享。相邻区域可以组成绿色联盟，集合力量，共同发展，信息分享，效率提高，由此避免区域间恶性竞争、减少资源的浪费。最后是相邻区域间沟通合作以及不相邻区域间的定向合作。相邻区域间创建产业园区，实现优势互补，促进形成产业集聚区，减少各城市间的"污染避难所"现象。不相邻区域间可以组成绿色技术互助班组，使优势区域的成功经验有更多的实践空间，帮助相对弱势区域快速发展。

（二）创新科技人才的管理方式

成本控制是所有非公有企业极为关注的因素，只有较低的成本控制可能性才有足够的吸引力驱使企业进行绿色人力资源管理方式的尝试。然而传统的成本管理对新兴绿色人才管理方式的评估结果不能体现该方式的特色以及优点，正因如此对于人才管理成本及有效性的评估方式应该依据经济发展情况进行更

新。另外，规模较小的非公有企业大多采用传统的管理方式，甚至没有一套适合该公司的人力资源管理系统，这就需要去探索适合该公司战略发展的人才管理方式。但是要注意的是管理方式的变革不是一蹴而就的，也不是某个单一的方面进行改变，引入新型管理方法需要长时间的融入过程，也需要对公司管理的各个管理维度进行渗透，进而才能真正地融入公司，使管理方法能够因地制宜。因此为了能更好地创新管理方式，企业需要在本公司内进行长期的摸索，参考已有的国外或者国内其他公司的绿色人力资源管理经验，在创新管理方式的时候注重反馈与调节，用动态的方式不断寻求更优解决方案。

（三）弥补非公有企业监管存在的漏洞

监管起到的作用一方面是避免企业不利于绿色经济发展的实践，另一方面是引导绿色经济发展方向。监管的一方面是外部的，需要结合市场以及当地政府的力量。具体的监管方法有很多种，比较系统性的方法就是建立绿色企业及绿色项目数据库与信息平台，参考国内外成熟的绿色企业绩效及征信评价准则，结合当地情况加以调整，对当地企业进行合理评估，并且及时更新相关信息。这种监管方式透明度较高，便于投资者寻找高质量绿色项目，同时有助于绿色企业吸收投资、提高知名度、优胜劣汰。从长期的角度出发，这种方式可以帮助当地政府提高管理效率，有助于绿色经济的高质量发展。监管的另一方面是非公有企业内部的监管，需要企业内部各级管理者以及各部门员工共同参与到公司的建设之中。企业员工要加强对于绿色经济内在精神的学习，了解相关知识，并将循环经济模式应用于企业的发展中。

（四）提升绿色创新质量及创新氛围

随着知识产权的意识加强，非公有企业的创新意识也得以提高。但是创新不能只看数量，创新的质量以及创新氛围才是保证可持续创新的"活水源泉"。一方面，创新质量的提升主要取决于科技和思维。科技是创新质量的基础，思维是创新质量的领航，因此各区域非公有企业应当积极利用"一带一路"以及"互联互通平台"的优势，学习、引进先进科技，开阔创新思维。另一方面，企业创新氛围的加强可以从企业文化方面出发。企业文化的桥梁作用在一定程度上连接了区域文化与绿色思想。由于受到区域文化所影响，生活方式的"绿色化"能够提供当地企业绿色创新的驱动力以及创新方向，生产方式的"绿色化"则有助于创新氛围融入当地企业。"一方水土养一方人"区域文化、习俗对于生活与生产的影响渗透力强、影响深远，借助当地文化产物、结合当地政府政策措施，能够最大限度地提升绿色创新质量以及创新氛围的影响力。

七、本章小结

习近平总书记强调，公有制为主体、多种所有制经济共同发展的基本经济制度，是中国特色社会主义制度的重要组成部分，也是完善社会主义市场经济体制的必然要求。绿色经济发展战略的成功离不开非公有企业在其中发挥的作用。当前我国正处于绿色经济发展的关键时期，也是各项绿色实践走向成熟与正规化的初期，期间存在着各方面的机遇与挑战。福建省应当充分发挥非公有企业的优势，把握机遇应对挑战，进而使绿色经济更好更快更持久地发展。后续的研究应该更区域化，基于已有方向结合区域实际情况进行细致化分析，从而使非公有企业对绿色经济发展战略的促进作用更加因地制宜、切实可行。

本章参考文献

［1］Borel – Saladin, J. M. &I. N. Turok, The Green Economy：Incremental Change or Transformation？［J］. Environmental Policy and Governance, 2013. 23（4）：p. 209—220.

［2］Camilleri, M. A., The circular economy's closed loop and product service systems for sustainable development：A review and appraisal［J］. Sustainable Development, 2019. 27（3）：p. 530—536.

［3］Agyemang, M., etc., Drivers and barriers to circular economy implementation An explorative study in Pakistan's automobile industry［J］. Management Decision, 2019. 57（4）：p. 971—994.

［4］Babiak, K., S. J. E. – M. Trendafilova, Auditing, CSR and environmental responsibility：motives andpressures to adopt green management practices［J］. Eco – Management, 2012. 18（1）：p. 11—24.

［5］Caldera, H. T. S., C. Desha, L. Dawes, Evaluating the enablers and barriers for successful implementation of sustainable business practice in 'lean'SMEs［J］. Journal of Cleaner Production, 2019. 218：p. 575—590.

［6］Rizos, V., etc., Implementation of Circular Economy Business Models by Small and Medium – Sized Enterprises（SMEs）：Barriers and Enablers［J］. Sustainability, 2016. 8（11）：p. 18.

［7］Delmas, M. A. & S. Pekovic, Resource Efficiency Strategies and Market Conditions［J］. Long Range Planning, 2015. 48（2）：p. 80—94.

［8］SMEs, resource efficiency and green markets［EB/OL］. https：//ec. europa. eu/commfrontoffice/publicopinion/index. cfm/Survey/getSurveyDetail/search/green/surveyKy/2151. 2018 - 01, 2019 - 07 - 19.

［9］Colijn, B. , Green jobs in Europe and the increasing demand for technical skills［J］. Centre for European Policy Studies, 2014.

［10］Kim, J. & J. Rhee, An empirical study on the impact of critical success factors onthe balanced scorecard performance in Korean green supply chain management enterprises［J］. International Journal of Production Research, 2012. 50（9）：p. 2465—2483.

［11］Seth, D. , M. A. A. Rehman, R. L. Shrivastava, Green manufacturing drivers and their relationships for small and medium（SME）and large industries［J］. Journal of Cleaner Production, 2018. 198：p. 1381—1405.

［12］Starcevic, D. P. , J. Mijoc, A. Zrnic, IS IT WORTH GOING GREEN IN CROA-TIA? EMPIRICAL EVIDENCE FROM SMEs［J］. Ekonomski Vjesnik, 2017. 30（1）：p. 141—154.

［13］Baranova, P. 和 F. Paterson, Environmental capabilities of small and medium sized enterprises：Towards transition to a low carbon economy in the East Midlands［J］. Local Economy, 2017. 32（8）：p. 835—853.

［14］Ferdousi, F. 和 D. Qiang, Implementing Circular Economy and Its Impact on Consumer Ecological Behavior［J］. Risus - Journal on Innovation and Sustainability, 2016. 7（1）：p. 3—10.

［15］Djellal F, Faïz Gallouj. Service innovation for sustainability：paths for greening through service innovation［J］. Working Papers, 2015.

［16］Yao, X. , R. T. Huang, 和 M. L. Song, How to reduce carbon emissions of small and medium enterprises（SMEs）by knowledge sharing in China［J］. Production Planning & Control, 2019. 30（10—12）：p. 881—892.

［17］Ge, B. S. , etc. , The Influence of Legitimacy on a Proactive Green Orientation and Green Performance：A Study Based on Transitional Economy Scenarios in China［J］. Sustainability, 2016. 8（12）：p. 20.

［18］于飞等, 知识耦合对制造企业绿色创新的影响机理——冗余资源的调节作用［J］. 南开管理评论. 2019. 22（03）：p. 54—65, 76.

［19］胡珺, 汤泰劼, 宋献中, 企业环境治理的驱动机制研究：环保官员变更的视角［J］. 南开管理评论. 2019. 22（02）：p. 89—103.

第十六章　基于 BSC 的快递企业绿色发展战略绩效评价研究

一、引言

新时代，网络经济和绿色经济备受瞩目。我国快递行业在保持高速发展的同时面临着一些重大问题与挑战。在全球气候变暖的背景下，我国积极推进资源节约型、环境友好型社会建设，旨在提高生态文明水平和经济可持续发展能力。一方面，快递行业属于环境消耗型企业，货物包装、运单管理、货物运输等环节对环境造成了较大的污染。发展以低能耗、低污染为基础的"绿色快递"，共享生态文明，是我国快递行业面临的重大挑战。[1]另一方面，快递企业内部存在管理不规范、业务流程不合理、服务标准不统一、从业人员素质较低、人员流动性大等问题。在绿色经济发展背景下，我国快递行业的"绿色可持续发展"关乎企业的竞争力以及消费者满意度问题。关于企业环境战略绩效评价体系，我国学者从"三重绩效"、循环经济理念、可持续发展理念、生态效益、ISO14031 标准、平衡计分卡等视角构建企业环境绩效指标体系。在基于平衡计分卡建立的环境绩效评价体系方面，宋子义和邹玉娜[2]设置与平衡计分卡各维度内容相关的环境指标，分别纳入原四个维度中；王巧玲和李玉萍[3]、左荣[4]、隋静[5]、李晓等学者则为环境指标单独增设一个或多个独立的维度。[6]关于快递行业，我国学者的研究主要集中于快递市场发展的现状、前景、存在的主要障碍和问题[7][8][9]、快递企业的竞争环境[10][11]和竞争力等几个方面。在发展绿色低碳经济的背景下，部分学者开始关注绿色物流。赵丽娟、罗兵根据绿色供应链的内涵和环境管理标准设计环境管理绩效——供应链绿色度的评价指标体系[12]；郭永辉、刘党社、刘源从生命周期角度探讨不同阶段绿色供应链的绩效评价指标体系；[13]严双在构建了企业绿色物流绩效评价指标体系的基础上，运用灰色系统理论构建绩效评价模型；[14]修国义、徐思汗基于服务利润链的主要观点及国内快递业服务利润链的构成，构建了快递企业绿色竞争力评价指标体系[15]；生艳梅、孙丹、周永占、薛大维从低碳视角构建了全新的低碳绿色供应链绩效评价指标体系[16]。总体而言，学者们从不同的视角出发，运用不同的研究方法对绿色物流的绩效评价体系开展了研究，较少学者从平衡计分卡的视角构建快递企业的绿色绩效评价指标体系。随着我国政府对绿色低碳经济的愈加重视，环境规制的强度越来越大，相关的环境法规政策必将影响到快递企业的发展。针对快递企业的行业特性和业务流程，开展绿色发展战略绩效评价不仅可以丰富"绿色物流""环境绩效评价"等理论，也有助于进一步提升快递企业绿色发展战略与绿色发展战略绩效评价的契合与关联度，帮助快递企业摸索出适合自身的环境评价指标，追踪战略方案的相关环境成本和收入，进而更加清楚地了解企业的环境效率和效果。本书立足于绿色经济发展的背景，采用平衡计分卡，从综合效益方面、利益相关者方面、内部业务流程方面、学习与成长四个维度构建快递企业的绿色发展战略绩效评价逻辑模型，建立绿色发展战略的绩效评价指标体系，以期为快递企业应对"绿色经济"的机遇和挑战，提高绩效管理科学性和可操作性，实现节能、减排、增效的绿色可持续发展提供参考借鉴。

二、绿色经济发展背景下快递企业的绩效评价体系逻辑模型

（一）绿色经济内涵及快递企业的绿色发展战略

绿色经济是一种环境污染小、资源消耗低、产品附加值高、生产方式集约的一种经济形态，提倡经济增长、环境保护、资源节约三重均衡，既要求减少资源消耗、降低污染排放和减轻对生态环境的压力，也要求保障经济的可持续发展，强调经济、社会和环境的一体化发展。快递企业作为社会经济流通的服务性行业，在货物包装、运单管理、装卸搬运、货物运输四个环节不仅消耗大量的资源，而且对环境造成了较大的污染。绿色经济发展背景下，在消费者拉力、政府压力的共同作用以及非政府组织和媒体的催化作用下，快递企业有必要进行生态化调整，除了传统的经济绩效外，还应关注环境绩效，致力于实现产品或服务的绿色化、资源利用的最大化、废弃物排放的最小化，进而降低企业的负面环境影响，扩大企业绿色发展战略的经济收益，从而实现企业经济收益的绿色化。绿色发展战略的实行使得企业从原有成本驱动、速度优先的粗放式增长方式向创新驱动、效益优先的集约化增长方式转变，从单一功能、比拼价格的传统物流服务商向系统集成、合作共赢的供应链管理服务商转型，从而

提高企业综合效益，保持企业的持续竞争力。

（二）基于 BSC 的快递企业绿色发展战略绩效评价体系逻辑模型

莎娜等学者综合考虑环境的影响，在传统的企业战略评价体系中引入"绿色视角"，将绿色理念融入企业战略的环境绩效评价，通过财务指标和非财务指标综合评价企业绿色发展战略目标的实现情况。企业实现可持续发展目标不仅需要人力、物力、财力等资源支持，还应考虑利益相关者、内部流程和员工的学习与成长。莎娜等学者在"企业环境战略的战略地图"中，考虑了新经济发展模式下，消费者消费方式、政府的环境法规管制发生了变化，传统平衡计分卡的四个维度的内涵不断丰富，因此将四维度命名为综合效益维度、利益相关者维度、内部业务流程维度和学习与成长维度。绿色经济发展背景下，基于绿色理念的提倡以及环境政策的影响，本书选取莎娜等学者的"企业环境战略的战略地图"作为基础，结合快递行业特性和企业业务流程对其进行修正，构建如图 1 所示的"快递企业绿色发展战略的绩效评价逻辑模型"。

1. 绿色发展战略的综合效益维度

在绿色经济发展背景下，企业的环境业绩显著影响企业价值[17]。美国环保署（USEPA）研究表明，企业的环境业绩与财务业绩之间存在着一定的正相关关系[18]。企业的环境业绩会影响到企业的融资、生产和经营活动，进而影响成本优势和差异化优势的形成。传统的基于平衡记分卡的企业绩效管理体系没有将企业的环境绩效纳入绩效管理体系中，这导致企业无论是在公司层，还是职能层、业务层都忽略了企业和环境的相互影响[19]。绿色经济下，主动承担社会责任（道德）是企业环境管理的内部动因，将环境效益因素纳入财务维度在短期内可能会弱化财务指标的实现，但是从长期而言，这一行为有利于引导、激励快递企业各个层级以经济和环境为双重目标，在实践中兼顾环保成本与绿色收益，在可持续发展层面上实现经济、环境和社会的"三赢"，最终仍是有利于市场竞争。因此，我们通过兼顾环境效益和经济绩效，提升企业综合效益，保持持续竞争力。

2. 绿色发展战略的利益相关者维度

传统的客户维度考虑的是如何对待客户、怎样满足消费者的需求。在新时期，快递企业面对的是政府对绿色消费理念的倡导以及公众绿色意识的提升，需要取得最终消费者以及当地居民对其企业经营方式的认同，客户的范畴扩大，包括政府、社区、环保组织等。据施瓦茨（Schwartz）提出的三个相交圆模型与班萨尔（Bansal）和罗斯（Roth）提出的企业环境管理行为动因模型，政府的环境规制（制度）和市场机会（经济）是企业环境管理的外部动因[20]。因此，快递企业不仅需要考虑原有的消费群体，而且要考虑企业的相关公众这一微观环境的影响。在利益相关者维度上，快递企业绿色发展战略体现为稳固传统市场和抢占未来市场。谢如鹤提出快递企业的竞争力指标体系包括服务水平、时效水平、信息技术水平、业务能力、价格水平、安全水平、增值服务水平 7 个指标。[11]谢春英认为快递企业物流绩效评价指标包括服务质量、快递速度、价格水平、业务能力。[21]因此，快递企业要保持竞争力，在客户层面应通过提升服务水平、时效水平和性价比来稳固传统市场。在绿色发展战略下，企业还可以通过提高企业环境利益相关者的满意度，扩大绿色市场占有率，从而最大化企业的综合收益。具体而言，快递企业可以采取遵守环境法律法规、树立绿色环保声誉[22]、加强绿色服务认证等措施来争取利益相关者的认同，并进一步发展直接消费者，抢占未来市场。

3. 绿色发展战略的内部业务流程维度

内部业务流程方面，对顾客满意程度和实现组织财务目标影响最大的那些内部过程显得尤为重要。在绿色经济发展的背景下，企业还应考虑到利益相关者以及流程/环境的双重均衡。企业内部流程中具体业务操作方式对企业绿色环保效益的实现有很大影响，因此在评价企业绿色发展战略的内部业务流程时设定相关的环境类指标能引导业务操作的改善。根据谢如鹤的"快递企业的竞争力指标体系"，企业应在内部业务流程中应提升业务能力、信息技术水平和客户关系管理水平，以保证客户层面上的服务水平、时效水平和性价比达到消费者需求，稳固传统市场。快递企业对环境的污染最集中体现在货物包装和货物运输上，在这两个环节中，清洁能源使用水平低，资源利用率和能源效率不高，产生大量废气和固体废弃物，包装回收水平低下。在包装上，企业可以选用绿色环保材料包装货物以减少废弃物污染；在运输上，可以科学设置配送中心及网点以缩短运输路程，提高清洁燃料使用比重以降低运输过程中的燃油消耗和尾气排放提高运输效率，实现节能减排。绿色技术创新是绿色包装和绿色运输效率提升的基础和保障，快递企业加大绿色技术创新的投入能有效提升绿色包装使用率和绿色运输效率，树立企业绿色环保声誉，增进利益相关者的认同，同时更容易获得政府的相关政策优惠和扶持，以及环保组织的绿色服务认证，从而有利于抢占未来市场。因此，在内部业务流程中，快递企业应提高绿色包装使用率、绿色运输效率，加强绿色技术创新来提高内部环境效益。

4. 绿色发展战略的学习与成长维度

综合效益的提高和企业持续竞争力有赖于人力资源的支持，管理者与员工的学习与成长为企业综合效益的提高提供了原动力，是决定企业战略决策执行效果的核心保障。传统的学习与成长维度，通常通过提升企业的信息资本、人力资本、组织资本来保障战略的执行。在绿色经济发展背景下，为了实现提高综合效益，保持企业持续竞争力，快递企业的绿色发展战略目标在学习与成长维度上体现为提高信息系统管理水平、绿色环保技术的培训与交流、人力资源管理中的绿色激励，从企业的人员、资金、制度等多个方面建设绿色文化，全面提高企业的绿色发展意识和素养以及环保综合能力，为实现企业的绿色可持续发展提供动力和能量。

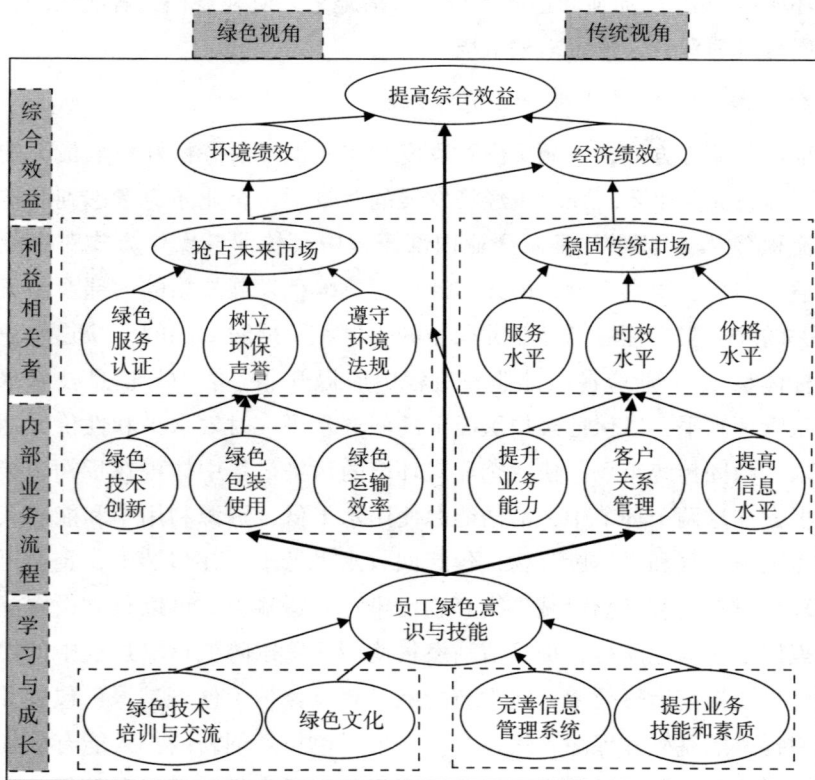

图1 快递企业绿色发展战略绩效评价体系逻辑模型

在快递企业的绿色发展战略中，四个维度并不是孤立的，它们存在着逻辑关系。快递企业要想获得经济效益和环境业绩，必须使利益相关者满意，如此企业才能稳固传统市场和抢占未来市场，获得可持续发展；要让利益相关者满意，企业必须履行好经济责任、社会责任和环境责任，优化和绿化内部业务流程，而内部工作需要意识、能力、创新等方面的支持。因此企业应不断学习和成长，为可持续发展提供动力和能量。

三、快递企业绿色发展战略绩效评价的指标体系

本章采取全线纳入法构建快递企业绿色发展战略绩效评价指标体系，即不改变平衡记分卡自身的四个维度，而将各个环境指标整合到相应的维度中，通过合理的环境指标将环境因素融入平衡计分卡的四个维度中[23]。

（一）综合效益维度指标

前述内容已经提及在绿色经济发展的背景下，企业要实现企业、社会、生态环境三者的均衡发展，必须将环境绩效纳入企业的战略绩效评价体系中。因此，企业就不能单单考虑经济效益，还应增加环境绩效指标，以综合的指标体系来衡量企业的生产和经营活动的效益，如下表所示。

表1 综合效益维度指标

评价维度	关键成功因素	指标层	文献出处
综合效益	盈利能力	主营业务利润率、净资产收益率、总资产收益率	《企业效绩评价操作细则（修订）》
	偿债能力	资产负债率、流动比率、速动比率、现金比率	
	营运能力	总资产周转率、应收账款周转率、存货周转率	
	发展能力	销售收入增长率、净利润增长率、净资产增长率、三年利润平均增长率、三年资本平均增长率	
	环保盈利能力	环保收益比重、环保技术收益率、单位能源收益率、单位原材料收益率、单位废弃物收益率、生产材料费用减少额	
	环保占用强度	流动侵占比率、现金侵占比率、环保负债率、环境支付率	
	环保发展能力	环保收益增长率、单位能源收益增长率、单位原材料收益增长率	

（二）利益相关者维度指标

在绿色经济发展背景下，不同的利益相关者对企业有着不同的要求，这些要求构成了企业的责任，包括经济责任、法律责任和社会责任。企业对利益相

关者的责任之间有时会有冲突，其中经济责任与社会责任之间的冲突尤为明显和普遍，常见的现象是企业关注利润，忽视企业对环境的破坏[24]。当前，环境问题日益显著，企业的环境业绩对利益相关者利益实现的影响变得越来越大。快递企业迅速发展扩张的同时，还应考虑提高环境效益，并丰富与利益相关者进行环境业绩信息的沟通交流渠道。因此，本书在已有评价体系的基础上，扩展了企业利益相关者的环境绩效和绿色发展战略指标，把企业的社会责任和生态责任纳入了战略执行的过程之中，形成了以下的指标体系。

表2　利益相关者维度指标

评价维度	关键成功因素	指标层
利益相关者	服务水平	服务种类、客户投诉率、客户投诉解决比例、投诉解决满意度
	时效水平	取件响应时间、承诺交货时间、货物准时送达率
	价格水平	价格水准、价格弹性
	遵守环境法律法规	排污许可违反率
	加强绿色环保认证	环保组织认可程度
	树立绿色环保声誉	环境声誉评价、环境污染纠纷影响程度、环境满意度

表3　内部业务流程维度指标

评价维度	关键成功因素	指标层
内部业务流程	提升业务能力	网点覆盖范围、网络运递能力、快件处理效率、快件安全送达率、订单跟踪查询能力、专业设备配备率
	客户关系管理	投诉处理能力、客户满意度、客户保持率
	提高信息技术水平	信息系统、电子单证管理、货物物流状态跟踪、客户查询、装备自动化程度
	绿色技术创新	环保研发经费占比、技术改造资产比率、研究成果投产率、绿色技术收益率
	绿色包装使用	绿色包装使用率、包装回收利用率
	绿色运输效率	能源减量化率、清洁能源占比、能源回收率、单位产品三废排放量

（三）内部业务流程维度指标

平衡计分卡的内部业务流程维度主要反映企业无形资本中的流程资本和创新资本。在企业的绿色发展战略背景下，本书结合快递企业的特点增加了绿色技术创新、绿色包装使用和绿色运输效率来计量企业内部业务流程的运行效果。

（四）学习与成长维度指标

平衡记分卡的学习与成长维度反映了企业无形资本中的人力资本、信息资本和组织资本。结合企业的绿色发展战略，本书添加了绿色环保教育和绿色文化，形成了下表的绿色评价指标体系。

表 4　学习与成长维度指标

评价维度	关键成功因素	指标层
学习与成长	提升业务技能和素质	受过高等教育的员工比例、中高级技术职称的员工比例、员工培训比率、培训频度
	完善信息管理系统	信息系统水平、SCM、ERP、CRM 系统建设、信息开发费用、信息利用率、信息共享率
	绿色环保教育与培训	环保教育与培训率、环境教育与培训的费用率
	绿色文化	绿色制度规范、绿色道德规范、员工的低碳、绿色环保理念

四、基于 BSC 的快递企业绿色发展战略绩效评价实施

快递企业绿色发展战略绩效评价体系的设计只是进行系统评价的基础，要最终获得企业绿色发展战略实施情况的整体评价，还需采用科学合理的评价方法。在实际操作中，企业应遵循以下 3 个步骤。

（一）确定评价指标权重，标准化处理原始数据

在进行快递企业绿色发展绩效整体评价之前，研究要保证原始数据的客观性和准确性。在收集到企业各指标的原始数据后，研究采用级差标准化方法进行标准化处理。关于上述评价指标体系各维度和指标的权重，我们选用层次分析法进行赋权。首先，研究制作指标体系各层判断矩阵调查表，选取相关学术专家及行业资深管理者进行调查，在综合各专家的意见后，经过数据处理，得到绿色发展战略绩效评价指标体系各层的指标权重系数，并进行一致性检验。

（二）计算快递企业绿色发展绩效

本书采用综合评价方法计算企业绿色发展绩效。快递企业的绿色发展绩效为 $Y = \Sigma \mu_\lambda T_\lambda$，$\mu_\lambda$ 为四个关键维度的权重，T_λ 为各维度的得分，具体的计算公式如下。

$$T_\lambda = \sum_{i=1}^{m} \left(\left(\sum_{j=1}^{n} \frac{X_j}{Z_j} \right) \cdot r_j \right) \cdot w_j$$

X_j 为考察变量实际值，Z_j 为考察变量目标值，r_j 是考察变量在该层次下的

权重，w_i 是关键成功要素层各子系统的权重。j 是各考察变量（或子系统）的指标数，i 指关键成功要素层各子系统，m，n 是考察变量（或子系统）的指标个数。

在上述几方面确定之后，我们就可以采用逐层加权汇总的综合评价方法计算出四个关键维度的得分以及企业绿色发展能力的总得分。该评价方法既适用于快递行业绿色发展绩效的评价和排序，也适用于一个快递企业在不同时期绿色发展绩效的评价和排序，有广泛的适用性。

（三）描绘快递企业绿色发展绩效雷达图

为了更加形象地表示测评结果，我们可以将计算后得到的数据绘制成快递企业绿色发展绩效雷达图。我们以四个关键维度建立坐标轴，坐标轴取值 0 - 5 之间，并根据各维度的得分值在坐标轴上相应位置绘出，便可直观明了地表示各维度的贡献值。为了便于比较企业与过去绩效评价结果或是与同行业竞争对手比较优势和劣势，我们还可在坐标轴上采用不同线条样式绘制企业不同时期或一组样本企业的评价结果，如此便可直观地看出在综合效益、利益相关者、内部业务流程、学习与成长四个维度的比较结果。

五、本章小结

绿色经济发展背景下，绿色发展战略对于快递企业可持续发展具有重要意义。快递企业绿色发展战略下的绩效评价需要综合考虑经济效益与环境效益。本章立足于绿色经济背景，结合快递行业特性和业务活动，提出快递企业的绿色发展战略，从综合效益、利益相关者、内部业务流程、学习与成长四个维度分析和构建快递企业绿色发展战略绩效评价逻辑模型和绩效评价指标体系，提出绩效评价实施的关键要点，以期为快递企业提高绿色绩效评价和管理的科学性，实现节能、减排、增效的绿色可持续发展提供理论参考。

本章参考文献

[1] 焦铮. 我国快递行业发展面临的挑战与转型升级的途径 [J]. 国家邮政发展中心，2011.

[2] 宋子义，邹玉娜. 平衡计分卡在企业环境绩效评价中的应用 [J]. 经济纵横，2010（11）：102—105.

[3] 王巧玲，李玉萍. 基于平衡计分卡的企业环境业绩评价研究 [J]. 环境保护学，2009（8）：117—120.

［4］左荣．基于低碳经济背景下对平衡计分卡的改善［J］．商业文化，2010（3）：224．

［5］隋静．嵌入环境责任的平衡计分卡战略管理研究［J］．科技管理研究，2011（8）：213—218．

［6］莎娜．企业环境战略决策及其绩效评价研究［D］．青岛：中国海洋大学：2012．

［7］商务部研究院课题组，赵玉敏，张洪斌．中国快递市场发展研究报告（总报告）［J］．经济研究参考，2006（34）．

［8］晏敬东，石银萍，李谦．我国快递业发展的现状、问题与对策［J］．中国科技信息，2008（18）．

［9］李舜萱，常连玉．我国快递业发展面临的几个突出问题及对策［J］．交通部管理干部学院学报，2009（02）．

［10］李谦，吕利平，晏敬东．我国快递业的产业环境分析［J］．商业经济，2008（10）．

［11］谢如鹤，李志锋．中国民营快递企业竞争力指标体系探讨及实证分析［J］．广州大学学报（社会科学版），2008（06）．

［12］赵丽娟，罗兵．绿色供应链中环境管理绩效模糊综合评价［J］．重庆大学学报，2003，26（11）：155—158．

［13］郭永辉，刘党社，刘源．生命周期下的绿色供应链绩效指标体系构建［J］．企业活力，2009（2）：24—25．

［14］严双．绿色物流绩效灰色系统分析评价研究［J］．湖南科技大学学报（社会科学版），2010，13（6），97—99．

［15］修国义、徐思汗．基于服务利润链条论的国内快递企业绿色竞争力评价的研究［J］．科技与管理，2013，15（2）：81—86．

［16］生艳梅，孙丹，周永占，薛大维．低碳视角下绿色供应链绩效评价指标体系构建［J］．辽宁工程技术大学学报（社会科学版）．2014，16（1）：25—27．

［17］李辛欣．环境业绩对企业价值的影响研究［D］．长沙：长沙理工大学，2011：24—26．

［18］USEAP. Green Dividends, The Relationship between Firms' Environmental Performance and Financial performance［EB/OL］. http：//www. epa. gov, 2004 – 10 – 21.

［19］秦杨勇．平衡计分卡与绩效管理（经典案例解析）［M］．北京：中国经济出版社，2012：8．

［20］Bansal, P, and Roth, K. Why companies go green：A model of ecological responsiveness［J］. Academy Management Journal, 2000, 43（4）：717 ~ 736.

［21］谢春英．我国民营快递企业物流绩效评价［D］．浙江：浙江工业大学，2012.

［22］许阳阳．基于低碳经济的第三方物流企业环境绩效评价研究［D］．云南：云南财经大学，2012.

［23］潘文粹．基于平衡计分卡的企业环境绩效研究［D］．辽宁：辽宁工程技术大学，2009：13—14.

［24］丛小华．企业环境业绩评价指标体系研究［D］．青岛：中国海洋大学，2010：11—13.

［25］魏光兴，周靖．基于信息熵与灰关联法的快递企业竞争力研究［J］．科技管理研究，2010，（7）：116—119.

［26］郭蕊，张雁，吴欣．论企业可持续成长能力的内涵与评价方法［J］．软科学，2005，19（6）：79—93.

［27］翟鸿．基于 Fuzzy_ AHP 方法的绿色物流系统绿色度评价模型［D］．合肥：合肥工业大学：2011.

［28］潘文荣．企业物流绩效评价指标体系的构建［J］．统计与决策，2005，（11）：162—163.

［29］夏芸．可持续发展战略下绿色绩效评价综合模型［J］．统计与决策，2005，（12）：9—11.

第十七章 闽台绿色经济高质量发展融合研究

一、引言

绿色经济这一概念最早是在 20 世纪 80 年代《绿色经济蓝图》中被首次提出的，近年来倍受世界各国的关注，绿色经济的概念也随着经济技术发展产生一定的变化。马利诺 – 萨乌姆（Merino – Saum. A）等学者[1]将查阅文献总结出的 95 个绿色经济定义与 45 个绿色增长定义总结为一个概念框架。该框架强调绿色经济概念的多维性，概念的重点是考虑社会问题的情况下经济和环境维度之间潜在的权衡与协同。各国学者对影响绿色经济发展的各类因素进行了深入的研究。中国的部分学者[2]通过构建绿色生产率指数来评估中国低碳经济的发展情况，该分析认为技术进步是保证低碳经济长期高质量发展最可靠的动力，而产业结构和能源消费结构对于中国绿色经济发展的影响是短期的（约四年）。根据李梦欣和任保平[3]的研究，中国目前处于绿色发展的第四阶段——全面实现阶段，在这个阶段，技术、创新是主力，需要使当前科技更加全面多元，以此提升人与自然的关系水平。有学者[4]通过分析欧洲五个国家的案例总结出一套概念性制度模型，该模型强调政府干预可以增强自然资本与社会公平，以此促进向绿色经济的过渡。德国已基于《联合国 2030 年议程》以及其可持续发展战略将绿色经济创新指数（GEII）视为可持续发展的重要衡量标准。但有学者[5]利用经济合作与发展组织图书馆统计数据与世界银行《世界发展指标》中28 个经合组织经济体的数据，研究了技术创新随着应用国家的情况不同对绿色发展的不一致影响。也有中国学者[6]通过分析中国能耗强度，从能效提升的角度得出支持技术的主导效果，同时提出了政府规制和文化意识是更深层的影响因素。关于政府规划因素，有学者将中国 31 个省份的能源政策分成开源类、节流类、转型类三种类型，有针对性地分析这三种政策的时效性、区域适应性、行业适用性。加拿大学者[7]在研究中也强调社会经济和环境因素的重要性，并且引入能源投入产出分析法为政府制定绿色增长战略提供指引。有学者[8]在研究"一带一路"沿线中国省市绿色全要素生产率时发现贸易结构、研发与经济水平之间的匹配关系也是发展绿色经济的关键因素，若缺失这两点的支撑作用技术创新的正向效果会受到制约。上述学者关于影响因素的研究重点整理为图1。

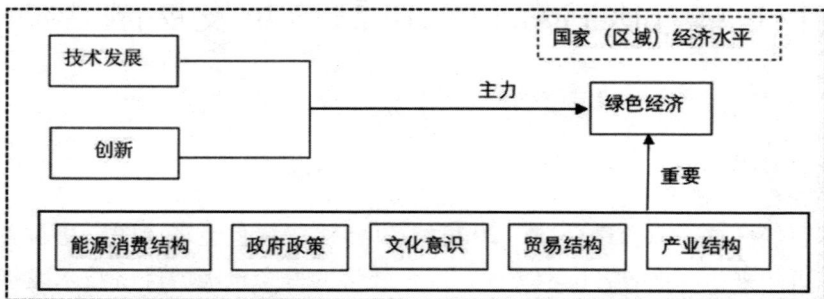

图1　影响绿色经济的关键因素整理

2015年，福建省发布主题为"提升制造业推动福建经济转型升级"的《福建省实施〈中国制造2050〉行动计划》，在这份计划中强调创新与开放合作相结合并且在列出的未来制造业发展的九大重点任务中突出闽台合作的重要价值。2016年，福建省"十三五"规划纲要中强调了要促进闽台深度合作，落实《海峡两岸经济合作框架协议》。2018年2月，国台办、国家发展改革委经商中央组织部等29个部门，发布了《关于促进两岸经济文化交流合作的若干措施》（以下简称《惠台措施》）①，该措施涵盖了闽台经济融合发展的各个领域，为之后的闽台合作给予了系统性的指引。2019年3月，习近平总书记在参加十三届全国人大二次会议福建代表团审议时提出福建要在推动两岸融合发展上做出示范。近年来福建省发展迅速，福建省2018年实现生产总值3.58万亿元，名义增速为11.25%，同比去年增长了3621亿元。在中国各省中排名第10位②。而2018年台湾统计年鉴中列出2017年台湾地区GDP达到174311.57亿新台币，年增率1.63%。福建是著名的华侨故乡，多年来海外华人贡献了大量投资。它的实际使用外资在2017年达到857672万美元。关于绿色经济这一战略目标，据调查，福建省的绿色竞争力耦合协调度较高，而且在2005—2015

---

① 重磅！国台办发布31条惠台措施［EB/OL］. http：//cytzb. cyxw. cc/Info. aspx？ colid = 1542& id = 76285.（2018 - 02 - 28）［2019 - 10 - 25］.

② 2018年福建省各市GDP总量及增速排行榜［EB/OL］. https：//www. sohu. com/a/296486925_ 114835.（2019 - 02 - 22）［2019 - 10 - 13］.

年期间数值较稳定（约为 0.6），即社会经济与资源环境配合较好，但是 2015 年的耦合协调度仍然低于 2005 年，这也说明了这十年内的经济发展在一定程度上还是以牺牲自然环境为代价的。因此，如何利用闽台合作使二者共赢并达到"1 + 1 > 2"的效果，当前闽台合作对绿色经济有什么样的影响，研究这两个问题是厘清福建与台湾绿色发展现状与未来的重要任务，从而有效提升闽台绿色经济高质量发展水平。

二、理论综述

（一）区域绿色经济与区域合作

根据赵慧卿与郭晨阳[9]在关于中国 30 个地区持续 5 年的绿色低碳循环经济发展的研究，中国东西地区的绿色经济发展水平存在较大差距但差距有缩小的趋势，而且全国范围内的低碳水平提升速度较快。有学者[10]在关注区域绿色经济时从中国 30 个省的区域绿色竞争力的角度出发，提出包括绿色生活方式在内的区域绿色竞争力系统（RGCS）。该研究认为中国各省存在经济—资源环境、社会—资源环境之间不匹配的现象，同时也强调了"空间依赖性"——竞争力高的区域与竞争力低的区域分别集中且差异大。有学者[11]调查东南亚国家的可再生能源商品（REG）贸易情况，该研究强调 REG 商品贸易是亚洲能源安全以及低碳增长的关键因素，而 REG 贸易需要区域合作的支持，良好的合作情况有助于 REG 贸易的效率提高，从而正向影响区域绿色经济发展。蒋永穆等学者研究中国区域经济合作演进 70 年的过程，在研究中发现中国发展区域经济合作的核心思想是"区域平衡发展思想"，并且该研究依据不同时期政府、市场作用的不同划分了四个区域经济合作的阶段，而近 7 年来中国经济发展正处于市场决定性作用下"公平协调共享"的多层次阶段。王力年[12]在其研究中将区域经济协调发展的内涵总结为五种主要的类型，即利益说、依存说、相对均衡说、优化说、协作说，这五种类型关注的重点不同，分别从利益关系、动态调节、总体与区域相均衡、优化结构、相互协作的角度出发分析区域间协调的意义与有效度。上述研究关注的重点各不相同，但都从各个角度验证强调了区域合作的重要性以及区域绿色经济发展的重要性。

（二）闽台合作

据福建省台港澳工作办公室的数据，2018 年福建新批台资项目比增 22.5%，实际使用台资约占大陆 19%，新批台资项目位居大陆第一位，实际使用台资位居大陆第二位①。福建省和台湾地区在很多方面存在不同也存在相似，这些异同中蕴含着闽台合作的机遇与挑战。有学者[13]对比研究闽台生产性服务业与制造业的互动融合情况，研究结果表明福建省制造业对传统生产性服务业更加依赖，并且传统生产性服务业对经济的促进作用更强；而台湾地区制造业对技术、知识密集型生产性服务业更加依赖，并且技术、知识密集型生产性服务业对经济的促进作用更强，并且台湾的制造业与生产服务业融合度高于福建省，这体现了二者制造业发展情况的区别以及未来发展的趋势。根据苏美祥[14]关于大陆台资企业的研究，闽台合作关于投资方面主要有以下几个关键点：福建政府发展规划对闽台合作的高关注度能有效带动台商投资，台商在福建投资主要以制造业为主，福建建设的自贸区有助于吸引现代服务业的台商投资，农业合作处于领先地位。但是该研究也强调了目前福建对台资的吸引力存在挑战，需要及时调整以保证闽台高质量的合作。徐慧华[15]关于闽台合作的研究聚焦于福建自贸区，该研究分析了自贸区如何驱动福建的经济增长：制度红利溢出、产业集群、自贸区与台湾自经区的耦合对接。该研究认为通过上述三个角度的正向作用，福建省的第三产业发展迅速，进出口贸易情况转好，投资利用情况得到改善，闽台合作的潜力增大，即自贸区的发展在闽台合作进程中起到至关重要的作用。颜莉虹[16]根据厦门和漳州的企业具体信息总结闽台服务业企业的合作模式，研究强调了产业链在闽台企业合作中的关键作用。也有学者[17]强调教育是闽台合作的重点，有研究聚焦于赴台交换生，闽台教育交流活动一方面可以增强大陆学生对母体文化的了解，另一方面有助于构建大陆、台湾之间文化交流融合的桥梁。综上所述，闽台之间的合作存在于方方面面，同时各个合作方面也随着经济社会的发展进行改变，优势与不足、机遇与挑战并存。

三、闽台绿色经济发展现状分析与对比

（一）技术发展与创新方面

近十年来，福建和台湾的研究与试验发展经费支出持续增加，但是增速不同，如图2和图3。据研究，技术的进步可以正向影响经济增长率的提升，并且有助于全要素生产率的进步。值得注意的是，产业结构转型以及生产率的提高在一定程度上都能受到技术进步带来的正向影响[18]。从图中我们可以注意到

---

① 2018年福建新批台资项目增比22.5%居大陆第一 ［EB/OL］. http：//fj. sina. cn/news/2019 - 02 - 21/detail - ihrfqzka7861513. d. html？oid =3807197123443839&vt =4. （2019 - 02 - 21）［2019 - 10 - 14］.

福建省近 5 年 R&D 经费支出增幅仍处于波动的状态，而台湾近 5 年 R&D 经费支出增幅趋于稳定，维持在 6% 左右。关于经费支出的结构，福建省和台湾的基础研究所占比是最小的，试验发展的占比最大，这一点是两区域的共同点，但是具体的占比情况不尽相同。以 2016 年为例，福建省基础研究占 2.6%，应用研究占 6.6%，试验发展占 90.8%；台湾地区基础研究占 8.2%，应用研究占 22.9%，试验发展占 68.9%。根据严成樑和龚六堂[19]关于 R&D 结构与经济增长之间的关系研究，基础研究的占比提高会对经济增长产生正向作用，而试验发展的占比提高会对经济增长产生负面作用。因此，我们可以发现我国台湾地区的 R&D 支出比例合理性大于福建省。

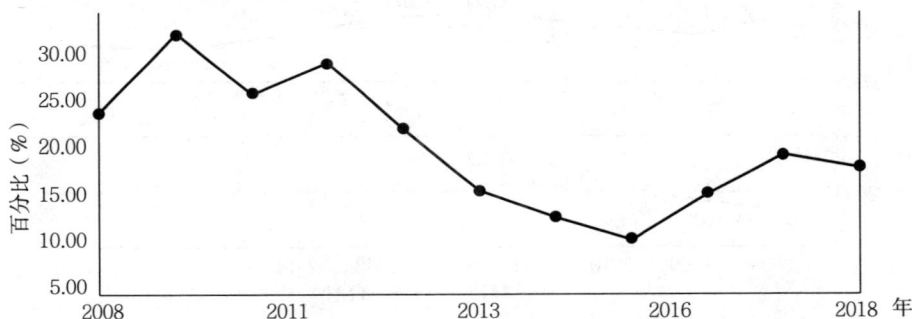

图 2　福建研究与试验发展（R&D）经费支出年度同比增长百分比（YOY）
数据来源：宏观经济数据库。

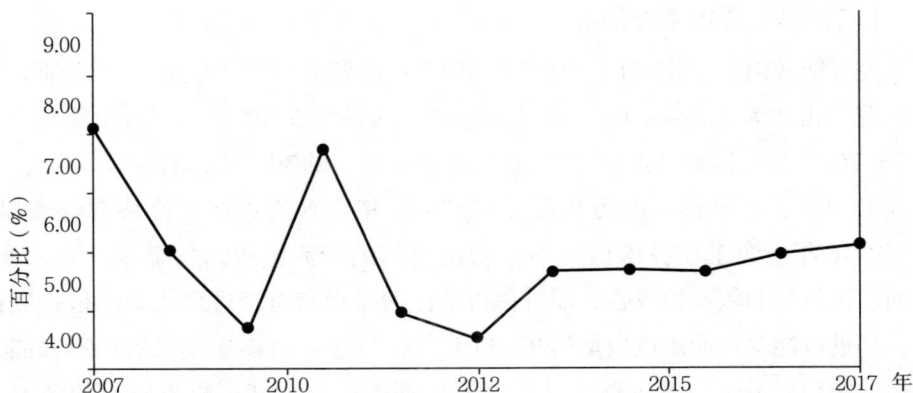

图 3　台湾研究与试验发展经费（R&D）支出年度同比增长百分比（YOY）
数据来源：宏观经济数据库。

审视地区技术发展的另一个角度就是专利申请的情况。图 4 为福建和台湾近十年的专利申请统计情况（2017 年起，国家知识产权局对专利统计数据口径进行调整）。我们可以从图中很直观地看出台湾的专利申请数量一直维持在80000 件左右，而福建省的专利申请数量在 2015 年之前一直低于台湾，于 2015 年开始高速反超。专利申请体现了地区技术创新化的水平。研究表明，技术创新化水平高的地区能帮助创新能力不足的区域提升其经济增长率，而高技术机会领域的技术专业化能够帮助创新能力高的地区发展其经济[20]。

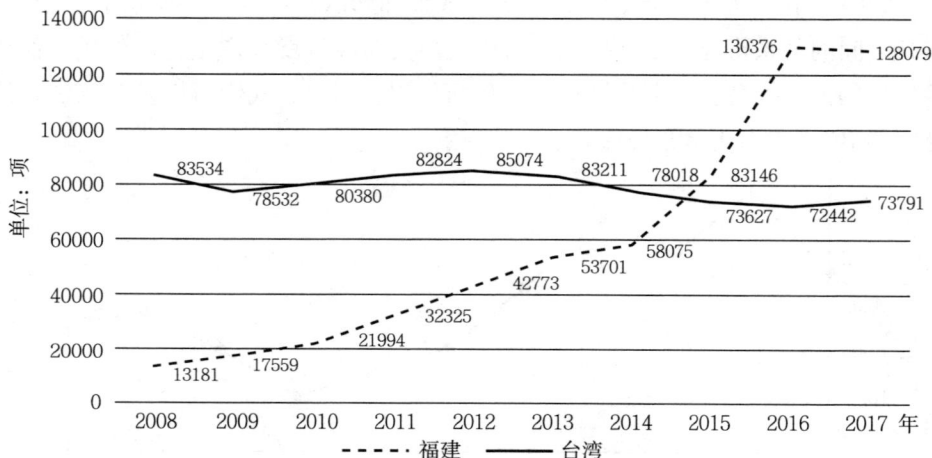

图4 台湾、福建近十年专利申请数量

数据来源：《台湾统计年鉴 2018》《福建统计年鉴 2018》。

（二）各重要因素方面

关于能源消费结构方面，福建省 2017 年消费非可再生能源（煤石油天然气）分别占比为：煤 45.9%，石油 24.1%，天然气 5.2%，非可再生能源共占比 75.2%。而台湾地区的这三者的占比分别为：煤 30.2%，石油 48.4%，天然气 15.1%，非可再生能源共占比 93.7%。根据台湾地区"经济部能源局"的《2016 年能源工业技术白皮书》指出台湾的能源供应结构显示其对煤炭、石油、天然气的依赖性较强，而且值得关注的是台湾对于进口能源的依赖度极高，其进口能源占能源供应量的 97.95%[21]。绿色经济高质量发展离不开能源结构的转型，不论是福建省还是台湾地区都需要增加其可再生能源的消费占比。关于政府政策方面，福建省先是积极落实贯彻《国家生态文明试验区（福建）实施方案》，积极响应国家的绿色经济发展号召，又发布《福建省绿色产业指导目录》，更加细化、明确化福建省的绿色经济发展道路，福建省各个区域的政府也都在制定适合当地发展情况的绿色经济指导政策，政策引导、实践的脚步从未停止。台湾地区也进行了大量将环保与经济相结合的政策实践，从环境保护教育、法律规范、资源循环等方面进行了细致的规划。关于产业结构，福建省 2017 年三产比例为 4.04%，66.72%，29.24%，而台湾地区的三产比例为 1.32%，34.55%，64.11%。我们从中可以发现福建与台湾的产业结构并不相同，福建省的第二产业占比最大，而台湾的第三产业占比最大。

四、闽台绿色经济融合优势与不足

（一）现有优势

1. 供需互补，贸易优势较大

根据上述现状分析，一方面，台湾地区非常依赖进口能源，而且对不可再生能源依赖较高，因此台湾地区需要稳定的能源供给，以便于绿色经济的发展。而福建省一直存在产能过剩的问题，并且政府一直致力于解决该问题。因此，闽台之间可形成互补的能源供需关系，提高能源的利用率。另一方面，闽台贸易活动拥有良好的贸易环境，福建省的自贸区以及台湾地区的自经区便于二者进行高质量贸易。《惠台措施》中也提到台资企业参与"中国制造 2050"享受大陆企业同等政策，并且给予一定的减税优惠政策，在鼓励台资企业的发展同时对台资的吸引力也大幅增加。另外，不仅仅是能源方面，随着闽台产业合作的深化，贸易与投资合作可以给予绿色经济发展更大的动力，文化产品的贸易深化在近几年发展势头也呈良好形势。闽台贸易的多形式、多方面、高效率能够为绿色经济高质量发展带来全方位的支撑，而为了实现绿色经济高质量发展这一目标，闽台贸易就会逐渐优化其结构，从而提高贸易的可持续性，通过这种方式便可以形成一个绿色经济与闽台贸易之间的良性循环。

2. 地理优势，便于形成集聚效应

福建省与台湾地区一衣带水，地理距离较小便于技术及知识信息的扩散，同时也节省了物流的成本。较近的距离以及产业互补有助于产业链的形成，进而产生区域集聚效应。由此形成的集聚效应可以帮助技术的传播与创新、人才的交流培养、产业链的整体升级等，从而帮助绿色经济的各大支撑体系——绿色金融、绿色科技人才及管理、绿色企业、绿色供应链、绿色文化及绿色价值观、政府政策的发展。值得注意的是，福建省位于长三角与珠三角两个湾区经济区之间，拥有一定的优势，但也很可能因此被忽略而损失一些发展资源与机

遇。而台湾海峡是中国海上要道，台湾地区也是中国与亚太地区联系的重要交通枢纽。闽台集聚效应的形成有助于福建省提高其区域竞争力，吸收更多竞争资源，同时台湾地区也可以从集聚效应中得到更多发展支持，使发展更加可持续化。

3. 文化同源，为发展融合提供引力

福建与台湾拥有宝贵的闽台文化，是中国传统文化中不可分割的重要组成部分，同时也拥有独特的魅力，区域文化特色鲜明，文化产物丰富多样。一方面，文化同源可以起到强大的牵引作用，帮助两省各方面有效的沟通交流，并且文化内含的绿色价值观也为两个地区的绿色经济发展提供了良好的思想氛围，促进闽台两省发扬创新精神与合作精神。另一方面，文化创新产业可以扩展闽台贸易合作的方式，同时也可以为两省绿色经济的发展提供更多的经济支持以及为两省绿色思想的传播提供更多的宣传途径。值得注意的是，闽台文化的牵引作用能够通过促进其他各个重要绿色经济影响因素进而全方位地提高绿色经济的发展质量，并且文化的引力作用是可持续的，且会随着良性循环的运行而增加其影响深度、扩大其影响广度。

4. 政策支持，强力保障绿色经济发展

福建省与台湾地区的相关政策能够为两省共同发展绿色经济、促进闽台发展融合提供可靠的保障。闽台两省有足够的内驱力制定合作政策。一方面，为了提升本省的竞争力以及提升省内各地区之间竞争的竞争力，福建省各地区会结合当地情况制定很多吸引台资，便于闽台发展融合的政策。另一方面，福建省与台湾地区为了补齐自身短板，内部发展该短板的效率不高时会在政策上鼓励两省之间的互补合作，借助对方的力量高效地解决问题。闽台两省也拥有强大的外驱力促使其制定合作政策。另外，关于人才培养方面，《惠台措施》中也提出便于台湾同胞在大陆学习生活的措施，同时对台湾同胞开放了数十项技术资格考试。由于地理、文化等各方面优势的存在，两省最优化的战略选择就是发展融合，而且在选择政策合作时的发展效率是最高的。另外，由于国家"一带一路"等政策的提出，福建省拥有来自国家的政策支持。在这种情况下，两省进行政策合作是对国家政策最优的响应，并且利用国家的政策支持优势，两省在进行政策创新与实践时风险会大幅降低，有助于新政策的顺利落地实施。

（二）现有不足

1. 物流方面

虽然地理距离小节约了闽台两地贸易、交流的物流成本，但是两省间新型可持续物流技术以及物流体系的建设还不成熟，很多方面没有得到完善。首先，由于我国绿色物流发展的起步较晚，绿色物流的重要性以及优化当前物流体系、建设绿色物流体系的必要性还没有得到重视。这也就造成了绿色物流的进步较为缓慢，发展绿色物流并没有拥有较高优先级的现象。其次，当前闽台绿色物流的技术还不够成熟，缺乏基础建设，从而限制了创新投入的效果。最后，闽台绿色物流的发展方向不够清晰，并没有与两省的绿色经济战略相结合。因此，绿色物流发展的迟缓会阻碍闽台经济合作与绿色经济发展的未来。

2. 技术交流方面

技术交流不应局限于当前技术交流的广度，也不应满足于当前的技术交流方式。首先，当前闽台技术交流主要关注点是高校人才的交流，忽视其他很大的交流范围。在绿色发展的进程中，企业起到至关重要的作用，而企业中有技术人才也有管理人才，在这些领域的交流目前是有所欠缺的。其次，增大交流广度的条件之一就是丰富交流方式，交流不应仅仅停留于学术讨论、企业参观等的方式，创新交流方式是当前闽台两省共同需要重视的方向。最后，技术交流应当更多地强调问题导向，交流的过程不宜过于死板，交流的结果应当具备较强的实践价值，而且不应纸上谈兵，应当更好地结合交流与实践，更好地结合区域特点。

3. 绿色消费、生活、生产观念方面

消费者是整个绿色经济发展系统中的重要一环，当前闽台绿色发展在消费者引导方面存在不足。首先，当前全国很多省市已经开始大力推行垃圾回收、垃圾分类，然而福建省在这方面的引导力度不足，循环经济这一概念对消费者的影响力不够大，很多消费者并没有将之与自身的生活与利益相关联。其次，关于闽台合作如何提升两省群众的绿色发展参与感并没有得到系统性归纳。两地区有各自群众参与的绿色发展活动，但是二者的活动缺乏联动，不论是活动时间还是活动类型都缺少融合。最后，闽台两地对于企业绿色生产观念的调动需要更深入的探讨，一方面要考虑企业利益与绿色生产的关系能否通过闽台合作的途径得到调节，另一方面要考虑如何通过有效地调动企业的绿色生产积极

性来引导消费者的绿色消费行为。

4. 政策的交流配合方面

虽然在上述分析中提到政策方面为闽台绿色经济融合发展带来机遇，也分析了当前闽台两地各自都有较好的绿色发展政策，但还是需要更合理的政策交流配合，两省应当在竞争中存在融合，融合中孕育竞争。在绿色发展进程中两地政策交流与配合的缺失会导致两地在实现共同目标时相互掣肘，降低融合度，造成很多不必要的浪费。同时两者也应避免不良竞争，避免以牺牲对方的利益、发展为代价提升自身发展水平，过分地强调竞争会破坏互利共赢的良性关系，过分地强调一致会导致政策不能因地制宜，这个度的把握需要格外注意。应当强调的是，闽台两地共同发展不应仅仅关注各自有多少贡献，而应更加关注合力的大小。

五、闽台绿色经济融合面临机遇与挑战

（一）未来面临的机遇分析

首先，闽台绿色经济的融合发展面临"一带一路"带来的各方面发展机遇。一方面，"一带一路"有助于闽台增加与沿线各国的合作机会，吸引投资，为闽台绿色经济发展带来新动力。另一方面，"一带一路"帮助闽台绿色产品走出去，帮助闽台本土品牌增加知名度与市场份额，同时也为闽台绿色合作理念的宣传添加影响力大的平台。其次，区域金融发展存在新的可能性。作为绿色经济发展的重要性驱动力之一，绿色金融的发展一直备受关注，闽台绿色经济融合可以开阔绿色金融的发展方向，便于闽台两地的融资项目创新。目前的《惠台措施》提到闽台合作为台湾同胞提供相关金融服务，帮助人才与企业的发展，还可以提升绿色金融项目的可靠性，营造良好的金融环境。最后，闽台投资与吸引投资给予绿色知识共享机遇。闽台绿色经济融合发展有助于闽台对外投资，在投资的过程中可以与当地企业或者机构进行关于绿色技术的知识共享，同时，吸引来的投资方也会将其绿色知识信息与闽台企业相交流。

（二）未来面临的挑战分析

首先，两岸关系不够稳定，不稳定的环境为融合发展带来挑战。不稳定的两岸关系会对绿色经济的各个支撑体系的发展造成严重威胁，不利于闽台绿色经济融合发展。其次，临近区域经济区与闽台合作经济区之间存在竞争关系。一方面，邻近的长三角与珠三角两个湾区经济区拥有较大的投资吸引力，同时

也正在加大对于台湾的各项投资，这种竞争会对闽台融合发展造成一定的影响。另一方面，临近的经济区已形成较好的集聚效应，可能在未来的发展中会与闽台合作经济区产生资源（自然资源、人才资源等）的竞争。最后，闽台两地绿色经济各项支撑方面发展进度不一，存在对接挑战。根据上述分析，闽台两地的经济结构不同、资源需求情况不同、技术发展方向不同，诸如此类的不一致会对未来闽台绿色经济融合造成一定的困难。

六、政策建议

根据上述分析可以将已有优势、不足与相关合作建议之间的关系整合为图5。

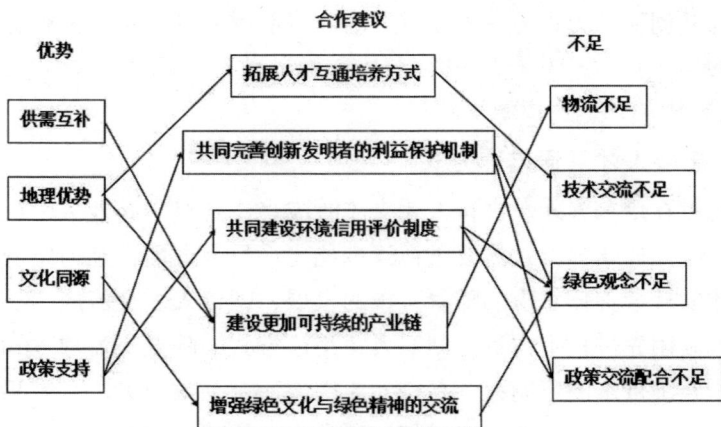

图5　利用优势弥补不足的合作框架图

（一）共同建设环境信用评价制度

闽台两地想要共同提高绿色经济质量，想要实现发展的融合，就需要建立有效的环境信用评价制度。这一制度应当做到一方面适用于福建和台湾两省的不同经济情况与战略布局，另一方面要能结合闽台文化的价值观，能够得到两省共同的认可，拥有较高权威性与全面性。要做到上述两点福建省可以从三个方面入手。首先，福建省建立健全环境信用数据库，并且保持对该数据库的更新与维护。其次，福建省设立专门的政府部门与非政府机构对数据库中的内容进行真实性检验。为了保证评价制度的全面性与合理性，还要定期在企业中做相关调研，使制度能随着发展情况的变化而变化，同时兼顾其影响力范围。最后，福建省为了使上述评价制度顺利落地，应当设立专项基金，为该评价制度的实现提供保障。

（二） 共同完善创新发明者的利益保护机制

为了持久发挥绿色经济的闽台融合发展中的重点因素——创新的作用，必不可少的就是共同完善创新发明者的利益保护机制。福建省可以从三个角度出发实现这一目标。首先，福建省利用闽台的"法缘相循"优势，完善知识产权保护的相关法律。法律的强制性是保护创新发明者利益的最有力武器。其次，福建省设立创新发明基金，给予创新发明者更大的奖励，在他们的研究过程中提供更多的帮助，为他们提供更广阔更有价值的创新平台。最后，福建省加强监督力度。很多问题仅仅通过法律禁止是不能完全得到解决的，因此加强监督力度，维护创新氛围是必不可少的。一方面有效的监督能够使发明者得到更多关注，增加其创新动力；另一方面有效的监督能够起到一定的威慑作用，预防有碍创新的不良风气产生。通过对上述方面的改进，福建省能够更好地发挥《惠台措施》中的知识产权激励政策。

（三） 拓展人才互通培养方式

闽台两省在培养人才、进行人才交流时应当注意对于企业人才的关注。一方面，丰富的互通培养方式需要重视管理能力；另一方面，互通培养时需要同时培养人才的社会责任意识。随着科技的发展，闽台人才交流应当注重交流效率，有效地利用先进技术与资源创新人才交流方式，降低交流成本，增大交流为人才、为经济带来的影响力。高校人才交流一直是备受关注且效果良好的交流方式。闽台的学校与企业应当互相加强合作，从而架起企业与学校、理论与实践、消费与生产之间的桥梁。最后，闽台人才交流时应当更加注重文化的嵌入，由此增加闽台文化的融合度，使文化起到更好的牵引效果。

（四） 建设更加可持续的产业链

福建与台湾在生产中可以优势互补，从而形成双赢且可持续的产业链。首先，循环经济模式应当融入闽台绿色产业链中。循环经济模式初期的嵌入可能会产生额外的支出也有可能给当前的产业链造成新的麻烦，但是随着有计划的长期执行，闽台共赢绿色供应链就会拥有更高的可持续性。其次，绿色供应链的发展一定要注重资源回收再利用。企业可以增设部门重点研究本企业的资源利用情况，将未被充分利用的资源进行细致化分类，以便于回收。企业可以增设机构，帮助企业的资源分类与回收，帮助可回收资源流回产业链。最后，企业应当引进专业绿色供应链管理人才或者组织学习小组，分析学习优秀供应链管理经验，尤其可以令台湾与福建同类型企业组成研讨小组，共同研究发展利于合作利于可持续发展的管理模式，并且进行试点实践，将实践结果进行反馈交流，进一步优化后可以有效降低产业链绿色革新带来的风险与成本。

（五）增强绿色文化与绿色精神的交流

福建省与台湾地区应当加强交流，在交流中互相学习，使两省的绿色文化与绿色精神相互融合。首先，福建省应当学习台湾地区在文化创新产业中先进的经验。台湾在文创方面已经取得了一些优秀的成果，拥有一定的先进经验。福建省可以利用两省间文化距离小、地理距离小的优势吸取这些成熟的经验，结合本省的优势，寻求更加可持续的、更加具备影响力的文创发展道路。其次，闽台应当共同挖掘传统文化中的绿色核心。闽台都拥有丰富的环境资源，两省一直以来都非常重视对于本省环境资源的保护。这种行为在长时间的积累下成为闽台文化不可分割的一部分，成为闽台文化的绿色核心。因此，两省应当充分重视传统文化的绿色核心，利用其影响力调动省内各个领域的绿色生产、消费行为。最后，两省应当结合本省的发展情况，将新的思想与新生理念与传统文化相结合，仅仅利用传统文化是不够的。随着两省经济发展以及受到国外经济、思想的影响，新的思想、新的理念应运而生。它们能够为传统文化带来新鲜的血液，一方面有助于闽台文化的蓬勃发展，另一方面有助于提升绿色文化的影响力与号召力。

七、本章小结

本章基于对已有研究归纳将绿色经济高质量发展影响因素有效分类，使研究闽台绿色经济发展现状更有条理性，而对于现状清晰的研究又有助于分析当前闽台绿色经济融合发展的优势与不足。党的十九大报告指出建立更加有效的区域协调发展机制，闽台合作是比较有代表性的区域绿色经济合作范例，关于闽台绿色经济发展融合的研究方法也可以扩展至全国其他区域绿色经济合作之中。后续的研究可以分析对比国内外绿色经济区域合作的特点与趋势，从中找出当前中国区域合作可能存在的盲点，从而使绿色经济发展对区域发展有更大的帮助，同时也令区域合作在绿色经济战略的进程中起到更大的作用。

本章参考文献

［1］Merino – Saum A．，et al．，Unpacking the Green Economy concept：A quantitative analysis of 140 definitions［J］．Journal of Cleaner Production，2020. 242：p. 118，339.

［2］Pan W．，et al．，Assessing the green economy in China：An improved framework

[J]．Journal of Cleaner Production，2019. 209：p. 680—691.

［3］李梦欣和任保平，中国特色绿色发展道路的阶段性特征及其实现的路径选择[J]．经济问题. 2019（10）：p. 32—38，120.

［4］Droste N.，et al.，Steering innovations towards a green economy：Understanding government intervention［J］．Journal of Cleaner Production，2016. 135：p. 426—434.

［5］Mensah C. N.，et al.，Technological innovation and green growth in the Organization for Economic Cooperation and Development economies［J］．Journal of Cleaner Production，2019. 240：p. 118204.

［6］田丽芳和李赟鹏，我国能效提升面临的障碍及路径选择——基于绿色增长理念[J]．技术经济与管理研究. 2019（08）：p. 21—25.

［7］Bagheri M.，et al.，Green growth planning：A multi－factor energy input－output analysis of the Canadian economy［J］．Energy Economics，2018. 74：p. 708—720.

［8］刘钻扩和辛丽，"一带一路"建设对沿线中国重点省域绿色全要素生产率的影响［J］．中国人口·资源与环境. 2018. 28（12）：p. 87—97.

［9］赵慧卿和郭晨阳，地区间绿色低碳循环经济发展水平综合评价［J］．河北地质大学学报. 2019. 42（04）：p. 74—81，93.

［10］Cheng X.，et al.，Coupling coordination degree and spatial dynamic evolution of a regional green competitiveness system－A case study from China［J］．Ecological Indicators，2019. 104：p. 489—500.

［11］Zaman，K. A. U. 和 K. Kalirajan，Strengthening of energy security & low－carbon growth in Asia：Role of regional energy cooperation through trade［J］．Energy Policy，2019. 133：p. 110，873.

［12］王力年，区域经济系统协同发展理论研究．［D］. 2012，东北师范大学.

［13］陈艳如和韦素琼，基于闽台区域对比的生产性服务业与制造业互动融合发展研究［J］．亚热带资源与环境学报. 2017. 12（04）：p. 67—75.

［14］苏美祥，大陆台资企业区域分布视域下闽台产业合作转型升级研究［J］．亚太经济. 2019（01）：p. 146—152.

［15］徐慧华，福建自贸区驱动闽台区域经济增长研究［J］．重庆科技学院学报（社会科学版）. 2019（04）：p. 48—51.

［16］颜莉虹，闽台服务业企业合作模式研究——基于厦漳两市台资、闽资企业的调研［J］．台湾研究集刊. 2019（04）：p. 64—73.

［17］潘峰，闽台合作项目下赴台交换生的文化认同——基于个体－群体的整合视角［J］．台湾研究. 2017（04）：p. 57—65.

［18］涂正革和陈立，技术进步的方向与经济高质量发展——基于全要素生产率和

产业结构升级的视角［J］. 中国地质大学学报（社会科学版）. 2019. 19（03）：p. 119—135.

［19］严成樑和龚六堂，R&D 规模、R&D 结构与经济增长［J］. 南开经济研究. 2013（02）：p. 3—19.

［20］邱梦圆和丁焕峰，中国区域技术专业化与经济增长——基于专利数据的实证分析［J］. 科技进步与对策. 2018. 35（21）：p. 48—56.

［21］Yang，F.，C. Sun，和 G. Huang，Study on cross－strait energy cooperation under the new circumstance［J］. Journal of Cleaner Production，2018. 180：p. 97—106.

第十八章　闽粤赣浙合作发展绿色经济研究

一、引言

海峡西岸经济区，是指台湾海峡西岸，以福建为主体包括周边地区，南北与珠三角、长三角两个经济区衔接，东与台湾岛、西与江西的广大内陆腹地贯通，具有对台工作、统一祖国，并进一步带动全国经济走向世界的特点和独特优势的地域经济综合体。经济区以福建为主体，涵盖浙江、广东、江西3省的部分地区。国务院2009年5月4日召开常务会议讨论并原则通过《关于支持福建省加快建设海峡西岸经济区的若干意见》，海峡西岸经济区正式被确定为国家级经济发展区域，成为长江三角洲、珠江三角洲、环渤海地区的中国区域经济增长极。国务院发展研究中心副主任卢中原认为，所谓的发展，必须是可持续发展，充分利用并且合理利用资源，与环境一起友好地发展。这就要求我们必须进行绿色经济的建设，努力提高自主创新能力。传统产业经济会破坏生态平衡，能源和资源的消耗大，危害人体健康，是一种损耗式经济。相比于传统产业经济，绿色经济能维护人类生存环境，合理保护资源与能源，有益于人体健康，是一种平衡式经济[1]。由于资源的稀缺性，发展绿色经济是解决经济发展与保护环境之间矛盾的有效方法，是顺应全球经济发展趋势的。以发展绿色经济为核心的"经济革命"已逐渐席卷全球，只有在这场革命中处于领先地位，才能在未来的竞争中处于有利地位[2]。作为同属于海峡西岸经济区的福建、广东、江西、浙江四省，各自在发展绿色经济的工作中都取得巨大进展。但是目前，绿色经济在中国才刚刚起步，在各领域各地区的发展很不平衡。为了使海峡西岸经济区在这场以发展绿色经济为核心的"经济革命"中处于领先地位，不仅需要福建、广东、江西、浙江各自的努力，更需要它们进行合作，共同发展绿色经济。本研究以福建、广东、江西、浙江合作发展绿色经济为研究对象，以促进海峡西岸经济区可持续发展，提高区域竞争力为目标，在分析福建、广东、江西、浙江合作发展绿色经济中存在问题的基础上，提出四省合作发展绿色经济的理论框架，以期论证一些有实施价值的建议和措施，打造出中国经济竞争力最大的区域。

二、区域协调发展理论综述

区域协调发展是一项综合研究，对于区域协调发展至今还没有做出科学、详细和公认的定义，然而对其定义的探讨却没有停止过[3]。隋映辉认为协调的本意为"和谐一致、配合得当"，他描述了系统内部各要素的良性相互关系，这是国内对于协调的较早描述与定义[4]。戴颂华认为所谓区域协调发展，是指在宏观调控作用下，充分利用不同区域各自的特点和优势，最大限度地发挥区域之间互补的整体优势和综合比较优势，形成参与国际分工和竞争的合力，促进社会整体的健康发展，同时逐步缩小区域间的差异[5]。孙海燕认为区域协调发展是区域内部的和谐与区域外部的共生，区域协调发展是内在性、整体性和综合性的发展聚合，区域内部形成一个有机整体，相互促进相互协同，通过良性竞争与紧密合作，与区域外部融洽区域经济关系，创造最佳总体效益，形成优势互补、整体联动的经济、社会、文化和生态可持续发展格局，从而达到一种区域内外高度和谐的协调发展高级阶段[3]。朱传耿、仇方道、孟召宜遵循系统论思想，不仅从产业、城市、经济等方面探讨省际边界区域的协调发展，而且从点、线、面、流等维度探讨其协调发展，提出省际边界区域协调发展机制和模式，增强了研究的系统性和科学性[6]。

（一）自组织理论与区域协调发展

自组织理论是继系统论、信息论、控制论之后逐步形成和发展起来的系统科学理论。组织是指一个系统的要素按照特定的指令，形成特定的结构或功能的过程，自组织则是指一个系统的要素按彼此的相干性、协同性或某种默契形成特定结构与功能的过程。自组织理论以系统化、整体化的观念研究和揭示区域协调发展规律，把握住对象的内环境与外环境的关系，以便有效地认识和改造世界[7]。区域空间自组织现象的形成和发展昭示区域协调发展的历程，为我们建立区域协调发展研究的综合观提供了良好的方法论基础。福建、广东、江西、浙江同在海峡西岸经济区，具有相似的内外环境，能合作进行绿色经济的发展。

（二）劳动地域分工理论与区域协调发展

分工形成首先是建立在区域差异基础上的，正是由于区域在自然条件、资源优势、劳动力状况和历史基础及经济发展程度等方面存在明显差异才为分工提供了前提条件。劳动地域分工是社会生产力发展的必然趋势，是社会分工在地域空间上的反映，它的发展必然形成区域生产的专业化，而劳动地域分工的发展也必然促进区域之间的商品生产和商品交换的进一步发展，因此客观上要求区域间组成一个开放系统以加强协作及区域间的横向经济联系。劳动地域分工将区内分工和区际分工作为两个基本层次[8]。区域通过调节自身的经济行为，通过地域分工的合理组织与协调，促进地域分工发展，以减少各经济利益主体之间由于盲目竞争和经济行为不规范所导致的不合理分工，主张各区域之间进行有效的分工与协作并通过区内与区际分工建立合理的分工与协作体系。为了实现绿色经济的发展，福建、广东、江西、浙江应通过地域分工的合理组织与协调，减少不合理分工。

（三）相互依赖理论与区域协调发展

各区域都生存于遍布全球的相互依赖网中，因此，都有义务共同努力建设一个和平、稳定和协调发展的全球社会，相互依赖使不同区域在许多领域拥有共同利益，在处理区域关系中区域协调的机制日益重要。相互依赖的核心是合作，处理区域关系的实质是合作。同时，相互依赖强调利益冲突不是减少，相反将采取新形式，甚至可能增多。从区域协调关系行为体方面来看，政府不再是唯一的区域协调关系行为体，其地位和影响力的下降与非政府因素的上升形成鲜明对比[9]。相互依赖理论对全球化时代国际合作前景以及国际制度作用的分析是乐观的，它强调多边管理机制、开放的经济和市场以及稳定的社会政治经济秩序，通过区域之间良好的竞争和合作，尤其是务实有效的经济合作，达到最终的协调发展。福建、广东、江西、浙江在生产、商品、市场、技术、资金、投资场所和人才等方面相互依赖性强，经济合作较快，就能实现绿色经济更好的发展。

（四）竞争合作理论与区域协调发展

从当前的发展趋势来看，世界继和平发展之后，合作成为又一发展主题，区域合作成为促进区域协调发展的重要保障，特别是随着经济全球化和区域经济一体化向纵深方向发展，区域通过合作提升整体综合实力和竞争力已经成为应对经济全球化重要的策略和手段[10]。加强区域合作不能回避竞争，但一定要避免过度竞争和恶性竞争。区域发展的先决条件就是区域的核心竞争力，只有提升核心竞争力，才能在区域经济竞争与合作中占据主动，有效地集聚资本、技术、人才等要素资源，促进区域协调发展。福建、广东、江西、浙江合作发展绿色经济，有利于提升海峡西岸经济区的竞争力。

三、闽粤赣浙合作发展绿色经济的现状

进入新的历史时期，海峡西岸经济区迈向工业化中后期阶段，呈现明显工业快速发展特征，节能减排和环境保护的压力日益增大[11]。在很长一段时间，海峡西岸经济区采用的是粗放型经济发展方式，投资需求对经济增长的贡献难以继续扩大，产业结构不合理，服务业和高新技术产业的比重在经济发展中偏低，科研经费支出过少，自主创新能力需要极大提高，对能源的依赖程度太高，导致资源供需矛盾突出，经济要实现增长就对环境造成了巨大的压力[12]。为了实现既要加快发展，又要加强保护这一目标，我们就需要探索并确立一条资源节约型、环境友好型发展道路。福建、广东、江西、浙江四省为绿色经济的发展各自做了许多的努力，并且相互之间进行合作，也取得了不错的成效，但仍存在许多的问题。

（一）福建发展绿色经济的现状

福建省地处中国东南沿海，与台湾一水之隔，北接长三角，南连珠三角，扼东海与南海之交通要冲，具有优越的海洋区位条件。全省海域面积13.6万平方公里，海域面积大于陆地面积，陆地海岸线长达3752公里，能源资源丰富，可开发潜力巨大。在海峡西岸经济区内，福建省的深水港资源占全国比重极大，海岸线长居全国第二位，分布着许多自然条件优越、历史悠久的海港。厦门、福州两港是我国重要的枢纽港口，国际集装箱吞吐量分别居全国第七位和第十位。海峡西岸经济区建设，是把福建省放在更高层次、更大范围的发展平台和发展空间上进行战略考量，去审视自己的发展方向和发展政策；是把福建省全方位地融入国内外区域经济一体化的趋势中，致力走省际区域对接和区域整合为内容的经济区战略崛起的发展道路，以期在重要的战略机遇期中充分发挥比较优势。海峡西岸的特殊区位，赋予福建省在特殊历史时期中的特殊职能和责任，也同样给予福建省以特殊机遇。但是福建省在实现经济高速发展的情况下，生态破坏也日益严重，资源没有得到优化配置。作为福建省支柱产业的林产业和水产业，具有山多海阔的森林和水产资源优势，但都属于劳动密集型的资源开发产业，并不利于可持续发展[13]，如表1。

表1　福建省废水废气排放量

项目	2008	2009	2010	2011	2012
废水排放总量（亿吨）	23.63	24.60	23.85	31.62	25.63
化学需氧量（COD）排放量（万吨）	37.82	37.57	37.26	67.94	66.00
氨氮排放量（万吨）	3.00	3.01	2.98	9.54	9.32
二氧化硫（SO_2）排放量（万吨）	42.89	41.97	40.91	38.92	37.13
氮氧化物排放量（万吨）				39.39	46.72

（二）广东发展绿色经济的现状

广东省是我国对外开放最早、发展速度最快的经济大省。党中央、国务院对广东发展寄予厚望。时任总书记胡锦涛视察广东时提出，广东要加快发展、率先发展、协调发展，继续在全国改革开放和社会主义现代化建设中发挥排头兵的作用；要大力推进能源、资源的节约和综合利用，积极发展绿色经济，逐步构建节约型的产业结构和消费结构，建设节约型社会。大力发展循环经济，建设节约型社会，体现了以人为本、全面协调可持续的科学发展观的本质要求，对于建设绿色广东，对于广东全面建设小康社会、率先基本实现现代化具有重要的推动作用[14]。广东省通过大规模的生产要素投入扩大外延再生产，使经济一直保持高速增长。但同时资源消耗和环境污染也以惊人的速度递进，粗放型增长方式带来的高投入、高消耗、高排放、高污染，使广东良好的资源环境已经变得十分脆弱。能源资源严重短缺、生态环境压力日益严重，虽然广东省已经采取了许多措施控制环境污染，大力推行绿色经济，但形势依然严峻，如表2。

表2　广东省各市2012年三废排放量

城市	废水排放总量（亿吨）	工业废水排放总量（亿吨）	工业废气排放总量（亿标立米）	工业烟尘排放总量（万吨）	工业固体废物产生量（万吨）	工业固体废物排放量（万吨）
广州	15.28	2.27	3217.50	1.42	615.00	
深圳	13.02	1.38	2137.00	0.52	105.20	0.1
珠海	2.28	0.55	1372.90	1.12	273.80	
汕头	2.51	0.51	672.60	0.49	108.30	
湛江	2.71	0.82	1008.80	1.01	252.80	0.1

（三）江西发展绿色经济的现状

江西省简称"赣"，位于中国东南、长江中下游南岸，为长江三角洲、珠江三角洲和闽南三角洲地区的腹地。全省面积16.69万平方公里。江西地势狭长，南北气候差异较大，但总体来看是春秋季短而夏冬季长。全省气候温暖，日照充足，雨量充沛。年平均气温18℃左右，年均降水量1341毫米到1940毫米。从生态活力、环境质量、社会发展和协调程度四个方面分析，江西省生态活力水平持续稳定增强；环境质量整体仍有退化，但退化的趋势基本得到控制，即将通过拐点实现改善；社会发展水平进入加速上升的发展态势；协调程度水平也表现为加速提升的走势[15]。随着全省上下生态意识的觉醒，江西在经济社会发展的同时，全面启动绿色生态江西建设，致力打造绿色生态家园，加快实施宜林荒山、城市、乡镇、农村以及基础设施、工业园区造林绿化；加强自然保护区建设管理，合理调整保护区核心区、缓冲区、实验区，提升自然保护区自我发展能力；不断加强湿地保护。生态建设取得了巨大成就。但是目前，江西省可持续发展水平仍相对较低，作为欠发达省份，发展绿色经济面临着许多的困难，如表3。

表3　江西省三废排放量

指标	2000	2005	2009	2010	2011	2012
工业废水排放总量（万吨）	42083	53972	61603	72526	77296	82379
工业废气排放总量（亿标立方米）	2220	4378	8286	9812	11619	13426
工业烟尘排放量（万吨）	22	23	12	14	14	15
工业固体废物产生量（万吨）	4814.97	7006.71	8561.28	9407.30	10337	11267
工业固体废物排放量（万吨）	28.70	10.28	12.96	13.23	13.50	13.78

（四）浙江发展绿色经济的现状

浙江省地处中国东南沿海长江三角洲南翼，改革开放以来，浙江由人多地少、缺煤少铁的资源小省迅速发展成为经济大省。随着经济的调整增长，经济发展与资源环境的矛盾日益突出。这种高速发展是在传统发展模式下实现的，浙江省为此付出了巨大的资源与环境代价。首先浙江省是一个资源小省，陆域的自然性物质资源十分有限，水资源总体并不富裕，分布也不均衡，部分地区供需矛盾突出，区域性、水质性和工程性缺水并存，成为全省经济社会发展的主要瓶颈之一[16]。其次，全省资源利用效率不高，浙江单位GDP的能耗、水耗和污染物的排放量虽在全国处于较好水平，但与世界平均水平相比，资源利用率差距很大。浙江省对此高度重视，全面规划，提出要加快新型工业化进程，调整优化经济结构，培育发展循环经济，积极发展生态农业、生态工业、现代服务业，大力倡导绿色消费，推动发展模式从先污染后治理型向生态亲和型转变，增长方式从高消耗、高污染型向资源节约和生态环保型转变，使生态产业在国民经济中逐步占据主导地位，形成具有浙江特色的生态经济格局。浙江省在发展绿色经济上取得了重大进展，但仍存在许多问题，并没有彻底实现绿色经济，如表4。

表4 浙江省三废排放量

项目	2006	2007	2008	2009	2010	2011	2012
废水排放量（万吨）	33064	338101	350377	365017	422618	420417	420960
废气排放量（亿立方米）	14702	17467	17463	18860	24435	24940	23967
固体废物生产量（万吨）	3096	3613	3785	3910	4843	4549	4542

四、闽粤赣浙合作发展绿色经济必要性

（一）协调发展是我国区域经济发展的一个重要主题

随着经济全球化和区域一体化的发展，区域之间的经济联系、信息和技术交流及生产要素的国际流动更加广泛和日益频繁，整个世界经济已成为相互渗透交织的复杂体系，任何孤立的区域几乎不能发展，区域之间的相互作用、相互影响、相互依赖、相互联系明显增强。根据自组织理论和相互依赖理论，福建、广东、江西、浙江同在海峡西岸经济区，具有相似的内外环境，能合作进行绿色经济的发展。海西内部的省市之间只有加强省域及跨国合作，才能从整体上提升海峡西岸经济区的综合竞争力，进而提升我国的整体竞争力。

（二）海峡西岸经济区是海湾型区域的特殊性要求内部各省市合作发展

根据竞争合作理论，绿色经济的发展符合可持续发展理论的要求，福建、广东、江西、浙江应合作促进绿色经济，实现海峡西岸经济区的可持续发展。海湾型区域是海洋深入陆地的部分，是多种资源的富集区，一般具有三面环陆、一面敞开的天然开放格局。海湾的这一特点使其与周围地区在一定的历史条件下可迅速发展为经济发展最活跃的地区。海峡西岸经济区内部的各省市只有加强合作，才能促进整个经济区的平衡发展。

（三）海峡西岸经济区的战略定位要求福建、广东、江西、浙江进行合作

根据劳动地域分工理论和可持续发展理论，为了实现绿色经济的发展，福

建、广东、江西、浙江应通过地域分工的合理组织与协调，减少不合理分工。改革开放以来，我国沿海经济迅速发展，在区域经济一体化的推动下，已经形成长三角、珠三角、京津唐等三大区域经济增长极。在两大三角洲之间的福建和浙南、粤东则形成了沿海经济链的一个断裂带。这一地区是连接两大三角洲的要塞，经济上则能对两大三角洲形成优势互补。建设海峡西岸经济区，就是要进一步整合福建、浙南、粤东和赣南等地区的资源优势、产业体系，构筑经济发展的良好平台，使之成为能和京津唐地区、长三角、珠三角一样重要的经济区，使我国沿海地区形成一条完整的区域经济一体化链条。

（四）海峡西岸经济区环境保护和生态化的实现需要福建、广东、江西、浙江合作发展绿色经济

传统的增长方式、不合理的资源开发、环境污染和生态破坏，导致我国已经成为世界上污染最为严重的国家。延续 300 多年的工业文明实际上是"黑色文明"，快速发展的同时也造成了严重的污染。近年来，许多区域也都逐渐认识到区域合作和优势互补高于竞争，尤其是环保和生态，不能各干各的，必须着眼于区域层面，从而努力探索通过区域内的合作，共同发展绿色经济，做好环境保护工作。

（五）福建、广东、江西、浙江合作发展绿色经济是海峡西岸经济区经济发展的平衡机制

由于社会经济基础、自然地理环境、人文等多方面原因，一个区域内社会经济发展经常出现不平衡、不协调、不同步的情况。推进海峡西岸经济区各省市合作发展绿色经济，按照统一规划，特别一些全区域甚至跨区域江河湖海环境保护与治理，就必须先进帮后进，协调、同步，否则就会拖住整体前进步伐。彻底实现绿色经济需要一个相当长的时间，更需要花费大量的物力、财力以及社会责任心，而福建、广东、江西、浙江合作发展绿色经济，可以促进整个海峡西岸经济区的平衡发展。

五、闽粤赣浙合作发展绿色经济面临主要问题

我国区域经济发展战略的制定，一方面需要充分考虑各地区自然地理条件、交通条件、人文环境、历史原因等客观因素，另一方面还取决于国家政策、发展战略等因素的变化。福建、广东、江西、浙江同属于东部区域，许多的客观因素相似，作为海峡西岸经济区的四个省份，需要进行合作来促进绿色经济的发展，但是存在着许多的问题。

（一）缺乏制度基础

海峡西岸经济区具有趋同性很强的产业结构，彼此多是竞争而非竞合关系，这就会带来一些资源配置浪费，在招商引资、外贸出口和产业发展上存在着一定程度的无序竞争[17]。由于海峡西岸经济区缺乏协同规划，导致重复建设、产业趋同等无序竞争局面，往往也具有较强的竞争性。缺乏共同的制度基础，使得福建、广东、江西、浙江在合作发展绿色经济的问题上出现了很多的障碍。

（二）缺乏合理的财政投资政策

大多数的传统产业并不符合绿色经济的发展要求，许多地方政府为了实现所谓的经济指标，对传统产业的转型并没有做好，不重视新兴产业的培育引导，四省之间对于投资的交流较少，并没有放宽市场准入领域。对于科技投入，人才和科研单位并没有实现共同的交流和使用，就导致区域没有协调发展，无法真正实现绿色经济的发展[18]。

（三）产业结构不合理

劳动密集型产业处于产业链的低端，其消耗大量的能源资源，带来严重的环境问题，却只能形成极低的利益收入，不利于经济的可持续发展。由于海峡西岸经济区以劳动密集型产业为主，大量的劳动力被第二产业吸纳，并且劳动者所从事的大多是简单低级的劳动，对劳动技能要求不高[19]。随着产业的升级，劳动密集型产业减少，就业压力增大。福建、广东、江西、浙江四省在产业转型期遇到许多问题，阻碍了合作发展绿色经济的步伐。

（四）缺乏完善的社会保障政策

政府承担着建立生态文明发展框架，为生态文明的发展提供政策保障的重要职能。要建设生态文明、节能降耗，法律、法规和政策环境，技术开发、产业结构，都必须通过政府的强大推动[20]。工业文明时代，政府的领导角色更加突出，政府的战略地位更加重要。福建、广东、江西、浙江四省政府各自在省内履行了发展绿色经济的职能，但却忽略了合作发展的重要性。

六、闽粤赣浙合作发展绿色经济的理论分析框架与政策建议

（一）理论分析框架

海峡西岸经济区是建设促进祖国统一大业的前沿平台。进行绿色经济体系

的构建，实现可持续的发展，建设生态文明，是服务于祖国统一大业的，而发展绿色经济，是促进经济全球化和实现可持续发展目标的必要途径。中国作为一个实施赶超战略，努力后来居上的发展大国，应该尽量少走先污染、后治理的弯路。中国有许多极其脆弱的生态环境的地区。发展绿色经济是落实科学发展观的具体实践，是全面实现小康社会目标的战略选择，是解决环境保护与经济发展矛盾、实施可持续发展战略的有效手段，是实现海峡西岸经济区快速健康发展成为先进发展区域的重要方式。作为同属于海峡西岸经济区的福建、广东、江西、浙江四省在合作发展绿色经济上取得了初步的成效，但是仍存在许多问题需要解决。图1大致形成了福建、广东、江西、浙江合作发展绿色经济的理论分析框架。

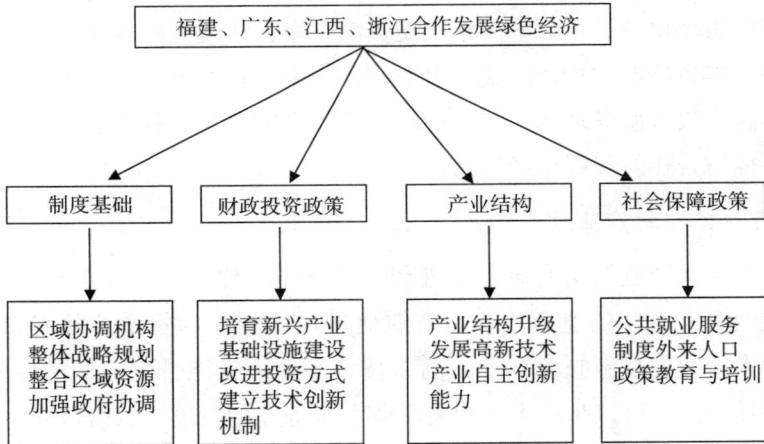

图1　福建、广东、江西、浙江合作发展绿色经济的理论分析框架

（二）福建、广东、江西、浙江合作发展绿色经济的政策建议

1. 建立合作制度基础

福建、广东、江西、浙江四省应设置专门的区域协调机制，尽量使彼此关系成为有序竞争状态，建立不同层次的区域经济协调机构，形成一些扁平化的管理组织和共同平台，最大限度地减少海峡西岸经济区的壁垒制约，降低彼此之间发展绿色经济的交易成本和一些无序竞争，促进四省的整合。四省应制定整体发展战略规划，在科学合理的发展框架与规划方案以及有效的监督之下，使海峡西岸经济区的绿色经济发展有序进行。四省应加快制度创新和体制改革步伐，充分发挥市场机制的作用，促进体制环境、市场环境、产业基础与

区域战略对接。四省应整合资源，加强政府间协调，提供组织协调与政策支持，适时稳妥地由点及面、由层面到全方位，循序渐进地推动海峡西岸经济区的绿色经济合作向更高层次发展。

2. 实施合理的财政投资政策

四省应加强财政对新兴产业培育、引导，对传统产业转型的扶持力量，海峡西岸经济区各省应当着力健全协调配合的财政政策体系，抓住机遇调整产业结构，深入推进节能减排，在保增长中更加突出结构调整，实现绿色经济的快速发展，使增长更上层次、更有后劲、更可持续。四省应加大基础设施建设力度，打造交通、通信网络一体化的经济圈，交通一体化是福建、广东、江西、浙江合作发展绿色经济的突破口，打破行政区划进行梳理和整合，以形成统一开放有序的市场机制，最大限度地实现资源共享，实现海峡西岸经济区资源的合理利用。四省应改进投资方式，以财政资金引导社会资金，放宽市场准入领域，改善融、投资服务环境，利用财政政策的导向作用，促进福建、广东、江西、浙江四省合作发展绿色经济的进程。

3. 实施合理的产业政策

四省应强化产业结构升级，促进现代产业体系建设，加速第三产业发展，增强海峡西岸经济区的竞争力。四省应促进产业结构向资本或技术密集型转变，继续大力发展高新技术产业，高新技术产业不仅能带来高额的经济效益，而且高新技术产业可以带动大量相关产业和服务业的发展，符合绿色经济的发展要求。四省应调整内部就业结构，加强技术培训，充分挖掘第二产业潜在就业机会，促进剩余劳动力合理有序流向第二、第三产业，适应绿色经济发展需要。四省应培育一批具有核心竞争力的企业集团，支持一批拥有自主知识产权的知名品牌，建立一些具有集聚效应的产业基地。福建、广东、江西、浙江可以合作建立一些绿色产业，共享资源，促进绿色经济的发展。四省应培育自主创新能力，集聚大量的人才和科技智力资源，营造创新的文化氛围，促进人才合理流动，使得海峡西岸经济区各省份在发展绿色经济上拥有可流动的高级人才，减少资源浪费，合作发展绿色经济。

4. 建立健全社会保障政策

四省应发展和规范各种专业性职业中介机构和劳务派遣、职业咨询指导、就业信息服务等社会化服务组织，完善公共就业服务制度，实现福建、广东、江西、浙江的资源合理流动，减少社会不安定因素，为合作发展绿色经济提供基础。四省应发展和完善外来人口政策、教育与培训体系、公共住宅、财税政策等。外来人口不仅能够给地区经济发展提供需要的劳动力资源，而且这些外来人口大多具有较强的创新意识和勇于改革的精神，能够促进经济的迅速发展。福建、广东、江西、浙江同属于海峡西岸经济区，社会保障政策应当互相有所侧重，提供一些优惠条件，共同促进绿色经济的发展。

七、本章小结

福建、广东、江西、浙江四省合作发展绿色经济，有利于推动和谐社会的建立，具有特别的现实意义，有利于实现区域经济可持续发展，推动经济的低代价增长，向着建立节约型的区域经济前进，有利于实现区域经济环境保护和生态化，是我国实现绿色经济的重要组成部分。本章根据福建、广东、江西、浙江合作发展绿色经济的现状，提出一些切实可行的建议，从而促进我国绿色经济的快速发展。

本章参考文献

［1］彭水军．自然资源耗竭与经济可持续增长：基于四部门内生增长模型分析［J］．管理工程学报，2007（4）：55—57.

［2］Nicholas Apergis, Claire Economidou, Ioannis Filippidis. Innovation, Technology Transfer and Linkages: Evidence from a Panel of Manufacturing Industries［J］. Review of World Economics, 2008（3）: 491—508.

［3］孙海燕．区域协调发展理论与实证研究［M］．科学出版社：3—5.

［4］隋映辉．我国沿海经济发展与战略动态调整［J］．亚太经济，1990（12）：45—47.

［5］戴颂华．试论我国市场经济体制下的区域协调发展［J］．规划师，2000（2）：7—10.

［6］朱传耿，仇方道，孟召宜．省际边界区域协调发展研究［M］．科学出版社：235—238.

［7］Cowan R, Jonard N, Zimmermannn J B. Bilateral Collaboration and the Emergence of Innovation Networks［J］. Management Science, 2007, 53（7）: 1052—1067.

［8］GULAT I R, NETWORK. Location and learning: the influence of network resource and firm capabilities or alliance formation［J］. Strategy Management Journal, 1999（20）: 397—420.

［9］KUEN – H UNG T SAI, JIANN – CHYUANGB. External technology sourcing and innovation performance in LMT sectors: Ananalysis based on the Taiwanese Technological Innovation Survey ［J］. Research Policy, 2008 (37): 1283—1295.

［10］Peace J G B, Juliani T. The Coming Carbon Market and Its Impact on The American Economy ［J］. Policy and Society, 2009 (27): 305—316.

［11］张志南, 李闻榕. 海峡西岸经济区热点研究 ［M］. 社会科学文献出版社: 185—186.

［12］林毅夫, 苏剑. 论我国经济增长方式的转换 ［J］. 管理世界, 2007 (11): 5—13.

［13］伍长南, 马晓红, 黄继伟. 海峡西岸经济区区域经济发展研究 ［M］. 中国经济出版社: 194—197.

［14］孟赤兵. 区域循环经济 ［M］. 化学工业出版社: 318—335.

［15］赵伟. 中国区域经济开放: 制度转型与经济增长效应 ［M］. 经济科学出版社: 5—11.

［16］孙久文. 中国沿海地区经济转型重大问题研究 ［M］. 经济管理出版社: 39—46.

［17］吴玉萍, 董锁成. 实施可持续发展战略的制度创新—构建绿色经济制度 ［J］. 世界环境. 2000 (4): 14—17.

［18］李向东, 岳良运. 我国高新技术产业安全物元评价及其对策 ［J］. 科技进步与对策, 2010 (1): 72—77.

［19］诸大建. 从"里约 + 20"看绿色经济新理念和新趋势 ［J］. 中国人口、资源与环境. 2012 (9): 1—7.

［20］杜宇, 刘俊昌. 生态文明建设评价指标体系研究 ［J］. 科学管理研究, 2009 (3): 60—63.

第十九章　基于绿色经济的福州城市发展研究

一、研究背景

福州，简称"榕"，是福建省会、历史文化名城、海峡西岸经济区中心城市之一。近年来福州市凭借其优势的地理位置以及国家政策的大力支持，2009年获批成为海西经济开发区之一，2015年正式获批设立自由贸易区，社会经济发展成绩斐然。数据显示[1]，2011—2015年地区总产值年平均增长速度达11.23%，其中第一、第二、第三产业年均增速分别为 4.38%、12.55% 与11.09%，在福建省名列前茅；2016 年福州市地区总产值突破 6000 亿（6197.77 亿元），经济发展势头强劲。另一方面，2015 年与 2016 年福州市地区生产总值分别较上年增长 8.68% 与 8.5%，与"十二五"期间的平均增速11.23% 相比有所放缓，与此相对应，2015 年以来福州市第一、第二、第三产业的增长幅度较"十二五"期间的平均水平也有所降低，其中第二产业尤为明显。兼顾社会经济发展与生态环境保护，既关注经济发展数量又关注经济发展质量，最终实现社会经济整体绿色健康发展，是未来五年乃至更长时期里福州城市发展的新课题、新挑战。2015 年十八届五中全会在会议公报中首次将"绿色发展"发展理念提到"五大发展理念"的高度[2]，强调绿色发展是新常态经济环境下的必然选择。福州市政府积极响应党中央号召，将"绿色发展"理念贯彻落实到福州新区发规划等一系列政策文件当中，强调强化生态文明理念，围绕国家生态文明试验区建设，按照生态型城市发展模式指导新区开发建设，维护新区自然绿色[3]。"绿色经济"这一概念最早由英国环境经济学家皮尔斯（Pearce）提出，后为国内外学者所广泛研究。邓楠[4]认为，绿色经济是一种兼顾生态与效率的经济形态，它既要求减少资源消耗、降低污染物排放和减轻生态环境压力，也要求保障经济可持续发展。向书坚、郑瑞坤等人[5]认为，绿色经济是建立在传统经济基础之上的一种以市场为导向，通过一定的技术水平与管理手段，促使现有社会再生产诸环节适应人类健康与生态健康并不断获得生态经济效益的新经济形式。关于"绿色发展"与"绿色经济"的关系，范思贤、李兰等人[6]认为，绿色经济是绿色发展的起点，绿色发展包含绿色经济，发展绿色经济是实现绿色发展的路径之一，促进绿色发展是发展绿色经济的最终目标。然而现有基于绿色经济的福州城市发展研究寥寥，仅靠政策理念指导并不能够满足福州市未来城市发展的决策需要。因此，本书拟在绿色经济理论视角下分析福州市当前绿色经济发展水平，总结影响绿色经济下福州城市发展的主要因素及其机遇与挑战，构建福州城市发展理论体系，提出福州城市发展政策建议，助力实现福州城市整体绿色转型与发展。

二、理论综述

城市的概念古而有之且内涵界定十分丰富。本书采用国标《城市规划基本术语标准》中对城市的定义：以非农产业和非农业人口聚集为主要特征的居民点，包括按国家行政建制设立的市和镇。关于城市发展，学者邓智团在综合研究"城市"以及"发展"含义的基础上，给出关于城市发展的新含义：城市变化是一种长期动态过程，城市质的变化而不仅仅是量的扩张，也是城市从简单到复杂、从低级到高级的演进过程。[7]

目前绿色经济视角下的城市发展研究主要体现为以下两大方面。首先是发展与转型方面：钱争鸣、刘晓晨等人[8]在构建绿色经济效率分析框架的基础上进行实证分析得出，环境管制在长期对提高绿色经济效率水平具有促进效用，目前加强环境管制对于东部地区城市而言具有先负后正的效用，但对中、西部地区城市则仍具有抑制作用；李萌、李学锋等人[9]剖析了中国城市发展绿色转型的必要性和紧迫性，探讨城市绿色发展转型面临的问题与挑战，提出中国城市绿色发展转型的路径选择与政策安排；有学者[10]通过构建空间误差模型（SEM）得出清洁能源是地区绿色经济发展的重要驱动力之一，且推行清洁能源政策的地区要比没有推行的地区多出54.3%的绿色工作岗位以及61.8%的绿色企业；有学者[11]认为，绿色城市经济转型的重点在于绿色经济活动的增长、全方位的社会技术制度变化、强烈的愿景与协调行动，而城市发展战略（CDS）在这个过程中发挥着巨大作用；有学者[12]举唐山、保定、深圳等例分析了我国不同时期所提倡的生态城市、低碳城市、低碳生态城市发展过程中的得失，认为应明确目标与愿景、实施低碳生态理念、提倡市场化发展、学习国际经验，向建设全面绿色城市转型、迈进。其次是发展水平测评与控制方面。朱斌、吴赐联等人[13]通过构建绿色经济发展指标体系，辅以改进的优劣解距离法（Technique for Order Preference Similarity to an Ideal Solution，TOPSIS）、影响度模型等分析工具对福建绿色城市发展情况进行整体测评，提出促进福建地区城市绿色发展的政策建议；于学成、葛仁东等人[14]通过构建环境库兹涅兹扩展模型，选取1989—2013年辽宁省各城市的国民经济发展数据进行实证研究得出，投资和消费与绿色经济增长密切相关，对辽宁省绿色经济增长作用呈"增—减—增"的趋势，并对此提出相应的控制措施，以提升辽宁省绿色经济发展水平；韩国学者[15]指出，韩国已经构建了一个由绿色发展指标（GGIs）和绿色生活方式的指标（GLIs）构成的交叉检查与绿色增长的政策评价指标体系，并通过整体的环境经济核算体系（SEEA）对具体的绿色增长活动进行监测与测评，以此促进具体城市乃至国家整体的绿色经济发展。

三、基于绿色经济的福州城市发展现状分析

（一）福州城市经济增长绿化度分析指标体系介绍

表1　《中国绿色发展指数报告——区域比较》中国城市经济增长绿化度指标体系

一级指标	二级指标	三级指标	指标单位	指标属性
经济增长绿化度	A：绿色增长效率	A1：人均地区生产总值	元/人	正
		A2：单位地区生产总值能耗	吨标煤/万元	逆
		A3：人均城镇生活消费用电	千瓦时/人	逆
		A4：单位地区生产总值二氧化碳排放量	煤/万元	逆
		A5：单位地区生产总值二氧化硫排放量	吨/亿元	逆
		A6：单位地区生产总值化学需氧量排放量	吨/亿元	逆
		A7：单位地区生产总值氮氧化物排放量	吨/亿元	逆
		A8：单位地区生产总值氨氮排放量	吨/亿元	逆
	B：第一产业	B1：第一产业劳动生产率	万/元人	正
	C：第二产业	C1：第二产业劳动生产率	万/元人	正
		C2：单位工业增加值水耗	万/吨万元	逆
		C3：单位工业增加值能耗	吨标准煤/万元	逆
		C4：工业固体废物综合利用率	%	正
		C5：工业用水重复利用率	%	正
	D：第三产业	D1：第三产业劳动生产率	万/元人	正
		D2：第三产业增加值比重	%	正
		D3：第三产业就业人员比重	%	正

《中国绿色发展指数报告——区域比较》是由北京师范大学、西南财经大

学和国家统计局三家单位每年联合发布的中国绿色发展指数报告，该书全面测度和评估中国各省（区、市）的绿色发展，方法持续创新，指数不断完善，得到国内社会各界的广泛认可。因此，本节拟通过该书 2012—2016 年连续发布的关于福州市在 2010—2014 年间"城市经济增长绿化度"部分指标（如上页表 1 所示）测量值的变化情况，来分析近年来福州城市绿色经济发展状况。

（二）福州市城市经济增长绿化度指标发展趋势分析

福州市绿色增长效率评价指标主要由 A1：人均地区生产总值、A2：单位地区生产总值能耗、A3：人均城镇生活消费用电、A4：单位地区生产总值二氧化碳、A5：单位地区生产总值二氧化硫、A6：单位地区生产总值化学需氧量排放量、A7：单位地区生产总值氮氧化物排放量和 A8：单位地区生产总值氨氮排放量指标构成，通过引入环境保护因素对经济发展的绿色效率进行全方位测评。由下表 2 我们可以得出，具有正向发展趋势的指标分别是 A1：人均地区生产总值、A2：单位地区生产总值能耗、A5：单位地区生产总值二氧化硫及 A7：单位地区生产总值氮氧化物排放量；具有负向发展趋势的指标分别是 A3：人均城镇生活消费用电与 A8：单位地区生产总值氨氮排放量；A6：单位地区生产总值化学需氧量排放量指标发展趋势起伏变化较大但有负向发展的可能。总体而言，福州市在 2010—2014 年之间较好地处理了城市经济发展与环境保护之间的关系，多数因经济发展带来的环境污染因素得到了有效抑制，经济发展的绿化度不断提高。

福州市第一产业发展绿化度指标指的是第一产业劳动生产率。由下表 2 我们可以得出，福州市第一产业劳动生产率在五年间一直处于上升的状态，具有正向发展趋势。第一产业劳动生产率是每年全市第一产业生产总值与当年全市从事第一产业生产的劳动力人数的比值，该指标的正向发展意味着近年来福州市凭借着发展新型绿色农业（例如：农家乐、休闲农场、农民创业园等）来不断提高农业机械化、专业化、智能化、标准化、规模化、集约化水平等强农政策取得了一定成果。

福州市第二产业发展绿化度评价指标（如下表 2 所示）主要由 C1：第二产业劳动生产率、C2：单位工业增加值水耗、C3：单位工业增加值能耗、C4：工业固体废物综合利用率和 C5：工业用水重复利用率构成。由下表 2 可以得出，第二产业发展绿化度各项测评指标（C3：单位工业增加值能耗数据缺省除外）均具有正向发展趋势，可见近年来福州市在工业发展过程中的水耗控制、能耗控制、工业用水重复利用方面表现优异，既节省了生产成本，又提高了生产效率，使产业整体发展朝着绿色化、可持续化迈出了坚实的步伐。

表2　2010—2014年福州市经济增长绿化度指标体系测量值分析

二级指标	三级指标	指标属性	指标测量值				
			2010年	2011年	2012年	2013年	2014年
A	A1	正	44000.000	52152.000	58202.000	64045.000	69995.000
	A2	逆	0.396	0.025	0.585	0.569	0.426
	A3	逆	474.677	514.272	526.897	556.497	544.208
	A4	逆	－	－	－	－	－
	A5	逆	34.371	29.331	21.988	19.674	11.081
	A6	逆	17.740	22.608	20.478	18.535	20.084
	A7	逆	43.416	32.514	24.730	18.363	13.768
	A8	逆	0.945	3.124	2.771	2.523	2.995
B	B1	正	3.040	467.755	835.750	1915.714	1849.412
C	C1	正	11.035	25.295	22.254	24.355	27.321
	C2	逆	0.004	35.643	35.617	28.520	0.001
	C3	逆	－	－	－	－	－
	C4	正	80.400	89.800	90.000	94.320	95.970
	C5	正	70.443	67.019	74.270	79.793	79.431
D	D1	正	9.027	35.108	38.890	38.665	40.253
	D2	正	46.060	45.500	45.840	45.800	46.450
	D3	正	42.996	37.487	35.934	41.464	40.296

福州市第三产业发展绿化度评价指标主要是由D1：第三产业劳动生产率、D2：第三产业增加值比值和D3：第三产业就业人员比重构成。由上表2我们可以得出，D1：第三产业劳动生产率、D2：第三产业增加值比值与D3：第三产业就业人员比重三个指标均具有正向发展趋势。其中D1：第三产业劳动生产率的正向发展趋势指的是，第三产业生产效率连续五年保持增长态势，虽然增长幅度较为缓慢，但总体上随着产业结构的不断调整、产业制度趋向成熟，后期发展潜力较大；D2：第三产业增加值的正向发展趋势主要指的是，第三产业越来越体现出依靠服务、技术、创新所展现出的其产业类型所不能比拟的优势，随着福州市的海西经济区以及自由贸易区的深入推行与发展，将会源源不断吸引更多的高端服务业入驻从而创造更高的产业产值，体现为该指标的正向发展趋势；D3：第三产业就业人员比重具有正向发展趋势指的是，依据以上两个指标正向发展趋势的叙述容易总结，随着福州市产业结构的调整与成熟，第三产业就业人员占全部产业就业人员的比重必然会持续增长。

四、影响福州城市绿色经济发展主要因素分析

（一）福州市还未构建清晰的绿色经济发展顶层管理制度

城市的绿色经济发展是一项涉及范围极广的社会性工程，因此清晰的顶层管理制度设计对于福州城市绿色经济发展来说至关重要。目前，福州市正处于城市绿色经济发展转型的初级阶段，政治（行政）、经济金融、文化教育等各方原有的规章制度也正处在改革的缓冲期，与城市绿色经济发展的要求还不完全匹配，从而影响了现阶段福州城市绿色的发展进度。具体表现为，在行政方面，虽然近年来福州市政府在大力推进"简政放权"工作，但总体上还是存在重审批而轻监督、重管理而轻服务、政府各行政部门之间配合度不高等现象，无法为城市绿色经济创新发展提供灵活、快速的政策支持保障；在经济方面，福州市绿色金融建设刚刚起步，绿色投融资市场依然面临着期限错配、信息不对称、产品和分析工具缺失等诸多问题，处于探索期的绿色金融体系建设对于福州绿色经济的发展利好还未得到完全释放；在文化教育方面，目前福州各院校还未普遍展开关于绿色发展或绿色经济相关的专业课程或通识课程教育，关于城市绿色经济发展的提法仍然停留在政府的报告、方针上，对具有绿色发展理念的新建设者的培育不足。总体而言，福州市还应该在提高行政效率、完善绿色金融体系以及加强绿色发展文化教育等顶层管理制度方面多下功夫，使其有机结合以助力福州城市绿色经济的发展。

（二）福州市还未形成完整的绿色经济发展动力体系

影响福州城市绿色经济发展的另一个重要因素是福州市尚未形成完整的绿色经济发展动力体系。城市的绿色经济发展是一个全民性的建设活动，而福州市当前主要还是由政府充当建设者的角色，大大降低了绿色经济发展的效率。完整的城市绿色经济发展动力体系应该是包括消费者、企业（产业）、政府在内的社会经济建设的主要参与者，并通过充分挖掘消费者的绿色消费驱动力、企业（产业）的创新驱动力以及政府的政策驱动力推动福州城市绿色经济的整体发展。需要注意的是，政府的政策驱动力必须区别于政府一味地管理干涉（例如层层审批、政企不分、政经不分、以频繁的市场干预代替市场自我调节等），政府政策驱动力的力量来自清晰的顶层管理制度设计，包括政府高效的行政体系、有效的财政支持、鼓励企业（产业）进行技术创新与经营模式创新、制定有吸引力的技术与人才引进政策等。

（三）福州市还未建设起完善的绿色经发展基础设施

城市绿色经济的发展所涉及的绿色消费、绿色交通、绿色金融、绿色生产、绿色流通等诸多方面都需要符合要求的基础设施支持，而目前福州市尚未建设起满足绿色发展各方要求的基础设施体系，因此在一定程度上影响了福州城市绿色经济的发展效率。具体而言，要引导消费者进行绿色消费、企业（产业）进行绿色生产，就必须根据明晰的顶层管理制度设计，由相关部门机构或引入社会经济市场力量构建起绿色交通基础设施（如建设地铁、快捷交通专道等公共交通设施）、绿色金融（如绿色支付系统、绿色投融资系统等）、绿色生产（如清洁能源供应系统、高新技术设备研发基地等）、绿色流通（如绿色物流网络、绿色营销系统等）。此外，绿色基础设施的建设必须围绕顶层管理制度与城市绿色发展战略规划展开，使各项基础设施工程的建设体系化，发挥集聚效应。

（四）福州市还未搭建有效的绿色经济发展测评控制体系

福州城市绿色经济的整体发展受到顶层管理制度的施行状况、绿色经济发展动力体系的运行情况、绿色经济发展基础设施的使用效率等多重因素影响，一个有效的城市绿色经济发展测评控制系统是实现其可持续发展的重要保障。据前文所述，目前福州市已经开始"服务型政府""绿色金融""绿色交通""政策推动"等一系列发展绿色经济的转型探索，但效果不尽如人意的重要原因之一在于目前福州市还未搭建起一个有效的绿色经济发展测评控制体系，各方面改革与转型措施的执行过程、执行结果的信息往往独立且不成体系，无法为决策方的下一步行动提供有效的参考。因此，福州市政府应该联合有关研究机构，并由高校牵头搭建起包括消费者绿色消费、企业（产业）绿色生产以及政府的绿色执政等多层次的绿色经济发展测评控制体系，明晰发展现状以及改革与发展方向。

五、基于绿色经济的福州城市发展机遇与挑战分析

（一）基于绿色经济福州城市发展的机遇分析

1. 积极建设环境生态体系为绿色经济发展夯实基础

一直以来福州市都十分关注生态环境的建设与保护，着力打造绿色福州、宜居福州和智慧福州，深入践行绿色发展的新理念。2016 年 1 月 18 日福州市

城乡规划局公布了《生态福州总体规划》，指出绿色福州的自然生态体系分为三部分：构筑"两环两廊五楔网状系统"的自然生态总体格局，实现"显山露水"为目标的山水城格局，以及构筑环城绿带生态控制线，以实际行动来改善城市的生态环境，打造宜居福州。此外，福州市政府还始终以强有力的环境整治方式与手段为城市居民生活以及经济活动的开展提供优质的环境保障，根据国家环境保护部对全国74个城市空气质量展开的监测与评价数据显示，福州市在2016年1月至11月之间空气质量排名平均数为7.8，超越众多其他省会城市，展现出巨大的生态环境发展优势。以上这些举措通过生态环境保护与建设宣传、建设成果共享等方式，一方面从环境层面上保障了社会经济的正常运行秩序（不因雾霾等环境问题停工、停产等情况从而造成社会经济损失），另一方面向公众传达了绿色发展的基本概念，凝聚了福州城市全面绿色发展转型的社会共识与民意基础，最大程度上规避绿色转型发展过程中可能产生的舆论压力，有效夯实了绿色经济发展的基础。

2. "四区叠加""一区毗邻"给绿色经济发展带来强劲动力

中央支持福建经济社会加快发展，国家级新区、自贸试验区、海上丝绸之路核心区、生态文明先行示范区"四区叠加"和平潭综合试验区"一区毗邻"的独特优势将为福州"十三五"期间的城市发展带来众多的"机会窗口"，催生政策、项目、资金等要素汇集，给福州市的绿色经济发展带来强劲的动力支持[16]。综合各方关于绿色经济的定义不难看出，绿色经济下的城市发展不像原始粗放型经济发展模式那样一味强调经济增长速度，而是更加关注融入社会民生、生态环境、可持续等概念的城市发展质量。未来的城市发展既要生态环境效益，又要切实提高城市的经济水平及人民的生活水平，因此发展绿色经济最基本的要求依然是机会与动力。"四区叠加""一区毗邻"的独特区位与政策优势是"十三五"期间福州城市发展的最大引擎，是基于绿色经济的城市发展思路能够得到贯彻于执行的根本动力，充分利用这一优势条件是福州城市发展走向绿色化、高效率的重要途径。

3. "两纵一横"新交通网为绿色经济发展保驾护航

福州市多次在2017年2月28日国务院发布的《国务院关于印发"十三五"现代综合交通运输体系发展规划的通知》中被提及，中国将在"十三五"期间构建横贯东西、纵贯南北的"十纵十横"综合运输大通道，其中有"两横一纵"途径福州，分别是同江至三亚的沿海运输通道、北京至港澳台运输通道以及福州至银川运输通道[17]。福州市的绿色经济转型发展需要更多的创新型人才、创新型企业、技术交流以及更加广阔的产品市场。"两横一纵"的交通网将使福州成为南北贯通、东西相连的重要交通枢纽，如此不仅能够大大提升既有产业的经营效率，还能够更大范围地拓展本地产品、服务、旅游资源的市场容量；此外，便捷的城市基础设施还能够吸引更多的知识型与创新型人才、创新型企业以及资本投资，推动福州市产业发展的高效化、高端化，促进福州的产业结构优化与完善，为绿色经济发展保驾护航。

（二）基于绿色经济福州城市发展的挑战分析

福州城市发展绿色转型的所面临的挑战主要体现在以下几个方面。第一，福州市三次产业发展水平及结构比例仍不理想，是绿色经济发展的巨大阻力。发展结构方面，"十二五"期间福州市将三次产业结构从 8.7：45.80：45.50 调整为 7.74：43.60：48.66，产业转型升级取得了阶段性的成果，但与"十二五"期末北京 79.7%、上海 67.8%、广州 67.11%、深圳 58.8% 一线城市的第三产业占相比可知，福州市三次产业发展结构仍有待调整与完善；发展水平方面，目前福州市三大产业发展处于产业链中低端比例较大，三大产业仍需不断引进新制度、新技术、新设备、新发展方式以提高发展质量与水平。城市的产业结构与水平会影响到社会经济的方方面面，包括生产资料的利用率、生产效率、环境效益等，而目前主流的绿色经济（绿色发展）水平测评体系又几乎都包含或涉及这些指标，因此未来福州市的绿色发展必须既要保障效率又要兼顾环境效益，这是一项重大挑战。第二，政府体制改革与顶层设计尚未完善，是绿色经济发展的又一大阻力。目前福州市正积极推荐政府职能转变改革与社会经济发展的其他方面的顶层设计，但多层次的行政体系、税制及财政政策体系有待改善、民营经济发展环境尚待优化、金融市场还需完善与公共资源配置市场化急需改革等一系列问题都还需要进一步规划落实。而绿色经济的发展势必涉及市场经济制度改革、生态环境保护、行政体系扁平化与快捷化反应变革等诸多方面，立足当前、放眼未来做好适应绿色经济发展的长期顶层设计与体制改革是又一项重大挑战。第三，经济发展常态化趋势明显，绿色发展面临更大压力与更多不确定因素。"十二五"与"十三五"时期正是中国经济由高速发展走向新常态发展的重大变革时期，与其相伴随的还有"供给侧改革""创新驱动""互联网＋""一带一路"等一系列新名词、新趋势、新政策，在信息量膨胀的新经济时代，选择合适的方式、方法获取创新型人才、创新型企业、创新型发展模式，是绿色经济发展的一大挑战。

六、基于绿色经济的福州城市发展理论体系构建

绿色经济下福州城市发展测评指标子系统，如图 1 所示。发展测评指标子系统是绿色经济下福州城市发展体系的基石，要构建起有效的绿色经济发展下的城市发展体系，必须从时间与空间两大维度进行考虑。目前国内关于城市绿色发展的指标测量体系繁多，虽能够从一定程度上体现全国（某省、某市）的绿色发展状况，但也略有不足。从空间角度来看，针对全国或全省的绿色发展测评指标体系的不足之处在于其所构建的绿色发展指标针对的目标群体过大。虽然国内各省市绿色发展过程中的矛盾具有普遍性，但不同城市的发展背景不同（例如经济基础、社会文化环境、政策环境等）会对指标体系的信效度产生较大的影响。因此构建绿色经济下福州城市发展测评指标体系时必须考虑到空间因素，一方面从不同的指标体系中汲取适用的部分，另一方面更要探索福州城市发展独有特点使二者有机融合，不可生搬硬套。从时间角度来看，目前针对福建省或省内某地市的绿色指标发展体系构建名目繁多，包括福建省的绿色发展指标体系构建、厦门市绿色发展指标体系构建等，但多数指标体系的构建并没能随着时间的发展适时进行更新与整理，这样沿用旧指标体系得出的政策建议时效性便无法保障。因此，在构建基于绿色经济视角下的福州城市发展测评指标体系时须考虑到福州城市发展所处的发展阶段，近、中、长期发展规划等时间因素。绿色经济下福州城市发展测评指标子系统的建立旨在为福州城市发展的整体系统提供兼具信效度的测评与决策基础，能够清晰地辨别出发展过程中的不足之处与新的动力因素，对绿色经济下的福州城市发展进行有效的控制与引导。

绿色经济下福州城市发展驱动子系统，如图 1 所示。要实现绿色经济下福州城市发展体系的可持续发展必对它的内在动力机制进行探究，采取一定的方法与手段促进动力机制的良性运作。本书构建了由消费者、产业、政府三个社会经济建设的直接参与者为主体的驱动系统。首先，消费者的消费驱动，社会经济发展的根本动力在于创造价值与共享价值，因此绿色经济下的福州城市发展可以尝试以消费者的消费行为作为切入口，倡导、鼓励消费者绿色消费。其一，消费者消费时选择未被污染或有助于公众健康的绿色产品；其二，转变消费观念，崇尚自然、追求健康，在追求生活舒适的同时注重环保，实现可持续消费；其三，在消费过程中注重对垃圾的处置，尽量不造成环境污染。消费者

的绿色消费行为与消费倾向引导社会经济的绿色生产、绿色流通，形成来自消费者的绿色消费动力。其次，产业的创新驱动，产业的创新发展对绿色经济下的福州城市发展助力有二，其一，产业通过引进创新型的人才、创新型的设备技术、创新型的生产经营理念能够有效降低生产过程中不必要的能源消耗、不必要的环境污染排放，以提高生产效率，助力福州市绿色经济发展；其二，产业通过自身的创新发展可以实现社会经济整体结构更加合理、完善，在提升第一、第二产业生产率的同时，不断提升高端服务业的占比，助力福州绿色经济发展。最后是政府的政策驱动。政府加强顶层设计与制度建设，通过扁平高效的行政体系及时响应绿色经济发展过程中所涉及的基础设施、财政与金融支持、检查监管等相应事务，为绿色经济下的福州城市发展提供大力度的政策支持，形成绿色经济发展的政策驱动体系。

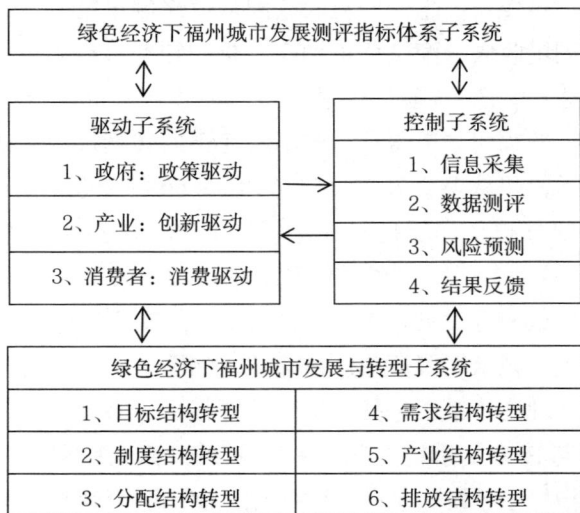

绿色经济下福州城市发展测评指标体系子系统		

驱动子系统	控制子系统
1、政府：政策驱动	1、信息采集
2、产业：创新驱动	2、数据测评
	3、风险预测
3、消费者：消费驱动	4、结果反馈

绿色经济下福州城市发展与转型子系统	
1、目标结构转型	4、需求结构转型
2、制度结构转型	5、产业结构转型
3、分配结构转型	6、排放结构转型

图1　基于绿色经济的福州城市发展体系

　　绿色经济下福州城市发展控制子系统，如上图1所示。控制子系统是绿色经济下福州城市发展系统的神经中枢，起到发展监控与决策支持的重要作用。绿色经济下福州城市发展系统的控制子系统主要由信息采集、数据测评、风险预测、结果反馈等几个部分组成，其中信息采集主要是获取指标体系的各项发展数据以及调整情况、驱动系统中驱动要素的表现情况并探索发现新驱动因素、发展转型过程中存在的矛盾等信息，以供系统整体决策参考；数据测评部分则主要负责将之前获取到的信息按照数据处理的规则进行集中处理与测评；

风险预测主要是将数据测评结果进行横、纵向比较，探寻本期数据以及与以往各期相比较各项测评指标是否存在异常与风险，进行风险预测；结果反馈主要是根据控制系统对各项数据、信息处理的结果向决策者提供决策建议。

　　绿色经济下福州城市发展与转型子系统，如图1所示。发展与转型子系统是目标型子系统，该系统是整个体系反复运行的结果，主要由目标结构转型、制度结构转型、分配结构转型、需求结构转型、产业结构转型、排放结构转型等六个部分组成。目标结构转型主要指，在绿色经济下福州城市发展体系的反复运行下，从以经济增长为发展目标逐渐向生态化、和谐化、可持续化的绿色经济发展为目标发展与转型的过程；制度结构转型主要指，包括政治、经济、社会、文化在内的等各种制度类型从原来在发展绿色经济过程总出现互相分离、重叠、缺位等情况的状态向完整、协调、高效的生态化制度结构变化的过程；分配结构转型主要指，生产资料的分配从原来侧重第一、第二产业逐渐向第三产业转型、国民收入分配结构更加合理化的转型过程；需求结构转型主要指，不断提高需求"三驾马车"中最稳定、最长效、最可持续的居民消费比例，使绿色经济下的福州城市需求结构不断完善的转型过程；产业结构转型主要指，绿色经济下福州从现下 7.74∶43.60∶48.66 的产业结构向更加合理的产业结构比例变化的过程（向国内外先进城市看齐，着重提高第三产业结构比例）；排放结构的转型主要指，在绿色经济福州城市发展理念下排放结构由原先的以高污染物排放向低污染、无污染排放结构的变化过程。

　　绿色经济下福州城市发展理论体系综述，如图1所示。总体而言，绿色经济下福州城市发展理论体系所包括的发展测评指标子系统、驱动子系统、控制子系统以及发展与转型子系统之间是相互联系、相互作用的。具体而言，其一，以发展测评指标子系统为基础向整体提供驱动、测评与转型的基本规则框架；以驱动系统的三大驱动力量为轴心，推动体系各大系统不断循环运转，从而最终实现绿色经济下福州城市六大方面的转型发展；以控制系统四大流程的结果为决策基础，及时发现系统的运行状况，调整体系结构与现实发展不相适应的部分；以发展与转型系统为目标，体系各子系统运行的最终目标就是实现绿色经济下福州城市各维度的转型与发展。其二，体系各子系统之间的联系与作用是非线性的，各子系统之间互为始末、互相矫正的关系，运行过程也是循环往复的，通过不断验证与改进不断进行自我完善同时引导绿色经济下的福州城市良性发展。

七、基于绿色经济的福州城市发展研究的实施建议

（一）加强顶层设计、制定绿色经济下福州城市发展战略

基于绿色经济的福州城市发展是一个综合性、系统性问题，它涉及社会发展的方方面面，因此必须加强必要的顶层设计并制定好详细的发展战略，明确发展重点与目标。其一，福州城市发展必须推进行政、法律、金融、环保等各个方面的顶层制度设计、简政放权，打造扁平化及高效率的行政运行机制，保证政府权力在绿色经济发展过程中做到反应及时、不缺位、不越位；其二，福州应该加强以政府为主导联合相关研究机构或者高效，立足福州市目前发展状况结合相关理论研究制定出适用于指导绿色经济下福州城市发展的整体战略以及具体策略目标。同时要注意的是，顶层设计与绿色经济下的发展城市发展整体战略制定应该有机得结为一体，二者相辅相成，脱离发展战略的顶层设计是无效的，不能适应顶层设计的发展战略也必定无法执行，这有赖于政府以及其他相关机构的密切合作与协调。

（二）构建多层次、高时效的福州城市发展测评与控制体系

绿色经济下的福州城市发展研究是一个兼具时间与空间属性的课题，因此构建多层次、高时效的城市发展测评与控制体系十分重要。多层次指的是，福州市政府应当牵头在发展战略的基础上建立起包含社会公众、产业（企业）以及政府部门自身在内的多级发展测评体系，构建统一的数据处理平台汇总分析来自社会公众层面的绿色消费等方面数据、产业（企业）层面绿色生产及绿色流通等方面数据、政府自身绿色办公的方面数据；高时效指的是，社会上各层面的绿色信息汇总务必追求实效，一方面政府及相关机构可以依据最新的数据信息对下一步的绿色发展计划乃至发展战略做新的挑战与部署；另一方面，社会公众与产业（企业）能够及时得到自身绿色消费以及绿色生产行为的反馈，有助于激励其身体力行继续支持绿色发展。

（三）建立消费者、产业、政府多方联动的福州城市发展动力机制

建立消费者、产业、政府多方联动的动力机制的目的是通过挖掘社会合力实现绿色经济下福州城市发展的最终目标。消费者可以通过自身的绿色消费行为与消费倾向来引导社会经济的绿色发展，构成来自消费者的消费驱动力；产业可以通过创新生产方式、创新经营管理方式、引进新技术设备与知识型人才来降低生产过程的能耗，提高生产效率，实现产业发展的精细化与高端化，构

成来自产业发展的创新驱动力；政府可以通过规章制度规范污染物排放，利用财政优惠激励消费者的绿色消费行为与产业发展过程中的创新创造等，构成来自政府的政策驱动力。消费者、产业、政府是社会经济运行过程中的重要角色，要想更好地实现绿色经济下福州城市的长足发展，必须加强三者之间的联系与互动，发挥各自的驱动作用形成福州城市绿色发展不竭的动力源泉。

（四）构建灵活、高效的福州城市发展结果反馈与巩固机制

绿色经济下的福州城市发展是一个长期、循环往复的过程，不可能一蹴而就，因此必须加强每个阶段的发展成果反馈与巩固机制。本书构建的基于绿色经济福州城市发展体系中将福州城市发展转型归结为目标结构转型、制度结构转型、分配结构转型、需求结构转型、产业结构转型、排放结构转型六个方面。在长期、循环往复的发展过程中，福州应该注重归纳总结不同方面的发展转型成果，积极考察其是否具有可复制与可推广性，去粗取精并将最终结果向社会、产业（企业）、政府部门反馈，作为下一轮战略制定与生产计划的决策基础。决策部门只有通过一轮又一轮的总结、反思、反馈才能够不断丰富基于绿色经济的福州城市发展体系架构，促进绿色经济下的福州城市长足发展。

（五）凝聚绿色经济、绿色发展的社会共识

与韩国、日本等一些发展国家相比，我国国民对于绿色经济、绿色发展的意识普遍不高，虽在现实生活中时常接触诸如"生态""低碳""绿色"等概念，但距离将这些理念融入日常生产、消费行为还有一定的距离。因此，福州市可在践行绿色经济下的城市发展过程中通过制定规章制度（例如限制污染物排放、鼓励企业旧品回收、引进新技术与新人才等手段进行绿色发展技术创新）、宣传（课堂教育、社区宣传）等方式提高企业的绿色责任意识，引导普通民众树立绿色环保意识，争取在最大范围内凝聚起绿色经济、绿色发展的社会共识，为绿色经济下福州城市发展的整体战略布局与实施打好民意及舆论基础。

八、本章小结

以牺牲环境为代价的社会经济发展是不可持续的，绿色经济发展理念强调社会经济发展要以效率、和谐与可持续为目标。绿色经济下福州城市发展不仅要保持与生态环境的和谐共处，还要积极地向发展要效益，促进产业升级，完善产业结构，提高全市人民的生活水平。本章通过对绿色经济下福州城市发展

各指标变化趋势进行分析，总结福州城市发展所面对的机遇与挑战，构建由发展测评指标、驱动、控制、发展与转型五个子系统组成的绿色经济下福州城市发展体系，提出"加强顶层设计、制定绿色经济下福州城市发展战略""构建多层次、高时效的福州城市发展测评与控制体系""建立消费者、产业、政府多方联动的福州城市发展动力机制""构建灵活、高效的福州城市发展结果反馈与巩固机制""凝聚绿色经济、绿色发展的社会共识"共五项实施建议，可供相关决策单位参考。

本章参考文献

［1］福州市统计局. 福州统计年鉴－2016［J］. 北京：中国统计出版社，2016.

［2］中国共产党第十八届中央委员会第五次全体会议公报［EB/OL］. http：// news. xinhuanet. com/politics/2015－10/29/c_ 1116983078. htm，2015－10－29.

［3］福建省人民政府关于福州新区发展规划的批复［EB/OL］. http：//www. fu-jian. gov. cn/fw/zfxxgkl/xxgkml/jgzz/fzggwjzc/201612/t20161202_ 1262510. htm，2016－11－30.

［4］邓楠. 中国的可持续发展与绿色经济——2011中国可持续发展论坛主旨报告［J］. 中国人口·资源与环境，2012（1）：2.

［5］向书坚，郑瑞坤. 中国绿色经济发展指数研究［J］. 统计研究，2013（3），72—77.

［6］范思贤，李兰. 绿色经济与绿色发展的关系解析［J］. 商业经济，2016（4），108—109.

［7］邓智团. 驱动结构与城市发展：理论逻辑和中国实证［M］. 上海人民出版社，2016.

［8］钱争鸣，刘晓晨. 环境管制与绿色经济效率［J］. 统计研究，2015（7），12—18.

［9］李萌，李学锋. 中国城市时代的绿色发展转型战略研究［J］. 社会主义研究，2013（1）：54—59.

［10］H Yi，Y Liu. Green economy in China：Regional variations and policy drivers［J］. Global Environmental Change，2015，31：11—19.

［11］LY Zhang. City Development Strategies and the Transition Towards a Green Urban E-conomy［J］. Springer Netherlands，2013，3：231—240.

［12］Qunfeng Ji，Chuancheng Li，Phil Jones. New green theories of urban development in China［J］. Sustainable Cities and Society，2017，30：248—253.

［13］朱斌，吴赐联. 福建省绿色城市发展评判与影响因素分析［J］. 地域研究与

开发，2016，35（4）：74—78.

[14] 于学成，葛仁东. 投资和消费对地区绿色经济增长的影响——以辽宁省为例 [J]. 华东经济管理. 2016（2），71—76.

[15] Min, Kyung Sam. A Measurement Strategy for Green Economy in Korea [J]. [Bangkok]：United Nations Economic and Social Commission for Asia and the Pacific，2014.

[16] 福州市国民经济和社会发展第十三个五年规划纲要公布 [EB/OL]. http：// fgw. fuzhou. gov. cn/fgwzwgk/fzgh/201606/t20160612_ 1080446. htm，2016 - 06 - 12.

[17] 陈海峰. 福州将成国家交通枢纽 旅游发展迎契机 [EB/OL]. http：//finance. chinanews. com/cj/2017/03 - 08/8168421. shtml. 2017 - 03 - 08.

第二十章　福州市
绿色"经济—社会—环境"复杂系统

一、引言

21世纪全球经济快速发展，然而与经济发展不相协调的资源匮乏、生态环境恶劣、社会动乱等问题日益突出。在协调经济、社会、环境发展的过程中，绿色经济应运产生。1989年，绿色经济由经济学家大卫·皮尔斯等首次提出，把绿色经济理解为能够实现可持续发展的经济，主张从社会和生态条件出发，建立一种可承受的经济，使经济发展在自然环境和人类自身可承受的条件下进行[1]。联合国环境规划署、联合国开发计划署、世界贸易组织、世界银行等诸多国际组织多次发表绿色经济相关研究报告，号召全球向绿色经济过渡。与此同时，在2012年G20墨西哥洛斯卡沃斯峰会、里约热内卢联合国可持续发展大会中，绿色经济也都成为大会热议的主题词之一[2]。在国内，胡锦涛于2009年在联合国气候变化峰会上强调中国要高度重视和积极推动以人为本、全面协调可持续的科学发展，坚持节约资源和保护环境的基本国策，坚持走可持续发展道路，在加快建设资源节约型、环境友好型社会和建设创新型国家的进程中不断为应对气候变化做出贡献[3]。十八大以来，中国对绿色经济的认识又提高到一个新的层次。习近平指出建设生态文明，绿水青山就是金山银山。2017年全国两会期间，全国人大代表、天能集团董事长张天任更加关注实施绿色发展战略[4]。在绿色经济成为社会热点的情况下，福州市经济、社会、环境之间的协调度还有待进一步加强，粗放式的发展带来了一些社会问题。谢冠君认为福州市机动车数量的日益增加使得空气质量下降，建议福州市采取全面规划布局，优化能源结构，加快企业技术改造，提高自主创新能力等措施来改善空气质量[5]。郑彩红、周亮进认为福州市经济快速发展和生态建设的矛盾在很长一段时期内仍将存在，指出加强生态市建设要强化组织领导，健全生态法规，加大资金投入，加大科技支撑，发动公众参与[6]。在此背景下，对福州市绿色

"经济—社会—环境"复杂系统（Green Economy – Social – Environment System，简称 GSE 系统）的研究是具有重大意义的。

二、GSE 系统的简介和功能

（一）GSE 系统简介

GSE 系统包括三个子系统，即经济子系统、社会子系统、环境子系统，这三个子系统协同作用一起构成了"经济—社会—环境"复杂系统。其中经济子系统主要以人均 GDP、工业总产值、社会消费品总体营业额、三大产业构成比及其贡献率为指标，是现代社会发展的驱动器；社会子系统主要以人口数量、人均可支配收入、城乡居民生活差距、受教育程度、社会就业率、失业率、医疗保险为指标，是人类生活的稳定器；环境子系统主要以区域资源能源、人均绿化面积、人均 GDP 能耗为指标，是人类社会生存发展的基础要素。三者之间既相互独立又相互关联，共同推动人类文明的发展。格罗斯曼（Grossman）、克鲁格（Krueger）通过对北美自由贸易区国家研究发现环境污染与经济增长存在着倒"U"型关系[7]；诺加德（Norgaard）认为经济发展过称是不断适应环境变化的过程[8]。国内学者熊鹰、唐湘玲、覃事娅构建了系统协调性与综合水平的评价模型，并运用该方法定量评价了湖南省 88 个县域"经济—社会—环境"系统协调性状况[9]；梅志雄、李诗韵、赵书芳、陆军辉基于 2000、2005 和 2010 年一系列经济和环境指标数据，运用协调度模型和协调发展度模型及 GIS 技术，分析了 2000—2010 年珠三角地级城市经济与环境协调发展关系的时空演变[10]；李茂林、刘春莲采用模型计算了贵州省 2007—2012 年的经济效益指数与综合环境效益指数及协调度指数和耦合协调度，对贵州省经济与环境协调程度进行了评价[11]。由此可见，GSE 系统是一个复杂的系统，三个子系统之间的关系如图 1 所示。

（二）GSE 系统的功能

李春浩指出 GSE 系统主要有物质循环、能量循环、信息传递三大功能[12]。其中物质循环是指社会劳动者的能动作用将社会及自然环境资源转化为经济效益；能量循环是指随着经济的增加，社会资源的质量会进一步提升，环境状况也会得到改善；信息传递是指三者中某一子系统或某两个子系统的变动会传递到剩余的系统中，引发剩余子系统做出相对应决策。王爱辉、龙海丽、彭健运用

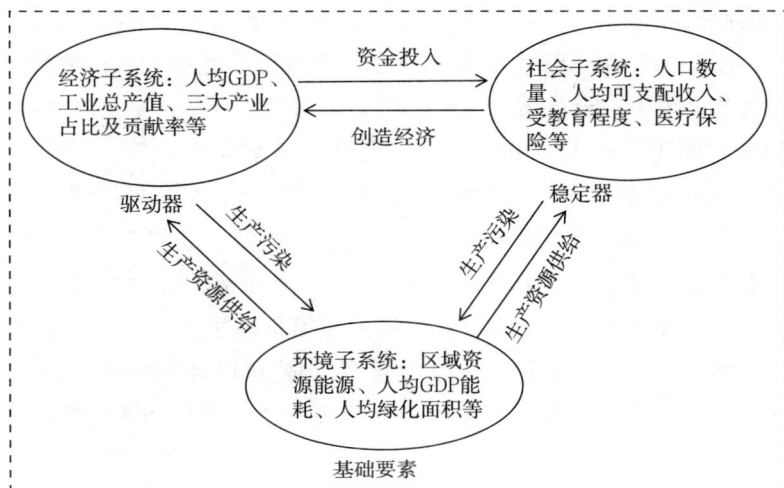

图1 GSE 系统中经济,社会,环境三个子系统的关系

改进熵值法、耦合协调度和协调发展趋势指数模型,对干旱区典型县域绿洲城市乌苏市经济、社会与环境协调发展状况进行评价,得出经济、社会和环境存在着天然的交互胁迫、交互耦合机理,只有三者协同共进,均衡发展,才能真正实现干旱区县域绿洲城市的协调发展的结论[13]。GSE 系统是一个不可分割的整体,不可单独拆开来分析各自的功能。只有当三者联系在一起,协调运作,才能发挥出这个系统的最大功能。

三、福州市 GSE 系统的发展状况

(一)经济发展现状

福州市经济发展迅速,2015 年全市生产总值 5618 亿元,比上年增长了 8.68%;人均 GDP7.53 万元,比上年增长 8.4%,其中,鼓楼区、马尾区人均 GDP 突破 15 万元,分别为 15.79 万元和 15.73 万元;台江区、长乐市及罗源县人均 GDP 超过全市平均水平;鼓楼区、仓山区和晋安区人均 GDP 快速增长,增幅均超过 10.0%;公共财政总收入达 560 亿元,增长 9.7%。2015 年,福州市农林牧渔业总产值 764.87 亿元,"十二五"期间年均增长 4.4%,高于全省平均水平 0.1 个百分点。其中,农业产值 214.66 亿元,林业产值 22.39 亿元,牧业产值 75.90 亿元,渔业产值 428.32 亿元,农林牧渔服务业产值 23.59 亿元,"十二五"期间年均分别增长 4.2%、5.4%、0.3%、5.1% 和 3.3%。工业方面,规模以上工业经济运行稳定,经济效益指数平稳上升,1—12 月工业

综合经济效益指数达 285.95%，高于全省水平 9.78 个百分点，同比提高 6.41
个百分点，比 1—11 月提高 4.53 个百分点。构成综合经济效益指数的资本保值
增值率、资产负债率、全员劳动生产率等指标表现优于上年，资本保值增值率
为 109.38%，同比提高 0.97 个百分点；资产负债率为 57.1%，同比下降 0.44
个百分点；全员劳动生产率为 290675 元/人，同比增加 17171 元/人，显示我市
规模以上工业企业负债压力减小，经营风险有所降低，成长能力、生产效率稳
步提高。服务业方面，现代服务业快速发展，交通运输、水利生态环境、教
育、文化、卫生等民生工程相关行业的投入规模不断扩大，第三产业投资呈现
规模大、贡献高的特点。全年第三产业投资完成 3447.40 亿元，增长 10.8%，
占比 71.0%，对固定资产投资增长的贡献率达 72.2%，较上年同期提高 5.3 个
百分点。

表 1　2015 年福州市三产业发展比较

指标	第一产业	第二产业	第三产业
产业增加值（亿元）	18.78	97.4	332.74
产业增加值率（%）	43.2	39.76	12.17
产业拉动率（%）	0.3	1.7	5.9

数据来源：《福州市统计年鉴–2016》。

（二）社会发展现状

2015 年，福州市年户籍总人口有 6783656 人，城镇化率达 67.7%。城镇居
民人均可支配收入为 34982 元，增长 7.8%；人均消费支出为 24825 元，增长
6.4%；人均现住房建筑面积为 42.54 平方米，增长 2.85%。农村居民人均可
支配收入为 15203 元，增长 8.5%；人均消费支出为 13152 元，增长 8.1%；人
均现住房建筑面积为 65.56 平方米，增长 2.65%。2015 年城镇居民食品消费为
8081 元，占消费总额的 32.6%；农村居民食品消费为 4943 元，占消费总额的
37.6%。2015 年全社会从业人员 511.77 万人，相比于去年增长了 5.8%。教育
方面，有高等学校 32 所，研究生教育专任教师 12432 人，在校研究生 20974
人；高等学校专任老师 19982 人，在校生 320965 人；中等职业技术学校 53 所，
高中 92 所，初中 263 所，小学 893 所，幼儿园 1196 所。其中民办小学 19 所，
民办普通中学 40 所，民办职业中学 10 所，民办高等学校 12 所。在校生数量
上，普通高等学校、中等职业学校、普通高中、普通初中、小学、幼儿园分别
有 32 万人、10 万人、20 万人、10 万人、53 万人、26 万人。城镇非私营单位
在岗职工在第一、第二、第三产业的比例为 0.13 : 57.26 : 42.6。城镇登记失

业率2.44%，城镇新增就业14.91万人，农业富余劳动力转移就业4.93万人，就业困难人员再就业4132人，失业人员再就业8826人。2015年末，经工商注册登记的个体工商户24.39万户，同比增长16.5%，个体从业人员53.58万人，同比增长18.5%；私营企业14.80万个，同比增长28.8%，私营企业从业人员97.88万人，同比增长16.9%，城镇个体私营从业人员122.83万人，同比增长16.6%，城镇私营企业从业人员82.86万人，同比增长15.9%。2015年末，全市社会养老保险参保人数424.01万人，同比增长3%，其中，城镇企业职工基本养老保险参保人数157.74万人，同比增长6%；城乡居民养老保险参保人数210.73万人，同比增长0.6%；城乡居民社会养老保险参保率98.66%。城镇基本医疗保险参保人数286.35万人，比上年末增加8.54万人，其中，城镇职工基本医疗保险参保人数152.44万人，城镇居民基本医疗保险参保人数133.91万人。失业保险参保人数115.27万人，领取失业保险金人数5670人；生育保险参保人数102.53万人；工伤保险参保人数144.99万人。全市享受城市低保14035人，发放城市低保金10359.6万元；享受农村低保77476人，发放农村低保金32853.7万元；农村五保7479人，发放农村五保金6753.9万元。

（三）环境发展现状

2015年全年规模以上工业综合能源消费量1248.53万吨标准煤，同比下降11.8%。全社会用电量360.09亿千瓦时，同比下降0.34%，其中，工业用电量205.65亿千瓦时，同比下降1.82%。单位GDP能源消耗同比下降7%。全市建成区绿化覆盖面积11288.2公顷，同比增长3.6%，绿化覆盖率43.4%；公园95座，比上年增加11座，公园绿地面积3273.48公顷，同比增长7.2%，人均公园绿地面积13.52平方米；年末建成区绿地面积10422公顷，同比增长3.9%，建成区绿地率40.1%，新增绿地面积391公顷。全市"四绿"工程植树造林约4093.33公顷，人工造林面积4720.4公顷，森林覆盖率55.6%；有自然保护区9个，其中国家级2个，自然保护区面积501.46平方公里。全年有8个县（市）区通过国家级生态县创建技术评估，8个县（市）区获得省级生态县（市）区命名，累计创建118个国家级、130个省级生态乡镇（街道）和1919个市级以上生态村。城区环境空气达标率95.3%，市区环境噪声56.6分贝，交通噪声68.4分贝。水质总体保持良好，闽江流域（福州段）水质达标率100%，敖江流域（福州段）水质达标率100%，龙江流域水质达标率95.8%。化学需氧量、二氧化硫、氨氮、氮氧化物排放量均比上年减少。城市生活垃圾无害化处理率100%。相比于 2015 年，截止 2016 年 7 月 30 日，全市已完成造林绿化 8.92 万亩，占任务数 8.2 万亩的 108.8%，其中"三带一区"工程建设 5.95 万亩，占任务数 5.9394 万亩的 100.2%，人工造林更新 2.98 万亩，占任务数 2.2606 万亩的 131.6%，完成森林抚育 6.94 万亩，封山育林 19.06 万亩。

四、福州市 GSE 系统建设中存在的问题

（一）经济发展问题

1. 产业结构不尽合理

首先，福州的工业生产以粗放式增长为主，第三产业占比较低。2015 年福州市三次产业结构为 7.7∶42.2∶48.1，与其他省会城市 60% 以上的第三产业占比相比，福州的比重还是偏低。同时，福州还没有形成真正意义上的产业集群，也缺少特别出名的品牌和特别大的企业。虽然当前福州市已初步形成部分产业集中区，如福州软件园等，但是受到企业规模、地理位置、企业和行业技术研发等因素的影响，规模还不够大，不足以使产业群充分发挥其辐射作用和带动产业内及周边地区的发展。最后，福州第三产业发展落后，传统服务业如餐饮，零售占比过大，电子科技、软件工程等高新技术产业占比太小。

2. 经济总量有待进一步提高

总的来说，福州市经济总量发展势头良好，但是与省内部分城市如泉州相比仍有差距。福州作为一个省会城市来说经济总量低于省内非省会城市这种状况在全国范围内是比较少见的。另外，近几年来福州 GDP 增速持续放缓，低于省内许多城市，如表 2 所示。

表2 2012—2015 年福建省内部分城市国民生产总值及增速

地区	国民生产总值							
	2012 年		2013 年		2014 年		2015 年	
	总计	比上年增长（%）	总计	比上年增长（%）	总计	比上年增长（%）	总计	比上年增长（%）
福州	4210	11.3	4685	11.1	5169	11	5618	10.9
厦门	2815	11	3006	10.7	3273	10.9	3466	10.6
泉州	4702	11.2	5216	11	5733	11	6137	10.7
漳州	2012	11.4	2246	11.2	2506	11.2	2767	11
莆田	1200	11.4	1345	11.2	1502	11.2	1655	11

数据来源：福建省统计局。

3. 外贸依存度低，对外开放水平有待进一步提高

福州作为一个沿海的省会城市，在外贸发展上具有得天独厚的优势，已经与 217 个国家建立了外贸关系，但是相对于国内其他沿海城市相比，其外贸依存度还有很大的差距，对外开放水平仍有提高的空间，如表 3 所示。

表 3　2014 年副省级城市的外贸依存度比较[14]

项目地区	地区生产总值（亿元）	进出口总额（亿元）	进出口总额（亿元）	外贸依存度（%）
福州	5169.16	2129.59	346.63	41.20
杭州	9201.16	4177.59	679.98	45.40
广州	16706.87	8023.26	1305.9	48.02
宁波	7610.28	6432.70	1047.04	84.53
厦门	3273.58	5133.24	835.53	156.81

（二）社会发展问题

首先，高素质人才不足。一方面，福州市高素质人才培养力度不足。在全国省会城市中福州市的高等院校数量质量都不高，只有 1 所"211 大学"，2 所省部共建学校，2 所省属重点大学，高水平院校数量少，教育资源难以培养出国际经管、金融、技术等专业人才。另一方面，福州市人才吸引力不足。由于国内区域发展不平衡，更多的人才流往大城市，如长三角、珠三角地区，福州作为沿海福建省的省会城市，吸引的多是本省的优秀人才，对邻省乃至全国优秀人才的吸引力不足。其次，区域发展水平低、不平衡。虽然福州市区域经济取得不错的成绩，但是与先进地区还有差距，县域在全国百强县中所占比例低。另外县（市）区之间发展的不平衡，比如，福清、长乐跟闽清、永泰相比，经济总量、群众收入的差距都比较大。此外，即使是在同一个县里，乡镇与乡镇之间、城乡之间发展也不平衡。再次，公共服务均等化程度不高。公共服务资源布局不合理，尤其是优质资源过度集中在鼓楼、台江等中心城区，整体供求矛盾比较突出。此外，社会保障水平有待提高。在社会保障方面，虽然目前全市社会保障广覆盖的要求已基本达到，但保障水平还比较低。最后，城乡规划建设管理水平有待进一步提升。城市规划的科学性和精细化不够，缺乏能体现福州特色、彰显城市形象的标志性建筑。城市基础设施不够完善，城区拥堵、停车难等问题还比较突出，城市内涝现象仍时有发生。城市管理比较粗放，城市执法文明程度还需进一步提高。

（三）环境发展问题

福州地理环境以"八山一水一分田"著称，地少人多，人均耕地面积仅有0.04公顷。2015年，福州市森林覆盖率达55.6%，居全国省会城市第2位；城市空气质量优良率达96.4%，居全国74个重点城市第6位，全国省会城市第3位；市级集中式饮用水源地水质达标率达100%[15]。但是其沿海的地理位置使得其自然灾害频发。近年来随着城市化的迅速发展，长期积累的环境矛盾正集中显现，生态环境保护形势依然严峻。其一，自然灾害频发。福州地处沿海一带，频受台风洪水等自然灾害影响。对福州市自然环境灾害及土地整治的研究表明，由于福州是沿海城市，福州市有闽江、敖江、龙江三条主要河流，还有一些水库、内河，所以有时候会有发生洪水等灾害；2013年底全市水土流失面积987.56平方公里，占全市土地总面积的9.21%，危害性越来越明显；由于地理位置的原因，台风也是福州市极为常见的一种地质灾害；福州市在新中国成立后上尚未发生过大兴地震，但是，由于地处太平洋板块的活跃地段，因此，弱小地震也时不时来袭，给人们生活带来恐慌，也造成了一定的经济损失；多雨季节，偏远郊区、农村也会发生泥石流等灾害，严重威胁人们的安全。其二，生态文明建设面临困境。城市化的快速发展使得城市建设用地增长加快，土地供需问题更加突出；城市功能布局不够合理，生态环境质量有待进一步提高；空气质量达标形势严峻，工业化进程中废水、废气、废渣的无节制排放重化工业的发展对海湾生态形成巨大的环境压力；农村环境污染开始凸显，环保基础设施建设滞后，环境保护压力较大。

五、福州市 GSE 系统建设面临的机遇和挑战

（一）福州市 GSE 系统建设面临的机遇

福州市 GSE 系统建设面临的机遇是前所未有的。首先是绿色经济发展的形势。1972年，《人类环境宣言》的通过开启了人类环境保护史。2008年10月，联合国环境规划署为应对金融危机提出绿色经济和绿色新政倡议，强调"绿色化"是经济增长的动力，呼吁各国大力发展绿色经济，实现经济增长模式转型，以应对可持续发展面临的各种挑战。2011年，联合国环境规划署发布的《迈向绿色经济——实现可持续发展和消除贫困的各种途径》报告指出，从2011年到2050年，每年将全球生产总值的2%投资于10大主要经济部门可以加快向低碳、资源有效的绿色经济转型。其次是政府的支持，国家政府出台的

"一带一路"战略将福州对外开放水平提高到一个新的层次，助力 GSE 系统的实现；另外是福州地方政府的支持，福州市市长杨益民在 2016 年世界环境日上发表了福州绿色发展的讲话，提出了政府要大力推动绿色发展，始终坚持绿色惠民，持续倡导绿色生活的举措，要始终坚持绿色发展理念，大力推进生态文明建设，努力让人民群众享受到较高质量的绿色福利[16]。最后是国内外绿色发展的示范。美国政府积极推广"生物技术""生态工程""环境工程""无污染工程"等绿色技术，大搞生态农业和生态工业，发展"生态产业群"；日本政府制定实施了以"21 世纪新地球"为题的绿色地球百年行动计划，各企业认真贯彻落实，争先恐后地生产绿色产品，开展"绿色营销"；国内四川广元市打造绿色低碳发展示范区；浙江淳安县创建"全球绿色城市"发展。这些绿色实践都为福州市绿色发展提供了借鉴。

（二）福州市 GSE 系统建设面临的挑战

福州市 GSE 系统面临的挑战主要有以下几个方面：一是经济发展方式需要转变，产业需要进行优化升级。改革开放以来，福州市经济粗放式的增长给福州市带来了严峻的影响，以经济增长为目的，不惜肆意开发本来福州就匮乏的资源，没有处理好经济增长与社会环境的关系。二是科技创新能力有待提高，福州市高新技术企业数量相对于国内发达城市和地区来说偏少，创新引发的经济增长效益偏低。三是政府支持力度不够，鲜有强有力的政策处罚对绿色发展形成阻碍的社会各主体，并且政府对绿色发展投入的资金还不能满足绿色发展的现状需求。四是社会绿色道德观念没有深入人心，社会公众的绿色价值认知不足，与发达国家公众绿色认知还有很大的差距。

六、福州市 GSE 系统协调发展的实现建议

（一）政府扶持，为 GSE 系统发展保驾护航

政府在 GSE 系统中是一个有效的引导者，在 GSE 系统健康发展中发挥着重要的作用。首先，在经济问题上，政府应该优化财政分配，增大绿色建设费用，真正做到绿色惠民，让全市公众享受到绿色发展的成果。并且政府要加大科技投入的政策，资金支持，积极引导企业调整产业结构，改变粗放式的生产方式，优化福州的 GSE 系统。其次，在社会问题上，政府要加大对福州教育的投入力度，培养、吸引更多的绿色人才。具体而言，培养绿色人才是指政府通过社会教育来提高公众素质，提高社会文明程度，为绿色发展提供人才上的供

给。吸引绿色人才是指吸引其他区域对绿色发展建树颇深的人才，学习经验，为福州绿色发展给予相关指导。政府还要着力出台各项相关政策并采取有效措施来提高全体市民的社会保障水平，完善城乡规划建设，加大对农村乡镇等欠发达地区的扶持，寻找农村乡镇地区发展的新思路新方法，缩小城乡地区发展差异。最后在环境问题上，政府通过制定相关法律法规来引导福州市的绿色发展，制定绿色产品标准规章制度来引导企业绿色生产，制定公众绿色行为规范来引导公众的绿色行为，制定相关惩罚措施来惩戒社会各主体破坏绿色建设的行为。对于福州的自然灾害频发问题，政府要加强对自然灾害前的预警，自然灾难后的防治措施，科学防御，组织和宣传灾害知识，预防、避险、自救、互救、减灾等常识，增强公众的忧患意识、社会责任意识和自救、互救能力。

（二）利用"一带一路"发展战略，进一步提高对外开放水平

"一带一路"战略以经济合作为主轴和基础，以人文交流为支撑，形成增量利益创造机制[17]。福州具有参加"一带一路"战略的独特条件和比较优势，必须紧紧抓住这一机遇，扬长避短，进一步提高对外开放水平。具体而言，福州要积极融入国家"一带一路"建设中去，加强对经贸平台的建设，充分发挥海峡国际会展中心的平台的作用，重点加强与东盟国家的双边贸易，双向投资，实现贸易优势互补，互联互通，努力将福州建设成21世纪海上丝绸之路的核心，成为连接东盟国家的门户；依托海外华侨华商人文资源的比较优势，推进媒体、文化产业、非正式组织等的友好交流，促进"民心交汇"，不断增强福州对外的文化软实力，助力实现福州海上丝绸之路文化交流的核心地位。

（三）企业要提高自主创新能力，调整产业结构，优化产业升级

科学技术是第一生产力，创新是进步的灵魂。福州市 GSE 系统面临的一个问题是应提高自主创新能力，发展高新技术产业和服务业，培育战略新兴产业如信息、新能源、新材料、环保产业，同时要对传统产业进行绿色改造。福州市应加大对绿色产业的投资，提高企业自主创新能力，避免企业成为产业链的低端，下游生产商和提供商，改变处于"微笑曲线中间部分制造商"的生产模式，提高核心及长期竞争力。另外，为了实现福州 GSE 系统的协调发展，建设更具活力，更富魅力的绿色清新福州，调整产业机构，优化产业升级是福州跨越发展的必然选择。国家级新区、自贸试验区、"21世纪海上丝绸之路"核心区、生态文明先行示范区4个国家战略交汇叠加，点燃了福州发展的加速引擎[18]。福州应当稳固发展第一产业，优化和做大第二产业，大力发展壮大第三

产业，重视高新技术产业的发展。在农业上，政府加大对农业现代化建设的政策制度及资金支持，推进农业产业化，建设休闲农庄示范区，提高农产品的附加值。在工业上，福州应走新型工业化道路，改变粗放式的工业发展方式，进一步巩固福州市的工业基础优势，打造海西先进制造业基地。在传统优势产业方面（如纺织业、机械装备、电子信息等），福州应当在保持原有优势的基础上，大胆创新，引进高新技术，并充分利用国家发展先进制造业的相关优惠政策，促进其优化升级，打造福州市先进制造业基地。针对福州市企业数量多且规模中小居多的现状，政府应当加大政策支持力度，如企业的融资等，适当引导企业兼并重组以提高效益、优化本市工业布局。福州重点打造已成型大规模产业集群（如电子信息、轻工食品、冶金建材等），通过主导产业的发展，带动周边相关产业的如生产型服务业、交通运输业等的发展，进而促进整个产业链的延伸和价值链向高端转移发展。在服务业上，福州大力发展现代服务业和新兴服务业，助推服务业产业结构优化升级，积极引导现代服务业向中心城区、先进制造业集中区域集聚，向高附加值、高带动性的服务业态要发展效益，重点发展电子商务、互联网金融、现代物流、文化创意、旅游会展、服务外包、总部经济等新型服务业态。

（四）加大宣传教育，引导企业绿色生产与公众绿色消费

生产与消费是社会经济活动中的基础环节，首先要在生产环节全面贯彻绿色消费的精神，即推动绿色生产[19]。企业在生产过程中要始终坚持从经济与生态环境协调的整体优化出发，使用绿色环保型的能源与原材料，充分提高物料和能源的利用率，尽量减少并消除废料的生成和排放，努力降低生产活动对资源的过度使用以及对人类环境造成的风险，为公众提供绿色产品与服务。与绿色生产相对应的要引导公众的绿色消费。绿色消费的主导思想是对自然资源、生活资源和公共产品的消费，包括消费观念、消费能力、消费行为、消费模式、消费政策等方面的抉择都要有效体现环境意识和可持续发展的思想。对公众绿色消费的引导需要政府、企业、公众三个主体的共同努力。其中政府要从法律、政策、制度等方面入手，着力完善公众绿色消费的依据和保障，建立健全举报违反绿色生产消费行为的机制。企业应在生产绿色产品的基础上积极开展绿色营销、绿色服务，建立一整套的绿色生产、销售及服务制度。公众要树立绿色消费环保意识，从小做起，从一点一滴做起，加强废物利用意识，进行垃圾分类；运用太阳能、水电能、沼气等可再生能源，绿色出行，选择乘坐公交车，骑自行车等环保交通方式等。

七、本章小结

经济、社会、环境三个子系统构成 GSE 系统，三者之间相互关联，相互制约，共同推动 GSE 系统的发展。福州市 GSE 系统建设存在着粗放式增长给生态系统带来压力，企业自主创新能力不足等问题，但是福州 GSE 系统建设也面临着前所未有的机遇。全球和中国政府的绿色经济发展形势大好，"一带一路"倡议的兴起，国内外绿色实践也给福州市 GSE 系统建设提供借鉴。因此，福州市要好好把握绿色发展的大好时机，加大政府对绿色发展的扶持力度，加快转变经济发展方式，提高企业自主创新能力，充分利用"一带一路"战略的优势条件，提高对外开放水平，引导企业公众绿色生产消费理念等方法来提高福州市经济、社会、环境的水平，促进福州市 GSE 系统向更高的水平发展。

本章参考文献

［1］王丽敏，王健．绿色经济伦理的探析［D］东北大学硕士学位论文，2013.

［2］唐啸．绿色经济理论最新发展诉论［J］．国外理论动态，2014（1）：125－132.

［3］胡锦涛在联合国气候变化峰会开幕式讲话（全文）［EB/OL］．http：//news. china. com/zh_ cn/domestic/945/20090923/15648681_ 1. html，2009－09－23.

［4］绿色发展战略成两会热点　全国人大代表建议修改《循环经济促进法》［EB/OL］．http：//stock. jrj. com. cn/2017/03/02211122128095. shtml，2017－03－02.

［5］谢冠君．福州市大气污染现状分析及其防治对策［J］．海峡科学，2014（6）：67—69.

［6］郑彩红，周亮进，福州市生态建设利弊因素分析和对策建议研究［J］．环境科学与管理，2013，38（11）：138—141.

［7］Grossman G，Krueger，A. Environmental Impacts of the North American Free Trade Agreement［J］．NBER Working Paper，3914，1991.

［8］Norgaard R. R. Economic Indivators of Reaources Scarity：a Critical Essay［M］．New York：Journal of Environment Economics and Management. 1990.

［9］熊鹰，唐湘玲，覃事娅，湖南省县域"经济—社会—环境"系统协调性综合评价［J］．水土保持通报，2013，33（5）：233—238.

［10］梅志雄，李诗韵，赵书芳，陆军辉，珠三角城市经济与环境协调关系的时空演变［J］．华南师范大学学报（自然科学版），2016，48（5）：74—81.

［11］李茂林，刘春莲，西部贫困地区经济与环境协调发展研究——以贵州省为例［J］．西南师范大学学报（自然科学版），2016，41（1）：72—75.

［12］李春浩，张向前，绿色经济—社会—环境复杂系统研究——以福建省为例［J］．哈尔滨商业大学学报（社会科学版），2015（1）：25—36.

［13］王爱辉，龙海丽，彭健，县域绿洲城市经济、社会与环境协调发展评价［J］．水土保持研究，2014，21（3）：235—241.

［14］叶娟惠，"一带一路"背景下，福州经济的发展战略与路径选择研究［J］．福建省社会主义学院学报，2016（3）：92—98.

［15］杨红建，黄加林．福州市生态文明建设面临的困境及对策思考［J］．劳动保障世界，2016（17）：49—50.

［16］坚持绿色发展　建设美丽福州——纪念第45个世界环境日［EB/OL］．http：//news.fznews.com.cn/fuzhou/20160605/57536a7a8b020.shtml，2016－06－05.

［17］郑志来，"一带一路"战略与区域经济融合发展路径研究［J］．现代经济探讨，2015（7）：25—42.

［18］福州打造产业发展升级版　转型升级步伐蹄疾步稳［EB/OL］．http：//www.mnw.cn/news/fz/1208788.html，2016－5－30.

［19］张保红，论绿色消费模式与可持续发展［J］．经济师，2004（10）：265.

第二十一章　基于城市绿色经济的
福州绿色产业发展研究

一、引言

英国环境经济学家皮尔斯在《绿色经济蓝皮书》中首次提出绿色经济的概念，将其定义为以传统产业经济为基础，以经济与环境的平衡和谐为目的而产生的一种新经济形式，是产业经济为满足人们环保和健康需求而形成的一种新的发展状态[1]。2011 年，联合国在发布的《绿色经济综合报告》中，认为绿色经济是低碳的、资源节约与社会兼容的经济类型。我国学者季铸是绿色经济系统理论的创建者和实践者之一，他将绿色经济定义为是以效率、和谐、持续为发展目标，以生态农业、循环工业和持续服务产业为基本内容的经济结构、增长方式和社会形态。1964 年，威廉·阿隆索出版的《区位和土地利用：地租的一般理论》标志着城市经济学的诞生，成为一门具备统一理论基础的独立学科[2][3]。李天健、侯景新认为城市经济学自诞生之日起，就不断蓬勃发展，对解释城市经济现象以及指导实践都具有重要价值[4]。国内城市经济学主要对五个方面进行了研究：城市化与新型工业化的关系研究、都市圈发展与城市之间经济合作及协调分析、区位选择与城市内部空间结构演进研究、产业集群与城市经济发展分析、城市政府职能与城市治理模式研究[5]。

以资源节约型和环境友好型为主要内容的绿色经济，资源消耗低、环境污染少、产品附加值高、生产方式集约，是继农业经济、工业经济、服务经济之后的另一个经济发展趋势，能有力地推动经济走出危机，是实现经济稳定增长的重要支撑。林永生将绿色经济定义为"绿色"和"经济"的二维均衡："绿色"强调节能环保，"经济"强调经济增长，两者同等重要、有机融合于发展过程当中，强调能源消耗、环境质量与经济增长的统一[6]。苏立宁、倪其润认为绿色经济社会是继农业社会、工业社会和服务经济社会之后人类最高的社会形态，绿色经济、绿色新政、绿色社会是人类文明的全球共识和发展方向[7]。

党的十八大以来，习近平总书记多次提及经济要实现绿色发展的理念，突出绿色惠民、绿色富国、绿色承诺的发展思路，推动形成绿色发展方式和生活方式，指出绿色发展和可持续发展是当今世界的时代潮流，中国经济要适应"新常态"。赵峥、刘杨认为城市化、工业集聚、环境规制、经济发展、外商投资、人力资本、人口密度等均与城市绿色经济增长效率有着不同程度的相关关系[8]。城市绿色经济与一般绿色经济有所区别，城市绿色经济需将绿色经济与城市的个性与特点相结合，统筹规划城市的生态发展。

二、福州市绿色产业发展概况

近年来，福州市将绿色经济作为城市发展的发展理念和发展目标，大力倡导并致力于实施生态城市发展战略，高度重视生态保护工作，促进经济效益、社会效益以及生态效益的平衡，福州市城市绿色经济的发展得到了良好的展开和执行。回顾"十二五"规划，福州市的综合实力显著增强，全市生产总值突破 5000 亿元，人均 GDP 超过 1 万美元，一般公共预算总收入、地方一般公共预算收入、固定资产投资等实现比 2010 翻一番；农业、工业、服务业三次产业结构由 2010 年的 9.0：44.9：46.1 调整为 2015 年的 7.7：44.2：48.1，2016 年的 8.0：41.9：50.1，第三产业比重突破 50%。其中营利性服务业增长 20.3%，对第三产业贡献率 48.8%；高新技术产业增加值占全市 GDP 比重从 13.8% 提高到 19%；新增污水处理能力 47 万吨，启动海绵城市建设；历史文化街区保护修复工作成效显著，城区治理、新农村建设和美丽乡村建设取得良好成效；节能减排任务全面完成，森林覆盖率达 55.6%，同年居全国省会城市第 2 位，城市空气质量优良率达 96.4%，同年居全国 74 个重点城市第 6 位、全国省会城市第 3 位，市级集中式饮用水源地水质达标率达 100%，见表 1。

福州市在"十三五"规划中提出要把坚持新区引领、坚持转型升级、坚持创新驱动、坚持改革开放、坚持共建共享和坚持绿色发展作为发展的基本要求，提出了具体的生态建设绿色发展目标：到 2020 年，地区生产总值达 9000 左右亿元，年均增长 9% 左右；服务业增加值比重大于 50%，科技进步贡献率达 60%；万元 GDP 用水量小于 61 立方米，单位 GDP 能源消耗降低控制在省下达目标以内，单位 GDP 二氧化碳排放降低控制在省下达指标内；森林覆盖率达到 55.8%，森林蓄积量达到 0.39 亿立方米等。规划还指出福州市要坚持发展第一要务，树立创新、协调、绿色、开放、共享的发展理念，统筹推进经济建设、政治建设、文化建设、社会建设、生态文明建设以及党的建设，推动福州经济发展新升级，倡导绿色循环低碳的生产方式和节约健康环保的生活方式，注重环境治理及其保护，促进人与自然和谐发展，建设美丽福州。

表1　福州市"十二五"规划目标完成情况

序号	指标	单位	2010年	规划目标		完成情况	
				2015年	年均增长或提高	2015年	年均增长或提高
1	地区生产总值	亿元	3123.41	5504以上	12%以上	5618.1	11.30%
2	人均地区生产总值	亿元	4.4	7.38以上	11%以上	7.53	10.10%
3	三次产业增加值比重	%	9.0：44.9：46.1	5：45：50		7.7：44.2：48.1	
4	高新技术产业增加值占GDP比重	%	13.8	19	0.8个点	9	
5	单位GDP能源消耗	吨标煤/万元	0.637	完成省下达任务		完成省下达任务	
6	森林覆盖率	%	54.9	55.5		55.6	
7	城市建成区绿化覆盖率	%	40.3	42		43.41	
8	城市（不含县城）垃圾无害化处理率	%	98.2	98以上		100	
9	城市（不含县城）污水处理率	%	90.1	95以上		95以上	

数据来源：《福州市国民经济和社会发展第十三个五年规划纲要》。

三、福州市发展绿色产业的主要优势

福州市发展绿色产业的主要优势分别体现在自然环境、人文背景以及政策倾斜等方面，具体如图1。

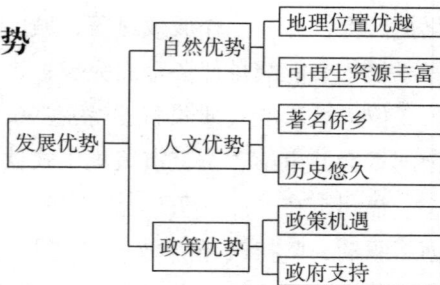

图1　福州市发展绿色产业优势

（一）自然优势

福州市区位优势明显，地理位置优越，资源丰富。福州市地处中国东南沿海、福建省中东部的闽江口，与台湾隔海相望，同时连接长三角和珠三角，居于亚太经济圈中国东南的黄金海岸，在国家和全省发展大局中的战略地位日益凸显，带动海峡西岸经济区建设、辐射中部地区发展的枢纽作用十分突出，正在成为区域经济新增长极。福州属亚热带季风气候，气候适宜，温暖湿润，适宜旅游季节为每年4—11月，长达8个月。福州市有独特的矿种结构，一些矿石

储量居中国前列，可广泛应用于工业生产以及工艺美术。福州市林地面积 7792 平方公里，占全市总面积的 65%，现有森林总面积 947 万亩，林木总蓄积量 1680 万立方米，森林覆盖率 55.6%，绿化程度达 88.6%，建设绿色经济有着天然的优势。海域总面积 11.09 万平方公里，海岸线总长 1137 公里，占福建省岸线总长的三分之一，且沿海多天然良港，可兴建 1~20 万吨深水泊位的天然良港有 100 多个。漫长的海岸线不仅使福州有着优良的港口资源，还使福州有丰富的可再生能源——风能，风能的有效利用能解决福州绿色经济发展的能源问题，只要前期开发得当，后期利用成本低廉，节能环保。此外，福州市市区地热总储量达 9800 立方米，是中国三大温泉区之一，福州盆地的地热田是福建省最大的地热田，其泉脉广、温度高、水质优、流量大、埋藏浅，且分布在市区中心，为世间罕见，现已被用于生产、生活、医疗、科研和体育等方面。

（二）人文优势

据福建省 2016 年人口变动抽样调查数据，2016 年底福州市常住人口为 757 万人，比 2015 年增加 7 万人，自然增长率为 7.5‰，人力资源丰富。福州市全国重点侨乡海外乡亲达 400 万人，分布在世界 160 各国家和地区。侨乡资源给福州市带来大量资本，其侨资、侨汇已经成为福州民间资本的重要组成部分，是福州市绿色经济发展的一个重要资金来源。在侨眷、归侨聚集的地区，侨乡资本丰富，海内外信息灵通，加上福州人本身对创业打拼的热情，有着浓厚的市场经济发展的氛围，对绿色经济发展的接受度高，这些丰厚的资本只要假以引领就能转换为生态经济发展的背景支持。大量的侨乡资源有利于福州市引进外来资本以及先进管理知识，促进先进技术的实践以及知识的创新，加快环境友好型企业的落地发展。近年来，福州市设立各类侨务部门，制定侨乡招资方案和政策，拉近侨乡与福州的距离，拓宽侨资来福州发展的渠道，吸引华侨资本参与新福州建设，同时，通过侨乡资源加快福州与各经济体的联系交流，加大福州经济对各国各地区的影响力。福州作为国家历史名城，有着两千多年的历史，浓郁的历史底蕴以及鲜明的古城特色有利于发展特色旅游。近年来，福州市不断加大人力、财力、物力投入，先后投入 100 多亿元，全力推进福州历史文化名城和文物保护工作[9]，向外界展示了福州风采和人文魅力。

（三）政策优势

在 2014 年 3 月，国务院出台《关于支持福建省深入实施生态省战略加快生态文明先行示范区建设的若干意见》，标志着福建生态省建设由地方决策上升为国家战略，步入创建全国生态文明先行示范区的新阶段。2016 年 4 月，福建省更是出台了《福建省"十三五"生态省建设专项规划》，指出要优化国土空间开发格局，加快推动产业绿色转型，全面节约和高效利用能源资源，筑牢生态安全屏障，加快环境治理力度，加快适应气候变化能力建设，照例推进生态文明体制改革，积极推进生态文化建设。这些政策的落地执行，对福州的绿色产业的发展有着积极的监控作用以及有力的推动作用。

2013 年 10 月，习近平总书记提出"21 世纪海上丝绸之路"的战略构想，随后国家发展改革委、外交部、商务部联合发布《推动共建丝绸之路经济带和"21 世纪海上丝绸之路"的愿景与行动》，提到利用长三角、珠三角、海峡西岸、环渤海等经济区开放程度高、经济实力强、辐射带动作用大的优势，加快推动中国上海自由贸易试验区建设，支持福建建设"21 世纪海上丝绸之路"核心区。2015 年 9 月，国务院同意设立福州新区，推动福建全面融入"一带一路"战略实施。2015 年 11 月中国共产党福州市第十届委员会第十届会议通过《中共福州市委关于制定福州市国民经济和社会发展第十三个五年规划的建议》，中央支持福建经济社会加快发展，国家级新区、自贸试验区、"21 世纪海上丝绸之路"核心区、生态文明先行示范区"四区叠加"和平潭综合实验区"一区毗邻"的独特优势，将为福州发展带来众多机会窗口，催生政策、项目、资金等要素向福州汇集，福州加快发展的动力更加强劲。曹宇、周文杰、齐桦、王茂鑫认为"一带一路"政策将使中国企业利用大量外汇积极开拓海外业务并设立海外分公司，对通货膨胀问题产生积极影响，同时能有效解决很多行业产能过剩问题[10]。福州有着丰富的外汇储备和近年来过剩的产能，能有效地利用政策的支持将资源输出，带动行业的发展。"一带一路"以及"21 世纪海上丝绸之路"的提出，使得作为处于重要地理节点的福州充满了发展的机遇，加上对生态省建设的重视，福州绿色产业发展有着优越的政策条件。

四、福州市绿色产业发展面临的主要问题

目前，福州市在推动绿色产业发展方面采取了各项措施，也取得了显著的成绩，但仍然存在一些问题阻碍福州市进一步发展绿色产业，建设绿色经济，这些问题亟待解决。

（一）产业结构不尽合理

近年来，福州市产业经济高速发展。2016 年福州市全市地区生产总值

6050 亿元，比 2015 年的 5618.1 亿元增长 8.3%。根据福州市统计局的数据，2016 年，福州市的三次产业结构由 2015 年的 7.7：43.6：48.7 调整为 8.0：41.9：50.1，其中福州市第三产业占比首次超过 50%。从表面数据来看，福州市经济增幅大，增长水平较高，但从综合资源投入产出来看，福州市的投入产出水平并不高，固定资产投资占地区生产总值等数据比同省泉州、厦门等城市还有较大差距。农业生产以传统农业为主，农业生产产量以及效率低下，缺乏抵御自然风险和市场风险的能力，现代化农业还未大面积推广，生态农业以及设施农业的发展仍处于推广建设阶段。同时在农村，农民为了农业生产，破坏森林等自然植被，生物多样性减少，水土流失严重，土质恶化，生产能力越来越差[11]。林业与渔业在第一产业中比重较大，但问题也很明显，其生产手段落后，产业链短，发展层次较低。同时虽然第三产业比重超过了第二产业，但第二产业仍是福州经济的重要支撑。一些现代工业区的建立拉动了全市工业朝着绿色产业发展，但目前传统的工业模式仍处于艰难的转型期，中小企业较多，产业内部缺乏凝聚力，难以把现有的资源整合起来，企业品牌缺失，竞争力较弱。近年来，福州市第三产业在三次产业结构中所占比重不断增加，但服务业总量小且结构有待改善。福州市批发和零售、住宿和餐饮等传统服务业所占比重大，2016 年，福州市批发零售业占第三产业比重达 17.5%，是第三产业中比重最大的行业门类，而文化、旅游、娱乐等现代服务业所占比重较低（如表 2）。

表 2　2015 年福州市服务业各行业门类增加值占地区生产总值比重情况

指标	2010 年	2011 年	2012 年	2013 年	2014 年	2015 年
批发和零售业	10.9	10.4	10.0	9.7	9.6	9.2
住宿和餐饮业	2.0	1.9	1.8	1.8	1.5	1.7
交通运输、仓储和邮政业	5.1	4.8	4.3	4.2	4.4	4.3
信息传输、软件和信息技术服务业	3.6	3.6	3.3	3.1	3.0	3.8
文化、体育和娱乐业	0.9	0.8	0.9	1.0	1.1	1.0

（二）能源消耗结构不完善，环境治理压力大

从总体上来看，福州市经济仍处于转型阶段，许多行业还在进行传统的生产服务。福州市经济总量在不断提高，经济增速始终保持稳定的发展，人口总量不断提高，城市化进程加快，能源供需矛盾显现。福州市以制造业、建筑业、石油化工为主要经济支撑，电子信息业和现代服务业尚未形成成熟的发展体系，虽然全市万元地区生产总值能耗在下降，但能源消耗总量还是在增加，

其中以煤、油、电为主的能源消费格局没有发生大的改变，煤炭、石油、天然气等不可再生能源占很大比重，生产污染物和废弃物排放量高，重工业占工业产值较大，工业重型化现状持续，对环境造成的压力大。汪淳、郭大力等认为在福州城市发展过程中，城市山体侵蚀和水系破坏不断加剧，对福州整体生态功能造成了严重破坏[12]。同时节能环保型产业技术未成熟，尚处于待开发应用阶段，水电、风电、核电等优质可再生绿色能源所占比重较低，低碳清洁能源利用水平不高，可发展空间还很大。福州市虽然城市绿化率高，但本身土质较差，加上福州市雨季较长，雨水冲刷，水土流失严重。在林业进展缓慢的同时，农业、畜牧业以及水产养殖业的发展还未跟上绿色产业发展的步伐，农药化肥的大量使用，植被的过度开发，密集的水产开发，最终加剧了水土污染，加大了福州市的环境治理压力。

（三）当地企业和群众的绿色经济理念和观念有待加强

企业发展概念以及社会群众中尚未确立完整的绿色经济的理念。不少企业经营者认为发展绿色产业一定会损失企业的利益，迫使企业提高生产成本以换取环境的整洁。环境的破坏是经济高速发展一定会存在的问题，绿色产业经济的推行是一种不切实际的幻想，会阻碍企业获取较高的利益，这种观念还存在于很多企业内。特别是福州一些生产废弃物多、消耗大的行业不愿意在生产过程中投入大笔资金实现废料的循环利用，减少废弃物的排放，仍处于以环境破坏换取利益获得的阶段。同时，部分当地居民认为发展绿色产业是政府以及企业的事情，与自身无关，在日常生活中也不愿花费较多的成本购买价格略高于同类产品的经过绿色工业产出的产品，对绿色经济的发展停留在事不关己的状态。吴晓青认为发展绿色经济，经济活动过程和结果的绿色化、生态化是主要内容和途径，同时可持续消费体系必须建立起来[13]，而企业和居民绿色经济理念和观念的不更新，使得福州市政府绿色产业发展措施在落地执行中遇到了重重阻碍。

（四）管理体制以及绿色经济政策需增强针对性和系统性

目前，福州市面临中央政府支持福建加快发展，建设生态文明先行区、自贸试验区、"21世纪海上丝绸之路"和"一带一路"核心区以及福州新区成为国家级新型建设区等重大发展战略机遇。国家、福建省政府以及福州市政府各部门都关注着福州绿色产业发展的情况，其实际发展也面临着各级政府部门的指导和共同管理，许多工作职能分散在不同的部门，不能形成一股合力，这疏散了力量以及其他资源，使得在绿色经济发展过程中，缺乏统一的规划、协调和指挥。对福州市绿色产业的发展缺乏全局的规划系统的管理，导致各方过分关注眼前的利益和短期的环境保护，造成一些绿色产业的重复建设和资源的浪费。同时，一些政策停留在喊口号的状态，政策本身过于空泛，不具备可行性，无法正对某具体问题提出解决措施，导致部分绿色产业处于自我摸索的过渡阶段。福州市的绿色产业确实面临着难得一遇的发展机遇，但目前仍处于发展初期，系统的指导和具有针对性的解决对策还需有专门的机构来引领推进。

（五）福州市绿色产业与其他区域间相互影响较弱

福州市作为福建省的省会城市，要为全省其他城市的绿色产业发展做出领导和带头作用，在福建省各市县的传统产业转型中起示范作用。目前，福州市与区域范围的其他城市经济体联系较少，绿色产业的发展过程中，与区域外部产业缺乏沟通。在不考虑城市间其他影响因素的情况下，本书利用城市空间引力模型中的康维斯断裂点公式来测算福州市对周边地区的吸引力。

$$d_A = D_{AB} \bigg/ 1 + \sqrt{\frac{P_B}{P_A}}$$

其中：d_A 为断裂点到 A 城的距离，越大说明城市对周围城市的吸引力越大，即两者之间的经济联系越强，D_{AB} 为 A、B 两城市间的距离，P_A 为较大城市 A 的人口，P_B 为较小城市 B 的人口，根据数据计算得出表3。表格可以得出福州市的影响范围相对城市规模来说较弱，对距离较远、经济发展较优秀的城市如泉州、厦门的吸引力不强的结论。张刚、贾志永认为在封闭区域条件下，城市在加快某一产业发展的同时，产业内部会产生阻碍自身发展的力量[14]。在福州市对其他区域经济影响较弱的情况下，福州绿色产业的发展是受到限制的。

表3　福州市对省内其他城市的经济影响范围

城市	与福州的距离（千米）	城市人口（万人）P	与福州的人口比	影响范围
福州市	/	678.37	/	/
厦门市	272	211.15	0.3112	174.5932
莆田市	119	211.15	0.5074	69.4940
三明市	230	284.21	0.4190	139.6248
泉州市	194	722.45	0.9390	98.5265
漳州市	300	502.08	0.7401	161.2638
南平市	181	319.86	0.4715	107.3122
龙岩市	395	309.38	0.4561	235.7752
宁德市	95.3	348.92	0.5144	55.4979

数据来源：《福建统计年鉴—2016》。

五、完善福州市绿色产业的政策建议

（一）优化产业结构，实现福州经济绿色转型

福州市优化产业结构，在目前持续提高第三产业所占比重的情况下，还应利用政策倾斜带来的大量资源，分别调整第一产业、第二产业和第三产业的内部结构。

首先，应大力发展现代化农业及绿色农业，传统的农业发展已经不适应现在的高科技生产且不能满足目前福州市的消费需求。第一，绿色现代化农业的发展离不开有绿色发展理念的农民（包括参与农林牧渔的人员），因此，在不断向农民群众宣传绿色农业发展理念和观念的同时，还要不忘指导农民发展绿色农业所需的科技知识，在有条件的情况下，建立农业科技咨询点，定期派遣农业研究专家或相关专业在校大学生等为农民指导实践农业操作；第二，发展绿色现代第一产业离不开技术的引领，可以建立多个资金项目来鼓励促进产业新技术新手段的开发创新，为现代第一产业发展提供技术支撑，增加单位面积产量，减少产品污染，提高产业产品质量，生产出能满足消费者需求、并让其放心消费的绿色产品。同时，进一步拓展产业功能，延伸产业链，如促进第一产业与服务业相结合，在进行第一产业业生产的过程中，吸引群众参与进来，为其提供特殊的体验，使得产业生产的利润多元化，产业发展绿色化。

其次，福州要加快第二产业和第三产业的结构升级。在政策的约束下福州要控制工业的高耗能现状，利用现有的技术革新生产工艺，提高每单位能源生产量，调整产品结构，提高整体管理水平。福州要鼓励新技术的研发和落地执行，促进企业自觉利用新技术进行生产活动，推行绿色生产理念，建立以企业为主的自主技术创新体系，稳中求进改善第二产业结构，发展绿色产业。福州要大力发展服务业，充分发挥福州市悠久的历史底蕴，利用福州市独特妈祖文化、海峡文化等，打造福州特色的文化品牌。福州要大力宣传福州榕城的特点，利用福州丰富的地热资源开发温泉旅游等，延伸旅游产业链，壮大旅游产业。福州要抓住国家"一带一路"和"21世纪海上丝绸之路"给福州市带来的机遇以及福州自有的侨乡资本，加快福州现代金融业的发展。福州要加大现代服务业在第三产业中所占比重，促进传统服务业创新，发展现代化绿色服务业。

（二）结合福州特色资源，开发绿色能源，推进节能减排

福州市发展绿色经济就需要减少传统能源消耗，加强绿色能源开发利用。

减少传统能源消耗一方面是减少传统能源量的使用，福州市甚至福建省的煤炭、石油等能源储备本身就不丰富，需要从外省或其他国家进口，能源的匮乏是福州经济发展的一个制约，但在绿色经济发展理念的指导下也能迫使福州市减少对传统能源的依赖。另一方面，减少传统能源消耗也意味着在绿色产业发展初期，在不可避免使用煤炭、石油、天然气等能源的时候需要利用新技术减少后续污染物的排放，做到少排放或者排放无污染。福州市近年来已经开始着手绿色能源的开发利用，但仍需加强开发力度。福州市临海，每年几个月都会有台风经过，开发风能、潮汐能有着天然的优势，同时福州市还有丰富的太阳能和地热能源，这些能源都绿色可再生，且具有很大的开发前景，一旦形成成熟的开发利用体系，就能为福州市提供充足的能源保障。传统资源的节能减排以及环保可再生能源的开发利用需要建设高素质的专业技术队伍，解决技术研发问题，同时增强市场对节能减排工艺及产品的接受度，培育和扩大新能源市场。

（三）加强宣传，促进福州市绿色生产消费

绿色经济发展的理念作为无形的牵引，要发挥其作用，需要政府、企业和群众共同努力。政府应与互联网、报刊等媒体合作，大力宣传绿色经济发展理念，让企业和民众在潜移默化中接受绿色经济发展理念，并愿意投入资源去共同维系以及促进绿色产业的发展。同时，政府也要以身作则，以合理合法的形式采购符合绿色经济发展的产品和服务，定期公开绿色采购的相关信息。利用政府的行为带动福州市产业和民众朝着绿色化的方向发展，形成一个全民参与的，政府、企业和民众互动的绿色经济发展模式。企业在响应政府号召的同时，从自身入手，在企业内部进行绿色生产服务宣传，把生态环保作为企业发展的前提，努力将产业的生产服务向绿色生产靠拢，积极转变生产模式，提供绿色产品服务。群众要树立绿色生活消费意识，购买绿色环保的产品，减少一些不必要的不可分解的包装袋的消费，绿色出行，选择公交车、共享单车或拼车等交通方式，提高废物利用率，将生活垃圾分类处理等。

（四）发挥福州市政府市场引领作用，推动绿色产业建设

在发展绿色产业时福州市政府应充分发挥政府引导作用，市场经济体制下，企业是市场的主体，但政府作为看不见的手应把握市场发展的走向。

首先，政府要积极采取激励手段鼓励企业自主研发新技术，实现企业生产服务绿色环保。福州市政府可以通过税收优惠政策和政府补贴政策，支持绿色

环保型企业的发展，设立专项技术研发基金，对自主研发出有利于绿色经济发展新技术的企业或个人给予资金鼓励和精神嘉奖，对于采取资源循环利用、优化利用的企业生产行为给予税收优惠和财政补贴等。政府应支持企业开展金融投资、文化传播、旅游宣传带动、企业品牌建造、生态化生产基地建设等，为类似的企业设立政府性奖金，减轻企业进行绿色建设和高科技创新的风险，推动企业向高科技化、服务绿色现代化发展。

其次，福州市还应加大力度推行人才引进计划，目前福州新区正在建设中，并拥有福州经济技术开发区、闽台蓝色经济产业园、江阴工业集中区等十个国家、省级重点园区形成了机械装备、石油化工等八大重点产业集群。新区的生态化建设离不开大量的高科技型人才，目前福州市现有的人才储备难以满足经济建设所需，应当利用经济政策或其他手段，吸引大批知识型人才进入福州人才市场，成为福州绿色产业发展的后备军，建立多层次的绿色产业管理人才梯队以及专业技术人员体系。

最后，福州市应采取严格的监督考核制度，全面评估生态化建设的进程。福州市应出台更加严格的绿色考核标准，为传统的高耗能、高污染的行业制定严格的排放指标，迫使企业使用高新技术重塑生产工艺，降低资源的耗用量，减少污染物的排放，促使其技术改造和转型升级，同时，对拒不执行绿色标准的企业采取严厉的惩罚措施。企业生产服务对环境造成巨大危害的，经考核不合格的，可处以巨额罚款，同时采取措施抑制其继续生产服务，利用严格的监督体系和一系列的行政处罚作为手段，引导企业向生态化方向发展，产业向绿色产业转型。此外，监督考核制度也应面向各政府部门，建立一个统筹绿色产业发展的政府部门，与其他分管部门共同设立阶段性目标，将责任分配到具体的人员身上，定时考核完成情况，对未能及时完成目标的部门和人员进行批评教育，严重者处于政治处分，督促各级领导干部积极落实绿色产业发展政策。

（五）加强城市间经济联系，促进区域协同发展

面对福州对福建省内其他城市经济影响力较弱的情况，福州市需利用各种手段，加快城市间经济联系，促进区域协同发展，为福州市绿色产业发展谋求更大的发展空间。首先，福州市可以利用福建省内较为便捷的公路系统及狭长的海岸线带来的港口物流体系，加大福州市内产业对其他城市的输出，同时借鉴其他城市在发展绿色产业时的创新点，如学习厦门市对现代化旅游城市的打造，取长补短，发挥福州悠久的历史底蕴，打造福州旅游品牌。其次，政府适

当出台相关优惠政策，对于与其他城市内产业有紧密经济联系并能促进福州绿色产业发展的企业给予一定的税收优惠、财政补贴或行为嘉奖，鼓励市内产业走出福州，积极学习吸收其他城市产业发展的优点，为福州绿色产业长期发展奠定优良基础。

六、本章小结

生态文明与经济发展共同发展已经成为现阶段我国各地区经济发展的趋势，福州市发展绿色产业面临巨大的发展机遇，自身有着优越的发展条件，同时也有一些发展过程中需要解决的问题，如产业结构不合理、企业和群众绿色发展理念尚未完全建立等。因此，福州市应积极抓住已有的机遇，正面挑战，优化产业结构，积极开发绿色能源，实现节能减排的重大目标，发挥政府的引导作用，采取有力的政策措施，拉动企业以及群众共同参与福州市生态文明建设，推动福州市绿色产业健康发展。

本章参考文献

［1］Pearce. D. W，Mark Andy，A，Barrier，E. B.，Blueprint for a Green Economy. 1989.

［2］E. S. Mill ＆Nijkamp，Advances in Urban Economics，in Edwin s. Mills（ed.），Handbook of Regional and Urban Economics，Vol. 2，North – Holland，1987.

［3］A. Evans，The Development of Urban Economics in the Twentieth Century［J］. Regional Studies，Vol. 37，No. 5，2003，pp. 521—529.

［4］李天健，侯景新. 城市经济学发展五十年：综合性回顾［J］. 国外社会科学 Social Sciences Abroad，2015（03）：39—50.

［5］陈柳钦. 我国城市经济学科发展动态分析［J］. 社会科学管理与评论，2009（1）：68—76.

［6］林永生. 绿色经济之中外比较［J］. 中国经济报告，2016. 02：62—65.

［7］苏立宁，倪其润. 城市绿色经济发展战略研究——以安徽省合肥市为例［J］. 合作经济与科技，2012，6（443）：25—27.

［8］赵峥，刘杨. 丝绸之路经济带城市绿色经济增长效率及影响因素［J］. 宏观质量研究，2016，4（4）：29—37.

［9］吴晖. 彰显古城风貌　提升城市形象——福州市历史文化古城保护工作成效显著［N］. 福州日报，2016 – 1 – 26.

［10］曹宇，周文杰，齐桦，王茂鑫. "一带一路"政策的影响分析［J］. 经营管

理者，2016（4）：201.

［11］黄章树，李舒翔，陈廷杰．福建省绿色经济发展现状及其对策研究［J］．福建行政学院学报．2013（6）：97—101.

［12］汪淳，郭大力，冯雨，李荣欣．绿色发展下的城市生态格局保护研究——以福州为例［Z］．2016年中国城市规划年会．

［13］吴晓青．加快发展绿色经济的几点思考［J］．中国科技产业．2010（1），21—24.

［14］张刚，贾志永．基于场论的城市间相互作用的机理和效应研究［D］．西南交通大学博士论文．2016.

第二十二章　英国低碳经济发展对
福建省生态文明的启示

一、引言

随着环境恶化和生态破坏日益加剧，国际社会日益关注气候变化的影响，世界各国对于建设低碳经济以应对全球变暖和保护环境的共识不断加强，主要发达国家凭借低碳领域的技术和制度创新优势，加紧实施低碳经济发展战略，构筑世界新一轮产业和技术竞争新格局。[1]英国是低碳经济概念的最早提出者，也是低碳经济的先行者。2003 年英国政府在能源白皮书《我们能源的未来：创建低碳经济》中从能源安全和气候变化的角度率先提出低碳经济概念并把发展低碳经济上升到国家战略的高度，提出了英国的碳减排目标。英国在 20 世纪70 年代基本完成了工业化，在工业化过程中经济发展方式粗放，高污染、高排放、高能耗带来了严峻的环境能源问题，发展低碳经济成为英国对本国经济可持续发展的迫切要求。目前，英国在已制定的国家低碳发展战略指导下，开始重点实施具体计划，以政府政策为主导，市场运作为基础，企业、公共部门和家庭为主体的低碳经济发展体系初步形成，低碳经济发展的瓶颈已经突破，实现了生态环境效益与经济增长的双赢局面[2]。发展低碳经济能有效缓解经济发展的资源约束矛盾、减轻环境污染，有利于调整、优化经济结构和转变经济发展方式，对于生态文明建设具有重要意义。福建省的生态文明水平虽然在我国位居前列，但生态环境问题与经济发展的矛盾同样不容忽视，经济结构不合理、粗放式的经济增长方式、资源能源利用率低使福建生态和环境压力日益增大[3]。发展低碳经济是福建建设资源节约型、环境友好型社会的必然选择，也是福建经济建设的客观要求。福建省森林碳汇潜力巨大，硅资源、陆地风能资源、海洋能资源等可再生资源丰富，并具有对台优势，发展低碳经济的优势得天独厚[4]，但在经验方面仍较为欠缺。而英国在低碳经济和低碳城市的建设发展中已有很好的建树，相关的政策及策略对于福建省发展低碳经济、建设生态文明具有借鉴意义。本研究将通过阐述英国低碳经济发展现状以及主要战略、策略措施，分析福建省生态文明建设现状，从而进行对比，找出英国低碳经济、低碳城市发展对福建生态文明的有用经验，启示福建省在科学发展理念的指导下，更好地发展低碳经济，以促进福建省生态文明的蓬勃发展。

二、英国低碳经济发展现状及主要经验

（一）英国低碳经济发展现状

伴随着英国工业化完成而来的是空气质量变差、环境污染严重等问题。在20世纪末，英国政府最早意识到气候变化给人类社会带来的影响，并开始致力于保护环境、节约能源的行动。2003年，在第一份能源白皮书《我们能源的未来：创建低碳经济》中英国政府提出了英国未来50年内的能源政策，提倡走低碳经济道路，并成为二氧化碳减排方面的世界引领者。英国认为，低碳经济及相关产业产值创造能力强，并能提供大量的就业机会，对于摆脱经济衰退、应对金融危机有重要作用。2009年，英国政府正式发布《英国低碳转换计划》，从国家战略高度上推行低碳经济，明确制定碳排放量目标，所有政府还须建立自己的"碳预算"，旨在能源、工业、交通和住房等多方面有所突破。该计划标志着英国正式启动向低碳经济转型的战略。在发布该计划后，英国政府财政拨款支持包括风能、太阳能、海浪及潮汐发电等新能源开发和碳捕获及储存等绿色技术的创新，并推进传统产业的低碳化改造。此外，在2009年度的财政预算中，英国政府在低碳经济相关产业中额外追加了104亿英镑以促进其发展。

通过一系列政策措施，英国的低碳经济发展取得了明显成效。据英国能源与气候变化部（DECC）资料显示，英国温室气体排放量由1990年的772.9百万吨减少到2011年的550.7百万吨，减少了将近30%，其中净二氧化碳排放量减少22.5%，由592百万吨减少到458.6百万吨。从数据的变化可见，英国在保持经济稳步增长的同时，实现了温室气体排放量的控制。[5]2010年，英国能源消费总量227.5百万吨油当量，扣除非能源使用，有218.5百万吨油当量。在218.5百万吨油当量中，低碳清洁能源贡献了能源消费量的9.9%，即有21.6百万吨油当量来自低碳清洁能源。2008年，英国成为全球最大的海上风电生产者，2010年英国新增的海上风能装机量为653兆瓦，占到了世界新增装机容量的56.2%，继续维持全球第一的领导地位。[6][7]在太阳能领域，英国拥

有 8 万多个太阳能热水系统及数千个离网型太阳能光伏发电系统，在光伏发电材料研发领域居世界领先水平。包括风能、水能、太阳能光伏在内的可再生资源用于发电、供暖和交通燃料的比重不断上升。2001 年英国成立的碳信托有限公司，在促进研究开发、加速技术商业化和投资孵化器等方面累计投入 3.8 亿英镑。公司成立以来，众多英国公司得到帮助，累计减排 1700 万吨二氧化碳，节省能源支出超过 10 亿英镑。

目前低碳产业已经成了英国经济新的增长点。从总体上看，英国已经突破了发展低碳经济的最初瓶颈，初步形成了以市场为基础，政府为主导，全体企业、公共部门和居民为主体的互动体系，探索出了一条新型可持续发展道路，英国的低碳计划有了扎实的基础。

（二）英国发展低碳经济主要经验

英国在低碳经济发展上的显著成效得益于政府的一系列举措，如图 1 所示，主要通过确立低碳发展战略和目标，并在此指导下健全低碳经济法律的基本框架，从政府的碳预算和财政补贴、税收调节、碳金融、建立碳排放交易机制、支持低碳技术创新等方面构建低碳发展的政策体系，并重点发展低碳城市和社区建设，以此推进低碳经济的发展。

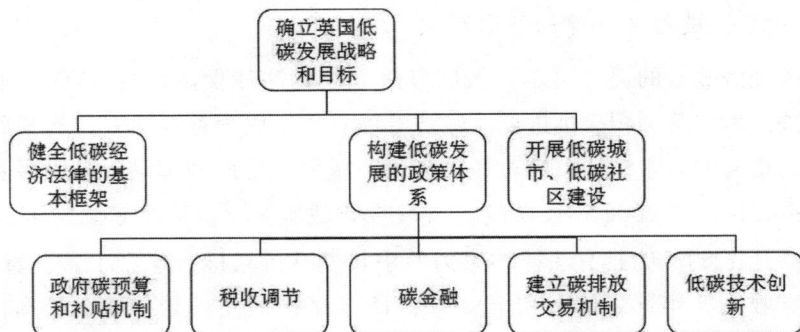

图 1　英国发展低碳经济主要经验简图

1. 确立低碳战略发展和目标

在 2003 年《我们未来的能源——创建低碳经济》的白皮书中，英国首次提出建设低碳经济以应对气候变化威胁和能源安全挑战，把实现低碳经济作为能源政策的战略性目标。白皮书明确了碳减排目标，即到 2050 年英国二氧化碳的排放量在 1990 年的基础上将削减 60%，并在 2020 年取得实质性进展。2006 年英国政府发布的《能源回顾——能源挑战》进一步确认 2003 年白皮书的四大目标，提出与他国一起应对气候变化和国际行动，保证安全、清洁和合理的国内能源供应。在同年 10 月，政府推出《斯恩特报告》[8]，呼吁各国在碳价格、碳交易、低碳技术、减排和适应性行动障碍的消除上进行合作，推进全球向低碳经济转型。英国低碳经济发展转型的国家战略目标正在清晰形成。2007 年《能源白皮书——迎接新能源挑战》制定了英国应对气候变化的国际和国内能源战略，将大力发展可再生能源作为国家长期的能源战略目标。[9][10] 2009 年出台的《英国低碳转型计划》[11]把发展低碳经济从能源发展战略上升为国家层面的全局性重大战略。计划提出到 2020 年碳排放量将在 1990 年的基础上减少 34%，到 2050 年实现二氧化碳减排 80% 的目标，让英国成为更清洁、更环保、更繁荣的国家。此外，与低碳转型计划相配套的还有《英国可再生能源战略》《英国低碳工业战略》和《低碳交通战略》，阐述了为实现目标将采取的措施：工作场所和就业的绿色化转型、家庭社区住房的节能改造、可再生低碳能源的开发、交通系统和新能源汽车项目。[12]这一系列战略、计划的出台和实施标志着英国基本形成了向低碳国家转型的总体战略布局，并逐步由宏观战略规划走向微观具体措施，促使政府各部门和全国企业、公民等共同参与到低碳发展的行动中。

2. 健全低碳经济法律的基本框架

低碳经济效益的提升离不开低碳经济立法的法律保障。自 2003 年低碳经济概念提出后，英国积极推进低碳经济专项立法，成为首个建立具有长效机制和法定约束力的基本框架以应对气候变化和减少碳排放的国家。其中最具有代表性和重要性的是 2008 年颁布的《气候变化法案》[13]，该法案制定了到 2050 年实现碳减排 80% 的具有法律约束力的中长期减排目标，建立了碳预算制度，制定了碳收支 5 年计划体系和至少未来 15 年的碳收支计划，成立了具有法律地位的气候变化委员会，对气候变化影响评估、碳交易机制、气候变化的影响与应对支持等做出规定。为应对能源安全和气候变化的挑战，除纲领性法律《气候变化法案》外，英国还颁布实施了《能源法案》《气候变化与可持续能源法案》《能源与计划法案》等一系列法律来推进发展低碳、绿色、环保的新能源，提高能源效率，促进碳减排，推动低碳经济的发展。2012 年 11 月，英国政府公布出台了关于调整国内能源消费结构的能源议案，这是一次里程碑式的变革，要求大力支持可再生能源、新核能、燃气及碳捕捉与封存技术的发展，发展可再生低碳能源，形成多元化的可再生能源结构，支持低碳式发展的基础设施建设，实现制造业供应链的低碳转型，最终实现低碳经济的平稳发展。

3. 构建低碳发展的政策体系

（1）税收调节：2001 年，英国政府提出并开始实施气候变化税（CCL），主要向使用能源的工商企业和公共部门进行征税，依据能源的使用量进行计税，不同能源品种按其能含当量确定不同的税率，并减免使用可再生能源的企业和部门的税收。这是一项灵活的税收政策，在征收气候变化税的同时又通过调低企业雇员国民保险金，强化投资补贴项目鼓励企业投资节能环保技术或设备，设立碳基金等措施将税收返还企业，以减轻企业的负担。这项税收政策在提高能源效率，调整能源结构，增强企业低碳发展意识，促进节能投资有重要作用。

（2）政府碳预算和补贴机制：主要是碳预算和有关财政补贴、奖励政策[14]。《气候变化法案》要求所有英国政府机构都必须建立自己的"碳预算"，严格控制碳排放量，并根据碳排放目标安排相应的财政预算，创建了具有法律约束力的碳预算制度。在财政上，英国建立了碳信托基金等政府补贴机制，划拨每年气候变化税约 0.66 亿英镑作为碳信托基金，帮助高能耗企业进行碳减排技术的研究、开发与推广，开展碳管理，提高能效，降低市场风险。此外，为鼓励家庭节能和使用可再生能源，政府实施了退税与补贴计划，减免征收各种税费的政策，如对使用节能炉灶、节能电器的家庭提供补贴，对可再生能源的使用免征能源税，对个人投资的低碳能源项目也免征所得税等。

（3）碳金融：主要通过节能信托、碳信托基金和绿色银行等方式融资，来推动低碳发展。[15]节能信托基金通过管理政府节能低碳项目、试验推广低碳技术、开发节能低碳模式和工具、为社区和家庭提供咨询服务等与政府、社区和企业建立伙伴关系和开展有关活动。世界上首家专门为低碳项目融资的国家银行——英国绿色投资银行成立于 2012 年，主要发放低碳能源项目的贷款，优先考虑海上风电、垃圾发电和非住宅节能项目，目的在于促进低碳经济的转型。

（4）建立碳排放交易机制：2002 年，英国启动温室气体排放交易制度，是世界上最早实施温室气体排放交易机制的国家。排放贸易是利用市场促进减排的重要手段，是《京都议定书》引入的三个灵活机制之一。所有承诺减排目标的参与者都必须严格按相关条例监测和报告企业每年的排放情况，并得到具有执业资格的第三方独立认证机构的证实。英国碳排放交易制度取得了一定的成效，丰富了政府、企业、交易机构在碳贸易方面的经验并获得了明显竞争优势。

（5）低碳技术创新：为了促进低碳经济的发展，英国尤其重视低碳技术的创新。最近几年，英国政府制定出台了减碳技术战略、化石燃料碳减排技术发展战略，大力促进商用技术的研发推广。英国重点支持提高能效技术、碳捕存技术以及海上风力发电、新能源汽车等领域的核心低碳技术创新并取得显著成效。政府还成立了国家能源技术研究机构，加强低碳技术研究开发。[16]除此之外，政府还通过扩大财政在低碳技术领域的支出，运用税收减免、财政奖助补贴等措施引导企业投资低碳技术项目。英国的低碳经济依靠技术创新的支撑获得了长足发展。

4. 开展低碳城市、低碳社区建设

英国是低碳城市规划和实践的先行者。碳信托基金会与能源节约基金会联合推动了英国的低碳城市项目（LCCP），布里斯托、利兹、曼彻斯特首批3个示范城市在该项目提供的专家和技术支持下制定了全市范围的低碳城市规划。伦敦也就应对气候变化提出了绿色家庭计划、绿色机构计划、减少地面交通运输的碳排放、改善现有和新建建筑的能源效益、发展低碳及分散的能源供应等一系列计划措施来打造"低碳之都"。[17]

三、福建生态文明建设现状及发展的制约因素

（一）福建生态文明建设、低碳经济发展现状

近几年，福建在经济快速发展的同时，环境质量仍保持在优良水平，生态文明建设取得了显著成效。根据首席科学家杨开忠的国家项目研究结果，福建省2010年生态文明指数为150.97，全国平均水平100.00，福建省位列全国第七位，保持在前列，具有良好的生态环境质量。[18]2002年，福建成为全国第一批生态省建设试点省份。2010年，省委常委会审议通过《福建生态环境功能区划》，省人大常委会审议通过《关于促进生态文明建设的决定》，省政府出台《福建省环境保护监督管理"一岗双责"暂行规定》。在若干政策的支持下，全省的生态建设取得明显成效。根据福建省"十二五"规划纲要实施情况中期评估报告，在"十二五"前两年半，福建省的"两个保持"（继续保持森林覆盖率位居全国首位、生态环境质量保持全国前列）进展顺利。全省植树造林

89.8 万公顷，并超额完成了 300 万亩的造林绿化任务。截至 2012 年底，全省森林面积相比 2010 年净增长 16.16 万公顷，相当于全省面积的 1.3%，预计可提前实现"十二五"规划提出的全省森林覆盖率达 65.5% 目标任务，持续保持全国首位，水、大气、生态环境质量均保持优良。[19] 在整体态势上，全省呈现出生态环境总体良好、生态产业稳步发展、生态旅游初具规模、循环经济步入轨道、人们的生态意识逐步提高的发展趋势，为海岸西区发展提供了有力的生态环境支撑。

在发展低碳经济问题上，福建省致力于节能减排工程，构建节能减排长效机制。在确立了资源节约、废物减排和提高资源利用率三大目标后，福建省认真落实国家淘汰落后产能政策，加快淘汰水泥、石材、煤炭、钢铁等行业落后产能，有效减少和整治工业污染排放。此外，福建省建立低碳型产业体系，构建循环型产业体系，促进符合生态文明要求的生产方式的形成[20]。一系列政策措施下，福建省节能减排工作取得明显进展。"十一五"期间，福建省建立将近 90 座的城镇污水处理厂集中处理工业污水，建设废水深度处理工程解决造纸企业废水污染，为电厂、电站、电锅炉（炉窑）及钢铁烧结机安装脱硫设施，通过这些措施降低工业污染给环境带来的负面影响

（二）福建生态文明建设与低碳经济发展的制约因素

我们在看到成果的同时也应该看到，福建省生态文明建设仍处于初级阶段，与英国、美国等西方发达国家，和我国先进省市相比，整体水平存在差距。全省环境形势不容乐观，经济发展与资源环境压力的矛盾不断加大，生态文明建设面临着保持现有环境质量、深入推进污染减排、防范环境风险三大压力，存在着阻碍低碳经济发展的制约因素。

1. 产业结构不合理，工业仍是主导产业

虽然近几年福建一直在强调调整产业结构，但是见效不显著。根据福建省统计公报，福建 2012 年地区生产总值比上年增长 11.4%，其中，第一产业增加值占地区生产总值的比重为 9.0%，第二产业增加值比重为 52.2%，第三产业增加值比重为 38.8%。福建省仍处于工业化加快发展阶段，第二产业仍是经济增长的主要支柱。福建各县市主打产业仍然停留在高能耗、高污染和低产出水平，许多产业处于产业链低端，产业升级较为缓慢。又由于福建省人口城市化滞后于工业化，人口集聚度较低，制约了消费性服务业发展。服务业内部结构不够优化，虽然高新技术产业发展速度快但比重低，现代服务业比重偏低，

整体产业结构未能向低碳产业转变。

2. 能源结构不合理，清洁能源比重低

福建是能源匮乏省份，无油、无天然气、少煤，常规能源短缺，生产远低于能源需求的增长，供应缺口大，目前的能源消费品种和结构仍是以煤为主的单一格局，一次能源自给率约为30%，能源对外依存度高。根据《福建省统计年鉴》，福建2011年能源消费总量10652.60万吨标准煤，煤炭占能源消费总量的比重64.4%，石油比重22.5%，天然气4.3%，水力发电8.2%，风能发电0.6%，2011年能源生产总量2816.73万吨标准煤，原煤占能源生产总量的比重66.4%，水力发电占31.2%；2012年能源消费总量11185.44万吨标准煤，煤炭占能源消费总量的比重59.8%，石油比重22.0%，天然气4.5%，水力发电12.9%，风能发电0.8%，2012年能源生产总量2989.65万吨标准煤，原煤占能源生产总量的比重49.0%，水力发电占48.2%。相比2011年，2012年煤炭占能源消费总量的比重虽然下降6.6%，原煤占能源生产总量的比重下降17.4%，但仍是福建主要的能源动力；天然气、水力发电、风能发电等清洁能源的能源消费虽有所增加，但所占比重仍处于较低水平。[21]

3. 生产经营方式粗放，发展方式转变缓慢

福建经济社会发展迅速，但发展方式尚未根本转变，仍处在粗放发展阶段。钢铁、有色金属、机械、石化、纺织、电子等是福建主要的重点产业，是福建省财政收入的主要来源和吸收社会就业的重要力量。但是这些主要产业的发展存在许多问题，经济增长主要依赖物质资源和能源的消耗，企业信息化程度低、布局分散、产业层次低、竞争力低、产品附加值不高，受全球市场需求的约束大。对于福建这样无油、无气、少煤的能源短缺省份而言，若不能加快转变粗放型的经济发展方式，发展低碳经济，通过节能减排降低能源消耗和污染，能源与环境将成为福建发展的制约因素。

4. 缺乏有效的低碳经济政策支持体系和评价体系

低碳经济是一种低能耗、低污染、低排放的新经济模式，其核心是能源技术和减排技术创新、产业结构以及人类生存发展观念的根本性转变。福建在生态文明建设中虽致力于节能减排工程，但缺乏完整有效的低碳经济政策支持体系。在战略上，发展低碳经济理念还不能很好地融合到经济结构调整和产业升级中去；在政府投资上，大规模的示范项目的投资未能形成稳定的政府投入机

制；金融系统对低碳项目支持力度不够，未能满足低碳技术发展的资金需求；[22]低碳技术创新机制尚未形成，人才培养和机构建设需要加强；在评价体系上，未能形成符合福建省情的低碳经济评价体系，以客观反映和评价福建低碳经济发展成果，使政府的决策和执法行为更加符合科学发展观和生态文明建设的要求。

四、英国低碳经济发展对福建生态文明的启示

（一）确立生态文明、低碳发展的战略规划和制度

发展低碳经济、建设生态文明必须从战略高度上重视生态文明和低碳理念。十八届三中全会中提出，建设生态文明，必须建立系统完整的生态文明制度体系，用制度保护环境。"大力推进生态省建设"被写入福建省"十二五"规划中，规划中提出，要全面推进节能减排，大力发展循环经济和低碳产业。在战略的指导下，福建省要实行资源有偿使用制度和生态补偿制度，改革生态环境保护管理体制，政府要科学编制并严格执行生态文明建设规划。省一级政府要协调好生态文明建设工作和经济社会发展的关系，编制全省的生态文明建设规划和低碳发展目标。县级以上人民政府及有关部门在总规划的基础上切实抓好规划的细化，制定区域的生态文明建设和低碳发展的行动计划。为了科学评估生态文明建设成果，各地配套建立符合实际情况的生态文明建设指标体系，用以测评生态文明建设情况。此外，福建要加强评估考核，落实生态文明目标责任制，将生态文明建设目标、任务、措施和重点工程纳入地区经济和社会发展规划中。

（二）转变经济发展方式

福建生态文明建设要谋求经济和社会的可持续发展，应该从战略高度上优化能源结构，努力推进产业结构的调整。福建省山海资源丰富、煤炭等传统能源短缺，制定可再生能源发展战略，大力发展特色的绿色能源产业以促进能源结构的优化，形成多元的能源生产消费格局具有重要意义。沿海地区应重点开发核电、沿海陆地风能资源，加大风能、核能开发转换的技术投入力度，加快近海风电开发利用步伐，统一规划，实施规模化开发，加快平潭、东山、莆田、福清和漳浦等地风电建设，充分利用海上风能、水能资源；农村地区重点推广发展农村生物质发电、种植能源作物和能源植物，开发新型农村能源产业，合理发展生物质能源。此外，福建要加强技术研究，探索利用太阳能光伏

发电，加快推进产业结构调整转型，培育发展高新技术产业，加快提升利用可再生能源比重，走新型工业化道路。福建要着力优化产业结构、提高经济效益、降低资源能源消耗、保护环境，基本形成低碳环保的产业结构、增长方式、消费模式，努力实现经济又好又快发展。政府应该合理规划产业布局，充分考虑区域资源环境承载能力的特殊性；通过加强高新技术在优势传统产业的应用与渗透改造来加速淘汰高能耗、低效率、重污染的落后工艺、技术和设备，推进传统产业向低碳绿色环保转型升级；凭借现在的绿化优势进一步提高森林覆盖率的目标，积极发展碳汇产业，挖掘碳汇林业和农业潜力；大力发展新兴产业和现代服务业，优化基地建设的布局，在技术创新、土地、金融信贷、信息服务等方面给予相应支持。地方政府结合经济和资源实际情况，规划今后重点支持的产业领域和重点区域。部分县市政府可以发挥本地生态优势，以特色文化产业、生态旅游产业为龙头，带动第三产业的发展，加快调整产业结构，推进发展低碳经济。

（三）发挥财税政策和资金鼓励的导向作用

发挥财税政策的导向作用，要加强有利于福建低碳产业发展的税收激励政策研究与实践，完善财税政策体系。一是大力扶持和鼓励绿色节能企业的发展，财政政策向低碳产业倾斜。福建可以运用财政奖励补助、差别电价政策、退税、减税等措施鼓励绿色企业建立清洁生产机制，引导企业将环保成本计入企业生产成本，建立落后产能退出市场机制，推行绿色经营理念。二是绿色采购，按照一定的标准和评价指标确定低碳经济示范企业，将福建省低碳经济示范企业的产品和具有自主知识产权的节能产品优先列入省各级政府绿色采购清单，并逐年扩大采购规模，扶持低碳企业的发展，促进福建低碳城市建设。

（四）建立和完善低碳发展的政策、法律保障机制

一是要建立健全促进生态文明建设和低碳发展的地方性法规、政策以及成果评价指标体系，完善相关产业政策、财税政策、信贷政策、投资政策，形成基本的法律、政策体系框架，从硬性层面保证低碳经济的发展。二是要加强和落实生态文明建设和节能减排的政策措施，完善分类水价、电价制度，积极推进排污权有偿使用及交易制度试点工作，认真落实环境影响评价制度、总量控制与环境目标责任制、排污许可证制度。三是要建立健全生态经济政策机制，进一步完善实施中的生态补偿机制，协调好相关主体生态利益与经济利益的关系，鼓励节能减排和生态保护行为。

（五）加强生态文明的交流与合作，建立低碳技术创新机制

发展低碳经济应该加快技术创新，大力发展低碳技术，自主创新开发核心技术，通过发展节能和提高能效的适用技术淘汰高能耗、低效率、重污染的传统产业，推进产业结构调整升级。加快低碳技术的创新可以通过两个方面来实现。一是扩大与生态文明建设成果显著的国内外地区的交流与合作，引进先进技术、设备和管理理念，学习借鉴国内外在生态建设、环境保护、节能减排等有益经验。同时福建省充分发挥对台优势，探索建立两岸低碳产业合作机制。福建省通过合作发展论坛制度、项目推介制度、信息交流制度等方式积极发展同台湾地区的交流与合作，引进台湾低碳绿色节能技术，加强项目合作，推进新材料、新能源等新兴产业对接，有效促进两岸低碳经济和生态文明的共同发展。二是建立并完善低碳技术创新机制，支持企业、行业协会等进行低碳清洁技术科技攻关和技术应用，搭建与传统优势产业改造有关的节能减排共性技术研发与共享平台。政府通过财政补贴、奖励、减税等措施鼓励相关技术创新，包括碳捕获和碳封存技术替代、能源利用技术、生物技术、新材料技术、技术减量化、技术再利用、技术资源化技术、绿色消费技术、生态恢复技术等方面的创新。同时，福建应增加财政在低碳技术领域的科技投入，加强人才培养和机构建设。

（六）倡导低碳生活方式，建设低碳社区

发展低碳经济，倡导低碳生活可以从四个方面进行。一是加强生态文明和低碳生活的宣传教育，通过学校素质教育、新闻媒体和网络平台、群众创建性活动等方式将低碳理念渗透到生产、生活中，增强企业和社会公众的忧患意识、参与意识和责任意识。二是广泛深入开展节能减排全民行动，以节电、节油、节能为重点，积极倡导节约能源资源、保护生态环境的生产方式和生活习惯，大力倡导"绿色办公""低碳出行"理念，提倡公民低碳生活，减少铺张浪费和以高耗能源为代价的便利消费，树立绿色低碳消费观。三是发挥政策的导向作用，通过财政支持引导消费者采购绿色产品，对消费者购买绿色节能产品提供补贴，引导公民选择节能的交通出行方式。四是建设低碳社区，在全省开展低碳社区试点和推广工作，建立考核指标与评价体系，并率先将各级达标绿色社区改造提升为低碳社区。

五、本章小结

发展低碳经济对于应对能源安全挑战和气候变化，建设生态文明具有重要意义。本章通过总结低碳经济先行者——英国宝贵的发展经验，结合福建省在低碳经济和生态文明建设的发展现状和制约因素，提出确立低碳发展战略，转变经济发展方式，构建和完善有利于低碳发展的财税政策体系和法律保障机制，促进低碳技术交流合作和创新机制的形成，提倡低碳生活方式，试点建设低碳社区等措施，以期对推动福建省低碳经济的发展和生态文明建设有借鉴意义。

本章参考文献

［1］李士，方虹，刘春平. 中国低碳经济发展研究报告［M］. 科学出版社，2011.

［2］杨志，王岩，马艳. 低碳经济：全球经济发展方式转变中的新增长极［M］. 经济科学出版社，2013.

［3］林震，费衍慧. 生态文明视域下的福建低碳经济发展路径研究. 第十二届中国科学技术协会年会——经济发展方式转变与自主创新（第一卷）［C］. 2010.

［4］李银宾，陈云鹤，徐凤侠. 构建具有海西特色的"低碳经济区"［J］. 经济管理者，2011（03）：70.

［5］彭博. 英国低碳经济发展经验及其对我国的启示［J］. 经济研究参考，2013（44）：70—76.

［6］张静. 英国低碳经济政策与实践及对中国的启示［D］. 华东师范大学，2012.

［7］The Crown Estate, "UK Offshore Wind Report2011", http：//www. thecrownestate. co. uk/.

［8］Stem N. The Economics of Climate Change：The Stern Review［M］. Cambridge, UK：Cambridge University Press, 2006. 3.

［9］丁国峰，毕金平. 英国低碳经济法律制度及其对我国的启示［J］. 学术界，2012（02）：221—228.

［10］Mike Hulme and John Turnpenny, Understanding and Managing Climate Change：The UK Experience［J］, The Geographical Journal, 2004.

［11］Low – Carbon Transition Plan published for UK. ENDS（Environmental Data Services）, 2009（414）, 40—41.

［12］陈伟. 推进低碳经济建设应对能源气候挑战——英国低碳转型战略计划解读［J］. 新材料产业，2009，（11）：72—75.

［13］Fankhauser S. A practitioner's guide to a low – carbon economy：lessons from the UK［J］. Climate Policy, 2013, 13（3）：345—362.

［14］Grants for a UK low – carbon economy. Chemistry & Industry, 2005（15）：7.

［15］UK banks on low – carbon. Process Engineering，2010，91（2）：7.

［16］Foxon，T. J. And Pearson P. J. G. Towards improved Policy Processes for Promoting Innovation in Renewable Electricity Technologies in the UK ［J］. Energy Policy，2007，35（3）：1539—1550.

［17］London is designated a Low Carbon Economic Area for energy efficient buildings. M2PressWIRE，2010.

［18］吴婵. 2010 年中国各省市区生态文明指数排名报告 ［EB/OL］. http：// www. chinacity. org. cn／，2012 – 07 – 06.

［19］谢添实. 福建"十二五"中期成绩单出炉 GDP 超 4 万亿目标有望提前实现 ［N］. 东南快报，2013 – 11 – 28.

［20］杜强. 加快海峡西岸经济区生态文明建设的思考 ［J］. 发展研究，2011（11）：36—40.

［21］福建统计局. 福建统计年鉴 – 2013 ［EB/OL］. http：//www. stats – fj. gov. cn／，2013 – 08 – 22.

［22］李奇勇. 战略环评中的福建低碳经济对策研究 ［J］. 能源与环境，2010（03）：09—10.

第二十三章 日本绿色经济发展对福建的启示

一、引言

自20世纪60年代以来，与经济快速发展和人民生活水平提高相伴而来的是日益严峻的生态现状。自然生态环境不断恶化、全球气候异常、自然灾害频发、环境污染加重、资源短缺等问题已经严重影响到了社会的可持续发展。在这样的背景下，传统粗放耗竭的经济发展方式已受到人们越来越多的质疑，发展绿色经济、推进生态文明建设已成为世界性关注的课题。日本在近几十年来发展绿色经济，实现经济与环境的双向优化发展，走上了可持续发展的良性轨道。[1]20世纪60—70年代，日本在大量生产、大量消费、大量废弃的线性经济发展模式中虽取得经济的高速发展，在环境资源方面付出惨痛代价，成了世界"公害国"。资源匮乏、环境污染迫使日本转变经济发展方式，以绿色经济取代高碳经济，在绿色发展战略指导下，一系列有利于资源节约、环境友好的政策措施相继出台。日本在发展绿色经济过程中，通过政府、企业、个人的共同努力，一方面节省有限的资源，另一方面也开拓新市场，拉动经济发展，实现经济与环境的双赢。[2]福建省生态文明水平虽然在我国位居前列，但生态环境问题与经济发展的矛盾同样不容忽视，经济结构不合理、粗放式的经济增长方式、资源能源利用率低使福建生态和环境压力日益增大[3]。为了响应中央关于发展绿色经济，建设生态文明的号召，福建省应结合省情，积极探索绿色经济发展道路，逐步改变传统粗放型经济增长方式，努力向资源节约、环境友好、社会和谐的绿色经济转型。日本在绿色经济发展中已有很好的建树，相关的政策及策略对于福建省发展绿色经济、建设生态文明具有借鉴意义。本研究将通过阐述日本发展绿色经济的背景原因、主要的战略、策略措施，分析福建省绿色经济发展现状及制约因素，从而进行对比，找出日本发展绿色经济对福建生态文明建设的有用经验，启示福建省在科学发展理念的指导下，更好地发展绿色经济，以促进福建省生态文明的蓬勃发展。

二、日本发展绿色经济的背景

第一，日本是一个资源匮乏的国家，资源主要依靠进口，每年生产所需投入的 20 吨资源总量中，有 30% 完全依赖进口。[4]日本经济发展受资源与环境极大制约，且易受国际资源的影响，这迫使日本改变其经济发展模式。绿色经济作为平衡式经济，寻求经济与环境的均衡，要求减少资源消耗、降低污染排放和减轻对生态环境的压力。发展绿色经济能够帮助日本由高碳模式转向低碳模式，缓解日本能源短缺问题。第二，20 世纪 60 年代，日本以生产为导向的经济增长模式成就了日本经济的高速发展，但是随之而来的是严重的环境污染、生态破坏和失衡等环境问题，该时期日本成了举世闻名的"公害国"。恶劣的生态和环境污染现状迫使日本政府将解决公害问题提上议事日程，各类"公害法"的出台和实施，有效地刺激了日本绿色经济的发展。[5]第三，次贷危机对日本经济的影响，再次触动了日本对新经济模式的探索。日本近来不断出台能源和环境技术开发政策，希望以全球金融危机为契机，转变经济发展模式，依靠节能减排技术的创新和应用保持其在环境和能源领域的技术领先地位，通过发展绿色经济占领未来经济发展的制高点。基于以上的背景和原因，日本走向了绿色经济的发展道路。

三、日本发展绿色经济主要措施与进展

日本的绿色经济战略体系由三大主体（政府、企业与个人），六大要素（战略规划、法律保障、制度革新、技术创新系统、企业社会责任与公民绿色环保意识）构成，如图 1 所示。政府处于绿色经济战略体系的核心地位，对于战略规划制定、法律框架确立、政策倾斜、技术创新系统构建等都起着关键性的作用，对于企业社会责任承担与公民环保意识形成也起着引导和监督的作用。而技术创新系统

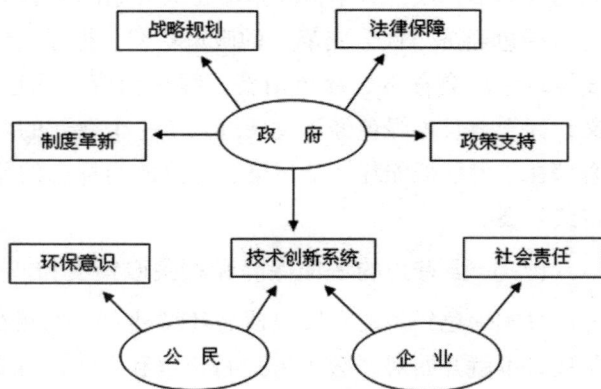

图 1　日本绿色经济战略体系图

则处于政府、企业和个人的中心，表明在日本绿色技术创新系统无论是在宏观层面，还是在微观层面，都有明确的创新主体支撑。

（一）国家战略规划指导，出台纲领性文件

21世纪以来，日本更加重视环境与经济的协调发展，相继出台了一系列纲领性文件，在战略高度上指导日本绿色经济的发展。2007年6月，日本内阁会议通过了《21世纪环境立国战略》。该战略既明确了通过发展环境、能源技术和改革社会经济系统以实现经济发展与环境保护的双赢，走经济社会可持续的发展道路，也奠定了日本对内对外环境政策的基础。日本希望通过建设低碳社会、循环型社会，发展环境、能源技术，创造新的经营模式，使环境保护成为激发经济活力和提升国际竞争力的新引擎，实现环境保护与经济发展的双赢。同时，日本运用环境、能源技术和治理公害的经验开展国际合作，实现与亚洲其他国家和世界的共同发展。2008年3月5日，经济产业省发布《清凉地球能源创新技术计划》，明确了节能降耗和技术创新的重要性，规划了日本能源创新技术发展的路线图，提出了可推动二氧化碳大幅减排的21项技术。[6]2008年6月，日本首相福田康夫阐述了日本在温室气体减排问题上的立场，勾勒了日本低碳社会的愿景，即著名的"福田蓝图"，这是日本低碳战略形成的正式标志。它包括应对低碳发展的技术创新、制度变革及生活方式的转变，提出在2050年之前将日本的温室气体排放量比目前减少60~80%。[7]2008年7月出台的《构建低碳社会行动计划》是日本构建低碳型社会的行动指南，该计划从政府角度再次确认了构建低碳社会的发展目标，规划了发展低碳经济的技术路径和制度框架，成为日本低碳革命正式开始的标志。2009年4月，日本公布了名为《绿色经济与社会变革》的政策草案，把绿色经济和社会变革并列，强调了发展绿色社会资本、绿色消费、绿色投资、绿色技术创新等多方面的重要意义，标志着日本绿色经济发展进入了一个崭新的阶段。这一系列纲领性文件核心都在于发展低能耗、低污染、低排放为标志的绿色经济，实现社会经济的可持续发展。

（二）强有力的法律保障和相关政策支持

日本绿色经济的发展包括循环型社会、低碳社会的构建。早在20世纪60年代日本就开始对"公害"进行审议和立法，自20世纪90年代开始，日本立足于环境与资源的现实情况，以可持续发展为宗旨，制了一系列有关环境保护、资源节约的法律法规来保障绿色经济的发展。日本环境法律体系由多层次

构成，基本法有《环境基本法》《建立循环型社会基本法》，综合法有《废弃物处理法》《资源有效利用促进法》，还有多部专项法如《绿色采购法》《可循环性食品资源循环法》等。

除了不断完善法律体系，日本政府还不断出台相关政策扶持绿色产业和促进绿色消费。2000 年 5 月，日本颁布了《绿色采购法》，要求各级政府及独立行政法人从全生命周期影响的角度来考虑产品的购入，以减量化为最优先考虑，购买环境负荷尽可能小的产品与服务，并以降低环境负荷的生产经营者为先。据日本政府的统计，各级政府绿色采购的产品比重已经由 2001 年的44.4% 提高至 2011 年的 96.2%，并且通过政府的绿色采购，相关产品的市场占有率有了明显提高。[8] 此外，日本政府 2005 年恢复了太阳能住宅补助金制度，计划至 2020 年太阳能普及率提高到 20 倍。2012 年开始日本实施包括太阳能发电在内的可再生能源发电剩余电量收购制度，以促进新能源的开发和普及。为了有效实施各项环境对策和加强汽车产业的竞争力，日本政府出台《促进购进最佳环境友好型新车的规定》，制定了各项环保车补贴制度和免税制度，推广节能环保车。2011 年 12 月日本发布 2012 年度绿色住宅生态返点制度实施计划，在所规定日期内符合节能法标准的新建住宅和整体改造住宅可获得一定的生态返点，兑换商品券用于消费。日本运输部门的二氧化碳排放量占总排放量高达 20%，因此，日本通过研发 "高速公路交通系统"（ITS），整备交通基础设施，提高物流效率等措施进行低碳交通革命，实现温室气体减排。日本完备的环境立法体系和一系列相关政策有效减少环境污染、提高资源效率，有力地推动了日本绿色经济的发展。

（三）实行绿色制度革新，发起全民低碳运动

日本政府非常重视提高企业和公民的绿色环保意识，通过一系列制度革新来推进绿色生产和绿色消费。对于企业主体，《促进循环型社会形成基本法》明确了企业社会责任，要求企业采取必要的措施减少污染、节约资源、循环再生产，日本企业需为环保支付额外费用，实现环境成本内部化。企业还需设置环境会计，编制环境报告书，申请国际环境认证，对环保投资和由此获得的经济效益做定量测定、分析和加以公布，向消费者公开企业的环境管理状况，如企业环境基本方针、环境活动推进计划及其活动效果。这样一方面督促了企业的环保行为，另一方面也提高了企业的绿色形象。此外，日本推行节能标识制度和节能领跑者制度。日本政府要求在产品上加贴标识，使消费者可以从节能

标签上了解到产品能效等级、节能标准达标率、每年的能源消费量等能源消耗信息。同时，日本将同类产品中耗能最低的产品作为领跑者，并以此产品为规范树立参考标准，要求所有同类产品在指定的时期内必须达到该水准，汽车、空调、冰箱、热水器等产品已实行了节能产品领跑者制度。

对于公民主体，自 2009 年 5 月起，日本政府为了普及节能家电，对于购买高效节能家电的顾客（统一节能等级 4 星以上的空调、冰箱、地面数码广播电视）实行"环保积分制度"，并给兑换相当于购物价格 5% 的各种商品。[6] 为使消费者更加直观了解消费行为的碳排放量，鼓励企业和消费者减少制造温室气体，日本经济产业省在 2009 年度试行"碳足迹"制度，明确标示商品从原料调配、生产制造、流通、使用、废弃等 5 个阶段排出的碳总量。在推行"环保积分制度""碳足迹"等环保制度过程中，日本政府重视示范试点，大力宣传低碳绿色的生活方式，鼓励企业、公民参与到低碳行动中。

（四）建立绿色经济技术系统，促进技术创新

技术的创新与应用是绿色经济体系建立的重要保障，日本通过绿色技术的研发、法律保障、政府奖励、财税支持等措施促进替代、减量、再利用、资源化等技术的创新，逐渐形成了以民间企业为主体，以产、官、学合作为核心机制，以产业技术创新联盟、科技园区、科研"超级特区"等为组织形式的技术创新体系，保证了日本绿色经济战略的顺利实施。产、官、学三类研究主体中，日本政府重点扶持周期长、风险大、投资规模大的环保技术和节能减排技术；而民间企业研发机构则主导实用性技术研发，是技术创新的主体和中心；大学研究活动在日本科技研发体系中发挥着重要的基础作用，经费的投向大部分集中于基础研究。为激发科研机构、企业及科研人员的积极性，日本政府还主导制定了一系列技术创新的奖励制度，如资源循环技术系统表彰制度、3R 推进贡献者等表彰制度。日本政府对创新型循环技术的研究开发、实际应用、设备改造等环保企业给予政策支持。具体而言，在政府资金投入方面，从 20 世纪 90 年代开始，日本政府对采取环保措施的企业进行了倾斜扶持，中小企业从事有关创新性环境技术项目的可以得到 50% 的研发费补贴；对于将循环经济减量、再用、循环技术实用化的新产业，政府给予的补助最高可达费用的三分之二；引进先导型合理利用能源设备的企业也能得到政府一定的补助。[9] 在融资方面，日本政策投资银行等金融机构对满足一定条件的环保先导企业提供低利融资。税制方面，从事引进有助于减量化、再使用、再资源化设备等活动

的民间企业可得到特别折旧、固定资产税和所得税的优惠。日本技术创新体系促进了绿色技术的不断创新与应用推广，推进了绿色经济的发展。

四、福建绿色经济发展现状

福建省在海峡西岸经济区中居主体地位，在绿色发展上取得明显成效。根据国家统计局中国经济景气监测中心和北京师范大学联合发布的 2012 中国绿色发展指数报告，福建省绿色发展指数位列第八，已经连续三年排名进前十。[10] 报告中的绿色发展水平排名主要依据是由经济增长绿化度、资源环境承载潜力和政府政策支持度三个部分构成的绿色发展指标体系，反映经济增长中的生产效率和资源使用效率、资源与生态保护及污染排放情况、政府在绿色发展方面的投资和治理情况等。首先，在经济增长和能源效率上，根据福建省统计公报，福建 2012 年地区生产总值比上年增长 11.4%，且第三产业增加值比重不断上升。[11] 相比 2011 年，福建 2012 年煤炭占能源消费总量的比重下降 6.6%，原煤占能源生产总量的比重下降 17.4%，[12] 能源结构和使用效率在不断优化调整中；在生态保护和污染排放上，根据福建省"十二五"规划纲要实施情况中期评估报告，在"十二五"规划前两年半，福建省的"两个保持"（继续保持森林覆盖率位居全国首位、生态环境质量保持全国前列）进展顺利。全省植树造林 89.8 万公顷，并超额完成了 300 万亩的造林绿化任务。截至 2012 年底，全省森林面积相比 2010 年净增长 16.16 万公顷，相当于全省面积的 1.3%，预计可提前实现"十二五"规划提出的全省森林覆盖率达 65.5% 目标任务，持续保持全国首位[13]。水、大气、生态环境质量均保持优良，2013 年上半年，福建省 9 个设区城市优良率为 99.5%，14 个县级市空气质量达标率为 99.3%。[14] 节能减排上，2012 年福建省万元 GDP 能耗为 0.607 吨标煤（2010 年价），比上年减少 0.037 吨标煤，下降 5.7%，降幅历年最大。2011、2012 两年福建省已完成"十二五"国家下达单位 GDP 能耗下降节能目标任务。[15] 这些成效主要得益于福建省政府在发展绿色经济上的政策实施和投资。2010 年，《福建生态环境功能区划》《关于促进生态文明建设的决定》《福建省环境保护监督管理"一岗双责"暂行规定》等一系列生态文明建设和绿色发展相关的政策决定出台实施。近几年，福建政府不断加大资金投入治理环境污染。在城市环境基础设施投资上，2010、2011、2012 年分别投入 78.04、113.71、122.28 亿元用于燃气、排水、园林绿化、市容环境卫生等建设，每年资金投入增幅特别大；在工业污染治理上，2012 年投入了 23.76 万亿元整治工业生产过程中产生的废水、废气、固体废物和噪声，比2011年的15.28亿元多投入了55.5%。由此可见，福建政府越来越重视绿色发展方面的投资和治理，并鼓励节能环保、绿色制造、新能源、现代农业等具有发展潜力的绿色产业，培育壮大绿色经济。

五、对福建省绿色经济发展的启示

（一）制定全面的绿色经济发展战略规划，优化产业结构和能源结构

绿色经济的发展需要政府主导的全方位推进，日本在发展绿色经济过程中发挥着重要作用，制定了一系列的战略理念、战略规划和目标设定，为运输、产业、民生等部门提出了2050年的具体减排量，以促进节能减排。相比而言，福建省的绿色经济仍处于战略构想阶段，缺乏全面、长远的发展规划体系，而且存在着产业结构和能源结构不合理的情况。因此，福建省现在最首要的任务就是根据本省的实际情况，确立全面的绿色经济发展战略规划体系以及切合实际的目标，为绿色经济的发展指明方向。第一，福建应加快推进产业结构调整转型，培育发展高新技术产业，合理规划产业布局加快提升利用可再生能源比重，走新型工业化道路。第二，福建应从战略高度上优化能源结构，制定可再生能源发展战略，大力发展特色的绿色能源产业以促进能源结构的优化。第三，福建应将战略规划细化到运输、产业、民生等各部门的具体对策，使各项规划落到实处，得到有效实施。此外，福建省还可以模仿日本采取"环境模范城市"这一对策，调动地方政府的积极性，运用地方政府的所有政策和手段进行绿色调控，促进低碳、循环社会的推进，实现经济与环境的双赢。

（二）建立绿色经济的地方法律法规与政策保障体系

日本完备的法律体系为绿色经济的发展提供了强有力的保障，基本法、综合法、专项法明确了企业、公民的环境责任，减少了环境污染和资源的浪费。福建省应该根据本省资源、环境和经济发展的实际，制定与省情相符合的地方行政法规，以促进经济与环境协调发展。当然，重中之重的是要建立有效的执行机制，要切实加强环境法律法规的执行力。福建应建立企业节能减排标准，明确废弃物排放责任条款，以降低环境负荷。

政策上，福建省应将绿色经济纳入经济核算体系和政绩考核，从政绩考核、财政分配、产业政策和税收政策等各方面发挥政策的组合功能，引导企业、社会大力发展低碳产业。第一，福建政府可以通过产业扶持政策支持从事

绿色产业的企业，包括给予环保企业一定额度的奖励、税收减免、低利融资等财政优惠，以调动企业发展绿色经济的积极性，同时，细分环保经费，更好地发挥绿色财政的作用。第二，为了科学评估绿色经济发展成果，福建政府应配套建立符合各地实际情况的绿色经济发展指标体系，用以测评绿色经济发展情况。政府还应加强评估考核，落实生态文明目标责任制，将绿色经济发展目标、任务、措施和重点工程纳入地区经济和社会发展规划中。第三，我国普遍存在偏重于低碳节能产品的开发而缺少低碳节能产品的普及政策，因此福建政府在大力促进绿色技术革新的同时，还应重视普及绿色产品。一方面，政府可加大对低碳节能、绿色环保产品的补贴力度，注重消费端补贴，不仅可以拉动国内需求，也能引领绿色消费；另一方面，参考和借鉴日本绿色采购制度的相关做法，出台政府绿色采购清单，强化我国的节能与环保认证制度，通过政府的带头示范作用，引领国内绿色消费方向，加强对国内绿色环保产业发展的支持，促进社会绿色消费模式的形成。第四，在政策的拉动作用同时，福建政府也不能忽略相应的监管配套措施，做到双管齐下，提高企业的违规成本，防范一些企业骗取补贴、能效等级虚标等不法行为。

（三）构建绿色经济技术创新体系，提高自主创新能力

目前福建省的整体科技水平落后，绿色环保低碳技术的开发尚不足，与发达国家和地区存在一定的差距。绿色技术的创新能力，在很大程度上决定了福建省是否能顺利实现绿色经济发展。因此，福建省应该制定长远的发展规划，组织力量开展绿色经济关键技术的科技攻关，充分发挥政府、企业和个人的积极性，建立政府、企业和全民参与的技术创新体系。第一，在资金方面，福建应加大财政预算对绿色技术科技研发的投入，与此同时选定一些重点项目吸引社会资本、外资参与。第二，福建要优先开发新型高效的低碳技术，鼓励企业积极投入低碳技术的开发、设备制造和清洁能源的生产。第三，在强调自主创新的同时福建应加强地区间合作，引进消化先进的节能减排技术，通过共同研发、合理转让等方式提高本省的科技水平和创新能力，缩小与先进技术的差距。第四，福建应积极开展低碳经济的研究和技术推广工作，积极探索政府科研机构、高校、企业研发机构的合作模式，以促进具体项目技术合作、经验交流及能力建设等形式的合作活动的广泛开展。第五，福建应制定绿色技术创新的奖励制度，奖励卓有成就的绿色技术科研人员、企业、研发机构。

（四）宣传绿色经济理念，倡导绿色的生活方式

日本绿色经济的发展很大程度上依赖于公民、企业绿色意识的提高，福建

省要想发展绿色经济，必须提高人们的环境意识。第一，福建要提高企业生态伦理责任意识，促使企业应重新审视过去的经营模式，变粗放式的生产经营为集约化经营，处理好企业经济效益与社会、环境效益的关系，实现资源节约和环境友好。第二，福建要增强公众的绿色经济意识，把绿色经济理念纳入教育体系中，加强社会宣传和教育。福建要广泛深入开展节能减排全民行动，以节电、节油、节能为重点，积极倡导节约能源资源、保护生态环境的生产方式和生活习惯。福建要大力倡导绿色办公、低碳出行理念，提倡公民绿色生活，减少铺张浪费和以高耗能源为代价的便利消费，树立绿色低碳消费观具体包括倡导购买绿色产品、提倡绿色消费、建立垃圾分类系统、选择绿色出行方式等。此外，福建省还可以建设绿色低碳社区，在全省开展低碳社区试点和推广工作，并通过一定的考核指标与评价体系进行评选。

六、本章小结

发展绿色经济对于应对能源安全挑战和气候变化，建设资源节约型和环境友好型社会具有重要意义。本章结合福建省的绿色经济和生态文明建设两方面，提出绿色经济发展战略，建立地方性环境法规和政策保障体系，优化调整产业结构和能源结构，构建绿色经济技术创新体系，倡导公众绿色生活方式等建议，以期对推动福建省绿色经济发展和生态文明建设有借鉴意义。

本章参考文献

［1］李赶顺.日本创造经济环境"双赢"与政府"绿色调控"能力［J］.河北大学学报，2009，34（06）：9—13.

［2］张翕.从日本绿色经济看经济可持续发展的实现手段［J］.湖南城市学院学报，2010，31（02）：31—32.

［3］林震，费衍慧.生态文明视域下福建低碳经济发展路径研究.第十二届中国科学技术协会年会——经济发展方式转变与自主创新（第一卷）［C］.2010.

［4］董联党，顾颖，王晓璐.日本循环经济战略体系及其对中国的启示［J］.亚太经济，2008（02）：68—72.

［5］严兵.日本发展绿色经济经验及其对我国的启示［J］.企业经济，2010（06）：57—59.

［6］陈志恒.日本低碳经济战略简析［J］.日本学刊，2010（04）：53—66.

［7］董立延.新世纪日本绿色经济发展战略——日本低碳政策与启示［J］.自然辩

证法研究，2012，28（11）：65—71.

　　[8] 崔成，牛建国．日本绿色消费与绿色采购促进政策 [J]．中国科技投资，2010（11）：73—76.

　　[9] 廖森泰．日本发展绿色经济的启示 [J]．中国农村科技，2009（01）：65—67.

　　[10] 周锡银，林丹．绿色发展指数福建排第八 [N]．海峡都市报，2012 – 8 – 20（Y01）.

　　[11] 福建省统计局，国家统计局福建调查总队．2012 年福建省国民经济和社会发展统计公报 [N]．福建日报，2013 – 02 – 25（006）.

　　[12] 福建统计局．福建统计年鉴 – 2013 [EB/OL]．http：//www. stats – fj. gov. cn/，2013 – 08 – 22.

　　[13] 谢添实．福建"十二五"中期成绩单出炉 GDP 超 4 万亿目标有望提前实现 [N]．东南快报，2013 – 11 – 28.

　　[14] 杨阳，练仁福，林丹，黄启鹏．福建：生态经济向绿色要效益 [N]．海峡都市报，2013 – 7 – 30（A04）.

　　[15] 福建省统计局，国家统计局福建调查总队．2012 年福建省国民经济和社会发展统计公报 [N]．福建日报，2013 – 02 – 25（006）.

第二十四章　研究总结

一、本书主要目标

本书深入挖掘与研究习近平生态文明思想理论与实践在福建的起源与发展，借鉴低碳经济、循环经济、生态经济等相关理论，构建习近平生态文明思想引领下的福建省绿色经济体系（包括目标体系、结构/产业体系和发展体系）及生态文明社会运行机制（包括运行模式、动力、障碍等）；立足当前福建省生态文明建设与绿色经济高质量发展新情势，分析以习近平生态文明思想引领福建省绿色经济高质量发展现状、问题、机遇与挑战等；实证与规范研究"经济—社会—环境"复杂系统的互动耦合机理，设计并构建习近平生态文明思想引领下福建省绿色经济高质量发展动态指标体系与预警机制；系统分析以习近平生态文明思想引领区域间绿色经济高质量发展与生态文明建设间互动关系；提出以习近平生态文明思想引领福建省绿色经济高质量发展的短期、中期、长期发展战略；通过比较借鉴等方式，制定可定量化、可操作的管理模型、政策工具矩阵框架、相关动力机制等，为以习近平生态文明思想引领福建省绿色经济高质量发展提出有效政策建议。

二、本书主要内容

（一）研究习近平生态文明思想引领福建绿色经济高质量发展理论内涵

首先，本书以习近平生态文明思想引领福建绿色经济高质量发展。研究认为，生态环境已经成为影响当前社会经济发展的主要因素。习近平立足于中国新时代的背景条件和主要矛盾，围绕生态文明建设发表了一系列重要讲话，形成习近平生态文明思想，对于福建绿色经济高质量发展具有重要意义。通过深入分析福建当前绿色经济发展的优势及现状基础，研究指出目前福建绿色经济高质量发展还面临产业结构不优、能源消耗巨大、自主创新能力不高、资源环境约束加剧等问题。围绕习近平生态文明的"共同体论""价值论""系统论""制度论""民生论""全球论"等核心观点，本书提出完善绿色政策、制定绿色制度、促进传统产业转型、发展绿色产业、提高自主创新能力、培养企业绿色管理能力、加强闽台融合等措施，助推福建绿色经济高质量发展。

其次，本书认为，习近平生态文明思想是习近平新时代中国特色社会主义思想的重要组成部分。习近平生态文明思想引领福建绿色经济高质量发展的理论体系是对习近平生态文明思想在具体的实践中如何应用的梳理和概括总结，通过梳理在习近平生态文明思想引领下福建省为什么建设"美丽新福建"，建设什么样的"美丽新福建"和怎样建设"美丽新福建"的重大理论和实践问题，习近平生态文明思想引领福建绿色经济高质量发展的理论体系依托于习近平生态文明思想，遵循以人民为中心的人本论，按照"科学自然观、绿色发展观、基本民生观、整体系统观、严密法治观、全球共赢观"六项原则和"生态经济体系、生态文明制度体系、生态文化体系、目标责任体系、生态安全体系"五大体系的方法论的指导，以建成美丽新福建为战略目标，形成一套新的理论体系，指出其作为新时代下福建进一步发展的理论指导和行动指南的必要性和重要意义。

（二）研究福建绿色经济高质量发展"经济—社会—环境"复杂系统

本书认为，福建经济社会发展转型升级阶段面临着巨大环境和资源压力，在全国生态文明建设目标体系及美丽中国战略指引下，绿色经济高质量发展成为福建发展的必然选择。本书将福建绿色经济高质量发展复杂系统分为三个子系统：经济子系统、社会子系统、环境子系统。通过构建经济、社会、环境三个子系统的绿色经济高质量发展指标体系，本书分析三个子系统之间的互动协作关系，在结合系统动力学理论及参考福建统计数据的基础上构建了福建绿色经济高质量发展模型，经过检验该系统模型是有效的。在此基础上结合实际情况设计五种绿色经济高质量发展情境：现行方案、优先发展经济、优先发展社会、优先保护环境、"经济—社会—环境"均衡协调发展。运用 Vensim PLE 软件对这五种情境进行福建 2013—2035 年的绿色经济仿真模拟，结果显示：①按照现行方案继续发展及优先发展社会对福建绿色经济高质量发展作用不突出；②优先发展经济给福建环境污染及能源利用带来较大程度的破坏；③优先发展环境不能满足福建绿色经济高质量发展中经济发展的要求；④"经济—社会—环境"均衡协调发展在福建绿色经济高质量发展中有明显的优势，应优先考虑选择此情景。在"经济—社会—环境"均衡协调发展的情境下，本书提出建议：加大政府对福建绿色经济高质量发展三个子系统的协调与扶持；引导企业绿色生产及公众绿色消费；加大绿色科技投入，打好绿色科技动力牌；借助福州自贸区建设，深化闽台生态经贸协同合作，推动两岸在生态经济建设上的融合发展。

（三）福建绿色经济高质量发展支持体系与动力机制研究

第一，本书研究福建绿色经济高质量发展支持体系框架。研究基于已有文献研究，提出目前绿色经济高质量发展支持体系的6个重要组成部分：绿色金融、绿色科技人才、绿色企业、绿色供应链、绿色文化及绿色价值观、政府政策。结合福建省绿色经济发展实际，本书提出通过健全绿色金融项目的信息体系，借助国际合作平台培养吸引绿色人才、促进绿色管理创新，地方政府联合企业促进产业集聚、建立绿色产业联盟，加强绿色供应链管理实践；加强文化建设将绿色价值观融入地方文化，学习其他省份或国外的绿色经济发展经验等方式促进福建绿色经济高质量发展。

第二，本书研究福建绿色经济高质量发展人才支持体系。研究认为，推进绿色经济高质量发展给福建省带来众多发展机遇，但支撑其发展的人才支持体系就面临着许多问题：福建目前拥有的人才数量较少且结构分布不均、科技人才的开发效率有待提高、人才培养模式不够完善等。因此，福建省各级政府机构以及企业需要加强合作，建立起完善的人才支持体系，通过全方位引进人才、提高科技人才开发效率、完善人才培养模式、加强闽台人才支持体系融合等，推动福建绿色经济稳步高质发展。

第三，本书研究福建绿色经济高质量发展创新支持体系。以习近平新时代生态文明建设思想为指导，构建福建绿色经济高质量发展创新支持体系，是实现创新驱动新时代福建绿色经济高质量发展的重要途径。研究借助 Nvivo12 质性研究软件对按特定规则获取的新闻访谈材料进行扎根分析，构建了基于拓展的三螺旋理论的福建绿色经济高质量发展的创新支持体系理论模型。研究发现，"'政、用、产、学、研'绿色协作网络"是整个模型的核心内容。研究还提出，坚持习近平新时代生态文明建设思想为指导，完善新时代福建经济高质量发展绿色金融体系，充分发挥政府部门在绿色协作网络中纽带作用，强化多主体参与的创新支持体系绿色协作网络，增进福建绿色经济高质量发展国际交流与协作，打造闽台融合的绿色经济高质量发展协作体系6项政策建议供有关方面决策参考。

第四，本书研究福建绿色经济高质量发展动力机制。研究认为，福建绿色经济发展有特有的优势、潜力和底蕴，蕴藏高质量发展所需的丰富动力。本书提出适时构建福建经济高质量发展的"绿色制度与绿色文化"动力模型，分别从绿色制度、绿色文化、绿色政策中寻找福建绿色经济高质量发展的动力，以"绿色制度与绿色文化"动力模式重设绿色制造动力源头，挖掘福建绿色经济高质量发展动力新来源，建议进一步建立健全"绿色制度"，创新"绿色文化"建设，以"绿色制度与绿色文化"动力模型引领福建绿色生产、生活模式，促进福建绿色经济高质量发展。

（四）新时代福建省绿色产业高质量发展战略研究

第一，本书研究福建绿色经济高质量发展战略。研究认为，绿色经济高质量发展是福建省乃至全国未来一段时期内必然追求的战略目标之一。本书通过分析与绿色经济发展战略相关的已有成果，结合对绿色经济指标体系的构建和评价结果数据的讨论，全面分析福建省绿色经济高质量发展相关影响因素，进而对资源利用、环境治理、环境质量、生态保护、增长质量、绿色生活等指标表现出的因素进行 SWOT - AHP 定性和定量相结合的分析，构建以优势、劣势、机会、威胁为子系统的福建绿色经济高质量发展动力系统，得到福建绿色经济高质量发展战略模型，建立近期、中期、远期的三阶段战略目标，提出"国家政策支持与多区叠加""科技创新与产业结构调整""自然生态环境与习近平生态文明思想""华人华侨与对外经贸合作""区域内协同与区域间联动"等福建绿色经济高质量发展战略具体实施路径。

第二，本书研究新时代福建省农业绿色高质量发展。本书通过对福建省农业发展现状、农业政策实施和推广做法、地理概况和农业生产条件以及农业产品销售和市场发展的分析，提出明确政府在农业发过程中的主导作用，重视农业生产者能力和素质的提升，重视现代科技对农业绿色发展的提升作用，建立科学的评价方法及认证体系，加大对环境污染的治理力度，提升农产品质量，打造品牌拓展市场，用好"五缘"优势，促进闽台农业绿色融合发展，以及推进国际化发展方向的农业绿色高质量发展的建议。

第三，本书研究新时代福建省制造业绿色高质量发展。研究认为，新时代以创新为驱动力，绿色高质量发展成为制造业发展的必然趋势。本书通过对福建省制造业发展现状进行SWOT分析，针对性设定福建省制造业绿色高质量发展的战略目标，提出制定政策、加强监管、引导和激励，重视产业结构优化、持续关注绿色效益和经济效益稳步提升，考虑消费者需求、推动制造业与服务业结合发展，加大研发投入、培养、引进研发人才，以及突破关键核心技术自主创新力难关、放眼世界、引领未来人工智能，以及发挥"五缘"优势，促进闽台制造业绿色高质量融合发展的福建省制造业绿色高质量发展战略目标的实现路径。

第四，本书研究新时代福建省服务业绿色高质量发展。研究认为，进入新时代，福建省服务业在快速发展的同时，产生的环境问题也越来越严重。推动服务业绿色高质量发展成为新时代福建经济发展的首要问题。通过分析，研究发现目前福建省服务业绿色发展缓慢有序，利用外资的规模在不断扩大，传统服务业成为第三产业的支柱，而高端服务业所占比例较低。福建省服务业绿色发展质量不高的原因主要是服务业内部结构不优，从业人员的素质有待提高，服务业绿色发展制度尚不健全，企业绿色生产、居民绿色消费意识不够以及整体的绿色化管理水平不高等问题。对此，福建要推进服务业内部结构优化升级，培育服务业发展的绿色增长点，发展绿色服务业集聚区，发挥市场主体的积极性，强化服务业绿色发展的要素保障，深化闽台合作等措施，推动福建省服务业绿色高质量发展。

第五，本书研究非公有企业促进绿色经济发展战略。研究认为，经过多年的改革，非公有企业已成为我国社会主义市场经济的重要组成部分并且给中国的经济发展带来了蓬勃动力。绿色经济是符合可持续性发展目标的产业经济，绿色经济的发展与非公有企业之间的关系密不可分。基于我国非公有企业的发展现状以及我国的资源条件、经济环境，本书研究了非公有企业对我国绿色经济发展的积极作用及促进方式——发展绿色产业的产业链，帮助培养绿色科技人才并提供发展机遇与渠道，提升技术创新能力促进环境技术进步，吸引投资者对绿色项目进行投资，助力政府的绿色政策制度。本书通过对于促进作用的分析找出仍需加强的内容并给出相关建议——区域绿色经济发展协调性需加强，科技人才的管理方式需要创新，非公有企业监管存在漏洞，绿色创新质量及创新氛围尚待加强。

第六，本书研究基于 BSC 的快递企业绿色发展战略绩效评价。研究认为，绿色经济发展背景下，绿色发展战略对于快递企业的可持续发展具有重要意义。快递企业绿色发展战略下的绩效评价需要综合考虑经济效益与环境效益。立足于绿色经济发展背景，本书结合快递行业特性和业务活动，从综合效益、利益相关者、内部业务流程、学习与成长四个维度分析快递企业的绿色发展战略及绩效评价逻辑模型，并依此构建绿色发展战略的绩效评价指标体系，以期为快递企业提高绿色绩效评价和管理的科学性，实现节能、减排、增效的绿色可持续发展提供借鉴参考。

（五）福建绿色经济高质量发展区域合作研究

第一，本书研究闽台绿色经济高质量发展融合。研究认为，闽台合作绿色经济高质量发展已必不可少。基于闽台绿色经济主力影响因素——创新与技术，以及绿色经济重要影响因素的现状分析与对比，本书讨论了当前闽台绿色经济高质量发展融合中蕴含的优势——供需互补，贸易优势较大及地理优势，便于形成集聚效应、文化同源，为发展融合提供引力、政策支持，强力保障绿色经济发展；本书也探讨了不足——物流方面、技术交流方面、绿色消费生活生产观念方面、政策交流配合方面。随后本书分析了闽台绿色经济高质量发展融合未来的机遇与挑战，进而提出有针对性的相关建议——共同建设环境信用评价制度，共同完善创新发明者的利益保护机制，拓展人才互通培养方式，建设更加可持续的产业链，增强绿色文化与绿色精神的交流。

第二，本书研究福建、广东、江西、浙江合作发展绿色经济。研究认为加强福建、广东、江西、浙江合作发展绿色经济是实现海峡西岸经济区可持续发展的重要途径。通过了解分析福建、广东、江西和浙江四省的绿色经济发展现状，提出四省合作发展绿色经济的必要性，总结四省合作存在的包括缺乏制度基础、缺乏合理的财政投资政策、产业结构不合理以及缺乏完善的社会保障政策等问题，根据区域协调理论建立的理论研究框架，提出相应建议措施，推动海峡西岸经济区绿色经济的发展。

第三，本书研究基于绿色经济的福州城市发展。研究认为，绿色经济是实现绿色发展的重要路径，是"十三五"时期福州市适应新常态经济发展趋势的必由之路。通过相关数据对绿色经济下福州城市发展各指标变化趋势进行分析，本书总结影响绿色经济下福州城市发展的主要因素及其机遇与挑战，构建由发展测评指标、驱动、控制、发展与转型等五个子系统组成的绿色经济下福州城市发展体系，提出"加强顶层设计、制定绿色经济下福州城市发展战略"以及"构建多层次、高时效的福州城市发展测评与控制体系"等五项实施建议。

第四，本书研究福州市绿色"经济—社会—环境"复杂系统。研究认为，福州市经济社会发展转型升级阶段面临着巨大的环境和资源压力，绿色经济成为福州 GSE 系统协调发展的最佳选择。通过分析福州市 GSE 系统的三个子系统发展的现状和经济、社会及环境存在的问题，本书指出福州市 GSE 系统面临着绿色经济发展形势大好，政府支持，全球实践良好示范的机遇以及经济发展方式需要转变，自主创新能力需要加强，政府支持有待进一步强化，社会绿色道德观念有待进一步提高的挑战，建议福州市加大政府扶持力度，发挥"一带一路"战略优势，调整产业结构，优化产业升级，提高企业自主创新能力，引导绿色生产消费行为，以此助力实现福州市 GSE 系统的可持续发展。

第五，本书研究基于城市绿色经济的福州绿色产业发展。研究认为，生态文明建设下绿色产业发展成为城市经济体的重要发展方向，福州市有着良好的绿色产业发展机遇，自然环境以及人文上有利于福州市绿色经济的发展。福建在发展过程中存在产业结构不合理、企业以及群众绿色发展理念尚未完全建立、政府政策缺乏统筹规划和针对性等问题，提出优化产业结构，实现经济绿色转型，积极开发绿色能源，实现节能减排，发挥政府的引导作用，采取有力的政策措施，拉动企业以及群众共同参与福州市生态文明建设等解决措施。

（六）美英日生态经济对福建绿色经济高质量发展的启示

第一，本书分析了美国低碳经济对福建生态文明建设的启示。研究认为，美国低碳经济发展取得积极进展。在布什政府期间，美国低碳经济的发展主要采取提供立法保障、开发和利用新能源技术等措施；在奥巴马政府期间，美国低碳经济的发展主要采取确定合理的长远目标、推动政策法规的颁布与执行、采取一系列的经济激励政策等措施。通过研究福建生态文明的发展中产业、技术、消费、制度、能源和生态存在的问题，本书提出低碳发展整体框架，建议采取加快新能源的寻找与开发、推动产业结构优化升级、加强技术创新、建设低碳城市、提供强有力的政策保障和改变消费观念等方法，推动福建生态文明的发展。

第二，本书分析了英国低碳经济发展对福建省生态文明的启示。研究分析，英国是最早提出发展低碳经济以应对能源安全威胁和气候变化挑战的国家。英国主要通过战略指导、法律保障、政策支持、重点发展低碳城市和社区建设等措施推进低碳经济的发展并取得显著成效。福建省生态良好，但在经济快速发展中能源与环境的矛盾日益加剧，可以借鉴英国经验，确立低碳发展战略，转变经济发展方式，构建和完善有利于低碳发展的财税政策体系和法律保障机制，促进低碳技术交流合作和创新机制的形成，提倡低碳生活方式，试点建设低碳社区，推动福建省低碳经济的发展和生态文明的建设。

第三，本书分析了日本绿色经济发展对福建的启示。研究认为日本近年来致力于经济与环境的双向优化发展，在绿色经济发展上颇有建树。日本主要通过战略指导、法律保障、政策和制度革新、技术创新、全民低碳运动等措施推进绿色经济的发展并取得显著成效。福建省生态良好，但在经济快速发展中能源与环境的矛盾日益加剧，存在产业结构和能源结构不合理、生产经营方式粗放、缺乏全面有效的绿色经济战略规划和政策支持体系、民间环保意识薄弱等制约发展的因素。福建可以借鉴日本经验，确立全面的绿色经济发展战略，建立地方性环境法规和政策保障体系，优化调整产业结构和能源结构，构建绿色经济技术创新体系，倡导公众绿色生活方式，推动福建省绿色经济发展和生态文明建设。

三、本书主要创新

（一）提出习近平生态文明思想引领福建绿色经济高质量发展理论内涵与体系

通过梳理在习近平生态文明思想引领下福建省为什么建设"美丽新福建"，建设什么样的"美丽新福建"和怎样建设"美丽新福建"的重大理论和实践问题，研究发现习近平生态文明思想引领福建绿色经济高质量发展理论体系依托于习近平生态文明思想，遵循以人民为中心的人本论，按照"科学自然观、绿色发展观、基本民生观、整体系统观、严密法治观、全球共赢观"六项原则和"生态经济体系、生态文明制度体系、生态文化体系、目标责任体系、生态安全体系"五大体系的方法论的指导，以建成美丽新福建为战略目标，形成一套新的理论体系。围绕习近平生态文明的"共同体论""价值论""系统论""制度论""民生论""全球论"等核心观点，本书提出完善绿色政策、制定绿色制度、促进传统产业转型、发展绿色产业、提高自主创新能力、培养企业绿色管理能力、加强闽台融合等措施，助推福建绿色经济高质量发展。

（二）构建福建绿色经济高质量发展"经济—社会—环境"复杂系统

本书将福建绿色经济高质量发展复杂系统分为三个子系统："经济子系统""社会子系统""环境子系统"。通过构建经济、社会、环境三个子系统的绿色经济高质量发展指标体系，本书研究分析三个子系统之间的互动协作关系，在结合系统动力学理论及参考福建统计数据的基础上构建福建绿色经济高质量发展模型。本书共设计五种绿色经济高质量发展情境：现行方案、优先发展经济、优先发展社会、优先保护环境、"经济—社会—环境"均衡协调发展，并运用 Vensim PLE 软件对这五种情境进行福建 2013—2035 年的绿色经济仿真模拟，提"经济—社会—环境"均衡协调发展建议。

（三）构建福建绿色经济高质量发展支持体系与动力机制

本书提出福建绿色经济高质量发展支持体系：绿色金融、绿色科技人才、绿色企业、绿色供应链、绿色文化及绿色价值观、政府政策。本书借助 Nvivo12 质性研究软件对按特定规则获取的新闻访谈材料进行扎根分析，构建基于拓展的三螺旋理论的福建绿色经济高质量发展的创新支持体系理论模型。研究发现，"'政、用、产、学、研'绿色协作网络"是整个模型的核心内容。本书适时构建福建经济高质量发展的"绿色制度与绿色文化"动力模型，分别从"绿色制度""绿色文化""绿色政策"中寻找福建绿色经济高质量发展的动力，以"绿色制度与绿色文化"动力模式重设绿色制造动力源头，挖掘福建绿色经济高质量发展动力新来源，建议进一步建立健全"绿色制度"，创新"绿色文化"建设，以"绿色制度与绿色文化"动力模型引领福建绿色生产、生活模式，促进福建绿色经济高质量发展。

（四）提出新时代福建省产业绿色高质量发展战略

本书全面研究福建省绿色经济高质量发展相关影响因素，进而对资源利用、环境治理、环境质量、生态保护、增长质量、绿色生活等指标表现出的因素进行 SWOT – AHP 定性和定量相结合的分析，构建以优势、劣势、机会、威胁为子系统的福建绿色经济高质量发展动力系统，得到福建绿色经济高质量发展战略模型，建立近期、中期、远期的三阶段战略目标，提出"国家政策支持与多区叠加""科技创新与产业结构调整""自然生态环境与习近平生态文明思想""华人华侨与对外经贸合作""区域内协同与区域间联动"等福建绿色经济高质量发展战略具体实施路径。本书研究新时代福建省农业、制造业、服务业绿色高质量发展，研究还针对非公有企业促进绿色经济发展战略、基于BSC 的快递企业绿色发展战略绩效评价进行探索。通过结合快递行业特性和业务活动，本书从综合效益、利益相关者、内部业务流程、学习与成长四个维度分析快递企业的绿色发展战略及绩效评价逻辑模型，构建绿色发展战略的绩效评价指标体系，以期为快递企业提高绿色绩效评价和管理的科学性，实现节能、减排、增效的绿色可持续发展提供借鉴参考。

（五）福建绿色经济高质量发展区域合作研究

本书提出加强闽台绿色经济高质量发展融合，共同建设环境信用评价制度、共同完善创新发明者的利益保护机制、拓展人才互通培养方式、建设更加可持续的产业链、增强绿色文化与绿色精神的交流。本书研究福建、广东、江西、浙江合作发展绿色经济，根据区域协调理论建立合作框架。本书典型研究福州城市绿色经济高质量发展。本书构建由发展测评指标、驱动、控制、发展与转型子等五个子系统组成的绿色经济下福州城市发展体系，提出"加强顶层设计、制定绿色经济下福州城市发展战略""构建多层次、高时效的福州城市发展测评与控制体系"等五项实施建议。

（六）借鉴美英日生态经济经验促进福建绿色经济高质量发展

本书采用比较和借鉴、规范及实证研究方法系统学习美国、英国、日本的发展绿色经济、推荐生态文明建设的研究和实施经验，提出确立全面的绿色经济高质量发展战略，建立地方性环境法规和政策保障体系，优化调整产业结构和能源结构，构建绿色经济技术创新体系，倡导公众绿色生活方式，推动福建省绿色经济高质量发展。

四、本书不足与研究展望

本书从多学科角度对以习近平生态文明思想引领福建绿色经济高质量发展所涉及理论内涵、模型进行研究，通过研究以习近平生态文明思想引领福建绿色经济高质量发展的重点和路径主要发展模式，综合使用理论与实证研究方法，本书设计并建立起科学、合理的以习近平生态文明思想引领福建绿色经济高质量发展动态评价体系，充分发挥该指标体系解释、评价、预警以及控等重要功能。本书分析以习近平生态文明思想引领福建绿色经济高质量发展"经济—社会—环境"复杂系统的各参与主体、子系统间的动力耦合机制。基于区域合作等理论视角，本书探索福建省与其他相近省份特别是台湾地区间实现经济资源和生产要素优化配置的途径、方式与特点，构建以习近平生态文明思想引领的区域间绿色经济高质量发展互动模型，促进充分发挥福建省加快建设福建省"21世纪海上丝绸之路"核心区功能。本书比较借鉴世界发达国家和地区生态文明建设与绿色经济高质量发展主要经验教训，构建与完善以习近平生态文明思想引领福建绿色经济高质量发展的重点、战略、风险规避及主要路径，坚持以政策设计和制度安排为核心，设计利于实现以习近平生态文明思想引领福建绿色经济高质量发展的短期、中期、长期战略规划和相关政策建议。

但由于调研数据搜集处理的难度、研究时间和篇幅的限制，研究还存在诸多的不足，以后将从以下方面进行改进。第一，研究应进一步加强调研，继续深入研究相关理论和数理模型，分析发展绿色经济系统内部和各子系统之间的利益机制。第二，研究应加强评价指标体系构建的系统性和科学性，进一步学习和运用系统科学的方法，建立对现状分析更具解释力的评价指标，加强数据的搜集和处理能力，以使建立在评价指标基础上的数据分析具有更大的稳定性和预测性。第三，研究应要加强对福建绿色经济高质量发展内外情境变化的解析、动态评价与规划、总结，进一步加强相关预警方面的研究。第四，虽然本书对美国、英国、日本绿色经济高质量发展进行了初步研究，并提出初步建议，但由于时间所限，主观努力还不够，相关研究还未全面深入。第五，由于时间仓促，特别是研究者水平所限，本书错漏仍不少，这需要在接下来的研究中进一步加以学习、改正与提升。

后　记

　　习近平同志在福建宁德工作期间提出"靠山吃山唱山歌，靠海吃海念海经"的绿色生态发展思路，指出"生态资源是福建最宝贵的资源，生态优势是福建最具竞争力的优势，生态文明建设应当是福建最花力气抓的建设"。党的十八大以来，以习近平同志为核心的党中央深刻回答为什么建设生态文明、建设什么样的生态文明、怎样建设生态文明的重大理论和实践问题，提出系列新理念新思想新战略，形成习近平生态文明思想，成为习近平新时代中国特色社会主义思想的重要组成部分。2016 年中共中央办公厅国务院办公厅印发《关于设立统一规范的国家生态文明试验区的意见》及《国家生态文明试验区（福建）实施方案》，福建成为全国首个国家生态文明试验区，为国家生态文明体制改革探路。新时代福建省面临新的发展机遇与挑战，以习近平生态文明思想引领福建省推进国家生态文明试验区绿色经济高质量发展是"当务之急"，更是促进福建社会经济高质量发展的"长久之计"。

　　本书深入挖掘与研究习近平生态文明思想在福建理论与实践、起源与发展，借鉴低碳经济、循环经济、生态经济等相关理论，构建福建省推进国家生态文明试验区绿色经济高质量发展体系及生态文明社会运行机制，实证与规范研究福建省推进国家生态文明试验区绿色经济高质量发展"经济—社会—环境"复杂系统的互动耦合机理，设计并构建能科学评价以、福建省推进国家生态文明试验区绿色经济高质量发展动态指标体系与预警机制，提出福建省推进国家生态文明试验区绿色经济高质量发展的短期、中期、长期发展战略，制定可定量化、可操作的管理模型、政策工具矩阵框架、相关动力机制等，为福建省推进国家生态文明试验区绿色经济高质量发展提出有效政策建议。

　　本书系我主持的国家社会科学基金项目、上海应用技术大学高层次引进人才项目等课题研究核心成果，其中国家社会科学基金项目成果结项鉴定为优秀，研究成果被全国社会科学规划办作为具有重要现实意义和应用研究、对策研究的成果，作为党和国家重要决策的参考，通知收录国家规划办主办的《成果要报》，送呈中央政治局常委、委员等党和国家领导人内部参阅，政策建议还通过《侨情》《调研参考》专报等形式及时报各级政府相关部门决策参考，得到相关部门肯定与采纳，这对理论研究应用到实际中是很大鼓励。研究核心成果获国家科学技术奖励社会科技奖"绿色共享与循环利用贡献奖"、中国智库治理暨思想理论传播高峰论坛论文奖等奖项。本书前期相关观点已经受邀请参加国际公共管理学术论坛等高端论坛进行讲演，受到的实践者与理论研究者的热烈欢迎和积极评价，部分观点已经发表在权威期刊上，本书是在这些研究成果基础上完成。

本书的出版，非常感谢我工作单位上海应用技术大学和母校国立华侨大学、西安交通大学、厦门大学的培养与支持！本书出版还受惠于颇多的老师与朋友。衷心感谢丘进博士，作为一位教育家、中外关系史学家，他对教师非常关心与尊重，曾经亲临我那地下室改装的简陋书斋，鼓励与支持我教学与研究工作，让我感动不已！衷心感谢贾益民教授的宝贵鼓励与支持！他是海内外著名的华文教育学家、教育家，他身体力行，鼓励华侨大学师生知行合一，推进华侨大学全面发展。真诚感谢我的博士生导师、和谐管理理论的创立者席酉民博士，他不仅让我真正体会什么是寓教于乐，寓研于乐！也是我尝试出版学术专著的直接导师！他说："I do hope you are doing well in future. The best thing for teacher is to get information from his students that they get new progress or achievements. I am waiting for hearing your more good news in future."我想只有倍加努力，才能不辜负席老师的期望。非常感谢我的博士后导师刘海峰教授，刘老师是当代著名教育学家、历史学家，长期从事科举学、高等教育学等方面研究，取得了卓著成绩，在国内外享有盛誉。他是国际上第一位提出"科举制"——中国的"第五大发明"的专家，刘老师为人谦和，非常善于发现学生特长与兴趣，鼓励学生"学趣"结合，我是典型受益者。

非常感谢中央统战部、国务院侨办、国家生态环境部、国务院发展研究中心、中共中央党校、中国宏观经济研究院、中国社会科学院亚太与全球战略研究院、中国商业联合会、中国旧货协会、福建省生态环境厅、上海市生态环境局、上海社会科学院、福建省社会科学院、察哈尔学会、凤凰国际智库及福建省委宣传部、社科联、发改委、统计局、科技厅、教育厅、经贸委、侨联、福州市、泉州市、厦门市、莆田市、南平市、宁德市及暨南大学、北京大学、清华大学、复旦大学、南开大学、对外经济贸易大学、中山大学及中国台湾中华经济研究院、中央研究院经济研究所、中国文化大学、台湾大学、台湾政治大学、台湾交通大学、台湾高雄大学等，中国港澳的香港大学、香港中文大学、澳门大学等等部门及高校研究机构领导、专家与同仁对本研究完成的大力支持，特别是众多调研单位对本研究工作的宝贵支持。未来，我们的相关研究不会停止，我们有决心持续将该项目不断深入研究下去，尽可能提出更多有价值的研究成果和政策建议。

非常感谢福建省社会科学规划办陈飞主任、刘兴宏博士！衷心感谢北京文人雅士艺术有限公司李美清董事长等同仁们的精心策划、宝贵支持与帮助。真诚感谢泉州水利水电总公司颜建东先生及全体同仁，使我及家人有机会从社会、从自然界之中寻找"上善若水"境象，他们都是我学习的榜样！

非常感谢我尊敬的导师刘红军教授、周文教授、徐津津老师、肖昕茹博士、李正东教授、徐西鹏教授、吴剑平教授、郭克莎教授、李俊杰研究员、衣长军教授、孙锐教授、姚培生老师、曾繁英教授、郑文智教授、杨默如教授、薛秀军教授、缑锦教授、关一凡老师、吴季怀教授、曾路教授、彭霈教授、杨存泉老师、朱琦环老师、张禹东教授、陈鸿儒教授、陈金龙教授、池进教授、张旭老师、王秀勇研究员、何纯正研究员、赵昕东教授、陈巧玲老师、侯志强教授、苏天恩教授、陈克明教授、郭东强教授、林峰教授、郑向敏教授、王士斌教授、黄种杰教授、江开勇教授、曾志兴教授、王丽霞教授、林传声老师、胡日东教授、庄培章教授、吕少蓬研究员、林俊国教授、庄天山教授、林继志老师、詹朝曦教授、徐磊老师、李雪芬老师、李作杰老师、隋昌鹏老师、周春燕老师、钱三平博士、刘金雄博士、陈建山老师、陈颖老师、张丽萍博士、贺芬博士、陈星老师、吴晗冰老师、庄蕾博士、陈永煌老师、黄奕红老师、张华博士、万文海博士、陈初昇博士、卢冰博士、黄丽薇博士、董燕博士、胡三嫚博士、马占杰博士、申传刚博士、陈良勇博士、李淑娴老师、周永恒老师等！"滴水之恩，当涌泉相报"，我一定争取成为一位优秀的教师，为上应大、为母校、为社会贡献自己一份力量；我愿倾诚报答所有关心我的领导、老师和同学们；倾诚报答亲爱的家人，我一定让他们过得比我好！感谢我的孩子张世昌，他是个善于讲故事的高手，总是不经意间给我灵感的启发，激发生活的乐趣！无论如何，我都将不断刻苦学习，努力工作，只有这样我才有能力报答所有帮过我的人们或所有我力所能及帮助的人们。

本书由银丽萍、罗兴鹏、申慧云、李昳、韩彻驹、董怡漩、吴娜、苏雅英、孔德议、臧金亮、陈姗姗、王舜淋、蔡珍美、许梅枝、陈娜、李春浩、刘璇、罗兴鹏、刘明月、刘慧慧、徐秋韵、杨璐瑶、郑露曦、林玮、林剑、李金荣等同志协助我编撰，是他们无私的帮助与宝贵支持，才使本书顺利交稿出版！在此向他们的辛勤劳动表示衷心感谢！在写作过程中，我们还参考和引用了国内外 Wheeler B D.、龙登高、陈雨露、李明欢、张蕴岭、胡鞍钢著名专家学者大量的著作，因限于篇幅，未能一一详细注明，在此向著作者深表谢忱。

由于本人学术水平有限和时间仓促，错误和不足之处一定不少，敬请专家、学者、政治家、企业家和广大读者批评指正。

张退之

2023 年 11 月 1 日于

上海应用技术大学上善斋

http：//weibo. com/1301670507/profile

E – mail：xqzhang1999@ 163. com